Albert Funk

Föderalismus in Deutschland

Schriftenreihe Band 1097

Albert Funk

Föderalismus in Deutschland

Vom Fürstenbund zur Bundesrepublik

bpb: Bundeszentrale für politische Bildung

Albert Funk, Jahrgang 1962, arbeitete nach seinem Studium (Geschichte, Politik und Germanistik in Freiburg/Br. und London) mehrere Jahre bei der Frankfurter Allgemeinen Zeitung, zuletzt als Korrespondent in Dresden. Seit 1997 ist er beim Tagesspiegel in Berlin, wo er nicht zuletzt die Bemühungen um eine Föderalismusreform beobachtet und kommentiert.

Bonn 2010
Lizenzausgabe für die Bundeszentrale für politische Bildung
Adenauerallee 86, 53113 Bonn

Umschlaggestaltung: Michael Rechl, Kassel
Umschlagmotiv: © diekoordinaten GbR, Kiel.
Reichskreise von 1512. Nach der Gründung der sechs Reichskreise 1500 wurde zwölf Jahre später auch die Kurfürstentümer mit einigen anliegenden Territorien in Kreisen organisiert.

Karten: diekoordinaten GbR, Kiel
Herstellung: Ferdinand Schöningh GmbH & Co. KG, Paderborn

ISBN 978-3-8389-0097-1

www.bpb.de

Inhaltsverzeichnis

KAPITEL 1
Einleitung

»Deutschland wird auf deutsch regiert«

»Deutschland wird auf deutsch regiert.« In diesem Satz steckt nicht etwa teutonischer Nationalstolz, sondern ein gehöriger Schuss Ironie. Er stammt aus dem Jahr 1745. Geprägt hat ihn der dänisch-norwegische Schriftsteller und Historiker Ludvig Holberg, der so die Regierungsform des deutschen Reiches im 18. Jahrhundert umschrieb. Der Spruch ist von zeitloser Gültigkeit, den leicht süffisanten Unterton eingeschlossen – es ging auch damals schon um den deutschen Föderalismus, und der hatte (und hat) neben manchen Vorzügen eben auch seine kleinen Tücken. Auch passte die damalige Reichsverfassung nicht so richtig in die Staatsformenlehre jener Zeit – schließlich war das Alte Reich weder eine echte Monarchie noch eine reine Aristokratie, und eine Demokratie war es natürlich erst recht nicht. Auch eine Konföderation, also ein lockerer Staatenbund, war es nicht. Was also dann? Holberg fand seine augenzwinkernde Antwort, und Johann Jacob Moser, der führende deutsche Staatsrechtler der Aufklärungsepoche, hat die Formulierung des skandinavischen Beobachters in seinen Schriften übernommen: Deutschland werde auf deutsch regiert, schrieb Moser, auf zwar auf eine Weise, »dass sich kein Schulwort oder wenige Worte oder die Regierungsart anderer Staaten dazu schicken, unsere Regierungsart begreiflich zu machen«. Nun, ganz so unbegreiflich war sie nicht, die Art und Weise, wie Deutschland damals regiert wurde, aber in der Tat fehlte Mitte des 18. Jahrhunderts noch das »Schulwort« dafür. Johann Stefan Pütter, der wohl einflussreichste deutsche Staatsrechtler jener Zeit, hat etwas später von einem »aus Staaten zusammengesetzten Staat« geredet. Das kam der Sache schon näher. Was allerdings auch auf Pütters Diktum zutraf, dass es »eine nicht wenig complicierte Staatsverfassung« sei (auch das eine zeitlos gültige Feststellung). Was Holberg, Moser und Pütter meinten, nennen wir heute einen Bundesstaat, aber dieser Begriff kam erst um 1800 im Deutschen auf.

Föderalismus als Verfassungstradition

Holbergs klassischer Satz ist zeitlos, weil es eine spezifisch deutsche Tradition des Föderalismus gibt, die weit ins Mittelalter zurückreicht und in der auch das Grundgesetz der Bundesrepublik wurzelt. Der deutsch-amerikanische Politologe Karl Loewenstein hat daher geschrieben: »Wer den Föderalismus in seinem letzten Raffinement studieren will, muss sich an Deutschland halten, das ihn seit Jahrhunderten praktiziert.« Ein föderativer Grundzug prägt das verfassungspolitische Leben in Deutschland seit jeher. Es ist eine spannende Geschichte, wie sich die politisch Verantwortlichen immer wieder um föderative Lösungen bemüht haben, um Konflikte zu klären, Interessen auszugleichen, Machtansprüche zu kanalisieren, und nicht zuletzt: Einigkeit zu stiften. Allerdings ist das Bewusstsein dieser historischen Dimension des Bundesstaats, der eigenen Verfassungstradition, unter den Deutschen heute etwas verblasst. Föderalismus wird zunehmend als etwas Überlebtes, Undurchsichtiges, Unförmiges wahrgenommen. Oft wird er als Hindernis beschrieben. Dass das wiedervereinigte Deutschland eine Phase des Umbruchs erlebt, wozu auch mehrere Verfassungsreformen seit 1990 gehören, verstärkt das Gefühl, der Bundesstaat des Grundgesetzes sei möglicherweise schon vom Ansatz her ungenügend.

Föderalismus ohne Föderalisten?

Das Jahrbuch des Instituts für Demoskopie Allensbach hat dieses Unbehagen am Föderalismus im Frühjahr 2010 dokumentiert. 60 Prozent der Bürger ziehen demnach einheitliche Regelungen vor, 30 Prozent dagegen meinen, die Länder sollten möglichst viele Dinge selber regeln. Ein klares Verdikt gegen den Bundesstaat also? Eine Bestätigung der These, die Bundesrepublik habe einen »Föderalismus ohne Föderalisten«, so wie einst die Weimarer Republik als eine »Demokratie ohne Demokraten« galt? Auf den ersten Blick mag das so scheinen. Aber auch 1953 sagten 60 Prozent der Deutschen in einer Allensbach-Erhebung, sie fänden es gut, wenn man alle Landesregierungen auflösen würde und alles nur noch in der Bundeshauptstadt entschieden würde. Doch schon 1960 wollten nur noch 25 Prozent die Länder weghaben, 1974 plädierten 17 Prozent und 1985 gerade noch sieben Prozent der westdeutschen Bevölkerung für eine Auflösung der Landesregierungen und Landtage. Im Jahr 1992, zwei Jahre nach der Wiedervereinigung, standen 72 Prozent im Westen und sogar 74 Prozent im Osten hinter den Ländern (und damit auch dem Föderalismus). Man sieht: Die Einschätzung des Föderalismus unterliegt gewissen Schwankungen. Dass Anfang 2010, inmitten einer der größten Finanz- und Wirtschaftsflauten, dem Bund mehr zugetraut wurde, hatte wohl auch mit einer Stimmung zu tun, die sich als »Zusammenrücken in der Krise« interpretieren lässt. Im Übrigen neigen die Deutschen seit langem dazu, sich einheitliche Lösungen zu wünschen, ohne deshalb auf den Bundesstaat verzichten zu wollen. Das ist einmal auf die hübsche Formulierung gebracht worden, die Deutschen wollten zwar den Föderalismus, aber er dürfe keinen Unterschied machen. Im Gegensatz zu den Nordamerikanern oder den Schweizern sind die Deutschen in ihrer Mehrheit eher »unitarische Föderalisten«, die dem Einheitlichen und Zentralen einen vergleichsweise hohen Wert beimessen. Insofern ist es eigentlich bemerkenswert, dass ein Drittel der Deutschen den Ländern eher etwas zutraut als dem Bund.

Demokratisch legitimiert

Was die Akzeptanz des Föderalismus angeht, ist allerdings eine Tatsache viel aussagekräftiger als all die auslegungsfähigen Umfragedaten: die regelmäßige Legitimierung des Föderalismus durch Wahlen. Zwar liegt die Wahlbeteiligung in den Ländern stets etwas unter der bei Bundestagswahlen, aber dass alle paar Jahre 60, 70 Prozent des Landesvolks zur Landtagswahl gehen und damit dokumentieren, dass es ihnen nicht ganz unwichtig ist, wer im Land regiert, ist demokratische Bestätigung genug. Und eine Studie der Bertelsmann-Stiftung erbrachte 2008, dass die Bürger in nahezu allen Ländern mit der Landespolitik weitaus zufriedener waren als mit der auf Bundesebene. Dass drei von vier Deutschen die Länder nicht abschaffen wollen, weist denn auch auf eine stabile Verankerung des Bundesstaats im politischen Bewusstsein der Bevölkerung hin. Auch trauen die Bürger (nach einer Allensbach-Umfrage von 1995) den Ländern auf vielen lebensnahen Feldern wie Freizeit, Kultur, Verkehr, Umwelt, regionale Wirtschaftsförderung oder auch Integration älterer Menschen mehr zu als dem Bund. Der steht eher für globalere Themen wie Energieversorgung, Unterstützung der Familien oder Sicherung der Renten.

Geschichte als Argument

Es gibt durchaus ein verbreitetes Gefühl dafür, dass Deutschland traditionell aus seinen Ländern besteht und sich dadurch von anderen Nationalstaaten unterscheidet. Doch spielte die Verankerung des Föderalismus in der deutschen Geschichte in der Reformdebatte der letzten Jahre kaum eine Rolle. Das mag einen Teil des Unbehagens an der aktuellen Situation erklären. Das Bewusstsein, dass der Bundesstaat des Grundgesetzes kein Zufall ist, sondern in einer langen Verfassungstradition steht, die ihn rechtfertigt und legitimiert, ist zweifellos kein Allgemeingut. Doch gerade der Föderalismus, so umstritten er immer war und auch in der Gegenwart ist, gibt der deutschen Verfassungsgeschichte ihren inneren Zusammenhang. Wer den Bundesstaat, wie er sich zu Beginn des 21. Jahrhunderts zeigt, verstehen will, muss auch seine Geschichte kennen – gerade in einer Zeit, in der es um Reformen geht. Die neuere Geschichtswissenschaft hat diesen Zusammenhang immer wieder herausgestellt. Reinhart Koselleck etwa betonte die »jahrhundertealten Wiederholungsstrukturen föderaler Organisationsfähigkeit, die sich von Situation zu Situation anpassend nur langsam gewandelt hat«. Und Joachim Ehlers sprach von »einem Jahrtausend wechselvoller und produktiver Erfahrung mit föderativen

Strukturen«. Im Föderalismus fanden die Deutschen das Mittel, zur Einheit zu gelangen, ohne eine ausgeprägte Neigung zu regionaler Eigenständigkeit aufzugeben.

Politische Kernkompetenz

In seiner Geschichte hat sich der deutsche Föderalismus immer wieder als fähig erwiesen, neue Situationen zu meistern – er hatte zwar seine Krisen und Niederlagen, und er hatte auch seine dunklen Momente (wie vor dem Dreißigjährigen Krieg oder in der Weimarer Republik), aber er besaß auch immer wieder genügend Reform- und Erneuerungskraft, um sich für die weitere Zukunft zu empfehlen. Johannes Burkhardt stellte daher fest: »Die politische Kernkompetenz der deutschen Geschichte ist ihre Föderalismusfähigkeit.« Wobei Föderalismus keine Ideologie ist, keine Theorie, die in die Praxis umgesetzt werden kann, kein »Kunstprodukt machtpolitischer oder politikwissenschaftlicher Planung«, wie Thomas Nipperdey einmal schrieb: »Föderalismus (…) beschreibt nicht primär einen rechtlich fixierten Zustand, sondern einen Prozess, eine Bewegung, in der sich zwischen Einheit und Vielfalt ständig neu wechselnd Integrationen und Desintegrationen und Gleichgewichtslagen herstellen.« Für Gerhard A. Ritter ist Föderalismus »ein tief in der deutschen Geschichte verwurzeltes, aber außerordentlich dynamisches Prinzip, das seinen Charakter immer wieder gewandelt hat«. Und Hans Boldt hat ihn als »Grundstruktur deutscher Geschichte« bezeichnet. Dabei stand über all die Jahrhunderte hinweg nicht zuletzt ein Prinzip im Vordergrund: der Machtausgleich, die Teilung und Verteilung politischer Macht, und damit nicht zuletzt ihre Begrenzung. Das ist bis heute ein Kernanliegen des Föderalismus geblieben. Denn er ist »eine der Sicherungen vor dem wilden Lauf der Macht« (Richard Schröder).

Eigengewächs und Verfassungserbgut

In Deutschland hat sich eine spezifische Form des Föderalismus ausgebildet, die bei allen Veränderungen in einem langen Zeitraum doch ihren Wesenskern beibehalten hat. Es sind im Grunde zwei Besonderheiten, die herausstechen: Zum einen die starke Beteiligung der Bundesglieder (also der Länder, genauer: der Landesregierungen) an der Bundespolitik, was stets eine mehr oder weniger dichte Verflechtung der beiden staatlichen Ebenen – Bund und Länder – erbracht hat; zum anderen die Eigenheit, dass Bundesgesetze und Bundesvorgaben in aller Regel nicht durch Bundesbehörden, sondern durch die Exekutive der Länder umgesetzt wird. Diese deutsche Variante des Bundesstaats wird häufig als Verbundföderalismus bezeichnet – weil Bund und Länder, oder einst Reich und Staaten, relativ eng miteinander verflochten sind. Weil das so ist, hat der deutsche Föderalismus auch eine nahezu einzigartige Institution hervorgebracht – eine Länderrepräsentation, eine Länderkammer, den Bundesrat. Er ist die Klammer, die beide Ebenen des Bundesstaats verbindet. Und er ist, weil er bis auf den Reichstag des 16. Jahrhunderts zurückgeht, das älteste »Verfassungserbgut« (Theodor Eschenburg) im Grundgesetz.

Spezifisch deutsches Staatsverständnis

Nun könnte man freilich sagen, dass eine politische Ordnungsvorstellung, die im Mittelalter und der Frühen Neuzeit schon eine Rolle spielte, unter den heutigen Bedingungen überlebt ist, altmodisch, »out«. Aber dann müsste man auch die Europäische Union noch einmal überdenken, sie orientiert sich nämlich an der deutschen Erfahrung, ohne sie deswegen zu kopieren. Und man müsste dann auch fragen, ob eine andere Bundesverfassung noch in unsere Zeit passt – die amerikanische nämlich, sie stammt von 1787 und ist im Kern seither nicht verändert worden. Auch der englische Parlamentarismus geht in seinen Anfängen auf das Mittelalter zurück, ist also uralt und schleppt so einige Traditionen mit sich, ohne dass die Briten je auf die Idee gekommen wären, ihn deshalb abzuschaffen. Und warum hängen die Franzosen an ihrem Präsidialsystem, wo es doch im Grunde in der absolutistischen Monarchie der Frühen Neuzeit wurzelt? Was Deutschland betrifft, sei hier Hans Boldt, einer der besten Kenner unserer Verfassungsgeschichte, zitiert: »Der Föderalismus einer Demokratie und eines Parteienstaats ist sicherlich etwas anderes als eine föderative Ordnung, die auf Reichsständen und ihren ›ständischen Libertäten‹ beruhte. Dennoch sollte man nicht verkennen, dass alte Formen auch in neuer Umgebung ihre Eigenart wahren, dass sie nicht nur dem Neuen anverwandelt werden, sondern umgekehrt das Neue in ihrer Art prägen. So ist die Demokratie, so ist der Parteienstaat in Deutschland den Bedingtheiten einer föderalen und rechtsstaatlichen Struktur unterworfen, deren Wurzeln weiter zurückreichen, als man gemeinhin annimmt, und die etwas repräsentieren, was man im guten Sinne ein ›spezifisch deutsches Staatsverständnis‹ nennen mag.« Nicht umsonst hat man es 1949 in den Artikeln 20 und 79 des Grundgesetzes dauerhaft verankert, und nicht umsonst ist das 1990 bestätigt worden.

Historischer Erfahrungsschatz

Der Bundesstaat unserer Tage ist das Ergebnis von Ereignissen und Entscheidungen über eine sehr lange Zeit hinweg. Jede Epoche hat ihren Teil beigetragen, und unterwegs ist auch wieder einiges verloren gegangen. Die bedeutenden Wegmarken der deutschen Verfassungsgeschichte, an denen es um eine Neujustierung der föderalen Ordnung ging, sind stets mit Verfassungskongressen verbunden gewesen: 1495 auf dem Wormser Reichstag, 1648 bei den Westfälischen Friedensverhandlungen, 1815 auf dem Wiener Kongress, 1848 in der Frankfurter Nationalversammlung, 1919 in der Nationalversammlung von Weimar, 1948 im Parlamentarischen Rat. Nur 1871 gab es das nicht, es sei denn, man betrachtet Otto von Bismarck als einen Einmannkongress, der die Verfassung des Kaiserreichs mit sich selbst ausgehandelt hat. Die historischen Zusammenhänge zeigt der kursorische Blick zurück. Das Grundgesetz der Bundesrepublik geht auf die Weimarer Verfassung zurück. Weimar war von der bundesstaatlichen Ordnung des Bismarckschen Kaiserreichs von 1871 geprägt. Die wiederum nahm wesentliche Elemente des Deutschen Bundes von 1815 auf, war aber auch vom Verfassungsentwurf der revolutionären Paulskirchenversammlung von 1848 beeinflusst. Der Deutsche Bund stand in der Nachfolge des Alten Reichs, dessen Föderalismus im 16. Jahrhundert festere Formen angenommen hatte und der mit dem Westfälischen Frieden von 1648 bestätigt worden war. Vom mittelalterlichen Adelsverband bis zum modernen Sozial- und Interventionsstaat hat sich der Föderalismus als wandlungsfähig erwiesen – auch wenn seine Kritiker in allen Epochen das Gegenteil behauptet haben. Freilich war die nötige Ausgewogenheit nicht immer gegeben, der hegemoniale Föderalismus im großpreußischen Kaiserreich von 1871 war problematisch, und das galt auch für den hierarchischen Föderalismus der Weimarer Republik.

Das Wurzelwerk des Reichsföderalismus

Das Wurzelwerk der deutschen Bundesstaatlichkeit hat sich im Mittelalter gebildet, dessen Verfassungsleben und dessen politische Kultur stark genossenschaftlich geprägt waren. Die Jahrhunderte vor 1500 wimmelten nur so von Einungen, Schwurgenossenschaften, Fürsten-, Adels- und Städtebünden, Rittergesellschaften, Grafenvereinen. Eine gesamtstaatliche Bündelung dieser »Bündelei« hat es jedoch allenfalls in Ansätzen gegeben, als eine sehr lockere Genossenschaft der führenden Landesfürsten mit einem König als Reichsoberhaupt. Von Staat im modernen Sinn, mit seinen territorialen Grenzen und seinen Institutionen, war vor dem 15. Jahrhundert auch auf der Ebene der Länder wenig zu sehen. Erst dann bildete sich der landesstaatliche Unterbau, der um das Jahr 1500 herum durch einen gesamtstaatlichen Überbau mit dem periodisch tagenden Reichstag und der Reichsgerichtsbarkeit ergänzt wurde – der Beginn der föderalen Doppelstaatlichkeit. Die Exekutive behielten sich die Landesfürsten selbst vor, und dabei ist es dann geblieben. Der moderne Staat mit seiner Bürokratie und seinem umfassenden Gestaltungsanspruch hat sich in Deutschland daher vor allem in den Ländern entwickelt. Es war eine »Staatsbildung im Plural« (Johannes Burkhardt), die Reichsebene blieb institutionell eher schwach, aber deswegen nicht ohne Bedeutung. Der Reichsföderalismus hat lange Zeit wenig Gnade gefunden bei den deutschen Historikern und damit auch in der Öffentlichkeit – Zersplitterung, Kleinstaaterei, Ohnmacht, man kennt die einschlägigen Begriffe zur Abwertung, sie gehören bis heute zum rhetorischen Arsenal der Antiföderalisten. Natürlich war das Alte Reich verfassungspolitisch nicht so konsolidiert wie der moderne Bundesstaat. Doch sollte man nicht übersehen, dass die um 1500 geschaffene Bundesordnung bis 1806 gehalten hat, wenn auch am Ende nur noch mit Ach und Krach.

Von Bund zu Bund

Aber 1806 war nicht nur ein Ende, sondern auch ein Neubeginn: Der Rheinbund und dann der Deutsche Bund, modernisierte Formen des Alten Reichs, setzten die Verfassungstradition nach 1815 fort. Der Deutsche Bund bestand aus gefestigten, durch die »Reichsflurbereinigung« nach 1800 auch vergrößerten Bundesstaaten, die selbstbewusst ihre eigenen Wege gehen wollten. Die Zentralgewalt war daher nur rudimentär ausgebildet. Die beiden Großstaaten Österreich und Preußen versuchten eine Art Doppelhegemonie zu errichten, um den Bund zu lenken. Völlig gelungen ist das nie. Denn zwischen ihnen stand das so genannte Dritte Deutschland – Bayern, Sachsen, Württemberg, Baden, Hannover, die beiden Hessen und die beiden Mecklenburg, die thüringischen Staaten und einige mehr. Sie hatten keinen oder allenfalls wenig Großmachtbedarf und hingen an der föderalen Tradition. Die Bundesrepublik steht in dieser Tradition des Dritten Deutschlands. Die Revolution von 1848 war der Versuch, den Einfluss der reaktionären Achse Wien-Berlin zu brechen, den Bund enger zu fügen und eine starke Zentralgewalt zu schaffen. Der Bundesstaat der Frankfurter Nationalversammlung lief auf einen eher hierarchischen Föderalismus hinaus. Der Versuch scheiterte, beeinflusste aber die Verfassungsdebatten bis ins 20. Jahrhundert hinein. Im Kaiserreich von 1871 dominierte Preußen sowohl die gesamtstaatliche Ebene als auch seine »Bundespartner« direkt, es war ein hegemonialer Föderalismus. Preußens Einfluss, vor allem aber die Entwicklung des modernen Sozial- und Interventionsstaats, die damals begann, stärkten die Macht der gesamtstaatlichen Ebene, des Reichs. Die Bedeutung der Länder ging nun zurück, fast konstant bis in die Gegenwart hinein. Der Föderalismus bekam dadurch einen Zug, den man unitarisch nennt – auf mehr Einheit und Vereinheitlichung zielend. Diese Tendenz nahm in der Weimarer Republik noch kräftig zu – der hierarchische Weimarer Föderalismus näherte sich stark dem Modell des dezentralisierten Einheitsstaats. Der, so glaubte man damals in der verfassungsgebenden Nationalversammlung, passe besser zur neu geschaffenen Demokratie, die mit Volkseinheit gleichgesetzt wurde. Der Nationalsozialismus zerstörte die föderalen Restbestände, sein Ideal war der zentralisierte Führerstaat. Nach 1945 kehrten die Deutschen zur Tradition zurück (übrigens zunächst auch in der DDR, die aber ihr Heil dann doch im Zentralismus suchte). Die Bundesrepublik bekam eine bundesstaatliche Verfassung, in der das Verhältnis von

Bund und Ländern im Vergleich zur Weimarer Republik wieder ausgewogener gestaltet war. Doch blieb die gesamtstaatliche Ebene dominierend, die Autonomie der Länder war und ist vergleichsweise gering. Dieser Zustand geriet Ende des 20. Jahrhunderts in die Kritik – der Föderalismus wird seither schrittweise einer Generalüberholung unterzogen.

Bundesstaat? Staatenbund? Bund?

Vor allem in Deutschland werden seit dem 19. Jahrhundert zwei Vorstellungen der Bundesorganisation scharf getrennt: der Bundesstaat und der Staatenbund. Das geht nicht zuletzt auf den politischen Streit um die Auflösung des Deutschen Bundes und die Gründung des von Preußen geführten kleindeutschen Reiches zurück: »Die entschiedene begriffliche Gegenüberstellung von Bundesstaat und Staatenbund entsprang einem polemischen Kontext, in dem es darum ging, das neu gegründete Deutsche Reich als möglichst stark und einheitlich, den Deutschen Bund hingegen als schwach und zerrissen erscheinen zu lassen.« (Christoph Schönberger) Die Konfrontation der beiden Begriffe zum tagespolitischen Zweck kam schon vor der Revolution von 1848 auf – zuvor wurden sie oft synonym verwendet. Bundesstaat und Staatenbund stehen denn auch in Wirklichkeit nicht in einem Gegensatz zueinander, sondern sind im Grunde zwei Seiten einer Medaille – zwei Formen des Bundes. Eine plausible Trennlinie lässt sich anhand einer Frage ziehen: Ist der Austritt möglich? Wenn ja, kann man von einem Staatenbund reden. Wenn nein, ist es ein Bundesstaat. Zudem haben Staatenbünde in aller Regel keine den Mitgliedern übergeordnete gesetzgebende Gewalt. Ein Bundesstaat ist dagegen ein aus Staaten zusammengesetzter Staat und besitzt auf beiden Ebenen die staatlichen Kernfunktionen: Legislative, Exekutive, Gerichtsbarkeit. Deutschland ist entgegen der landläufigen Meinung nie als Staatenbund organisiert gewesen. Das galt weder für das Alte Reich noch für den Deutschen Bund. Das Reich betrat spätestens mit der Verfassungsgestaltung von 1495 den bundesstaatlichen Weg (den Austritt verhinderte die lehnrechtliche Bindung der Fürsten). Der Deutsche Bund hatte bei aller Lockerheit seiner Konstruktion doch eine bundesstaatliche Struktur. Er wurde als »unauflöslicher Verein« begründet, es konnte sich also kein Gliedstaat einfach so separieren. Und seine Gesetze galten in allen Bundesstaaten.

Die Historiker umkurven allerdings den Begriff Bundesstaat für das Alte Reich und auch den Deutschen Bund. Der Verfassungshistoriker Dietmar Willoweit wählte folgende Definition für die Zeit vor 1806: »Das Reich lässt sich der modernen Kategorie des ‚Bundesstaats' nicht zuordnen, ist aber doch sehr viel mehr gewesen als ein ‚Staatenbund' souveräner Mächte.« Doch was war es dann? Ein vormoderner Bundesstaat? Georg Schmidt, der die Reichsgeschichte einer gründlichen Revision unterzogen hat, spricht vom »komplementären Reichsstaat«. Aber wie weit ist das von Bundesstaatlichkeit entfernt?

Ein Weg zwischen »Mehr oder Minder«

Dass der Bundesstaat eine recht flexible Staatsform ist, betonten schon die Demokraten in der Nationalversammlung von 1848. Deren gemäßigte Vertreter, angeführt von dem sächsischen Abgeordneten Robert Blum, verfassten für den Verfassungsausschuss folgende Definition: »Es ist nämlich der Begriff des Bundesstaates ein nicht ganz fest bestimmter und begrenzter, er bewegt sich vielmehr in einem Mehr oder Minder zwischen zwei äußersten Grenzen, dem Staatenbunde auf der einen, dem einheitlichen, centralisierten Reiche auf der andern Seite, so dass sich der Bundesstaat bald dem einen, bald dem andern mehr nähern kann, je nachdem das ihn umschlingende Band ein mehr oder weniger lockeres, die Centralgewalt eine schwächere oder eine stärkere ist.« Zwischen diesen äußersten Grenzen hat sich die deutsche Verfassungsgeschichte seit dem Mittelalter bewegt.

KAPITEL 2
Was ist Föderalismus?

Autonomie als Kernbestandteil

Erfunden haben die Deutschen den Föderalismus nicht. Der Begriff geht auf das lateinische Wort «foedus« zurück – es bedeutet Bund oder Bündnis, auch Treuevertrag. Aber auch die Römer waren nicht die Erfinder, ihr Imperium war eher ein Zentralstaat, in dem alle Wege bekanntlich nach Rom führten. Dagegen wimmelte es in der griechischen Staatenwelt der Antike nur so von großen und kleinen Bünden, die zum Teil bereits ähnlich organisiert waren wie Bundesstaaten unserer Tage. Griechenland wurde für Europa zur Wiege des Föderalismus. Die Kernfrage jedes griechischen Bundes lautete: Wie steht es mit der Autonomie der Mitglieder? Denn ihre Autonomie war den griechischen Staaten heilig – sie durfte in einem Bund eingegrenzt werden, aber nicht verloren gehen. Autonomie bedeutet wörtlich Eigengesetzlichkeit, also das Recht und die Fähigkeit, sich selber Gesetze zu geben, sich selbst zu regieren. Ohne ein gewisses Maß an Autonomie der Glieder ist Föderalismus nicht denkbar, denn man schließt nicht freiwillig einen Bund, um die Eigenstaatlichkeit aufzugeben.

Doppelstaatlichkeit

Föderalismus führt zu Doppelstaatlichkeit – es gibt eine gesamtstaatliche und die einzel- oder gliedstaatliche Ebene. Beide haben ihre Autonomierechte und sind einander nicht über- und untergeordnet. Der Zweck der Vereinigung verlangt zwar von den Mitgliedern eines Bundes, eigene Interessen gegebenenfalls zurückzustellen. Geht das jedoch zu weit, kann der Nutzen des Bundes für die Mitglieder zweifelhaft werden. Föderalismus erfordert daher immer einen Grundkonsens darüber, wie viel Autonomieverlust für die Glieder vernünftig und tragbar ist, wie viel von ihrer Eigenstaatlichkeit sie an den Gesamtstaat abzugeben bereit sind. Jede Ebene hat ihre Aufgaben, wobei das in modernen Bundesstaaten nicht mehr strikt abgegrenzt werden kann – Verflechtung ist zur Normalität geworden. Und dafür bedarf es des steten Ausgleichs zwischen den Einzelstaaten und dem Gesamtstaat. Föderalismus bedeutet daher immer, dass die staatlichen Ebenen kooperieren und sich koordinieren – mal in einem engeren Verbund, mal nur im lockeren Zusammenhang. Dabei spielt auch eine Rolle, ob und wie weit die Gliedstaaten in das gesamtstaatliche Regierungsgeschäft eingebunden werden. In Deutschland ist das mit dem Bundesrat in hohem Maß der Fall, in den USA weitaus weniger – im Senat sitzen keine Regierungsvertreter. In neuester Zeit muss man auch von einem mehrstöckigen Föderalismus ausgehen – die Europäische Union hat drei Ebenen (Gemeinschaft, Mitgliedstaaten, Regionen), zählt man die Kommunen als eine eigene Ebene, sind es gar vier.

Kein dezentralisierter Einheitsstaat

Das Gegenteil des Bundes ist der Einheitsstaat. In ihm gibt es keine Aufteilung von Autonomie. Zwar gibt es dezentralisierte Einheitsstaaten, diese haben aber mit Föderalismus eher wenig zu tun, denn der dezentralen Ebene stehen keine oder allenfalls abgeleitete Autonomierechte zu. Die Weimarer Republik kam aber diesem Modell recht nahe. Der klassische Einheitsstaat Frankreich hat im Zuge der europäischen Einigung, welche die Rolle der Regionen betont, 1982 eine umfangreiche Dezentralisierung begonnen und den damals geschaffenen Regionen begrenzte Autonomierechte etwa bei Steuern oder Verwaltungsentscheidungen zugestanden. Auch Spanien ist diesen Weg gegangen, sogar ein gutes Stück weiter, und in gewisser Weise auch Großbritannien, wo Schottland erheblich mehr Autonomie besitzt als ein deutsches Bundesland. Dezentralisierte Einheitsstaaten können sich auch zu Bundesstaaten umorganisieren – ob das bei den genannten Ländern der Fall sein wird, ist allerdings aufgrund ihrer Verfassungstradition eher fraglich.

Zwischen Unitarismus und Partikularismus

In Deutschland werden als Föderalisten gerne diejenigen bezeichnet, die sich starke Länder wünschen, den Bundesrat wichtig nehmen, möglichst viel regionale Selbstbestimmung wollen und möglichst wenig Vorgaben aus Berlin. Föderalismus steht demnach allein für Vielfalt. Das hat selbst Einzug in Wörterbücher gefunden hat. In einem gängigen Werk von 1979 steht zum Beispiel unter dem Begriff Föderalismus als Erklärung zu lesen: »Stärkung der Bundesstaatsglieder auf Kosten der Bundesmacht«. Doch das ist falsch. Föderalismus ist weder mit der einen noch der anderen Ebene allein zu verbinden, denn im Sinne der Staatsgründung schafft er diese beiden Ebenen, um sowohl Vielfalt als auch Einheit zu ermöglichen, und im staatsorganisatorischen Sinn hat er die Aufgabe, diese Doppelstaatlichkeit in der Balance zu halten. Denn in jeder Föderation bilden sich nahezu zwangsläufig zwei widerstreitende Kräfte: Die eine betont die Autonomie der Gliedstaaten, die Vielfalt, die andere drängt nach mehr Einheit, will also den Gesamtstaat stärken. Klassische Begriffe dafür sind Partikularismus (er steht für Vielfalt und regionale Eigenständigkeit) und Unitarismus (das Streben nach Einheit und Einheitlichkeit). Der

Begriff Partikularismus ist freilich in Deutschland historisch belastet und eher verpönt. Er wurde im 19. Jahrhundert fast zum Schimpfwort. Denn Partikularismus galt als destruktiv, als Mittel derer, die den angeblich unaufhaltsamen Gang der Geschichte zum starken deutschen Nationalstaat aufhalten wollten. Und der wurde von seinen Verfechtern als unitarisch, ja als Einheitsstaat konzipiert. Damals wurden Föderalismus und Partikularismus in eins gesetzt – mit Wirkung bis heute. Dabei verbirgt sich hinter Partikularismus gar nichts Schlimmes, denn was ist an Vielfalt auszusetzen? Irmline Veit-Brause hat Partikularismus als eine Mentalität und Wertvorstellung von sozialen oder politischen Gruppen definiert, »die der Verteidigung der Selbständigkeit, Unabhängigkeit und der Sonderinteressen der Teile den Vorrang gegenüber den Gesamtinteressen einräumen, jedoch nur selten zur tatsächlichen Loslösung bereit sind«. Zwar betonen manche Politiker (meist die auf Bundesebene), dass das Gesamtinteresse vorzugehen hat. Aber das ist nicht zwangsläufig – Partikularinteressen können ebenfalls vernünftig und statthaft sein. Im Grunde lässt sich Partikularismus mit dem Begriff Pluralismus gleichsetzen, der in seiner politischen Bedeutung ebenfalls die Vorzüge der Vielfalt ausdrückt und weitaus positiver klingt. Föderalismus aber ist der Ausgleich zwischen Einheit und Vielfalt, zwischen partikularen und unitarischen Bestrebungen – der Versuch, die widerstreitenden Kräfte in einem Gleichgewicht zu halten.

Ausgleich und Wettbewerb

Von dem britischen Historiker und Staatsmann James Bryce, der sich im 19. Jahrhundert sowohl mit dem deutschen wie dem amerikanischen Föderalismus befasst hat, stammt eine klassische Definition: »Das Problem, das alle föderalistischen Länder lösen müssen, ist, wie eine effiziente Zentralregierung gesichert und die nationale Einheit bewahrt werden kann, während zugleich Spielraum für Unterschiede und freies Spiel für die Mitglieder der Föderation gewährleistet sind. Das Problem besteht darin, wie die (...) Kräfte im Gleichgewicht gehalten werden können, so dass weder die Einzelstaaten als Planeten in den Weltraum abdriften, noch die Sonne der Zentralregierung sie in ihrem verzehrenden Feuer verschlingt.« Ausgleich und Gleichgewicht – damit wird deutlich, dass Föderalismus stets offen für Konsens und Kompromiss sein muss. Er ist ein Mittel, Kooperation zu fördern, Konflikte zu kanalisieren und Gegensätze erträglich zu gestalten. Und damit ist er ein Instrument der Machtkontrolle und der Machtbalance. Föderalismus gewichtet deshalb – richtig verstanden – mal mehr die partikulare Ebene, wenn der Konsens dahin geht, dass dies dem Bund nützlich ist, oder aber die unitarische Seite, wenn man sich davon größeren Gewinn verspricht. Föderalismus behindert einheitliche Lösungen nicht, wie seine Gegner ihm oft unterstellen, und er sucht nicht nur Vielfalt zu garantieren. Ganz im Gegenteil: Gerade die Fähigkeit, Einheit herzustellen, also Teile zu einem Ganzen zu integrieren, ist eine der Stärken des Föderalismus. Aber nicht nur Kooperation ist charakteristisch, sondern auch Wettbewerb, das freie Spiel der partikularen Kräfte. Gestaltungsautonomie auf der teilstaatlichen Ebene führt dazu, dass Herausforderungen unterschiedlich angegangen werden – das Ergebnis lässt sich dann vergleichen. Das hilft den Bürgern, die eigene Landesregierung einzuschätzen, und sie ermöglicht allen Ländern, voneinander zu lernen. Die beste Lösung kann sich allgemein durchsetzen – eine Form der Vereinheitlichung, entstanden aus Wettbewerb.

Flexibel und dynamisch

Eine Gefahr liegt in der Überbetonung von Unitarismus oder Partikularismus. Um das zu verhindern, darf Föderalismus nicht als starres System verstanden werden, sondern muss dynamisch und flexibel angelegt sein. Beide politischen Ebenen haben ihren Teil dazu beizutragen und dürfen sich nicht als kompromisslose Hüter ihres Prinzips verstehen. Wenn die Bundesseite sich ausschließlich als Vertreter des Unitarismus betrachtet, die Länderseite aber nur auf die Verteidigung des Partikularen festgelegt ist, funktioniert Föderalismus nicht. Als dynamisches System ist er einem ständigen Anpassungsdruck unterworfen, was die Bereitschaft zum Ausgleich voraussetzt. Kritisch wird es, wenn das nicht mehr klappt. Dann erstarrt das System. Oder es läuft Gefahr, in die Extreme von Zentralismus oder Separatismus überzugehen. Zentralismus aber schließt politische Vielfalt durch regionale Eigenständigkeit aus, seine Anhänger wollen den Einheitsstaat. Separatismus dagegen zielt auf völlige staatliche Selbstständigkeit. Zentralisten wollen alles unter einen Hut bringen, Separatisten wollen ihren Hut nehmen und gehen.

Trennen oder verbinden?

In der Regel wird zwischen zwei Modellen des Föderalismus unterschieden: dem Trennmodell, auch dualer Föderalismus genannt, und dem Verbundmodell. Die erste Variante wird üblicherweise den Vereinigten Staaten von Amerika zugeschrieben. Dort sind in der Tat die Zuständigkeiten bei Gesetzgebung und Verwaltung zwischen Washington und den Bundesstaaten relativ strikt getrennt. Die Autonomie jeder staatlichen Ebene ist recht groß: Rechtseinheit wird dabei nicht angestrebt. Die regionalen Unterschiede – zum Beispiel bei den Steuern – sind beträchtlich, aber die Amerikaner akzeptieren dies als bundesstaatliche Normalität. In Nordamerika (auch Kanada hat einen eher dualen Föderalismus) ist der Föderalismus zudem ein Ausdruck der Wertschätzung für Demokratie, Wettbewerb und Freiheit. Deutschland ist dagegen das Paradebeispiel für einen Verbundföderalismus, der stärker auf die Kooperation zwischen den staatlichen Ebenen setzt. Die Autonomie der Einzelstaaten ist geringer, dafür ist ihre Mitwirkung an gesamtstaatlichen Entscheidungen höher, was wiederum die Autonomie des Bundes einschränkt. Weniger demokratisch muss das nicht sein, in jedem Fall aber ist es aufwändiger. In der deutschen Reformdebatte wird der duale Föderalismus nordamerikanischer Prägung häufig als »echter« Föderalismus betrachtet, als Vorbild, an dem der deutsche Bundesstaat gemessen werden muss. Und der Vergleich kann ja durchaus hilfreich sein, um Defizite im deutschen System aufzuzeigen und zu beseitigen. Aber es gibt kein »Normalmodell« des Föderalismus, und die deutsche Variante mit ihrer engeren Verflechtung ist damit auch keine Abweichung von einer Norm. Der Begriff »kooperativer Föderalismus«, der als deutsches Spezifikum gilt, ist im Übrigen zuerst in Amerika aufgetaucht: »cooperative federalism« wurde erfunden, um eine stärkere politische Steuerung durch die Bundesebene seit dem New Deal in den Dreißigerjahren des vorigen Jahrhunderts einzuleiten. Während Kooperation in den USA aber stärker vom Bund her stattfindet, auf bilaterale Formen (zwischen Bund und Staaten) ausgerichtet ist und in einem überschaubaren Rahmen bleibt (sowohl finanziell als auch verwaltungstechnisch), wird sie in Deutschland als ein recht umfängliches Kollektivunternehmen aller Beteiligten betrieben. Dass die Bundesrepublik häufig als »unitarischer Bundesstaat« bezeichnet wird, deutet darauf hin, dass der deutsche Föderalismus eine Schlagseite hin zum Einheitlichen hat.

Subsidiarität und Solidarität

Jede föderale Ordnung hat zwei Gebote zu achten, ohne die sie nicht bestehen kann: zum einen das Gebot der Subsidiarität, zum anderen das der Solidarität. Das Subsidiaritätsprinzip bedeutet, dass die gesamtstaatliche Ebene nur jene Aufgaben übernehmen sollte, die auf der teilstaatlichen nicht erfüllt werden können oder die wichtige Interessen aller Mitglieder des Bundes betreffen. Entsprechend geht zum Beispiel das Grundgesetz davon aus, dass die Gesetzgebung und Verwaltung zunächst Sache der Länder ist und der Bund nur dann die Führung übernimmt, wenn es wirklich nötig ist. Umgekehrt hat die Bundesebene auf die Eigenständigkeit der Bundespartner Rücksicht zu nehmen. In der Verfassungswirklichkeit ist die Auslegung des Subsidiaritätsprinzips freilich oft mit Streit behaftet. Das Solidarprinzip bedeutet, dass die Partner füreinander einstehen und sich gegenseitig helfen. Solidarität ist ein Hauptzweck jedes Bundes. Aber sie ist durch das Autonomieprinzip begrenzt: Sie soll die Eigenständigkeit der Bundesglieder nicht nivellieren, sondern ist als Hilfe zur Selbsthilfe zu verstehen.

Ein Bündel von Vorteilen

Neben der Gewaltenteilungsfunktion werden dem Föderalismus im Vergleich zum zentralisierten Einheitsstaat eine ganze Reihe von Vorteilen zugeschrieben. Dazu gehört vor allem, dass Regionen mit ihren Problemen selbst umgehen können – die Vielzahl von Regierungen und Parlamenten in einem Bundesstaat gibt die Möglichkeit, demokratisch legitimierte Entscheidungen näher am Ort des Geschehens zu treffen. Das wird häufig auch mit dem Begriff Bürgernähe übersetzt – aber die ist weniger eine Frage der Staatsorganisation, sondern eine der Einstellung von Politikern und Beamten. Insofern sollte man eher von Problemnähe sprechen, wenn es um diesen Vorzug des Föderalismus geht. Und in jedem Staat von einer gewissen Größe gibt es immer Herausforderungen, die sich nur in einem Teil des Gebiets stellen und daher auch von den Betroffenen dort am besten beurteilt und gelöst werden können. Damit einher geht die Entlastung der gesamtstaatlichen Ebene, auf der sich nicht alle Probleme ballen und die damit mehr Freiheit hat, sich um die Fragen zu kümmern, die wirklich alle Bürger eines Bundesstaats angehen. Das sind übrigens »von Natur aus« nicht viele. Die klassischen Zuständigkeiten sind die Vertretung nach außen, Verteidigung, Währungspolitik, Zölle und andere Maßnahmen für eine Wirtschaftseinheit, im Sozialstaat die kollektiven Sicherungssysteme. Auch gesamtstaatlich bedeutsame Infrastrukturprojekte gehören dazu. Angesichts des Klimawandels sollte man auch die Umweltpolitik zumindest in Teilen dazurechnen, zumal es hier immer mehr um internationale Vereinbarungen geht. Alles andere – Bildung, Gesundheitswesen, Straßenbau, Strafrecht, Polizei – kann grundsätzlich den Teilstaaten überlassen bleiben. Die Steuerpolitik kann auf beide Ebenen verteilt sein, sollte aber koordiniert werden.

Föderalismus erleichtert auch das politische Experimentieren, wenn einzelne Länder als »Reformlaboratorium« dienen und Erkenntnisse gewinnen, die dann allen anderen nutzen. Auch der Minderheitenschutz gilt als Pluspunkt des Föderalismus, wobei es hier nicht nur um ethnische Minderheiten und deren Autonomie geht – letztlich ist auch die Bevölkerung einer schwachen Region mit wenigen Einwohnern eine solche Minderheit, die sich in einem Einheitsstaat nur schwer artikulieren kann, jedoch durch die eigenstaatliche Vertretung auf Bundesebene mehr Gehör findet.

Föderalismus und Demokratie

In einem Bundesstaat haben die Bürger eine Möglichkeit mehr zur demokratischen Teilnahme. Und die im internationalen Vergleich noch immer recht hohe Beteiligung der deutschen Bevölkerung an Landtagswahlen zeigt, dass diese Chance auch wahrgenommen wird. Dabei sollte man diese Regionalwahlen nicht als verkappte Bundeswahlen abtun, als lästige Zwischenwahlen, die nur vom Regieren abhalten.

Denn zum einen stehen immer in erster Linie Landesthemen und Landespolitiker im Vordergrund, und die Demoskopen verweisen regelmäßig darauf, dass die Wähler auch ganz gut zwischen Bund und Land zu unterscheiden wissen. Zum anderen sind bundespolitische Plebiszite bei Landeswahlen nur aussichtsreich, wenn die Regierung im Bund ohnehin angeschlagen ist – woran sie meist selber die Schuld trägt. Warum also sollte eine Opposition die Chance nicht nutzen? Es ist demokratische Normalität in einem Bundesstaat.

Gerade in einem stark von Parteien dominierten Staat wie der Bundesrepublik sehen viele Politikwissenschaftler im Föderalismus ein ausgleichendes Element gegen zu viel Machtballung an der Spitze dieser Parteien. Sie stärke die innerparteiliche Demokratie, heißt es, indem sie mehr Konkurrenz in den Parteien möglich mache. Landesverbände können Politikern, die sich gegen die Linie der Bundespartei wenden, eine Basis bieten. Auch dient die Landespolitik als Reservoir für Talente, die sich für bundespolitische Aufgaben bewähren können. Oppositionsparteien werden in einem föderativen System eher in die Politik integriert, was Radikalismus und Populismus entgegenwirkt.

Und einige Nachteile

Nachteile sollen nicht verschwiegen werden. Alexis de Tocqueville hat schon 1835 in seiner Darstellung der Demokratie in Amerika einen wesentlichen genannt: »Der augenfälligste unter all den Nachteilen, die einer Bundesordnung eigen sind, ist die Umständlichkeit ihrer Verfahren.« Und wenn das schon im eher dualen System der USA so war (und ist), dann muss es für den deutschen Verbundföderalismus noch mehr gelten. Er kann in der Tat dazu führen, dass Entscheidungen sehr lange dauern, dass viel Abstimmungsbedarf entsteht, dass Politik schwerfällig wird. Immerhin dauert ein Gesetzgebungsverfahren auf der Bundesebene in Deutschland im Schnitt fast doppelt so lange wie etwa in Großbritannien – allerdings auch doppelt so lange wie ein Verfahren auf der Landesebene, etwa in Bayern oder Niedersachsen. Würde man also wieder mehr Gesetzgebung auf die Länder zurückverlagern, wie manche Reformer es fordern, ginge es auch bei uns etwas zügiger. Wobei man festhalten sollte, dass die Krisengesetzgebung Ende 2008, als das Weltbankensystem wankte und eine massive Rezession drohte, in bemerkenswerter Geschwindigkeit durch Bundestag und Bundesrat gebracht wurde. Im Übrigen ist eine lange Verfahrensdauer nicht per se schlecht; es ist eher der Mangel an Transparenz beim Zustandekommen von Entscheidungen, der das Bild des deutschen Föderalismus gelegentlich trübt. Ein weiteres Manko: Die Verhandlungsintensität föderaler Verfahren führt oft zu Kompromissen, die nicht allen akzeptabel erscheinen und bisweilen auch nicht die geeignete Antwort auf ein Problem sind. Im Extremfall kann es zu Politikblockaden kommen, wenn sich die Verantwortlichen nicht einigen – in der Bundesrepublik also Bundestag und Bundesrat.

Mitdenken ist nötig

Manche Kritiker monieren auch, Föderalismus hemme die Mobilität der Bevölkerung – etwa durch unterschiedliche Schulsysteme, was allerdings umstritten ist. Denn die Wahrscheinlichkeit, dass in einem Schülerleben ein Umzug in ein anderes Bundesland ansteht, ist gar nicht so hoch (nach den Recherchen des Autors liegt sie bei sechs bis sieben Prozent). Gravierender ist da vielleicht doch, dass Föderalismus für den Steuerzahler zu teuer werden kann. Vor allem ein intensiver kooperativer Bundesstaat wie in Deutschland treibt die Kosten durch hohen Koordinierungsbedarf, wie Politikwissenschaftler herausgefunden haben. Andererseits: Die Regierbarkeit der Bundesrepublik haben alle diese Nachteile bislang nicht untergraben. Ein letzter »Nachteil« noch: Eine komplexe Verfassung wie die des Bundesstaats verlangt von den Bürgern etwas mehr Mitdenken. Schon Tocqueville war »erschreckt über die Menge vielfältiger Kenntnisse und des Urteilsvermögens, die sie bei den Bürgern voraussetzt«. So ist er wohl auch eine Herausforderung, der Föderalismus – nicht zuletzt an die politische Bildung.

KAPITEL 3

Länder und Reich, Fürsten und König

»Das Reichsgebiet besteht aus den Gebieten der deutschen Länder.« Der Satz stammt nicht aus einer mittelalterlichen Urkunde, sondern aus dem Artikel 2 der Weimarer Reichsverfassung von 1919. Man hätte ihn allerdings im Mittelalter gut verstanden. Wie auch die Passage in der Präambel unseres Grundgesetzes, wo von den »Deutschen in den Ländern« die Rede ist. Denn das mittelalterliche Reich – das waren seine Länder. Die »deutschen Lande«, wie es meist hieß. »Deutschland« taucht als Begriff erst im 15. Jahrhundert häufiger auf. Will man den Ursprüngen des Föderalismus im Mittelalter nachspüren, dann geht es aber nicht nur um die Lande. Dazu gehörten auch das Wahlkönigtum, der besondere Charakter des Reiches als lockerer Personenverband, der aristokratisch-genossenschaftliche Grundzug des mittelalterlichen Verfassungslebens, das damit zusammenhängende Lehnwesen.

Die deutschen Lande

Aber der Anfang waren die deutschen Lande. Doch welche waren das? Im Jahr 1240 bereiste der englische Gelehrte Bartholomäus Anglicus den Kontinent. In seinem Bericht sprach er von den vielen Völkern Germaniens und zählte als Länder auf: *Bavaria, Suevia, Alsatia, Franconia, Frisia, Austria, Karinthia* (Kärnten), *Lothringia, Recia* (Raetien), *Saxonia* (der Raum zwischen Ems, Eder und Elbe), *Thuringia, Westvalia, Mysna* (die Mark Meißen). Auch *Bohemia* und *Burgundia* wurden genannt, dazu einige niederländische Gebiete: *Brabantia, Belgica, Flandria, Ollandia, Selandia*.

Gut hundert Jahr später, im Jahr 1377, setzte König Karl IV. seinen Sohn Wenzel als Reichsverweser ein und umschrieb das Aufgabengebiet so: *Sachsen, Westfalhen, Doeringen, Hessen, Beyren, Francken, Swaben, Elsassen, am Reyn und in allen Tewtschen landen.* In einer Urkunde König Sigmunds von 1422 finden sich *Swaben, Beyern, Franken, am Reyn, Elsass, in der Wederawe* (Wetterau), *Hessen, Doryngen, Sachsen, Westfalen, Myssen, Bravant, Holland, Seeland, Gulch* (Jülich), *Gelre* (Geldern). Im Nachsatz ist zudem von *allen und iglichen provincien, erczbischtumen, ebetyen, furstentumen* die Rede.

Zum Abschluss sei noch die Aufzählung des päpstlichen Beamten Marinus de Fregeno von 1479 erwähnt: Bayern, Schwaben (ein »Land tüchtiger Menschen«), Franken, Thüringen, Meißen, Mark Brandenburg, Österreich (das jetzt Kärnten,

Tirol und die Steiermark einschloss), Schlesien, ein pommersches Herzogtum, Mecklenburg, Holstein, Sachsen, Westfalen, die Rheinlande (als »edelstes und mächtigstes Land« bezeichnet), dann die Schweiz und ganz im Nordwesten wieder Friesland, Holland, Geldern, Brabant und Löwen.

Eine recht stabile Sammlung also über die Jahrhunderte hinweg – im Kern war ca ein gutes Dutzend Länder, und viele von ihnen gibt es, wenn auch in anderen Grenzen, bis heute. Zur »Grundausstattung« gehörten Bayern, Schwaben, Sachsen, Franken – das waren die alten Herzogtümer der fränkischen Zeit, die auf den gleichnamigen Stammesvölkerschaften aufbauten. Thüringen, Westfalen, das Elsass, Kärnten oder Österreich – das waren Spaltprodukt dieser Herzogtümer. Die frühen Markgrafschaften wie Brandenburg oder Meißen zählten auch zum Basiskatalog. Hessen oder die Wetterau kamen später hinzu, dann auch kleine Länder wie Jülich, Mecklenburg, Holstein. Alte und neue Länder, wenn man so will. Die Niederlande und die Schweiz zählten bis ins 16. Jahrhundert ganz selbstverständlich zu den deutschen Landen, dann gingen sie ihren eigenen staatlichen Weg, der sich aber schon früh angedeutet hatte. Böhmen und Burgund fielen früh aus dem Katalog heraus, es waren keine deutschen Lande (auch wenn sie in der Reichspolitik weiter eine Rolle spielten).

Was ist ein Land?

Die mittelalterlichen Lande darf man sich nicht als geschlossene Territorien vorstellen wie unsere heutigen Länder, und als Staaten in unserem modernen Sinn schon gar nicht. Das kam erst mit der Zeit. Der Historiker Max Weltin hat für das Früh- und Hochmittelalter, also für die Zeit bis etwa 1250, eine modern klingende Definition vorgeschlagen: »Das Land ist (…) die Interessengemeinschaft einer Anzahl adeliger lokaler Machthaber mit der von ihnen als übergeordnet anerkannten Instanz des Landesherrn.« Vor allem personal, weit weniger territorial – so dachte man im Mittelalter. Bis heute ist die Wendung »Land und Leute« gängig, und das trifft die damalige Wirklichkeit ganz gut: Ein Land war ein Zusammenschluss von Herrschaftsträgern, eine Adelsgenossenschaft sozusagen, und dann das Gebiet, in dem diese »Leute« ihre Herrschaft ausübten. An ihrer Spitze stand ein herausgehobener Adeliger – der Erste, der Fürst (im englischen *the first* klingt das noch an). Und der Erste im Land war traditionell ein Herzog oder ein herzogsgleicher Fürst wie der Markgraf. Die Leute, das waren die einfachen Grafen und niederen Adeligen, später auch der hohe Klerus und dann die Vertreter der Bürgerstädte. Seltener gehörten auch Bauern dazu. Ein Land hatte in aller Regel eine Landesversammlung, den Landtag oder die Landschaft, zur Beratung des Fürsten. In jedem Land galt ein spezifisches Landrecht, von Generation zu Generation überliefert. Nach diesem Landrecht wurde in den Gerichten des Landes Recht gesprochen, die niedere Gerichtsbarkeit lag bei den Grafen, die höhere (und damit die Rechtsaufsicht) bei den Fürsten. So waren die Lande autonome Rechtskreise mit eigenem Recht und eigener Gerichtsbarkeit. Als oberstem Richter oblag es dem Fürsten, dafür zu sorgen, dass das Recht zur Geltung kam und die Gerichte funktionierten. Er hatte den Landfrieden zu wahren, ein weiterer Begriff, der ein Land definierte: Es war immer auch ein Landfriedensbezirk. Dazu kamen landestypische Sitten, eine gemeinsame Kultur und auch die regionale Sprache. Das alles floss zusammen im Landesbewusstsein, das alle Bewohner einband – dieses Landesbewusstsein erklärt zum Beispiel, warum man Franken und Schwaben noch als Land begriff, als die durch einen Fürsten symbolisierte politische Einheit brüchig geworden war.

Länder = Fürstentümer

»Land ist ein vielfältig Ding«, hat der Mediävist Bernd Schneidmüller zu Recht festgestellt, aber in erster Linie war es ein politisch Ding. Als Regel kann gelten, dass die mittelalterlichen Länder stets Fürstentümer waren. Und Fürstentümer hatten einen Herzog an der Spitze oder einen herzogsgleichen Fürsten, also einen Markgrafen, Pfalzgrafen, Landgrafen. Dass in der oben erwähnten sigmundischen Urkunde von 1422 nach der Aufzählung der Länder auch pauschal die Erzbistümer und Abteien genannt werden, lässt sich leicht erklären: Hohe kirchliche Würdenträger waren immer auch politische Machthaber, das Mittelalter trennte nicht strikt zwischen weltlich und geistlich, und Bischöfe und eine Reihe von hohen Äbten waren früh den Herzögen im Rang gleichgestellt, und damit waren sie Landesherren, auch wenn ihre Gebiete in den oben genannten Quellen nicht eigens aufgeführt sind. Ein großes Bistum wie etwa Würzburg gehörte zu Franken, die drei führenden geistlichen Fürsten – die Bischöfe von Mainz, Trier und Köln – gehörten mit ihren Herrschaftsgebieten zum Rheinland. Geistliche Gebiete hatten gegenüber den weltlichen Ländern einen Sonderstatus. Im Übrigen, das zeigt das Hinzutreten neuer Länder wie Jülich und die Aufgliederung Schwabens und Frankens in kleinere Herrschaftsgebiete, war die regionale Machtarchitektur des mittelalterlichen Reiches immer in Bewegung – Länderneugliederung ist kein ganz modernes Phänomen. Gemeinsam war den deutschen Landen aber immer eines: Als selbständige Rechtsräume besaßen sie ein beträchtliches Maß an Autonomie. Das prägte auch das Selbstverständnis der politisch Verantwortlichen. Deren Pochen auf regionaler Autonomie war die Basis der föderalen Verfassungsentwicklung.

Was war das Reich?

Länder sind also früh erkennbar in der deutschen Geschichte. Aber was war das Reich? Eine »Vereinigung der deutschen Lande« etwa? Nicht ganz falsch, aber auch hier gilt, zumindest bis ins spätere Mittelalter, dass personale Vorstellungen den territorialen vorangingen. So gesehen war das Reich eher eine Vereinigung der deutschen Landesfürsten. Doch sollte man sich hüten, diese als eine feste politische Organisation zu betrachten. Das Reich war im Mittelalter eine eher virtuelle Angelegenheit (auch wenn unsere Vorfahren bis ins 20. Jahrhundert hinein glaubten, es sei eine vor Macht und Ansehen strotzende Einheit gewesen). In Wirklichkeit gab es im Mittelalter praktisch keine Reichsinstanzen über den Ländern. Für eine monarchisch-zentralisierte Regierungsweise war das Reich nach den Kommunikationsbedingungen jener Zeit (und das galt bis in die Neuzeit hinein) zu groß. Die Mächtigen in den Landen aber wussten, was das Reich ihnen bot: gegenseitigen Schutz in der Vereinigung, die den Kampf aller gegen alle wenn nicht verhinderte, so doch eindämmte. Darüber sollte einer wachen – der König als oberster Richter, Schlichter und Vermittler.

Ein Wahlkönigtum

Der deutsche König wurde von den Landesfürsten in der Regel aus ihrem Kreis gewählt, er war *primus inter pares*, ein Fürst unter Fürsten, was natürlich einen gewissen Rollenkonflikt mit sich brachte. Das Wahlkönigtum, auch eine deutsche Besonderheit (jedenfalls sein Überleben bis ins 18. Jahrhundert) war eine der wesentlichen Ursachen des Föderalismus. Es verhinderte, dass sich das Königtum über die anderen Adeligen erheben konnte, dass es im Mittelalter zu einer festen Residenz kam, zu einer dauerhaften Regierungszentrale. Mit dem Reich verband sich in Deutschland keine monarchische Herrschaft. Es war und blieb eine Aristokratie, deren Herrschaftsbasis die Lande waren. Das Reich hatte von daher etwas Subsidiäres. Dass die Habsburger in der Frühen Neuzeit quasi gewohnheitsmäßig in das Königsamt gewählt wurden und der Wiener Hof gewisse Zentralfunktionen bekam, widerspricht dem nicht. Denn die föderativ-aristokratische Verfassungstradition des Reiches war im 16. Jahrhundert schon so gefestigt, dass ein Umbruch allenfalls noch mit Gewalt möglich war – der Versuch scheiterte mehrmals, zuletzt im Dreißigjährigen Krieg.

Ein Integrationsakt

Anfangs gehörten wohl alle Herzöge und mächtigen Grafen zum Kreis der Königswähler, später beschränkte man das Wahlrecht auf die Kurfürsten. Wobei man sich den Wahlakt nicht als eine namentliche Abstimmung, sondern als Akklamation nach vorheriger Sondierung vorstellen muss. Die Königswahl hatte eine nicht zu unterschätzende Bedeutung für den Zusammenhalt der deutschen Lande. Immer wieder mussten die Wähler sich abstimmen und auf einen Kandidaten verständigen (was bisweilen aber auch schief ging, es gab mehrfach Doppelwahlen und Gegenkönige). Diese Verständigung bedeutete ein Nachdenken über die Lande hinaus, führte zu »reichspolitischer« Verantwortung, die integrierend wirkte. »Als Erbmonarchie wäre das große Reich (...) wohl kaum lange lebensfähig gewesen«, urteilte Joachim Ehlers, »weil die dafür notwendige Gleichrichtung des politischen Willens seiner Träger nicht hätte erreicht werden und dann für Jahrhunderte hätte erhalten werden können. Königswahl und Wählerkonsens dürfen deshalb als Voraussetzung für Bestand und Einheit des Reiches angesehen werden, mithin als Stärken, nicht als Gebrechen seiner mittelalterlichen Verfassung.«

Verwalter und Schirmherr

Trotz aller Beschränkungen war das Königsamt eine Ehre, die den Träger aus der Adelsgesellschaft heraushob. Auch konnte man der Familie etwas Gutes tun – alle Adeligen dachten dynastisch. Und der Amtsinhaber übte auch Macht aus, denn seine Hauptaufgabe war es, oberster Richter über den Herzögen und Grafen zu sein. Auf diesen wollten die Landesherren nicht verzichten, denn wer sonst hätte bei Streitigkeiten zwischen ihnen schlichten können? Und gestritten wurde viel im Mittelalter. Der König fungierte auch als oberster Lehnherr im Reich. Aber das Lehngut gehörte ihm nicht, so wie ihm auch das Reich nicht gehörte. »Er ist sin phleger und sin vogt«, also sein Verwalter und Schirmherr, schrieb der Dichter Reinmar von Zweter Mitte des 13. Jahrhunderts über das Verhältnis von König und Reich. Im Grunde genommen war dieses Reich nicht viel mehr als eine Gruppe von Personen, die sich – durch einen historisch fundierten Grundkonsens und reines Machtkalkül zusammengebunden – dafür verantwortlich fühlte, etwas größeres Ganzes über den Ländern am Leben zu erhalten. Der König, von seinen Adelskollegen beauftragt, nahm seine Aufgabe »von Reichs wegen« wahr, die Landesfürsten wiederum konnten sich in ihren Landen auf die Autorität des Reiches berufen, die ihre Stellung untermauerte und ihre Oberherrschaft legitimieren half.

Auf Dauer verliehen

Das Reichslehngut, das der deutsche König verwaltete (und sich im Gegensatz etwa zu den Königen in Frankreich nicht aneignen konnte), bestand neben den »Immobilien« – Pfalzen, Burgen, Städte, Ländereien – vor allem aus den so genannten Regalien. Das waren Hoheits-, Herrschafts- und Nutzrechte, die der König in die Lande hinein verlieh. Zu den Regalien, den Königsrechten, gehörte nicht zuletzt die Höchstgerichtsbarkeit und das Recht, Richter einzusetzen, sodann das Münzrecht und das Marktrecht, die Straßen-, Ufer- und Flusszölle, das Geleitrecht auf den Straßen, Forst- und Fischereirechte, das lukrative Bergregal (für den Abbau von Erz, Silber und anderen Rohstoffen), das Recht, Städte zu gründen, Burgen und Befestigungen zu bauen und auch bestimmte Steuern und Abgaben zu erheben. Königsrecht war auch die Vogtei, also die Einsetzung weltlicher Schutzherren für Kirchen und Klöster. Mit der Zeit wurden diese Regalien von ihren Inhabern, den Herzögen und Grafen, als Eigengut betrachtet, sozusagen als Dauerleihgaben. Insofern hatte der König kaum noch Macht über das Verliehene, und es bürgerte sich auch ein, dass er heimgefallene Lehen – etwa beim Aussterben von Adelsfamilien – binnen eines Jahres wieder auszugeben hatte. Dieser Leihezwang war ein ungeschriebenes Gesetz, in dem sich das aristokratische Reichsverständnis ausdrückte: Die Regalien gehörten nicht dem König, sondern waren Reichsbesitz, und das Reich – das waren die Hochadelsgenossen. Die Lehenmasse beim König wurde mit der Zeit immer kleiner, die der Herzöge und Grafen immer größer. Die Regalien waren auf der Landesebene gelandet, wo es diesen Leihezwang nicht gab. Kein Wunder also, dass die Fürsten immer mächtiger wurden – und mit ihrer Macht festigte sich der aristokratische Verfassungsaufbau des Reiches. Aber es war vom Grundsatz her immer verliehene Macht. Jeder Fürst konnte seine Lehen auch wieder verlieren, wenn er sich dem Gesamtgefüge entziehen wollte, wenn er es an Bundestreue fehlen ließ. Separatismus war damit nicht möglich, denn man durfte dem Reich kein Lehen entfremden. Die lehnrechtliche Grundlage der Herrschaftsverteilung im Reich und in den Landen war der Kitt, der dieses Gebilde letztlich zusammenhielt.

KAPITEL 4
Einungen und Bünde: Föderalismus im Mittelalter

Konsens als Herrschaftsprinzip

Das ostfränkische Reich war nach dem Zerfall des fränkischen Herrschaftssystems kaum mehr als ein loses Konglomerat von Stammesländern. Unter dem schwachen König Konrad I. spielten die mächtig gewordenen Herren von Sachsen, Franken, Bayern, Schwaben, Lothringen und Thüringen die führende Rolle. Wer König sein wollte, brauchte ihre Unterstützung – und keiner wusste das besser als der Sachsenherzog Heinrich aus dem Adelsgeschlecht der Ludolfinger, als er 919 zum König gewählt wurde. Mit ihm begann eine neue Zeit, eine Zeit der Konsolidierung. Heinrichs Regierungspraxis war nicht auf zentrale Organisation gerichtet, er versuchte, im Konsens mit dem Hochadel zu regieren, also möglichst viele Landesherren in Entscheidungen einzubinden. Heinrich machte die Herzöge und auch die Bischöfe zu seinen vornehmsten Beratern. Er versammelte sie auf Hoftagen – regionalen Versammlungen ausgewählter Hochadeliger mit dem König. Das unter Heinrich I. eingeführte Konsensprinzip wurde als passendes Konzept bewertet. Der Erfolg dürfte »dazu beigetragen haben, dass man seine Grundideen künftig verteidigte, und das hieß, von dem König eine angemessene Beteiligung der wichtigsten Herrschaftsträger an den Entscheidungsprozessen und eine Achtung ihrer Stellung verlangte« (Gerd Althoff). Es war praktizierte Machtteilung. Das Recht auf Teilhabe führte zu Mitverantwortung, was den König in gewissem Sinne auch entlastete. Das Konsensprinzip ist damit zu einer Grundlage der föderalen Verfassungsentwicklung geworden. In ihm war angelegt, was der Historiker Manfred Groten als Charakterzug des Reiches bezeichnet hat: Es war »ein sich selbst organisierendes System«.

Regnum und Imperium

Heinrichs Sohn, der 936 sein Amt antrat und als Otto der Große in die Geschichte einging, hatte jedoch mehr Ambitionen als sein Vater. Er stellte sich in die Tradition Karls des Großen und ließ sich 962 in Rom zum Kaiser krönen – sieben Jahre nach seinem Sieg im Krieg gegen die Ungarn auf dem Lechfeld. Für Otto ging mit dieser Selbsterhebung der Anspruch einher, mehr zu sein als nur der »primus inter pares«, über die deutschen Lande, das deutsche Reich hinaus zu wirken. Otto stellte sich als Kaiser in die Tradition des römischen Reiches, wie dann auch viele

Ein Herr, viele Herren
Die deutschen Könige wurden im Mittelalter häufig im Kreis von geistlichen und weltlichen Fürsten abgebildet – wie hier Otto III. im berühmten Reichenauer Evangeliar. Man kann darin ein Symbol für den Fürstenbundcharakter des Reiches sehen.

seiner Nachfolger. Damit war der Anspruch verbunden, weltlicher Schirmherr der gesamten Christenheit und des Papstes zu sein. Zwei Reiche, ein Wort. Nicht so im Lateinischen: Hier ist das deutsche Reich das »regnum«, das größere, universale das »imperium«. Königreich und Kaiserreich also. Etwas salopp formuliert: Das deutsche Reich im Mittelalter war ein Königreich, das Teil eines Imperiums war, in dem der deutsche König auch als Kaiser fungierte. Daher der offizielle Name Heiliges Römisches Reich (zu dem auch Teile Italiens und Burgund gehörten). Deutsche Könige hatten, wenn sie Kaiser waren, eine Doppelrolle inne, die sie auch außerhalb Deutschlands beschäftigte und in Konflikte zog – nicht zuletzt mit den Päpsten. Für manche Regenten war das Imperium wichtiger als das Regnum. Oft ließen die imperialen Abenteuer und Ausflüge der deutschen Könige im Regnum ein Machtvakuum entstehen – und auch ein Friedensproblem, wenn der abwesende oberste Richter und Friedenswahrer seine Hauptaufgabe nicht erfüllte. Das führte dazu, dass die Probleme stärker auf Landesebene gelöst werden mussten. Und dass die Fürsten anfingen, sich als die eigentlichen Rechts- und Friedenswahrer zu empfinden. Ottos Entscheidung bedeutete so einen realen Machtverlust für den König im deutschen Reich zu Gunsten der Aristokratie. Mit dem imperialen Kaisertum dagegen verbanden sich künftig die Vorstellungen einer monarchischen Ordnung, der Überordnung des Königs, einer Beseitigung des aristokratischen Verfassungsgefüges und dessen föderativer Grundlage, ja schließlich auch jene irreale Idee, die Deutschen seien dazu berufen, Ordnungsmacht in Europa zu sein. Ottos Griff zur Kaiserkrone war somit in vielerlei Hinsicht folgenreich.

Bischöfe als Königshelfer

Da er häufig in imperialen Angelegenheiten in Italien unterwegs war, sann Otto auf Möglichkeiten, seine Herrschaftsansprüche im Regnum zu festigen. Die Lösung fand er in einer Art machtpolitischem Paralleluniversum zu den Herzögen und

Grafen in den Landen: der Reichskirche. Otto setzte Bischöfe und Äbte selbst ein, wobei er Freunde und Getreue bevorzugte, denen er zudem durch Regalienleihe zu einer starken Machtposition verhalf. Es war ein auf den König bezogenes Machtsystem, über das Otto in die Lande hineinregieren wollte. Und es war ein Pfründenpool, mit dem sich Personalpolitik treiben ließ. Allerdings lag auch eine Gefahr in diesem Vorhaben: Die geistlichen Herrschaftsträger konnten sich natürlich auch mit denen in den Landen solidarisieren und gegen den König verbünden. Die Reichskirche trug das Potenzial in sich, selbständig zu werden. In der Tat sollte es bald dazu kommen.

Erneuerung der Königsmacht

Im Jahr 1002 wurde der Bayernherzog Heinrich zum König gewählt. Seine Devise lautete: *renovatio regni Francorum* – die Wiederaufrichtung des fränkischen Reiches. Also eine Zentralisierung der Herrschaft beim König. Im Herzogtum sah er ein Amt, das von ihm zu verleihen war, nicht eine autonome Machtposition. Heinrichs Herrschaftskonzeption »strebte nicht nur allgemein eine Schwächung der Herzogs- und Fürstenmacht an«, urteilte Stefan Weinfurter, »sondern zielte im Grunde noch tiefer: Die Grundlagen (...) königsgleicher Adels- und Herzogsherrschaften sollten zerstört werden, erbrechtliche als eigenrechtliche Herrschaftsansprüche zurückgedrängt und umfassende königsgleiche und selbstherrliche Machtstellungen abgebaut werden.« Die Reichskirche wollte Heinrich noch stärker zu einem königlichen Machtinstrument ausbauen, als es unter den Vorgängern der Fall war. Protest ließ nicht lange auf sich warten, und er kam nicht nur vom Adel. Zwei Jahre nach Regierungsantritt bereits protestierten die Bürger Magdeburgs dagegen, dass Heinrich ihnen einen nicht genehmen Bischof vor die Nase setzte. Und sie sagten dem Emissär des Königs: »Die Freiheit eines Volkes, das ein König zwingt, geht zugrunde durch die freie Willkür des Herrschenden und nur ihr Schatten bliebe übrig, wollte man allen seinen Befehlen folgen.« Sie wünschten sich eine freie Bischofswahl durch das Domkapitel statt der Einsetzung von oben – ein erstes Anzeichen von Autonomiebestrebungen auch hier.

Autokraten am Ruder

Aber die Zentralisierungspolitik Heinrichs II. war nur ein Anfang. Nach seinem Tod 1024 setzten sich für ein Jahrhundert die Salier auf dem Königsthron fest, ein fränkisches Adelsgeschlecht, das sich in der Region um Worms eine solide Machtbasis aufgebaut hatte. Es sollten recht turbulente hundert Jahre werden, in denen die aristokratische Reichsverfassung einer Zerreißprobe ausgesetzt wurde. Die Salierkönige bevorzugten einen autokratischen Herrschaftsstil. Überall sollten von oben eingesetzte königliche Vertraute und Parteigänger Herrschaft ausüben, nicht der Landesadel. Spannungen bauten sich auf, unter Heinrich III., der von 1039 bis 1056 regierte, kam es erstmals zu größeren Adelsoppositionen. Die vorzeitige Königswahl seines Sohnes konnte Heinrich nur erreichen, indem er eine gerechtere Herrschaft versprach. Aber dieser Sohn, Heinrich IV., trieb das salische Potentatentum auf die Spitze. Er legte sich nicht nur mit dem selbstbewussten Adel an, sondern hatte auch mit einem ehrgeizigen Reformpapst zu tun, der die Kirche von der Oberherrschaft der Kaiser und Könige befreien wollte. Den deutschen Fürsten kamen die Ambitionen Gregors VII. und dessen Machtkampf mit Heinrich ganz gelegen. Ihnen missfiel sowohl das salische Monarchentum als auch der Anspruch des Papstes auf die Ernennung der Bischöfe und Äbte. Gregor bedrohte damit nämlich nicht nur das Investiturrecht des deutschen Königs, sondern auch eine Adelsbastion, denn das war die Reichskirche ja letztlich. Als Heinrich IV. versuchte, die Lande machtpolitisch zu durchdringen, indem er vor allem in Sachsen und Thüringen eine starke Königsposition aufzubauen begann – durch verstärkten Burgenbau und die Entsendung »landfremder« Beauftragter – kam es zum offenen Widerstand gegen den König. Der entschloss sich zum Krieg, sein Sieg in der Schlacht an der Unstrut im Jahr 1075 vertiefte die Gräben noch.

Forchheim und die Folgen

Als Heinrich in seinem Investiturstreit mit dem Papst bald darauf von Gregor gebannt wurde, schritten die Fürsten am 15. März 1077 in Forchheim zur Tat: Die Versammelten wählten Rudolf von Rheinfelden, den Herzog von Schwaben, zum neuen König. Heinrichs einige Wochen zuvor unternommener Bußgang nach Canossa, wo er sich dem Papst unterwarf, beeindruckte sie nicht. Mit dem Wahlakt von Forchheim, mit dem sich das Königswahlprinzip endgültig durchsetzte, hatten sich die Herzöge, Grafen und hohen Amtsträger der Reichskirche als Handlungsgemeinschaft für das Reich etabliert und damit die Rolle des Königs zurechtgerückt. Sie nahmen sich als reichspolitische Verantwortungselite wahr. Das zeigte sich auch im Jahr 1121, als die Fürsten einen Kriegszug Heinrichs V. gegen den Mainzer Erzbischof Adalbert stoppten, um einen größeren Konflikt zu vermeiden. Sie zwangen den König, sich auf eine Schlichtung einzulassen. In Würzburg kam ein Fürstenrat zusammen, dessen Entscheidung sogar schriftlich festgehalten wurde, da man es offenbar für verfassungspolitisch bedeutsam hielt. Die Würzburger Sentenz wies den König in die Schranken. In klaren Worten wurde deutlich gemacht, wer das Sagen hatte im Reich: »Wenn aber der Herr Kaiser dieses consilium nicht befolgt, werden die Fürsten die Treue, die sie sich gegenseitig versprochen haben, untereinander bewahren.« Das war das Entscheidende des Vorgangs: Die Herzöge, Grafen und hohen Kirchenmänner verstanden sich als eine Art Fürstenbund, dessen Aufgabe es war, für Frieden und Recht im Reich zu sorgen, wenn der dazu berufene König sich nicht verfassungskonform verhielt. Dieser Bund übernahm sozusagen die Königsaufgabe im Kollektiv. Der Chronist Ekkehard von Aura sprach hernach von den Fürsten als den »Häuptern des Reiches«.

Das Wormser Konkordat

So war der Weg bereitet zum Wormser Konkordat von 1122, einem Meilenstein der deutschen Verfassungsgeschichte. In diesem mit Papst Calixt II. geschlossenen Abkommen verzichtete Heinrich V. auf das Recht der Einsetzung der Bischöfe und hohen Äbte. Diese sollten künftig frei von den dazu Berechtigten – den Kapiteln der Bistümer und Stifte – gewählt werden. Dem König verblieb die Pflicht, den Kirchenfürsten ihre Regalien zu verleihen, sie in ihre weltliche Herrschaft (die dem Herzogsrang vergleichbar war) einzusetzen. Ihm wurde das Machtmittel aus der Hand genommen, die Reichskirche nach seinem Willen zu besetzen und zu steuern. Mit dem Wormser Konkordat setzte sich das Lehnwesen als Verfassungsprinzip in der aristokratischen Auslegung durch. Aus der direkten Lehnbindung an das Reich, vergeben durch den König, ergab sich der lehnrechtliche Anspruch auf »Rat und Tat«. Denn das Lehnrecht war eine Sache auf Gegenseitigkeit – Geber und Nehmer (Herren und Vasallen) banden sich in einem Treueverhältnis, das nicht zuletzt auf ein Beratungs- und Mitwirkungsrecht hinauslief. Darauf kam es der Aristokratie an: Landesfürsten wurden so zu Reichsfürsten. Aus dem Wormser Konkordat ließ sich ableiten, wer als Reichsfürst zu verstehen war: alle, die ihre Herrschaftsrechte direkt vom König verliehen bekamen. Das galt zunächst für die 47 Erzbischöfe und Bischöfe im Reich sowie 28 Äbte und 17 Äbtissinnen von Reichsklöstern. Praktisch aber galt das auch für alle Herzöge und Herzogsgleichen wie die Mark- und Pfalzgrafen. Aus diesem Kreis kamen auch all jene, die das Konkordat bezeugten, das ausdrücklich »mit Zustimmung und Rat der Fürsten« abgeschlossen worden war – genauer: auf deren Verlangen hin.

Die Reichskirche wird autonom

Die Reichskirche wurde in der Folge des Wormser Konkordats zu einem Pfeiler der aristokratischen Herrschaft im Reich. Denn die wählenden Dom- und Stiftskapitel waren fest in der Hand des Adels. Die Gewählten wiederum waren Teil der im Reich bestimmenden Fürstengenossenschaft. Über die Reichskirche hatte vor allem der »Mittelbau« des Adels Einfluss, denn sehr häufig kamen die Fürstbischöfe und Fürstpröbste (und zwar bis ins 18. Jahrhundert hinein) aus kleineren Adelsgeschlechtern und nicht aus den großen Herzogs- und Grafendynastien. Die Gewählten waren zwar nicht immer geweihte Priester, oft aber akademisch gebildete Theologen und Juristen. So kamen über die geistlichen Fürstentümer immer wieder recht fähige Männer auf wichtige Positionen auch für die Reichspolitik, die eher als so mancher weltliche Fürst, der sein Amt ererbt hatte, das nötige Maß an Kompetenz besaßen. Das galt nicht zuletzt für den Mainzer Bischofstuhl, der mit dem Amt des Erzkanzlers des Reiches verbunden war. Im Bund der Fürsten, der sich im 12. Jahrhundert bildete, spielten die großen Fürstbischöfe – neben dem Mainzer vor allem jene in Trier und Köln, daneben Würzburg, Salzburg, Münster – eine nicht zu unterschätzende Rolle.

Landesherrschaft – Ende der Gemengelage

Dass die Fürsten eine stärkere Verantwortung für das Reich wollten, hatte vor allem mit Vorgängen in den Landen zu tun. Die Herzöge und mächtigen Grafen hatten im 11. Jahrhundert begonnen, ihre Fürstenmacht systematisch auszudehnen. Das Ziel war die unangefochtene Führung im Land, eine Beendigung jenes Zustands, den Ernst Schubert auf den Begriff »Herrschaftsrechte in Gemengelage« gebracht hat. Landesherrschaft bedeutete nichts anderes als eine Erweiterung der herzoglichen Machtposition durch die Bündelung von immer mehr Hoheits- und Herrschaftsrechten beim Fürsten – Gerichtshoheiten, Vogteien, Münz-, Markt- und Wegerechte, eben all jene Regalien, die Macht und Geld versprachen. Da in salischer Zeit das Königtum in seiner Rolle als Friedenswahrer häufig ausfiel, sahen sich die Fürsten gezwungen, ihre vizekönigliche Aufgabe stärker wahrzunehmen und dafür ihre Machtbasis zu stärken. Das Sammeln von Hoheitsrechten zur Machtsteigerung (auf Landesebene galt kein Leihezwang) war ein Prozess, der sich bis ins 16. Jahrhundert hinzog. Das Zusammentragen einer Landesherrschaft erfolgte über Jahrzehnte und Jahrhunderte hinweg »in zäher Kleinarbeit« (Karl-Heinz Spieß). Ziel war es, eine Art Gewaltmonopol auf Landesebene zu schaffen und Herrschaft zu konzentrieren – ein entscheidender Schritt zum modernen Staat. Dabei scheuten viele Fürsten vor Gewalt nicht zurück – so stiftete die Durchsetzung von Landesherrschaft oft jenen Unfrieden, den sie eigentlich verhindern sollte. Häufiger aber gingen die Fürsten »mit Instrumenten des Rechts, des Vertrags und der Unterwerfung im Rahmen des Schiedswesens« vor (Alois Gerlich). Aus der lehnrechtlichen Organisation der Landesherrschaft ergab sich zudem ein Mitspracherecht der Niederadligen, die sich nun auf den Landtagen regelmäßig versammelten.

Landfrieden und Föderalismus

Eine gewisse Rolle in diesem Prozess spielte die christlich motivierte Landfriedensbewegung, die angesichts der verbreiteten Gewalttätigkeit und Rechtlosigkeit seit dem 11. Jahrhundert ganz Europa erfasst hatte und der sich die Fürsten auf Dauer nicht entziehen konnten. Die Landfrieden richteten sich nicht nur gegen die allgemeine Gewaltkriminalität, sondern dienten ganz wesentlich auch der Eindämmung des adeligen Fehdewesens. Zwar war die Fehde eine legitime Form der Selbstjustiz und ein »anerkanntes Rechtsinstitut« (Alexander Patschovsky). Denn das Gerichtswesen war oft defizitär, und ob ein Urteil auch vollstreckt werden konnte, war alles andere als sicher. Doch das Fehderecht wurde häufig missbraucht, die Regeln wurden nicht eingehalten (etwa das Gebot, zuerst immer den Gerichtsweg zu suchen), sie diente zur Nötigung und Erpressung, ja es gab regelrechte Fehdeunternehmer mit kommerziellen Absichten – noch im 16. Jahrhundert war der Ritter Götz von Berlichingen dafür bekannt. Auch diente die Fehde als Mittel im politischen Machtkampf, angesiedelt zwischen Rechtsstreit und Kleinkrieg. Die Landfrieden suchten die »unrechten Fehden« einzudämmen. Sie wurden in aller Regel über Schwureinungen oder Eidgenossenschaften organisiert, in denen die Beteiligten vereinbarten, auf eine bestimmte Zeit den Frieden zu wahren. Aus den lockeren Einungen entstanden später festere Landfriedensbünde mit eigenen Landfriedensgerichten, ein wichtiger Schritt in der Entwicklung föderaler Lösungsmuster. Vor allem, weil sich immer mehr die Vorstellung verbreitete, dass ohne einen dauerhaften Landfrieden das notorische Gewaltproblem der Zeit nicht beenden lasse. Um aber zu einem ewigen Landfrieden zu kommen, also zu einer dauerhaften Ächtung auch der Fehde, bedurfte es auch eines ewigen Bundes. Und der musste zwangsläufig eine feste Form erhalten. Die Idee geisterte durch das gesamte Hoch- und Spätmittelalter. Wirklichkeit wurde sie erst am Ende des 15. Jahrhunderts.

Die deutschen Lords

Die »Reichsfürstengenossenschaft« (Ernst Schubert), die sich in der Auseinandersetzung mit den salischen Heinrichen gebildet hatte, war ein loser Bund, der sich noch keine feste politische Institution schuf und gleichsam virtuell blieb. Doch hatten die Landesfürsten sich zur Mitte des 12. Jahrhunderts einen Sonderstatus geschaffen, der sie über alle anderen Adeligen in den Landen endgültig hinaushob. Die Landesfürsten fanden sich als »ständische Einung auf antizentraler Basis« (Heinrich Mitteis) zusammen, um das Reich gemeinsam zu regieren. Als oberste Landesherren waren sie die Lords des deutschen Reiches, die unangefochtenen Repräsentanten ihrer Lande – deren »vorspreke«, also Fürsprecher, wie es im berühmten Sachsenspiegel hieß, dem 1230 erstellten Rechtsbuch des Eike von Repgow. In der Amtszeit des Stauferkaisers Friedrich I., besser bekannt als Friedrich Barbarossa, wird der Fürstenbund als kollektive Reichsregierung erstmals wirklich greifbar – zum Beispiel, wenn in Urkunden jener Zeit mehrfach die Formulierung vom Senat des Reiches auftaucht. Ein zentrales Ereignis für die Festigung dieses Fürstenbundes war der Machtkampf mit Heinrich dem Löwen, dem bedeutendsten aller Landesfürsten, der seine Landesherrschaft in Sachsen rück-

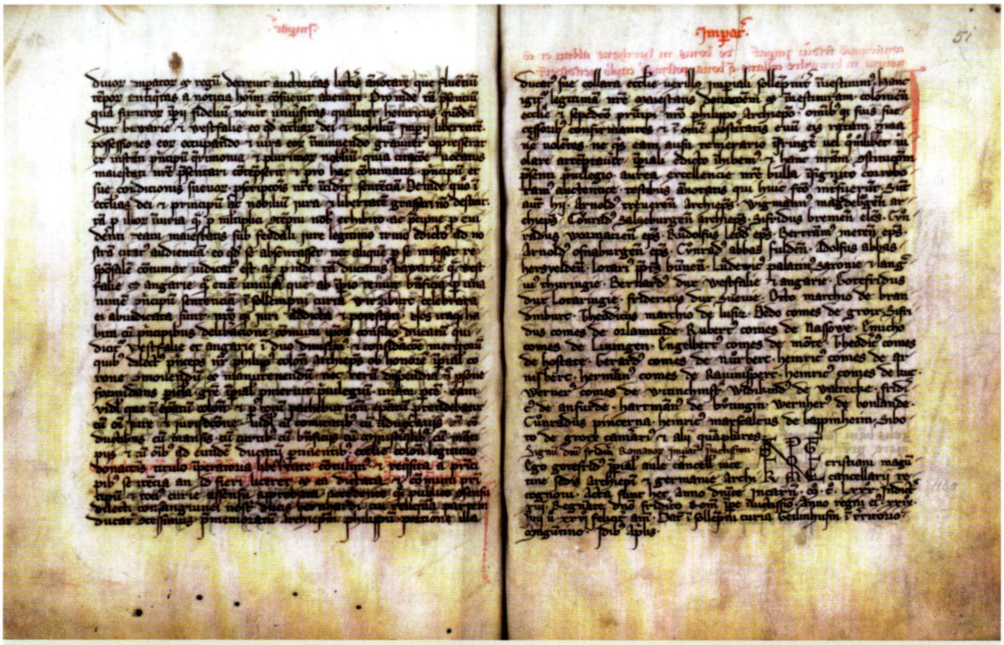

Die deutschen Lords
Die Gelnhäuser Urkunde von 1180 ist eines der bedeutendsten Verfassungsdokumente der deutschen Geschichte. Erstmals wurden die Landesfürsten offiziell als Reichsfürsten genannt und anerkannt.

sichtslos ausbaute. Zudem war er auch mit dem Herzogtum in Bayern belehnt. Diese ungewöhnliche Machtfülle war anderen Landesfürsten ein Dorn im Auge, und sie brachten Friedrich auf ihre Seite, denn die Machtambitionen des Löwen reichten weit. 1180 wurde Heinrich durch das Fürstenurteil von Gelnhausen wegen Missachtung des königlichen Gerichts entmachtet, seine Lehen wurden eingezogen – man könnte sagen: wegen mangelnder Bundestreue.

Die Entscheidung von Gelnhausen

In der Gelnhäuser Urkunde wurden die Landesherren erstmals ausdrücklich als die Ersten im Reich, als Reichsfürsten, als »principes« bezeichnet. Friedrich und die Fürsten nutzten die Gelegenheit für eine Neugliederung des Reiches. Sachsen wurde geteilt: Das Herzogtum Westfalen fiel dem Fürstbischof von Köln zu, den östlichen

Teil bekam Bernhard von Anhalt (der Beginn der Wanderschaft des sächsischen Landesnamens, die schließlich an der oberen Elbe in Meißen und Dresden endete). Heinrich Mitteis sah die Fürsten als Hüter einer Verfassung, die sie zu ihren Gunsten, basierend auf der aristokratischen Anwendung des Lehnrechts, geschaffen hatten. Für ihn ging von der Gelnhäuser Aktion »eine gerade Linie zum Durchbruch des Föderalismus im 13. Jahrhundert« aus. Er meinte damit die Reichsgesetze von Barbarossas Enkel Friedrich II. aus den Jahren 1220, 1231 und 1235 – die freilich, das erkannten spätere Historiker, nur den Status bestätigten, der um 1180 auch schon bestand.

Reichsfürstengenossenschaft

Das Wesentliche des Vorgangs war, dass zur Zeit Barbarossas der Reichsfürstenbund enger zusammenrückte. Und sich nun auch Regeln der Mitgliedschaft gab. Zwar hatte es auch früher schon Rangerhöhungen gegeben, waren neue Landesfürstentümer geschaffen worden – 1131 die Landgrafschaft Thüringen, 1156 das Herzogtum Österreich durch die Teilung Bayerns. Seit der Zeit Barbarossas aber war die Erhebung in den Reichsfürstenstatus an eine konsolidierte Landesherrschaft gebunden. Nur wer in der Lage war, einen Landfrieden effektiv durchzusetzen, stieg auf. Gemessen wurde das daran, ob eine herzogsgleiche Stellung erreicht war – vor allem durch die Unterordnung von Grafen. Der erste Fall war 1188 die Erhebung des Grafen Balduin von Hennegau zum Markgrafen von Namur (im heutigen Belgien). Der Vorgang zeigte, wie die lehnrechtliche Bindung der Reichsfürsten an das Reich organisiert wurde: Balduin trug einen Teil seines Eigenguts und seine Regalien dem König und dem Reich auf und wurde, ergänzt um weitere Hoheitsrechte, mit einem umfangreichen Sammellehen bedacht, das mit dem Titel Markgraf und einem hohen Amt am Königshof verbunden war. Balduin regierte nun nicht nur in eigener Machtvollkommenheit, sondern auch von Reichs wegen. So verfuhren König und Fürsten auch 1235, als man den Nachfahren Heinrichs des Löwen wieder eine Herzogswürde verlieh (Braunschweig-Lüneburg), oder als 1292 die Landgrafschaft Hessen entstand. Man kann darin eine »planvolle Zerlegung der Reichsgewalt im Wege der Delegation« sehen (Karl-Friedrich Krieger), aber auch eine konsequente Föderalisierung. Denn hier ergänzte sich der Bund der Reichsfürsten um jene, die mächtig genug waren, in ihrer Region den Landfrieden in eigener Regie zu sichern. Die Aufnahme in die Reichsfürstengenossenschaft kam zudem einer Bestandsgarantie für das eigene Fürstentum gleich.

Um 1220 gab es neben den gut vier Dutzend geistlichen folgende weltliche Reichsfürsten, die auf einer Landesherrschaft beruhten, allesamt Herzogtümer oder Mark-, Pfalz- und Landgrafschaften: Bayern, Rheinpfalz, Schwaben (das mit dem Ende der staufischen Landesherren aber schon bald zerfiel), Burgund, Braunschweig, Namur, Brabant, Ostlothringen, Böhmen, Mähren, Österreich, Steiermark, Kärnten, Brandenburg, Sachsen, Meißen, Lausitz, Thüringen, Pfalzsachsen. Als weitere Reichsfürstentümer kamen bis zum Ende des Mittealters hinzu: Henneberg 1310, Jülich 1336, Geldern 1339, Mecklenburg 1348, Pommern 1348, Luxemburg 1354, Burggrafschaft von Nürnberg 1363 (das Doppelfürstentum Ansbach-Bayreuth), Nassau 1366, Berg 1380, Kleve 1417, Holstein 1474, Württemberg 1495.

Konkurrenzkämpfe

Freilich war ein Ergebnis dieser Verfassungsordnung, dass in manchen Teilen des Reiches nun erst recht Machtkämpfe ausbrachen. Und zwar dort, wo es landesherrschaftliche Freiräume gab. Zum Beispiel am Niederrhein, wo der Kölner Fürstbischof seine regionale Hegemonie gegen eine nicht eben kleine Zahl ehrgeiziger Grafen nicht verteidigen konnte. Oder in Franken, wo der Würzburger Bischof das 1168 verliehene Herzogtum nie durchsetzen konnte. Vor allem aber in Schwaben, wo das mit dem Zerfall der Stauferherrschaft nach 1250 einsetzende Machtvakuum bis ins 15. Jahrhundert hinein nicht beseitigt werden konnte. Der Südwesten wurde so zur unruhigen Ecke des Reiches. Kleine Grafen und Herren kämpften erbittert gegen ihre Mediatisierung durch mächtigere Konkurrenten, vor allem Württemberg. Und hier fand sich auch das Gros der Reichsstädte, die sich gegen jede Unterordnung in einer Fürstenherrschaft tapfer wehrten. Doch wo sich Konflikte ballen, wird auch die die Suche nach einer Lösung forciert. Föderative Modelle kamen nach Lage der Dinge und aus verfassungspolitischer Erfahrung am ehesten in Frage. So wurde der deutsche Südwesten im 14. und 15. Jahrhundert zu einem föderalen Entwicklungslabor.

Aber auch die Wetterau wurde 1422 in der eingangs erwähnten Urkunde König Sigmunds nicht zufällig als Land erwähnt. Hier fand sich früh eine föderale Lösung, um einen landesherrschaftlichen Machtkampf zu vermeiden. Die Wetterauer Grafen schlossen sich einfach zusammen und verständigten sich darauf, in einer Art Bund ein eigenes Land zu bilden, in dem es keinen Landesfürsten gab. Aus der Genossenschaft der Grafen von Isenburg, Hanau, Eppstein, Katzenelnbogen, Ziegenhain und einigen anderen wurde im 15. Jahrhundert der Wetterauer Grafenverein, der bis 1806 bestand und das Gebiet nördlich von Frankfurt am Main zwar kleinstaatlich, aber geschlossen als kleine Föderation eigener Art organisierte.

Monarchischer Erbreichsplan

Friedrich I. war nicht frei von monarchischen Allüren, und seine Nachfolger auch nicht. Sein Sohn, Heinrich VI., machte 1196 den Vorschlag, das Reich nach dem Vorbild Frankreichs, Englands und seines kurz zuvor übernommenen Königreichs

Sizilien in eine Erbmonarchie umzuformen – die Gegenleistung sollte die formelle Erblichkeit der Reichslehen sein. Die Fürsten bedeuteten Heinrich, dass sie diesen »neuen und unerhörten Beschluss«, wie es in einem Annalenwerk hieß, nicht goutieren würden (zumal die Lehen ja praktisch schon erblich waren). Heinrich musste den Plan zurückziehen. Auch Heinrichs Sohn, der legendäre Stauferkaiser Friedrich II., war ein Mann mit ausgesprochen monarchischen Ambitionen. In Sizilien (zu dem auch die Südhälfte des italienischen Festlands gehörte) zog er eine stramm zentralistische Herrschaft auf. Den deutschen Fürsten behagte das wohl nicht, sie wollten sich daher ihre hergebrachten Rechte, die aristokratische Verfassung und den noch jungen Reichsföderalismus verbriefen lassen. Das Ergebnis waren die drei großen Verfassungsgrundgesetze von 1220, 1232 und 1235. Sie bestätigten und konkretisierten die lockere Reichsbundesordnung, die sich etabliert hatte.

Confoederatio und Statutum

1220 wurden in einer Vereinbarung mit den geistlichen Fürsten (»*Confoederatio cum principibus ecclesiasticis*«) deren reichsfürstliche Rechte garantiert. Friedrich II. versprach unter anderem, keine neuen Münz- und Zollstätten in geistlichen Fürstentümern aufzurichten. Die autonome Ausübung der Regalien wurde garantiert. Von Bedeutung war auch, dass die *Confoederatio* ein Privileg für eine Gruppe von Fürsten war, nicht wie bisher nur für einzelne Adelige. Im Jahr 1231 folgte ein zweites Sammelprivileg, nun für alle Fürsten: Das *Statutum in favorem principum* (Statut zu Gunsten der Fürsten) ging noch über die *Confoederatio* hinaus, denn es schrieb nicht nur die bestehende Verfassungslage fest, sondern gestand den Reichsfürsten zu, dass sie in ihren Landen eigene Gesetze geben dürfen – ein verfassungsrechtlicher Schritt von immenser Bedeutung, der die Landesautonomie bedeutend verstärkte und den Weg zum modernen Landesstaat bahnte. Der Fürst als Gesetzgeber – das war eine Idee, die aus dem römischen Recht stammte, das damals Einfluss erlangte. Nach römischem Recht war der »princeps« sogar alleiniger Gesetzgeber – eine Auffassung, die sich freilich in deutschen Landen nie durchsetzen sollte. Das traditionelle Konsensprinzip und das lehnrechtliche Gebot der Mitsprache standen dem entgegen. Deswegen wurde ebenfalls im Jahr 1231 auf einem Hoftag in Worms entschieden, dass die Herren des Landes, also die Fürsten, neue Gesetze und Verordnungen sowie neue Steuern nicht ohne vorherige Beratung mit den Herren im Land, also den Landtagen, einführen dürfen. Das zeigte, dass es den Fürsten mit dem *Statutum* (und sie waren die wirklichen Urheber diese Gesetzes) weniger um Macht und Überordnung ging als um politisch und rechtlich geordnete Verhältnisse und eine möglichst einheitliche, autonome Rechtsordnung in den Ländern, um den Landfrieden effektiver durchsetzen zu können. Daher bestätigte das *Statutum* ihnen auch die uneingeschränkte Gerichtshoheit in den Landen. Das Mitwirkungsrecht der Landtage aber war nun auch reichsrechtlich verankert.

Der Mainzer Reichslandfrieden

Diese weitgehende Privilegierung der Fürsten versuchte Friedrich II. 1235 im Mainzer Reichslandfrieden, einer weiteren verfassungsgeschichtlichen Wegmarke, wieder etwas einzufangen. Es war das erste Reichsgesetz in deutscher Sprache. Der Mainzer Friede war mehr als nur ein königliches Landfriedensgebot – davon hatte es zuvor schon ein Dutzend oder mehr gegeben. Es war der Versuch, im Konsens mit den Fürsten dem Reich eine geschriebene Verfassung zu geben, ein Grundgesetz für die nun in Umrissen erkennbare föderale Gesamtordnung. Die Lande sollten nach den Autonomiegarantien von 1220 und 1231 wieder etwas stärker an eine gesamtstaatliche Reichsordnung gebunden werden. Das Mainzer Grundgesetz betonte, dass die den Fürsten übertragenen Rechte nur zur Ausübung überlassen seien, nicht der Substanz nach; die Fürsten sollten ebenfalls Treuhänder der Regalien sein und diese nicht willkürlich nach eigenem Gusto einsetzen. In 29 Kapiteln gab der Mainzer Friede Regeln für das Gerichtswesen, das Strafrecht und den Strafvollzug vor. Die Fürsten wurden angehalten, ordnungsgemäß nach dem Recht ihrer Lande zu verfahren und auch die niedere Gerichtsbarkeit darauf zu verpflichten. Das Reichsgesetz sollte das Justizwesen aufwerten, es betonte den Vorrang des Gerichtsverfahrens vor der Fehde. Für Streitfälle wurde erstmals ein Reichsgericht neben dem König und dem Fürstenrat eingesetzt, in der Person des königlichen Hofrichters, der Beginn einer unabhängigen Gerichtsbarkeit, die später mit dem Reichskammergericht fortgeführt wurde. Einer der mahnenden Kernsätze des Mainzer Reichslandfriedens lautete: »Ämter und Rechte sind deswegen in die Welt gesetzt worden, damit niemand zur Selbsthilfe greifen muss; denn in dem Maße, in dem der Geltungsraum des Rechtes offen ist, greift zügellose Wildheit um sich.« Es war letztlich die Proklamierung eines Gewaltmonopols von Reichs wegen, dessen Durchsetzung den Landesfürsten aufgetragen war. So war das fürstliche Vizekönigtum an reichsrechtliche Regeln gebunden. Die Gesetze von 1220, 1231 und 1235 brachten nicht die Zersplitterung des Reiches, keinen Ausverkauf des zentralen Königtums an die Kräfte des Partikularismus, wie es die alte Geschichtsschreibung sah. Indem die Fürsten als oberste Landfriedenswahrer gestärkt und gleichzeitig in ihrer Autonomie reichsrechtlich gebunden wurden, war ein wichtiger Schritt zur späteren Bundesstaatlichkeit getan.

Der Rheinische Bund

Die staufischen Verfassungsgesetze schränkten auch die königliche Städtepolitik ein. Stadtgründung war ein Königsrecht, und die Städte waren als Wirtschaftszentren eine sprudelnde Finanzquelle, die die Fürsten gerne für sich nutzen wollten. Den Städten wurde mit dem *Statutum* zudem ein Bündnisverbot auferlegt, eine vorausschauende Maßnahme, denn das wachsende Autonomieverlangen der Kommunen machte der Landesherrschaft der Fürsten Konkurrenz. Sie lockten – »Stadtluft macht frei« – nicht zuletzt deren Untertanen an. Die Macht der Städte zeigte sich schon bald. Denn nach dem Tod Friedrichs II. 1250 glitt das Reich in eine anarchische Phase: das so genannte Interregnum – fälschlich als königslose Zeit bezeichnet, weil es durchaus Könige gab, aber keine fähigen (und ganz ohne den König ging es offenkundig nicht). Es war eine Zeit verbreiteter Rechtsunsicherheit, das Fehdewesen geriet in einigen Teilen des Reichs außer Kontrolle. Besonders schlimm muss es am Rhein gewesen sein. An dieser Lebensader Deutschlands, dem wichtigsten Verkehrsweg, lagen viele wirtschaftliche Zentren – Straßburg, Köln, Mainz, das Niederrheingebiet. Dort geriet das Zollwesen außer Kontrolle, die Sicherheit der Handelswege war prekär. Als im Jahr 1254 die Situation eskalierte, schritten die Städte zur Selbsthilfe – die Fürstengenossenschaft versagte. Ausgehend von Mainz, Worms und Speyer bildete sich der Rheinische Städtebund (das Bündnisverbot wurde souverän missachtet), bald gehörten ihm mehrere Dutzend Kommunen von Bremen bis Zürich an. Der Rheinische Städtebund sollte mehr sein als nur eine Schutzgemeinschaft – er war als reichsweiter Friedensbund angelegt, der dem Mainzer Reichslandfrieden Geltung verschaffen sollte. Der Bund trat an die Stelle der fehlenden Reichsgewalt, sein Erfolg lockte bald auch mehrere Fürsten und Grafen und am Ende sogar den (freilich nur im Norden anerkannten) König Wilhelm von Holland. Aber die Städte hatten das Sagen, und sie gaben ihrem Bund eine feste Ordnung: mit einer regelmäßigen Bundesversammlung und einem Geschworenenausschuss zur zügigen Schlichtung interner Konflikte. Man hat im Rheinischen Bund einen frühen Versuch gesehen, das ganze Reich als eine Bundesgenossenschaft zu organisieren, eine Vorstufe zum Bundesstaat, die »älteste Bundesverfassung Deutschlands«, wie Otto von Gierke, der berühmte Verfassungshistoriker, im 19. Jahrhundert schrieb. Doch war der Rheinische Bund eher als Übergangslösung gedacht, nicht als Verfassungsalternative zum Reich. Freilich hatte die bürgerliche Führungsschicht der Städte als treibende Kraft gezeigt, dass sie reichspolitische Verantwortung zu übernehmen bereit war, mit den Fürsten oder auch gegen sie. Der Rheinische Bund mit seinen festen Einrichtungen war seiner Zeit allerdings etwas voraus. Er verschied schon nach drei Jahren – Todesursache war regionale Überdehnung. Aber ein Konkurrenzmodell zum Reichsfürstenbund war nun in der Welt.

Mit dem Adel? Mit den Städten?

Der Rheinische Bund hatte deutlich gemacht, dass eine reichsweite Lösung der Landfriedensproblematik nicht möglich war. Es ging nur regional, auf Landesebene. Dafür standen nun zwei föderale Möglichkeiten zur Verfügung: die traditionelle, eher lockere und befristete Landfriedenseinung, wie sie der Adel bevorzugte, und der straffer organisierte, auf Dauer angelegte Bund, wie ihn die Städte favorisierten. Es war ein Gegensatz, der die folgenden zweihundert Jahre prägte. Vor allem in Schwaben und am Oberrhein war Landfriedenspolitik gefragt, weil sich hier nach dem Aussterben der Staufer keine mächtige Landesherrschaft etablierte. Auch Franken und der Mittelrhein waren instabile Regionen. Hier waren die Könige als oberste Schlichter gefragt. Rudolf von Habsburg, der seit 1273 amtierte, versuchte sein Glück mit der Verkündung regionaler Landfrieden, wobei er den dazu gestifteten Einungen königliche Hauptleute vorsetzte, um eine autonome, von ihm unkontrollierte Gestaltung der Landfrieden zu unterbinden. Dem Adel missfiel das, er wollte lieber Hauptleute aus dem Land. Den Städten wiederum passte der aristokratische Charakter der Einungen nicht, sie begannen sich zunehmend in eigenen Bünden zu organisieren. Rudolfs Ansatz »von oben« war daher nicht erfolgreich. König Ludwig der Bayer ging zu Beginn des 14. Jahrhunderts einen anderen Weg. Er hielt es mehr mit den nunmehr mächtigen Städtebünden, etwa dem 1331 gegründeten Bund von 22 schwäbischen Kommunen, den er mit Landfriedensaufgaben betraute – was ihm das Lob des Chronisten Fritsche Closener eintrug: »der keiser war fridesam und guot, und wo die stet woltent lantfriden machen, do det er sin helfe zuo.« Doch die Fürsten empfanden das als Herausforderung. Städte und Adel in Schwaben und Franken zusammenzubringen, gelang Ludwig nur kurzzeitig. Seine Landfriedenspolitik war somit ebenfalls erfolglos.

»Föderalistischer Realist«

Mit Karl IV. begann 1346 eine neue Phase. Der diplomatische Fuchs ging die Landfriedensproblematik planvoller an. Er versuchte zwischen dem Adel (mit dem er sympathisierte) und den Städten (deren Macht er respektierte) zu vermitteln. Und er war sich nicht zu schade, von seiner Residenz in Prag aus in schöner Regelmäßigkeit in die Lande zu eilen, um vor Ort zu moderieren und zu koordinieren. So konnte er die jeweiligen Machtverhältnisse abwägen, sich mal auf die eine Seite schlagen, mal mit der anderen koalieren. Karl organisierte den Landfrieden nicht strikt von oben herab, verzichtete auf eigene Hauptleute und unterließ es, reichsweite Landfrieden als Gebot zu verkünden. Der König als zentral lenkende Instanz wurde nicht akzeptiert, ein Lenkungsgremium der Fürstengenossenschaft (und der Städte) gab es nicht – also zog Karl, ein »föderalistischer Realist« (Heinz Angermeier), den einzig möglichen Schluss, die Landfriedensproblematik auf der partikularen Ebene zu lösen. In der Summe der regionalen Landfrieden sollte sich das Ziel des reichsweiten Friedens erreicht werden. Karls »Regierungspraxis der Führung föderativer Verbände« (Ernst Schubert) war einigermaßen erfolgreich.

Die große Zeit der Städte

Ohne die Reichsstädte aber war das nicht möglich. Sie schoben sich seit dem 13. Jahrhundert mit Macht in das aristokratische Gefüge der Reichsverfassung. Die Reichsstädte waren ursprünglich königliche Gründungen, die sich allmählich von der direkten Stadtherrschaft des Königs frei gemacht hatten. Da sie dem Reich weiter Abgaben zahlten, fühlten sie sich als dessen wesentliche Träger (die Aristokratie gab dem Reich wenig bis nichts). Zu den Reichsstädten traten einige ehemalige Bischofsstädte, die als Freie Städte ebenfalls autonom waren. Die mächtigsten der etwa 70 Reichsstädte waren Nürnberg, Ulm, Hall, Rothenburg, Aachen, Frankfurt am Main, Rottweil, die zum Teil sogar eigene, nicht unbeträchtliche Landesherrschaften aufbauten; große Freie Städte waren Köln, Augsburg, Mainz, Worms, Straßburg, Regensburg. Ihr Verlangen nach Eigenständigkeit gründete in ihrer stetig wachsenden Wirtschaftskraft, welche die Eliten der Städte selbstbewusst machte. Diese Patrizier, reiche Kaufleute oder Handwerksunternehmer, sahen sich als bürgerliche Konkurrenz zum Adel – zumal dieser oft finanziell von

Mächtige Kommunen
Die großen, wirtschaftlich potenten Reichsstädte – hier eine Ansicht Nürnbergs von 1493 – wurden seit dem 13. Jahrhundert zu einem politischen Machtfaktor im Reich. Das Fortbestehen der Stadtstaaten bis in unsere Zeit ist ein spätes Echo dieser Entwicklung.

ihnen abhängig war. Einige Reichsstädte waren europäische Metropolen, die sich zur Zeit der Renaissance durchaus mit den italienischen Stadtstaaten messen konnten, allen voran Nürnberg (»Die Nürnberger wollen nicht als Bayern und nicht als Franken angesehen werde, sondern als irgendein drittes, eigenes Volk«, schrieb ein Beobachter im Jahr 1453). Die Städtemacht ballte sich vor allem im Südwesten, in Schwaben und im Elsass. Was die Städte aber vor allem mächtig werden ließ, waren ihre Bünde. Sie sind verfassungsgeschichtlich von immenser Bedeutung. Denn ihre föderative Organisation war den lockeren Formen der adeligen Landfriedenseinung und der Fürstengenossenschaft weit überlegen. Im Unterschied zu den Einungen, die oft nicht mehr waren als Stillhalteabkommen, um gegensätzliche Kräfte zu binden, waren die Städtebünde auf Dauer angelegt. Sie wurden nicht nur (wie noch der Rheinische Bund von 1254) allein zur Landfriedenssicherung gegründet, sondern auch als politische, ja halbmilitärische Verteidigungsbündnisse, um die eigene Autonomie zu schützen – nicht zuletzt vor den Zudringlichkeiten der Landesfürsten. Weitere Zwecke waren Gerichtskooperation, Rechtsangleichung, Handelskontakte, aktive Wegesicherung (vor allem auf dem Rhein) sowie die Absicherung gegen innerstädtische Konflikte. Und schließlich wehrten sich die Städtebünde gegen die zunehmende Verpfändungspolitik der Könige, vor allem gegen Ende der Regierungszeit Karls IV., der es damit recht weit trieb. Die Fürsten versuchten hartnäckig, das reichsrechtliche Verbot der Städtebünde durchzusetzen, doch meist vergeblich.

Fest verbunden

Die Städtebünde organisierten sich in der Regel nur innerhalb von Landfriedensbezirken, sie waren auch offen für den Anschluss von Adeligen. In Schwaben gab es zwischen 1312 und 1385 insgesamt zwölf Städtebünde, stets in gleicher Kernbesetzung, faktisch war es ein dauernder Bund, der immer wieder erneuert wurde. Am umfangreichsten war die 1376 geschlossene, offiziell Bund in Schwaben genannte Vereinigung, die 1385 auf 32 Mitglieder angewachsen war. Einen bedeutenden Unterbund bildeten die Bodenseestädte. Ähnlich war es im Elsass, wo mit dem Zehnstädtebund (Dekapolis) eine dauerhafte Struktur gefunden wurde, die sogar bis ins 16. Jahrhundert hielt. Auch entlang des Rheins waren Städtebünde häufig. Die Städte der Wetterau schlossen sich immer wieder in Bünden zusammen, in der Lausitz gab es einen festen Sechsstädtebund. In Franken waren die Bünde seltener, es gab dort nur wenige Reichsstädte, und Nürnberg brauchte keinen Bund, weil es allein stark genug war. Im sächsischen Raum gab es immer wieder Bünde, in denen sich Reichs- und Landesstädte zusammentaten, was im Süden nicht der Fall war. Bünde über die Lande hinaus waren selten – der Große Bund von 1327, der vom Mittelrhein bis zum Bodensee reichen sollte, zerfiel schon 1329 wieder. Eine Sonderform war die Hanse, die aber eher kommerziellen Charakter hatte – doch war dieser weit ausgreifende Städtebund so mächtig, dass er zur recht hohen politischen Stabilität im niederdeutschen Raum entscheidend beitrug.

Straff organisiert

Die Städtebünde waren relativ straff organisiert. Sie hatten einen Bundesrat oder eine Bundesversammlung der Mitglieder, in denen fast immer mit Mehrheitsprinzip entschieden wurde (was eine Abkehr vom bisweilen schwerfälligen Konsensprinzip bedeutete). Stärkere Mitglieder konnten ein Mehrfachstimmrecht haben. Die Beschlüsse waren bindend für alle. Neben der periodisch tagenden Versammlung gab es ständige Ausschüsse zur schnellen Koordinierung. Die Bünde hatten eine Satzung und Schiedsgerichte mit festen Verfahren, um interne Streitigkeiten zu regeln (solche Vermittlungsausschüsse gab es in den Landfriedenseinungen allerdings auch). Die Städtebünde schufen sich eigene Truppen für Polizei- und Kriegsaufgaben, dazu kam ein festes Verfahren zur Steuereinziehung, bisweilen wurde sogar eine gemeinsame Kasse gegründet. Und die Städtebünde kannten Sanktionsmittel gegen Mitglieder, die ihren Bundespflichten nicht nachkommen wollten: wirtschaftlicher Zwang, Marktverbot, Entzug der Belieferung mit Lebensmitteln, Sperrung von Kredit, militärische Maßnahmen.

Als Karl IV. im Jahr 1376 Donauwörth komplett an den Bayernherzog verpfändete (der damit vor allem die Abgaben einheimsen konnte), erneuerte sich der Schwäbische Städtebund, nun aber gezielt als Kampforganisation »wider Jedermann«, also auch König und Fürsten, was einer Rebellion nahe kam. Die machtbewussten Kommunen forderten den Verzicht des Königs auf Steuererhöhungen und eine Garantie der Unverpfändbarkeit der Reichsstädte, was Karl zugestehen musste. 1381 gründete sich auch am Rhein ein neuer Städtebund und schloss sich umgehend mit den Schwaben zusammen. Die Städte der Wetterau gehörten bald dazu, 1385 wurde der Bund auf Basel, Zürich, Bern, Solothurn und Zug ausgedehnt; Regensburg, Rothenburg und Nürnberg waren da schon dabei. 1379 bereits war die elsässische Dekapolis erneuert worden, 1382 kam ein Sächsischer Städtebund zusammen. Hier ballte sich etwas zusammen – es war eine nie dagewesene Herausforderung für König und Fürsten, für die aristokratische Reichsgenossenschaft. Und die Städte waren, auch wegen einiger Siege über Fürsten, selbstbewusst wie nie zuvor. In einem Brief der Ulmer an die Nördlinger aus jener Zeit hieß es: »Wellen wir denn ainander als bigestendig sin als wir noh bisher gewesen sien, so sullen wir dem almehtigen got wol getruwen daz wir alle unser sach also erobern daz wir mechtiger werden, als wir ye wurden.« Mächtiger denn je, das war eine Hoffnung, die den Aufstand der Städte trug. Dahinter stand auch der Anspruch, als Reichsglieder auf Augenhöhe mit den Fürsten agieren zu können, den Landesherren gleichgestellt zu werden, am Reich teilzuhaben.

Wer hat die bessere Ordnung?

So hatte sich eine zweite Macht etabliert, deren Vorstellung eines Reichsbundes sich von derjenigen der Fürsten unterschied. Sie war auf stärkere Organisierung des Reiches angelegt, mit festeren Formen wie der regelmäßigen Bundesversammlung und einem festen Bundesgericht. Kurzum: Hier tauchte am Horizont eine rudimentär bundesstaatliche Ordnung auf. Die Fürsten waren jedoch noch nicht so weit, sie wollten sich ihre Autonomie nicht in dem Maß einschränken lassen, wie es im Städtebundmodell der Fall war. 1383 bildete sich gegen die Städte der »Nürnberger Herrenbund«. Beide Seiten versuchten zu einem Einvernehmen zu kommen, der neue König Wenzel, eine schwache Figur, blieb dabei außen vor. In der Heidelberger Einung gelang 1384 kurzzeitig eine Verständigung zwischen Fürstenpartei und Städten, doch dann eskalierte der Konflikt zum Krieg – in mehreren Gefechten unterlagen die Städte 1388/89, auch weil ihre Einigkeit brüchig geworden war. Die Niederlage war teuer, politisch blieb sie aber mehr als erträglich, weil die Städte ihre Anerkennung als Partner der Fürsten erreichen konnten. Im Egerer Reichslandfrieden, den Wenzel 1389 verkündete, wurden paritätisch besetzte Exekutivorgane und Schiedsgerichte in sieben Landfriedenskreisen eingerichtet. Zwischen Fürsten und Städten blieb jedoch eine Mauer des Misstrauens, der Konflikt zog sich bis ins 15. Jahrhundert hin. Aber die Städte blieben eine Macht, und ihre höhere Organisationsfähigkeit zeigte sich in der Gründung des Städtetages 1471 – eine feste reichsweite Institution, die der Gesamtheit der Fürsten nicht gelang.

Die Kurfürsten betreten die Bühne

Die einzigen Reichsfürsten, die im Spätmittelalter zu einer eigenen Organisation fanden, waren die Kurfürsten. Dieser exklusive Kreis von Königswählern bildete sich im 13. Jahrhundert, weil sich gezeigt hatte, dass eine Königswahl durch alle Fürsten nicht praktikabel war. Dass die Reichsfürsten bereit waren, die Königswahl einem kleinen Kreis aus ihrer Mitte zu überlassen, deutet auf eine gewisse Konsolidierung der Fürstengenossenschaft hin – und wohl auch darauf, dass man das Amt des Königs nicht überbewertete. Sieben Kurfürsten sollten das Wählen erledigen: die Erzbischöfe von Mainz, Trier und Köln, der böhmische König, der sächsische Herzog, der rheinischen Pfalzgraf und der Markgraf von Brandenburg. Der Kreis lässt sich erstmals 1257 feststellen. Die Verringerung der Zahl der Königswähler war ein »Schritt auf dem Weg zur größeren Klarheit, Rationalität und Effektivität der Reichsverfassung« (Wolfgang Stürner). Warum es ausgerechnet jene sieben wurden – ob aus dynastischen, regionalpolitischen oder Ranggründen – ist bis heute nicht eindeutig geklärt.

Rhens am Rhein im Juli 1338

Dass die vier rheinischen Fürsten darunter waren, mag Zufall gewesen sein – sie hatten in jedem Fall den Vorteil, sich relativ schnell auch direkt zur Beratung treffen zu können. Zwischen Heidelberg, Mainz, Trier und Köln fand man bequem über Rhein und Mosel zueinander. Oft kamen die Rheinfürsten in Rhens, einem kleinen Ort nahe Koblenz, in einem Nussbaumgarten zusammen. Am 16. Juli 1338 wurde dort Geschichte gemacht. Die Kurfürsten (auch der Brandenburger und der Sachse waren vertreten) maßen sich in einem Beschluss eine umfassende reichspolitische Zuständigkeit zu: Sie gründeten den Kurverein als ein »buntnüss und verainung«, um des Reiches Ehre, Freiheit und Gut zu beschirmen, was eigentlich Sache des Königs war. Dieses Fürstengremium »verstand sich selbst als Kristallisationskern einer Einung von Fürsten, Herren und Städten« (Ernst Schubert), also eines über die engere Fürstengenossenschaft hinausgehenden Reichsbundes. Der Kurverein sollte neben oder sogar an Stelle des Königs reichspolitische Regie-

Historischer Ort

Der Königsstuhl in Rhens markiert jenen Platz – einen Garten nahe dem Rhein –, an dem sich im Mittelalter führende Fürsten häufiger trafen. Im Juli 1338 gründete sich hier der Verein der Kurfürsten als reichspolitische Instanz neben dem König. Damit wurde der aristokratisch-föderative Reichsverband gestärkt.

rungsaufgaben übernehmen. Er wurde damit zur Keimzelle des späteren Reichstags, in dem der Kurverein eine Kurie bildete. Die Kurfürsten übernahmen die »treuhänderische Verantwortung für die Rechte und Besitzungen des Reichs« (Stefan Weinfurter) zu einer Zeit, da König Ludwig der Bayer in kaiserlicher Mission in Händel mit dem Papst verstrickt war. Zwar klang der Rhenser Beschluss von 1338 königsfreundlich, weil die Kurfürsten gegenüber päpstlichen Ansprüchen erklärten, dass der von ihnen mit Mehrheit gewählte König auch ohne Bestätigung aus Rom rechtmäßiges Reichsoberhaupt sei. Aber hinter der Entscheidung stand vor allem der Anspruch, in Stellvertretung aller Fürsten das Reich zu repräsentieren – wobei auch das Reich in dem Beschluss ausdrücklich als »Vereinung« bezeichnet wurde.

Die Goldene Bulle

Was in Rhens 1338 vereinbart worden war, ließen sich die Kurfürsten (im Namen aller Reichsfürsten) von König Karl IV. in der Goldenen Bulle von 1356 bestätigen. Dieses Reichsgrundgesetz schrieb wesentliche Grundzüge der aristokratischen Reichsverfassung fest, vor allem das Kollegialprinzip für die Reichsregierung im Gegensatz zur Monarchie. Zu den Vereinbarungen gehörte, dass jährliche Zusammenkünfte des Königs und der Kurfürsten stattfinden sollten, um das Reichsoberhaupt stärker zu binden (wozu es zwar nicht kam – aber der Anspruch war formuliert). Zudem legte die Goldene Bulle den Vorgang der Königswahl genauer fest. Sodann regelte das Gesetz die Verhältnisse in den Kurfürstentümern, die nicht mehr geteilt werden durften, um den Wählerkreis konstant zu halten. Daran nahmen sich bald immer mehr Reichsfürsten ein Vorbild und verfügten Teilungsverbote für ihre Lande, womit auch eine größere territoriale Festigkeit in die Reichsstruktur kam. Auch wurden die politisch Verantwortlichen verpflichtet, die Vielfalt der Sitten, Lebensweisen und Sprachen im Reich zu respektieren. Als Säulen des Reiches erschienen die Kurfürsten, »durch die das Reich erleuchtet werden soll wie der Eine Geist durch die sieben Kerzen des siebenarmigen Leuchters«, wie es in der Bulle hieß (die wegen des goldenen Siegels so genannt wird). Den Kurfürsten wurde zugestanden, sich ohne den König versammeln zu können, um über Reichsdinge zu beraten (wobei der König selbst natürlich Kurfürst sein konnte – Karl IV. war es als König von Böhmen). Im 15. Jahrhundert gab es königslose Kurfürstentreffen häufiger. Mit dem Kurverein war eine Art Reichsrat gegründet worden, der die Reichsfürstengenossenschaft repräsentierte, so lange es keine allgemeine Bundesversammlung gab. Freilich konnten die Kurfürsten nicht völlig eigenständig handeln – ohne Konsens zumindest mit den mächtigen Landesfürsten von Bayern, Braunschweig oder Österreich ging es nicht.

Mit einem Paukenschlag ins 15. Jahrhundert

Eines jener Kurfürstentreffen ohne den König ließ das 15. Jahrhundert mit einem verfassungspolitischen Paukenschlag beginnen: Am 21. August 1400 versammelten sich die »Säulen des Reiches« wieder einmal in Rhens und wählten aus ihrem Kreis den Pfalzgrafen Ruprecht zum neuen König. Gleichzeitig wurde König Wenzel im fernen Prag für abgesetzt erklärt – wegen Verfehlungen, Untauglichkeit, Schädlichkeit. Das Vorgehen war keine willkürliche Tat, sondern ein Verzweiflungsakt angesichts eines Herrschers, der seiner Aufgabe nicht so nachkam, wie es die Fürstengenossenschaft als geboten erachtete. Wenzel hatte eine neue Art des Regierens eingeführt, die dem traditionellen, auf Konsens basierenden Reichsverständnis der Fürsten widersprach. Er regierte monarchisch, zentral von Prag aus und durch Gesandte, die er mit Blankovollmachten in die Lande schickte. Zudem hatte er einige Male versucht, eine neue Reichsstruktur aufzubauen – mit vier großen Kreisen als Landfriedensbezirken über den Landen. Solche verordneten Neuerungen waren eine Provokation für den Fürstenadel, der sich untergeordnet und um sein Mitwirkungsrecht gebracht sah. Ganz unmodern war Wenzels Königtum zwar nicht: Die zentralisierte Monarchie galt europaweit als Zukunftsmodell. Und Regieren durch Delegieren an Beamte war an sich nichts Dummes, auch die Reichskreise sollten hundert Jahre später Wirklichkeit werden. Doch Wenzel war als Politiker zu unklug und als Persönlichkeit zu schwach, um solche Verfassungsänderungen durchsetzen zu können.

Das Reich braucht Reformen

Dass das Reich Reformen nötig habe, wenn auch nicht nach Wenzels Art, war allerdings eine Vorstellung, die seit Beginn des 15. Jahrhunderts immer mehr Befürworter gewann. Dieses krisengeschüttelte Jahrhundert wurde so zum Zeitalter der Reichsreform. Oder konkreter, da sich jahrzehnetlang eigentlich wenig tat: zur Ära der Reichsreformdebatte – Verfassungsreformen konnten damals schon zäh verlaufen. Es war ein Veränderungsprozess, der durch die Krisen und Entwicklungen des Jahrhunderts vorangetrieben wurde. Das 15. Jahrhundert wurde von den Zeitgenossen als eine Zeit großer Dynamik und zukunftsträchtiger Neuerungen wahrgenommen. Man denke an den um 1440 von dem Mainzer Johannes Gutenberg erfundenen Buchdruck – ein revolutionäres Ereignis: Erstmals wurde politische Propaganda in Form von Flug- und Streitschriften möglich, die eine größere Verbreitung finden konnten. Das neue politische Denken der Renaissance und des Humanismus, an der Antike geschult, brach politische Verkrustungen auf. Erstmals entstand so etwas wie eine kritische Öffentlichkeit, über Reformen von Kirche und Reich wurde nun in größeren Kreisen debattiert. Das erhöhte den Druck auf die Verantwortlichen, sie auch in Angriff zu nehmen. Das römische Recht wurde von universitär ausgebildeten Juristen rezipiert und verbreitet – es war präziser, systematischer und auch »staatlicher« als das stärker genossenschaftlich geprägte Rechtsherkommen. Die Kriegstechnik machte erschreckende Fortschritte und wurde zu einem erheblichen Kostenfaktor in den königlichen und fürstlichen Etats. Ein neuer Handelskapitalismus brachte den deutschen Wirtschaftszentren einen ungeahnten Reichtum. Auch das moderne Postwesen entstand in jener Zeit. Und erstmals seit Jahrhunderten stand das Reich wieder vor ernstzunehmenden Bedrohungen von außen: durch die Hussitenkriege zu Beginn des Säkulums und vor allem durch die seit etwa 1470 nahezu permanenten Türkeneinfälle im Südosten des Reiches. In diesen turbulenten Zeiten wandelte sich das Verfassungsdenken zunächst schleichend, um dann seit etwa 1470 in wenigen Schritten zu einer Neugestaltung der Reichsverfassung zu führen, die bundesstaatliche Züge trug. Die ausschlaggebenden Ursachen für diesen Verfassungswandel finden sich auf Landesebene – dort gelang im 15. Jahrhundert der Durchbruch zur modernen Staatlichkeit. Erst von der Erfahrung der Staatsbildung in den Ländern her wurde es endgültig möglich, auch die Reichsebene staatlich zu formen.

Staat ist Landessache

Der Landesstaat wuchs aus der weniger strukturierten und nur leidlich organisierten Landesherrschaft in dem Moment heraus, als die Fürsten ihre Macht in den Landen so weit ausgebaut hatten, dass sie nicht mehr anfechtbar war und sie ihre Kraft nicht mehr der Durchsetzung der Herrschaft, sondern deren Ausbau widmen konnten. Das ist von Land zu Land sehr unterschiedlich verlaufen. Es gab einige Vorreiter wie Bayern und einige Nachzügler wie Württemberg. Auch Sachsen, Brandenburg und die neuen Herzogtümer am Niederrhein waren frühe Landesstaaten, einige Reichskirchengebiete wie Trier ebenfalls. Die ersten Ansätze zur Staatsbildung, einer Mischung aus obrigkeitlicher Gesetzgebung, mehrstufigem Gerichtswesen und festen Verwaltungsstrukturen, gehen auf das späte 14. Jahrhundert zurück. In der Breite setzte der Vorgang aber erst im Jahrhundert danach ein und erfasste auch kleinere Länder in jenen Gebieten wie Schwaben und Franken, wo sich der (ergebnislose) Kampf um eine Landesherrschaft lange hingezogen und damit die Staatsbildung verzögert hatte. Die Bildung des Landesstaats zog sich lange hin – bisweilen bis ins frühe 17. Jahrhundert. Erst dann war das staatliche oder fürstliche Gewaltmonopol wirklich durchgesetzt.

Frieden und Schulden

Neben der besseren Durchsetzung des Landfriedens, der Errichtung eines Gewaltmonopols, beschleunigten der Finanzbedarf und die Schulden der Fürsten die Entwicklung. Denn das Durchsetzen von Landesherrschaft war nicht ganz billig: Burgenbau, Aufkauf von Hoheitsrechten, Auslösen von Verpfändungen, Gunsterweise und die gelegentliche Fehde verschlangen Geld. Daher musste der Fürst seine Landesherrschaft effizienter organisieren, und das hieß: erste Verwaltungseinrichtungen und damit Personal. Um die Machtfülle als Fürst auch gebührend darzustellen und das Land zu regieren, genügte das Herumreiten im Land nicht mehr – ein fester Hof erschien nötig, der Aufbau einer Residenz samt Repräsentationsbedarf, um Eindruck zu machen: Zum Staat gehörte von Beginn an auch jede Menge Staatstheater. Das aber hieß: noch mehr Geld, noch mehr Personal, noch mehr Verwaltung. »Die Maschinerie des ›modernen Staates‹ mit ihrer fast unentrinnbar sich einstellenden Wechselwirkung von neuen Staatsaufgaben und Intensivierung des Staatsapparates begann sich langsam in Bewegung zu setzen.« (Pankraz Fried) Zum erfolgreichen Regieren gehörte gutes Wirtschaften. Um Schulden in den Griff zu bekommen, um Veruntreuung durch Nachgeordnete einzudämmen, um die erworbenen Hoheitsrechte besser versilbern zu können (Bußgelder, Einkommen aus dem Berg- und Marktregal), um einen Überblick über die Finanzlage zu erhalten – dafür brauchte der Fürst eine Finanzverwaltung, mit der auch die ersten Ansätze zu einer Finanzplanung verbunden waren. Das Verpfänden von Ämtern und Rechten ging im 15. Jahrhundert langsam zurück, ein Zeichen dafür, dass man die konstanten Einnahmen daraus lieber in der eigenen Schatulle sah. Um die Übersicht über das wachsende Herrschaftsmobiliar (und nicht zuletzt auch die Eigengüter) zu behalten, organisierten die Landesherren ihre Verwaltung zentral am Hof – erst mit wenigen, dann immer mehr Beamten.

Schreiber und Juristen

In den Amtsstuben wurden nun viel geschrieben und aufgezeichnet, denn »Schrift ermöglicht Kontrolle« (Ernst Schubert). Der Aufstieg der fürstlichen Kanzlei begann mit dem Übergang vom teuren Pergament zum billigeren Papier (die erste Papiermühle in Deutschland entstand Ende des 14. Jahrhunderts bei Nürnberg). So schwollen nun die Aktenberge an, es wurde protokolliert und festgehalten, Urkunden wurden erstellt und Register angelegt. Dafür wiederum brauchte man ein Archiv, und dafür wieder einen Beamten. 1465 trug der Braunschweiger Herzog Friedrich seinem Sohn auf: »Du sollst haben einen obersten Schreiber über Deine anderen Schreiber, der soll weise sein und klug ... denn wem Du Dein Insiegel befiehlst, der ist ein Beschirmer Deines Lebens, Deines Gutes und Deiner Ehre.« Gemeint war der Kanzleichef, der Kanzler, der zur Zentralfigur der fürstlichen Landesverwaltung wurde (und zum eigentlichen Vorgänger unserer heutigen Ministerpräsidenten). Für diese Verwaltungsjobs in der Kanzlei kamen weniger die adeligen Berater in Frage, die es weiterhin am Hof gab, sondern juristisch geschulte Bürgerliche. Diese Juristen, vertraut mit dem römischen Recht, trugen ihren Teil dazu bei, dass die Fürsten im 15. Jahrhundert begannen, Recht zu setzen, Gebote zu erlassen, Richtlinien vorzugeben – kurz: die moderne Gesetzgebung einzuführen. Zuvor war Recht etwas gewesen, das es seit jeher gab und das es zu finden galt – im Gericht. Nun ging die Entwicklung weg vom Richterrecht und den Sammlungen von Rechtssprüchen und Rechtsgewohnheiten und hin zur Rechtssetzung. Neues Landesrecht trat zum alten Landrecht, wobei es nicht vom Fürsten als alleinigem Gesetzgeber erlassen wurde, sondern häufig im Konsens mit den Landständen (Adel, Städte, Klerus), die auf dieses Recht bis ins 18. Jahrhundert hinein nicht verzichten wollten und damit eine allzu willkürliche Handhabung fürstlicher Macht zu begrenzen vermochten. Neben dem Kanzler war der Hofrichter der zweite wichtige Mann, er leitete die Revisionsinstanz und kontrollierte die niedere Gerichtsbarkeit. So veränderte sich die Durchsetzung von Herrschaft im Land: statt Fehden nun Gesetze, statt Kleinkrieg nun Gerichtsverfahren. Was man seit dem Mainzer Landfrieden 1235 über das Reich hatte erreichen wollen, erfüllte sich nun auf Landesebene.

Gebot auf Gebot

Die Leute im Land hatten durchaus ein Interesse an dieser neuen Gesetzgebung. Denn die in Schriftform veröffentlichten Gesetze bedeuteten, dass politische Herrschaft enger an das Recht gebunden wurde. Was geschrieben stand, musste eingehalten werden – vom lokalen Grundherrn wie auch vom Fürsten selbst. Im 15. Jahrhundert setzten sich Schritt für Schritt die Landesordnungen durch, in denen das öffentliche Leben geregelt wurde – in Kleve 1431, in Hessen 1444, in Sachsen 1446. Diese Ordnungen dienten der Verhaltenslenkung und Disziplinierung, der erste Schritt zum Obrigkeitsstaat, der vielen Menschen im ausgehenden Mittelalter aber wohl als Fortschritt erschien (auch wenn uns das merkwürdig erscheinen mag). Denn so kam in eine oft als chaotisch und ungerecht empfundene Wirklichkeit mehr Rechtsfrieden und Ordnung. Bald schon auch recht viel davon, und fast kein Lebensbereich entging den neuen Gesetzgebern. Ein Bayreuther Adeliger reimte 1526 angesichts einer neuen Waldordnung: »Ach du lieber Gott, wie vil neu Gebot? Laßt es in Güte walten, wer kann sie alle halten?« Das bayerische Reinheitsgebot für Bier geht übrigens auf eine Höchstpreisverordnung von 1516 zurück.

Landtage sind Geldtage

»Kein Fürst kann aus sich selbst bestehen«, lautete ein Sprichwort in jener Zeit – gemeint war seine Bindung an die Leute im Land. Die lehnrechtlich an den Fürsten gebundenen Adeligen und die bürgerliche Führungsschicht in den Landstädten verbanden sich im Lauf des 15. Jahrhunderts in nahezu allen Ländern, konstituierten sich als Landschaft und betonten gegenüber dem Landesherren ihr Recht auf Mitwirkung am Landesregiment. Zum Landesstaat gehörten von Beginn an die

Landtage, oft nicht sehr regelmäßig, aber geregelt, und die Landstände setzten meist durch, dass sie die Steuern bewilligten und oft auch die Landeskasse mitverwalteten, während sie die Ausarbeitung von Gesetzen dem Fürsten und seinen Räten überließen. »Landtage sind Geldtage«, hieß es. Dass die Landstände den Daumen auf der Kasse halten wollten, hing auch damit zusammen, dass sie bis in die Neuzeit hinein die wichtigsten Kreditgeber der Fürsten waren – erst im späten 15. Jahrhundert traten die großen reichsstädtischen Bank- und Handelshäuser wie die Fugger und die Welser hinzu. Dass die Steuerbewilligung auch heute noch das oberste Recht eines Parlaments ist, geht auf die mittelalterlichen Landtage zurück (die freilich noch keine Repräsentativversammlungen in unserem Sinne waren). Die Fürsten beriefen die Landtage ein, wenn sie Geld brauchten, der Adel kam, um im Gegenzug Vorteile und Privilegien auszuhandeln.

Fluchen verboten

Am ökonomisch weit fortgeschrittenen Niederrhein gab es recht früh »verwaltete Länder«: Kleve, Jülich, Geldern, Berg, Mark. Die Herrscher in diesen frühen Landesstaaten, wie der sehr gesetzgebungsfreudige Herzog Adolf I. von Kleve, begannen im 15. Jahrhundert mit einer umfangreichen obrigkeitsstaatlichen Sozial- und Wirtschaftsgesetzgebung, die das Leben der Untertanen bis in Kleinigkeiten hinein regelte – die Anlage von Obstgärten, einheitliche Biermaße und das Verbot des Wirtshausbesuchs nach Sonnenuntergang, des Fluchens und des Würfelspiels (auch für den Adel) inklusive. Das ging weit über die üblichen Landfriedensgebote hinaus und zielte auf Volkserziehung. Herzog Adolf erließ gleich bei Amtsantritt 1417 eine Unteilbarkeitsverordnung für sein Land Kleve und Mark, 1424 eine erste Policeyordnung (»Policey« war das, was wir heute als Sozialpolitik und innere Sicherheit bezeichnen) und auch eine Deichordnung, 1431 eine Landesordnung und 1440 eine Gerichts- und Prozessordnung. Auch verfügte er immer wieder Ausfuhrsperren, um die Getreideversorgung zu sichern. Auf Wunsch der Stände setzte er einheitliche Maße im Land fest. Ob sich die Vorschriften auch effektiv durchsetzen ließen, stand auf einem anderen Blatt. Die Gesetze wurden jedenfalls an den Kirchentüren angeschlagen, auf das sie jeder lesen konnte oder vorgelesen bekam.

Bildung macht das Land komplett

Den Gipfel der Landesstaatsbildung erklommen die Fürsten am Niederrhein jedoch nicht: Sie gründeten keine Landesuniversitäten, dafür waren sie zu klein. Hier gingen die rheinischen Kurfürsten voran: der Pfälzer schon 1386 mit Heidelberg, der Kölner 1388, der Mainzer mit Gründungen in Erfurt (1392) und Mainz

(1476). Trier zog 1473 nach. Frühere Gründungen gab es nur in Prag (durch Karl IV. 1348) und Wien (durch die Habsburger 1356). Die weiteren spätmittelalterlichen Landesuniversitäten waren Würzburg (1402 im Fürstbistum), Leipzig (1409), Rostock (1419 im Herzogtum Mecklenburg), Greifswald (1456 im Herzogtum Pommern), Freiburg (1457), Ingolstadt (1472, hier war Bayern mal nicht vorn) und Tübingen (1477 in der Grafschaft Württemberg). Die Universitätsgründung war so etwas wie das Sahnehäubchen der ersten Phase der Landesstaatsbildung. Und konnte das Landesbewusstsein heben – was ja bis heute gilt: Das Hochschulwesen der Bundesländer gehört zum Kern ihrer politischen Identität, mit ihm wird heute wie damals Standortpolitik gemacht, der Rang des Landes auch danach bemessen, wie gut seine Universitäten sind.

Leistungsgemeinschaft Reich

Für die Bildung der Landesstaatlichkeit waren auch Vorgänge auf Reichsebene von Bedeutung. Genauer: Ereignisse vor den Toren des Reiches. Zum Beispiel die Kriegszüge gegen die Hussiten – die Anhänger des böhmischen Kirchenreformers Jan Hus hatten nach dessen Hinrichtung 1415 in Böhmen einen Aufstand angezettelt, der sich zum Krieg steigerte, als König Sigmund (zugleich König von Böhmen) seine Landesherrschaft in Prag antreten wollte. Die Hussitenkriege machten den Fürsten erstmals deutlich, dass ihre Genossenschaft mehr verlangte als nur die Verteidigung partikularer Interessen. Die militärische Gefahr von außen war eine neue Erfahrung im frühen 15. Jahrhundert. Da waren vor allem die Türkenheere, die sich langsam auf dem Balkan nach Norden vorkämpften und schon Ungarn bedrohten. Und im Westen schickte sich das aufstrebende Königreich Burgund an, als neue Großmacht auch Expansionspolitik zu betreiben. 1422 wurde auf einer Fürstenversammlung in Nürnberg erstmals eine Reichsmatrikel erstellt – ein Verzeichnis aller Reichsglieder, um deren Beitrag zur Kriegführung festzulegen. 1427 vereinbarten die Reichsglieder in Frankfurt erstmals eine Reichssteuer, zum Zwecke der Kriegführung und der Unterstützung des Königs, der ja auch oberster Feldherr war. Beide Reichsvorgaben führten in den Ländern zu stärkeren Anstrengungen, um Militäraufgebot und Finanzierungsauflagen einhalten zu können – nicht zuletzt durch Maßnahmen zur Umlegung der Steuern auf Adel und Städte im Land. Der lockere Reichsfürstenbund wurde im 15. Jahrhundert zu einer Leistungsgemeinschaft umdefiniert, und um Leistungen erbringen zu können, musste die Verwaltung im Land weiterentwickelt werden. Zudem wurde den Fürsten nun auch bewusster, wie nützlich die reichen Städte für diese Leistungsgemeinschaft sein konnten, was zu einer gewissen Annäherung im Lauf des Jahrhunderts führte. Vor allem aber wuchs die Erkenntnis, dass eine stärkere reichspolitische Koordinierung nötig sein würde, als die Reichsfürstengenossenschaft bislang akzeptieren wollte. Das Reich musste stärker organisiert und damit unitarischer werden. Frucht dieser Erkenntnis war der Übergang zu einer stärkeren gesamtstaatlichen Organisation, mit einem Reichstag, in dem möglichst alle Leistungsträger versammelt waren, um eine möglichst hohe Verteilungsgerechtigkeit zu erlangen.

Überforderung des Königs

Das Verlangen nach einer »Verdichtung der Reichsverfassung« (Peter Moraw) war auch Ergebnis der Schwäche des Königtums im 15. Jahrhundert. Wenzel war abgesetzt, Ruprecht von der Pfalz konnte in den nur zehn Jahren seiner Regentschaft kaum Akzente setzen, Sigmund war selbst in seinem Königtum Böhmen angefochten. Und der Habsburger Friedrich III., Herzog von Steiermark und Kärnten und seit 1440 für 53 Jahre deutscher König, hatte eine recht eigenwillige Auffassung vom Amt. Im Reich war er so gut wie nie, sollten die Fürsten doch zu ihm kommen, wenn sie etwas wollten. Auch er delegierte lieber und versuchte wie Sigmund, die Landfriedensgestaltung auf die Fürsten abzuwälzen. Wozu sich in Streitereien mit den Fürsten und Städten verzehren, sollten die doch endlich lernen, ihren Landfrieden selber zu organisieren. Zumal wenn es um die nicht seltenen Fürstenfehden ging, die sich zu wahren Kleinkriegen auswachsen konnten (»kleine Reiterei« war ein geflügeltes Wort für diese bewaffneten Machtkämpfe). Freilich war es nicht nur königliche Wurstigkeit, die sich hier zeigte – das Wort von der Reichserzschlafmütze ist ein wenig polemisch. Friedrich hatte einfach erkannt, dass die politische Vielgestaltigkeit des Reiches, mit konsolidierten Landesstaaten hier, politischer Zersplitterung dort, und oft fast verwirrenden machtpolitischen Verhältnissen, das traditionelle Königtum überforderte. Wenn Kurfürst Ludwig von der Pfalz noch 1428 beklagte, dass »wir und andere fürsten, graven, fryen herren, ritter und knechte und auch gemeinschaffte der stedte an manchen enden zusammenstößende und an ettlichen enden fast untereinander gemenget sind«, dann umschrieb das genau den Zustand einer noch längst nicht staatlich konsolidierten Herrschaftslage in einigen Ecken des Reiches.

Defizitäre Reichsgerichtsbarkeit

Was Friedrich III. allerdings übersah, war die Tatsache, dass eine stärkere Selbstorganisation des Landfriedens unabhängig vom König doch einer funktionierenden Höchstgerichtsbarkeit bedurfte, dass vor allem bei Streitigkeiten zwischen Fürsten allein der ebenbürtige König als Richter akzeptabel war. Das dafür zuständige, auch mobile Hofgericht ließ er verkümmern, an dessen Stelle trat das königliche Kammergericht ins Leben, das aber mit gelehrten Juristen besetzt war, nicht mit fürstlichen Standesgenossen, und das seinen festen Sitz in Wien hatte. Dass Friedrich das höchste Gericht, das auch als Verfassungsgericht fungierte, bei sich am Hof zentralisierte, passte zu seiner monarchischen Amtsauffassung. Wenn die Reichsreformdebatte die Begleiterscheinung einer »Verfassungskrise« war, wie Dietmar Willoweit festgestellt hat, dann war die Krise der Reichsgerichtsbarkeit deren Kern. Und damit verbunden war eine tiefe Vertrauenskrise zwischen dem abwesenden König und den Fürsten im Reich. Beide Seiten hatten natürlich klare Vorstellungen einer Lösung – monarchisch-zentralistisch im Falle Friedrichs, aristokratisch-föderativ im Falle der Fürsten.

Uneyndrechtigkeyt und swacheyt

Einer der frühesten Beiträge zur Reichsreformdebatte kam von dem berühmten Gelehrten und Kirchenreformer Nikolaus von Kues, der 1433 diagnostizierte, dass die Missstände sich häuften und es an einer wirksamen Reichsgewalt fehle. Kues klagte über »uneyndrechtigkeyt, swacheyt und kranckheyt« und listete eine Reihe von Maßnahmen auf, die zum Standardrepertoire der Reformer des 15. Jahrhunderts wurden: eine jährliche Versammlung aller Reichsfürsten in Frankfurt mit dem König an der Spitze, zwölf Reichskreise als Landfriedensbezirke mit eigenen Landfriedensgerichten, ein dauerhaftes Verbot der Fehde, ein stehendes Reichsheer, eine Reichssteuer, ein festes Gesetz für die Königswahl. Wie bei allen Reichsreformern nach ihm stand auch bei Kues eine unitarische Zielsetzung im Hintergrund der Überlegungen. Die entscheidende Frage war: Ließ sich der aristokratische Charakter der Reichsverfassung bewahren, oder barg eine Reform die Gefahr der Zentralisierung. An dieser Frage schieden sich die Geister: Es ging im 15. Jahrhundert letztlich um die Entscheidung zwischen monarchischem Einheitsstaat oder föderativer Fürstenrepublik.

Monarchisten gegen zu viel Freiheit

Unter den Reichsreformern gab es eine starke Gruppe, die auf eine stärker monarchische Reichsverfassung hinarbeitete. Zu ihnen gehörte Enea Silvio Piccolomini, ein italienischer Humanist, Berater Friedrichs III. und schließlich als Pius II. ein reformerischer Papst in Rom, dem es um die Stärkung des christlichen Europas gegen die anrennenden Türken ging. Er sah in der Autonomie der deutschen Lande ein Problem und schrieb 1458 mit Rückblick auf die karolingische und staufische Epoche, in der angeblich die Zentralgewalt stark gewesen war: »Wir geben zu, euer Reich ist heute nicht mehr, was es unter Karl war, und eure Macht hat nach den Friedrichen nicht unbeträchtlich gelitten. (…) Wohl erkennt ihr den Kaiser als einen König und Herrn an, aber er übt seine Herrschaft wie ein Bettler aus. (…) ›Freiheit‹ ist bei euch allen das allgemeine Losungswort, weder Fürsten noch Städte geben dem Kaiser, was sein ist.« Diese »libertät« der Fürsten war freilich die Basis der Reichsverfassung. Die Monarchisten jedoch sahen in der »pluralitas principum«, der fürstlichen Vielfalt, eine schädliche Sache, weil sie Einheit verhindere und Unfrieden stifte, »Irrung und Zwietracht« bringe. Damit verbunden war die Ansicht, das Reich werde durch seine föderal-genossenschaftliche Struktur geschwächt. Zersplitterung eben – ein Vorwurf, den Anhänger des Einheitsstaats von nun an über Jahrhunderte hinweg erheben sollten. Die Fürstengenossenschaft sollte auf den Hof des Monarchen ausgerichtet und domestiziert werden. Ganz fremd war den deutschen Fürsten dieses Ansinnen natürlich nicht – im eigenen Land strebten sie ja auch danach, stießen jedoch an schnell an die Grenzen des Lehnrechts, das monarchisches Regieren erschwerte. So war es auch auf Reichsebene, wo die Fürsten ihr Mitspracherecht und ihren Anspruch auf Herrschaft im Konsens nicht aufgeben wollten. Im Übrigen galt die Einsicht, dass das Reich für eine monarchische Regierung vielleicht doch zu groß war. Kurfürst Albrecht III. von Brandenburg prägte 1481 jedenfalls den Satz: »Der einiger lebt nit, der sein macht hat, das ganz reich zu layten, wie er will.«

Reichsreform aristokratisch

Kern der aristokratischen Reformvorstellungen war die Neuorganisation eines obersten Reichsgerichts, das nicht am fernen Königshof in Wien, sondern unter fürstlicher Aufsicht zentraler im Reich angesiedelt werden sollte. Die Höchstgerichtsbarkeit sollte vom König getrennt und in fürstliche Regie übergehen. Antreiber der aristokratischen Reformer war lange Zeit der gelehrte Trierer Fürstbischof Jakob von Sierck, der im »Nicht-Monarchischen« so etwas wie eine deutsche Verfassungstradition sah: »Unser Natio wird gemeynlich under vyl herren und gehorsamkeyten geteylt, und mag nit woil under eyner gehoirsamkeyt behalden werden, als andere Naciones, die yre eynige kuninge haint, den yderman in semlichen sachen folgen moiß«, schrieb er 1452. Um das Reich dennoch einheitlicher und besser regieren zu können, musste laut Sierck eine feste und dauerhafte Form des Zusammenwirkens von König und Fürsten gefunden werden, was auf ein gemeinsames Reichsregiment (eine Art Bundesregierung) hinauslief. Diese kurfürstliche Sichtweise war konsequent: Aus ihrem Wahlrecht leiteten die Königswähler ein Kontrollrecht über den König ab, das eben – wie 1400 geschehen – bis zur Absetzung reichen konnte. Eine verantwortliche Mitregierung lag daher nahe. Dahinter stand ein konzises Reformprogramm: »Die kurfürstliche Reforminitiative wollte der Nichtregierung des Reichs abhelfen, indem sie grundlegende institutionelle Probleme der Reichsverfassung in den Blick nahm: die Reichskanzlei, die höchste Gerichtsbarkeit, den zu ihr führenden Instanzenzug und die Exekution der Urteile, ferner die Installierung eines kaiserlich-kurfürstlichen Reichsrats (…) und schließlich die Beschaffung der Geldmittel« (Eberhard Isenmann). Dazu sollte das Münzwesen reichsweit besser geregelt werden. Als Exekutivebene für Landfrieden sollten

Kopenhagen
Kgr. DÄNEMARK
Hzm. SCHLESWIG
NORDSEE
DITHMARSCHEN
Gft. HOLSTEIN-KIEL
Gft. HOLSTEIN-RENDSBURG
Lübeck
Hamburg
Hzm. POMMERN-WOLGAST
Wolgast
Güstrow
Schwerin
MECKLENBURG
Waren
Stargard
Stettin
Hzm. POMM
Erzbm. BREMEN
Lüneburg
FRIESISCHE LANDE (wittelsb.)
Gft. OLDENBURG
Gft. HOYA
Welfische Herzogtümer
Gft. RUPPIN
Mgft. BRANDENBURG
Berlin
Gft. HOLLAND (wittelsb.)
Bm. UTRECHT
Bm. OSNABRÜCK
Hzm. GELDERN
Braunschweig
Wolfenbüttel
Erzbm. MAGDEBURG
Gft. SEELAND (wittelsb.)
Bm. MÜNSTER
Münster
Gft. KLEVE
Bm. PADERBORN
Wittenberg
Mgft. LAUSITZ
Geldern
Fsm. ANHALT
Kfsm. SACHSEN
Calais (Eng.)
Hzm. BRABANT (luxemb.)
Gft. MARK
Göttingen
Erzbm. KÖLN
Gft. BERG
Kassel
Leipzig
Brüssel
Hzm. LIMBURG (lux.)
Aachen
Lgft. HESSEN
Erfurt
Mgft. MEISSEN
Meissen
Dresden
Namur
Gft. HENNEGAU
Cambrai (Kamerich)
Vogtland
Gft. NASSAU
Frankfurt
Hzm. LUXEMBURG
Erzbm. MAINZ
Erzbm. TRIER
Würzburg
Bamberg
Prag
KURPFALZ
OBERPFALZ
Kgr. BÖHMEN
Speyer
Nürnberg
METZ
Verdun (Virten)
Kgr. FRANKREICH
Hzm. BAR
Toul (Tull)
Stuttgart
Eichstätt
Regensburg
Staubingen
Straßburg
Gft. WÜRTTEMBERG
Hzm. LOTHRINGEN
Ulm
Landshut
Passau
Augsburg
Hzm. ÖS
zu BAR
Münster
Biberach
München
Mühlhausen
Bayerische Herzogtümer
Salzburg
Basel
Konstanz
Besancon
Bm. BASEL
Habsburg
Hzm. STEIER
Hzm. BURGUND
Freigrafschaft BURGUND
Innsbruck
Erzbm. SALZBURG
Gft. TIROL
Lande der Eidgenossenschaft
Chur
Hzm. KÄRNTEN
Bm. CHUR
Genf
Bm. SITTEN
Belluno
Patriarchat AQUILEJA
Gft. CILLI
Hzm. SAVOYEN
Trient
Gebiet der Visconti
Rep. VENEDIG
Hzm. KRAIN
Verona
Gebiet der della Scala
Mailand
MONTFERRAT
Mantua
Venedig
Fsm. PIEMONT
Gebiet der Gonzaga
Gebiet der Este
Rep. GENUA
Ferrara

1378

Das mittelalterliche Reich

Am Ende des 14. Jahrhunderts, zur Zeit Karls IV., hatte sich die Herrschaftsstruktur des Reiches verfestigt. Die Kurfürsten und die großen Landesherren waren die entscheidenden Machtfaktoren geworden, die in einem lockeren Bund zusammen mit dem König das Reich regierten.

Reichskreise eingerichtet werden, in denen kurfürstliche Hauptleute für die Vollstreckung von Urteilen des Reichsgerichts zuständig sein sollten.

Der Fürstenbundplan von 1463

Eine Art Konkurrenzunternehmen zum kurfürstlichen Plan war die Fürstenbundidee von 1463. Dahinter stand die Überlegung, dass die Großdynastien im Reich – die Habsburger (mit Österreich), Wittelsbacher (Bayern), Wettiner (Sachsen) und Zollern (Brandenburg) – mit dem König an der Spitze eine Reichsregentschaft bilden und das Reich in vier Kreise aufgeteilt wird. Die geistlichen Fürsten waren hier außen vor. Der Plan hätte eine Aufteilung des Reiches in Hegemonialzonen bedeutet. Man hoffte dabei wohl, den vor allem hausmachtpolitisch denkenden Kaiser Friedrich stärker für eine Reichsreform begeistern zu können. Es sollte jährliche Beratungen in Nürnberg geben und ein oberstes Schiedsgericht. Neben den geistlichen Fürsten waren aber auch die mindermächtigen Reichsfürsten und natürlich die Städte gegen eine solche oligarchische Lösung. Die Idee zerschlug sich schnell. Doch lebte sie fort in den Hegemonieträumen einzelner Dynastien, vor allem der Habsburger in Wien und der Zollern in Brandenburg.

Reichsreform auf nationalbürgerliche Art

Als dritte Reformpartei traten bürgerliche Räte und Juristen auf, die mit ihren Schriften und Plänen Einfluss zu nehmen suchten. In den humanistisch gebildeten Kreisen erwachte im 15. Jahrhundert ein früher Nationalismus, zweifellos geweckt durch die Fortschrittlichkeit Deutschlands auf vielen Gebieten und den damit verbundenen Wohlstand. Eine Zahl mag das veranschaulichen: 40 Prozent aller Buchdrucke in Europa wurden Ende des 15. Jahrhunderts im Reich hergestellt. Insofern entsprang die Reformdebatte weniger einer Niedergangsdiagnose, sondern eher einem verbreiteten Modernisierungsverlangen. Die bürgerlichen Humanisten, oft auch in städtischen Diensten tätig, empfanden sich als die eigentliche Trägerschicht der deutschen Nation. Durch ein lockeres Netzwerk übers ganze Reich hinweg verbunden, betrachteten sie die Reichsverfassung weder aus partikularer Warte noch mit monarchischer Zielsetzung – ihr Einheitsdenken war eher von der Furcht genährt, ihr stolzes Deutschland könnte an der Uneinigkeit und den Streitereien seiner adeligen Führungsschicht zerbrechen. In den Reformplänen dieser bürgerlichen Akademikerkreise wurde bereits »der Staat einer Nation vorgedacht« (Ernst Schubert). Nicht als Einheitsstaat freilich, sondern als Föderalstaat mit einer starken Bundesebene über den Landen, in denen man das Wesensmerkmal der deutschen Nation sah. Humanistische Autoren konnten sowohl von »deutscher Nation« sprechen als auch von »schwäbischer Nation«, ohne darin einen Widerspruch zu sehen. Sie schmerzte aber, dass eine schwache Reichsorganisation verhinderte, dass die Deutschen »meyster uber alle andere nacion« sein könnten, wie schon Nikolaus von Kues beklagt hatte. Es ging, wie bei allen späteren Reformen mit unitarischen Zielen, auch um die Stärkung deutscher Macht in Europa und der Welt.

Ehrgeizige Juristen, unlustiger Kaiser

Was die bürgerlichen Reformer als Gruppe kennzeichnete, war ein gegenüber dem Adel weit fortgeschrittenes Effizienzdenken, das ein die Landesstaaten überwölbendes Ganzes für notwendig hielt. Zu den bedeutendsten gehörten Johann Lysura, der meist in rheinisch-kurfürstlichen Diensten stand, der umtriebige herzoglich-bayerische Kanzler Martin Mair und der Nürnberger Jurist Gregor Heimburg, der mehrere Fürsten beriet. Mair hatte auch Kontakt mit Friedrich III., dem er im Rahmen der Fürstenbundpläne 1463 nahelegte, sich doch etwas mehr für das Reichsganze zu interessieren, weil durch eine stärkere föderale Selbstorganisation des Reiches das Königsamt obsolet werden könnte. Diese bürgerlichen Berufspolitiker waren natürlich auch in eigener Sache unterwegs: Die Erfahrung in den Ländern hatte sie gelehrt, dass staatliche Organisation dem gelehrten Juristentum neue Möglichkeiten eröffnete. So verwundert es nicht, dass die bürgerlichen Reformer einen starken Akzent auf den Ausbau einer Reichskanzlei legten. Doch blieben sie zwangsläufig die schwächste Partei. Weder Friedrich III. noch der restliche Hochadel waren so leicht zu beeindrucken. Heimburg seufzte 1470 resignierend: »Der teufel ist in den fürsten, sie lernen all snodigkeit von dem unlustigen keiser«. Und Friedrich war ziemlich lustlos. Er wies alle Reformvorschläge zurück, ob von den Kurfürsten, Fürsten, Räten. Er wollte die ganze Reformdebatte aussitzen. So verhinderte vor allem er eine frühere Reichsreform. Erst sein Sohn Maximilian fand sich bereit, am Ende des Jahrhunderts gegen den Wunsch des Vaters mit den Fürsten zu reden und Reformen zu akzeptieren.

Auf dem Weg zum Reichstag

Mit der Umformung der Fürstengenossenschaft in eine Leistungs- und Solidargemeinschaft ging natürlich die Frage einher, wie man diese am besten organisierte. Denn nun ging es um Geld und damit um die Frage, wer wie viel beisteuern und wie man die Lasten verteilen sollte. Vor allem aber: Wie man alle in die Pflicht nehmen könnte, schließlich waren die Fürsten bislang nicht gerade bekannt dafür, dem Reich gerne zu geben. Neue Formen der Mitbestimmung und Mitwirkung waren gefragt. Dabei spielte auch ein alter römischer Rechtsgrundsatz eine Rolle: Quod omnes tangit ab omnibus approbari debet – was alle betrifft, dem müssen alle zustimmen. Oder in einer zeitgenössischen deutschen Version von 1491: »Was die gemain berueret, das solt durch die gemain beslossen und gehandelt werden.« Es ging um den Konsens der Zahler. Das lief nicht zwangsläufig auf ein Einstimmigkeitsprinzip hinaus, aber doch darauf, dass alle Beteiligten Gehör finden sollten. Die immer nur freiwillig oder auf besondere Einladung des Königs besuchten Hoftage genügten da nicht mehr (ganz abgesehen davon, dass Friedrich III. konsequent darauf verzichtete, überhaupt welche zu einzuberufen). Allein von Kurfürsten und Städten veranstaltete königlose Tage wiederum konnten die abwesenden Fürsten und Reichsgrafen nicht binden. Der Weg aus der reichspolitischen Koordinierungssackgasse konnte nur heißen: Es muss eine Versammlung aller geben, deren Besuch verpflichtend oder zumindest ein Gebot politischer Klugheit ist. Der Druck auf die Fürsten, sich zu einer aktiven Mitwirkung zu bequemen, wuchs 1471, als sich nach den Kurfürsten auch die Reichsstädte im Städtetag eine eigene reichsweite Plattform schufen. Zwar gelang es den Fürsten nicht, eine entsprechende Organisation zu gründen, doch auch sie waren zunehmend daran interessiert, das Geschehen mitzubestimmen. So kamen auf den Reichsversammlungen des ausgehenden 15. Jahrhunderts drei Gruppen zusammen, die sich zuvor untereinander verständigten: Kurfürsten, Fürsten und Grafen, die Städte. Um dann auf der Basis des intern gefundenen Konsenses miteinander weiterzuverhandeln. Der Reichstag als gesamtstaatliche Organisationsform war damit praktisch erreicht, es brauchte nur noch fester Rhythmen und Verfahren. Als erster Reichstag in dieser neuen Form mit drei Kurien kann die Versammlung in Frankfurt am Main im Jahr 1486 gelten. Der Reichstag war ein für alle Reichsglieder offenes Repräsentations- und Verhandlungsforum, das unabhängig vom König agierte, der zwar formell einlud und den Vorsitz hatte, aber keine alleinige Lenkungsfunktion mehr besaß. Die musste er sich vor allem mit den Kurfürsten teilen, allen voran dem Mainzer Reichserzkanzler. Die Städte, die zu früheren Hoftagen nie eingeladen waren, setzten ihr Erscheinen entschlossen durch, und die Fürsten akzeptierten es – man hatte dadurch 70 Zahler mehr. Allerdings blieb den Städten die gleichberechtigte Teilnahme noch bis ins 17. Jahrhundert verwehrt.

Reichskreise – eine neue Idee

Nicht nur die Bündelung aller Interessen im Reichstag wurde im 15. Jahrhundert diskutiert, sondern auch eine Verbesserung der Landfriedenspolitik. Da die Zeiten des Königs als Manager vor Ort mit Karl IV. endeten, sann man über ein Nachfolgemodell nach. Schon unter dem unglücklichen König Wenzel war ja die Idee entwickelt worden, das Reich in feste Landfriedensbezirke einzuteilen. In diesen sollten dann die vom Reich verkündeten Landfrieden in Eigenregie durchgesetzt werden. Das war ein Schritt über die befristeten Landfriedenseinungen und die Separatbünde von Adel und Städten hinaus, indem man alle Beteiligten in einem solchen Bezirk zusammenfasste. Diese Vorstellung einer festen Landfriedensorganisation konnte entstehen, weil sich seit den Zeiten Rudolfs von Habsburg so etwas wie eine natürliche Ordnung von Landfriedensregionen herausgebildet hatte. Da waren jene Länder, die schon so geschlossen organisiert waren, dass man quasistaatlich vorgehen konnte – Österreich und Bayern vor allem und auch Brandenburg, trotz der dortigen Herrschaftskrise im 14. Jahrhundert. Dann gab es die alten Lande: Schwaben, Franken, Elsass, Westfalen, Thüringen, Sachsen. Und es hatten sich einige Regionen als so zusammenhängend erwiesen, dass Landfrieden dort mit Aussicht auf Erfolg organisiert werden konnten: der Mittelrhein, die Wetterau, der Niederrhein, die Ostseeanrainer. Doch am Ende des 14. Jahrhunderts fehlte noch das Vertrauen in feste, dauerhafte Organisationen, sowohl beim Adel als auch (über ihre eigenen Bünde hinaus) bei den Städten.

Abgeleitet oder autonom?

Dennoch hatte sich die Idee festgesetzt, die Landfrieden mit einer dauerhaften Organisation zu verbinden, so lange in den meisten Regionen des Reiches die Landesstaatlichkeit erst im Stadium der Pubertät war. Und mit der Debatte um eine festere Organisation des Reiches maß man diesen Zirkeln oder Reichskreisen (der Begriff tauchte wohl erstmals 1438 auf) weitere Aufgaben zu wie das Einsammeln von Reichssteuern, die Münzkontrolle oder die Truppenstellung. Eine entscheidende Frage blieb, wer in den Kreisen das Sagen haben sollte: ein von oben eingesetzter oder einer aus dem Kreis bestimmter Hauptmann. So war vom Anfang der Reichskreisidee das Kernproblem vorhanden: Sollten diese Kreise vom Reich abgeleitete Verwaltungsorgane sein, oder autonome Föderativgebilde, die aus den Landen und Herrschaften heraus selbst organisiert wurden. Letzteres setzte sich am Ende durch, auch weil Friedrich III. sich völlig aus der Landfriedensgestaltung zurückzog und die Reichskreispläne so zu einem Teil der aristokratischen Reformvorstellungen werden konnten. Die im Reichskreisgedanken ebenfalls angelegte Möglichkeit, das Reich zu einem dezentralisierten Einheitsstaat werden zu lassen, war damit schon in den Anfängen geplatzt. Auf vielen Reichsversammlungen des 15. Jahrhunderts wurden Vorschläge für eine Kreisgliederung besprochen. Zum Beispiel auf dem Nürnberger Tag von 1467, als man über die Aufstellung eines Reichsheeres gegen die Türken verhandelte und sechs Kreise als Rekrutierungsbezirke genannt wurden: Österreich, Bayern-Schwaben-Franken, Mittelrhein, Niederrhein, Obersachsen, Niedersachsen. Oder 1485 in Frankfurt, als man neun Kreise konzipierte: Schwaben, Franken, Bayern, Elsaß, Rhein, Hessen, Lothringen, Niederlothringen, Norddeutschland. Doch Friedrich blieb desinteressiert, viele Fürsten wollten sich ihre Rolle als oberste Landfriedenswahrer im eigenen Land nicht nehmen lassen, und die Städte konnten ihr Misstrauen in den Adel so schnell nicht überwinden, um sich auf solche gemischten Verbände einzulassen. Es bedurfte einer Initialzündung – und die kam aus dem Südwesten.

Erfolgsmodell Schwäbischer Bund

Der entscheidende Fortschritt auf dem Weg zu einer bundesstaatlichen Organisation des Reichs datiert auf das Jahr 1488. In der unruhigen Ecke im Südwesten gelang nun endlich eine Zusammenfassung aller Kräfte in einer dauerhaften Landfriedensorganisation – dem Schwäbischen Bund. Das Land mit seinen vielen Reichsstädten und seiner schon damals vielfältigen Gewerbestruktur war eine ökonomisch und kulturell reiche Region. Nicht umsonst sangen einige regionalpatriotische Humanisten ein Loblied auf die schwäbische Nation, verbunden mit Erinnerungen an die vorgeblich große Zeit des Landes unter den Staufern, um zumindest auf diese Weise das alte Landesbewusstsein wach zu halten. Keine Landesherrschaft, kein Landesstaat – der Südwesten blieb eine von Kleinfehden und regionalen Zwistigkeiten geprägte Region. Andererseits aber war man in der Vergangenheit im Schwäbischen nicht verlegen gewesen, bündische Ersatzlösungen zu finden. Im Föderalismus, dieser südwestdeutschen Kernkompetenz, fand man auch nun den geeigneten Weg. Dass der Bayernherzog gern an den Rändern des Landes Schwaben herumschnippelte, um seinen Machtbereich zu vergrößern, war noch eine zusätzliche Motivation, um auf dem Esslinger Reichstag am 14. Februar 1488 unter Vermittlung des jungen Königs Maximilian einen Bund aller wichtigen Teile des Landes zu gründen. Fürsten, Grafen, die Rittergesellschaft vom St. Jörgenschild (ein Bund der Niederadeligen) und nicht zuletzt die Städte fanden sich zusammen, um den Landfrieden zu organisieren und das landesstaatliche Defizit im Südwesten föderativ auszugleichen. Der Schwäbische Bund war »Höhepunkt und Abschluss des spätmittelalterlichen Einungswesens« (Horst Carl), gleichzeitig aber wies er bereits auf die kommende Reichsordnung hin, deren Vorbild er wurde: Die Fortentwicklung der Reichsverfassung ging ganz wesentlich auf die Erfahrungen im Südwesten zurück. »Der Schwäbische Bund hatte als Zielsetzung einen großen Teil dessen, was mit der reformerischen Konzeption einer Reichsordnung erstrebt wurde.« (Eberhard Isenmann)

Der neue Bund orientierte sich an der Organisation der Städtebünde – der höhere Adel hatte begriffen, dass ein Landfriedensbund nur durch eine feste Organisation erfolgreich sein kann, durch eine Beschränkung der Autonomie seiner Mitglieder. Zwar ließen sich Adel und Städte noch nicht auf eine gemeinsame Bundesversammlung ein – es gab zunächst getrennte Treffen. Aber im Bundesrat, in dem zwei Bundeshauptleute und 18 Räte als Vertreter der Mitglieder saßen, galten Gleichberechtigung und sogar das Mehrheitsprinzip. Ein Bundesgericht rundete die Bundesordnung ab. Der Schwäbische Bund war ein »System kollektiver Sicherheit« (Volker Press), das in einer unruhigen Region den Frieden durchzusetzen wusste, Mindermächtigen Schutz bot und die divergierenden Interessen der Städte und adeligen Landesherren ausglich. Angesichts der Effizienz des Bundes dehnte er sich mit der Zeit in Richtung Franken, Oberrhein und Mittelrhein aus. Der verfassungspolitische Fortschritt ging, wenn man so will, von Ulm aus, denn die Reichsstadt an der Donau war der Hauptort des Schwäbischen Bundes. Der bestand bis 1534, danach übernahm der Schwäbische Reichskreis dessen Funktion. Dieser war das Ergebnis der Reformreichstage seit 1495, auf denen der »ungehobelte« mittelalterliche Reichsföderalismus zur frühneuzeitlichen Bundesstaatlichkeit weiterentwickelt wurde.

KAPITEL 5

Reform, Reformation, Verfassungskrieg 1495-1648

Der Wormser Reichstag 1495: Auftakt zur Reichsreform

Die Reichsversammlung, zu der König Maximilian I. für Mitte Februar 1495 nach Worms eingeladen hatte, sollte zu einer epochalen Wegmarke der deutschen Verfassungsgeschichte werden. Maximilian verspätete sich allerdings, er traf erst am 18. März ein, wichtige familienpolitische Angelegenheiten – ein Krieg um das Herzogtum Geldern – hatten ihn aufgehalten. Maximilian war seit einigen Jahren schon mit einem dynastischen Großprojekt befasst, das auf eine habsburgische Universalmonarchie in Europa zielte. Das Königreich Burgund mit seinen reichen niederländischen und französischen Ländern hatte er der Familie bereits 1477 durch seine Ehe mit der Tochter Karls des Kühnen gesichert, nun ging es um eine Ausdehnung nach Spanien. Maximilian schwebte in imperialen Höhen, das deutsche Reich wurde da fast zur Nebensache. Das kam den Fürsten und Städten entgegen, denn Maximilian war so eher zum Eingehen auf deren Wünsche geneigt als sein störrischer Vater Friedrich, der 1493 gestorben war. Er wusste zwar eindrucksvoll aufzutreten, aber er war nicht der lenkende Staatsmann, der die Reichsreform in monarchischem Sinne hätte zum Abschluss bringen können. Dem ehrgeizigen Habsburger ging es vor allem darum, den Reichsfürsten und Städten möglichst viel Geld abnehmen zu können für Kriegszüge in Norditalien und die Sicherung der habsburgischen Erblande gegen die Türken. So war er entgegenkommend gestimmt.

Mitbegründer des Bundesstaats
Obwohl er wohl zweifellos andere Absichten hegte und eher monarchischen Vorstellungen anhing, wurde König Maximilian I. auf dem Wormser Reichstag von 1495 zum (unfreiwilligen) Mitbegründer des Bundesstaats in Deutschland. Was sich aus dieser historischen Zusammenkunft entwickeln sollte, konnte freilich kaum einer der Beteiligten absehen.

Hennebergs Plan

Berthold von Henneberg hatte im Gegensatz zu Maximilian ein Konzept, eine recht klare Vorstellung sogar, wie das deutsche Reich künftig aussehen sollte. Und dieses Konzept lautete: Wenn der Landfrieden wie zuletzt in Schwaben durch eine kräftige Bundesorganisation gesichert werden kann, warum dann nicht das ganze Reich als einen solchen Bund organisieren, der die Autonomie der Mitglieder schont, aber auch ihre Mitwirkung verlangt? Henneberg, Mainzer Fürstbischof und Reichserzkanzler, wollte eine bundesstaatliche Organisation des Reiches, die sich ja schon in der Reichsreformdebatte abgezeichnet hatte. Es sollte eine feste Bundesversammlung geben – das lief auf die Verstetigung des Reichstags als periodisch tagende Einrichtung hinaus. Es sollte eine dauerhafte, vom König und Kaiser unabhängige Bundesgerichtsbarkeit geben – als oberste Instanz über den Landesgerichten und als eine Art Verfassungsgericht für Streitigkeiten zwischen den Reichsständen. Es sollte zudem eine Art bundespolitisches Lenkungsgremium geben, das die Exekutive koordinierte, die weiterhin auf Landesebene organisiert sein sollte. Und es sollte eine dauerhafte Reichssteuer geben. Basis der neuen Reichsordnung sollte ein ewiger, reichsweit gültiger Landfrieden sein, woraus sich auch die Dauerhaftigkeit des Reichsbundes ergab – ewiger Friede, ewiger Bund. Für dieses ehrgeizige Programm war Henneberg offenbar zum Konflikt bereit, mit dem König und auch mit widerstrebenden Fürstengenossen. Zudem: Wenn Maximilian Geld für seine dynastisch motivierten Kriege wollte und damit auch seinen imperialen Anspruch unterstrich, dann sollte er etwas Bleibendes dafür geben – den Verzicht auf eine monarchische Ausgestaltung der Reichsverfassung und die Zustimmung zum aristokratisch-föderativen Modell. Henneberg hatte Mitstreiter: die sächsischen Fürsten, den Markgrafen von Ansbach, den Grafen von Württemberg. Nicht zuletzt die Städte standen hinter dem Plan, weil sie damit die Hoffnung verbanden, dass es zu einer besseren Lastenverteilung (also zu einer höheren Belastung der Fürsten) kommen würde. Skeptisch waren nicht zuletzt die Bayern und der Trierer Kurfürst, ihnen widerstrebte die mit Hennebergs Konzept verbundene Einschränkung der landesfürstlichen Autonomie. Völlig uneigennützig war Kurfürst Berthold bei seinem Vorstoß nicht: Sein Konzept sah für den Erzkanzler eine wesentliche Rolle im Verfassungsbau vor. Seit Amtsantritt arbeitete er darauf hin, Reichs- und Hofkanzlei zu trennen, um mehr eigenen Spielraum zu bekommen. Henneberg wollte offenbar das Erzkanzleramt zur eigentlichen, vom König unabhängigen Koordinierungszentrale des Reiches umformen, in der alle Fäden zusammenliefen. Nebenbei wäre damit auch das eher kleine, machtpolitisch nicht mehr ganz konkurrenzfähige Mainzer Fürstbistum als führende reichspolitische Kraft abgesichert worden.

Bundesstaatlich geformt

Der Reichstag von Worms zog sich hin bis in den Herbst 1495 und entwickelte sich immer stärker zum Verfassungskongress. Am Ende setzte sich Hennebergs Konzept durch, wenn auch nicht auf ganzer Linie. Über den Landesstaaten und den Reichsstädten, der partikularen Ebene, entstand nun ein unitarischer Überbau: regelmäßige Reichstage, auf denen schon bald in kurzer Folge eine ganze Reihe wichtiger Reichsgesetze beschlossen wurden, die zu einer bis dahin ungeahnten Rechtseinheit führten; das Reichskammergericht als oberstes Rechtsorgan, das den in Worms verkündeten Ewigen Landfrieden mit seinem absoluten Fehdeverbot sichern sollte; dazu mit dem Gemeinen Pfennig eine Reichssteuer, die auf Dauer angelegt war (sich allerdings nicht dauerhaft durchsetzen ließ). Und in der Folge des Wormser Reichstags kam es zur Gründung von zehn Reichskreisen als – wie sich zeigen sollte: autonome – Exekutivebene und zu immerhin zwei Versuchen, mit den Reichsregimenten jene dauerhafte Reichsregierung neben dem König und Kaiser zu etablieren, die Henneberg auch auf seine Person hin konzipiert hatte. Nicht alles setzte sich sofort durch, einen Abschluss fand die Reform erst beim Augsburger Reichstag 1555. Aber das Fundament für das bundesstaatliche Reich wurde 1495 gelegt.

Allgemeiner Landfriede und Reichsgerichtsbarkeit

Basis der Wormser Ordnung war der Ewige Landfriede, der erste Reichslandfriede, der als unbefristetes Reichsgesetz verabschiedet wurde und »in bestendlichem wesen erhalten und gehandhapt« werden sollte. Der Kern war das uneingeschränkte Fehdeverbot, Recht durfte hinfort nur noch vor den Gerichten gesucht werden. Das setzte sich nicht sofort durch, vor allem niederadelige Fehdeunternehmer wie die Reichsritter von Berlichingen oder Sickingen setzten ihr unseliges Werk noch eine Zeitlang fort. Doch das Fehdeunwesen nahm zusehends ab; die letzte große Fehde im Reich, der Kleinkrieg des fränkischen Ritters Wilhelm von Grumbach gegen den Würzburger Fürstbischof endete 1567 mit der Ächtung und Vierteilung des Landfriedensbrechers. Auch die Landfriedensklagen vor dem Reichskammergericht gingen stetig zurück. Die Reichsstände begannen, ihre Zwistigkeiten vor dem Gericht auszutragen. Dem König, der formell immer noch oberster Richter im Reich war, kam im Kammergericht allenfalls noch eine symbolische Rolle zu. Maximilian I. setzte daher den Reichshofrat als monarchisches Konkurrenzgericht dagegen, doch zeigte sich mit der Zeit, dass beide Gerichte sich durchaus ergänzten. Der Reichshofrat war stärker auf Vermittlung ausgerichtet, das Kammergericht auf Urteilsfindung. Vor den Reichsgerichten konnten alle klagen, der kleinste Bauer und der größte Herr. Da das Reichskammergericht als letztinstanzliches Gericht auch für Untertanenprozesse gedacht war, setzte es einen Unterbau von

Gerichten in den Ländern und Städten voraus – die Fürsten mussten daher ihre Gerichtsorganisation auf Vordermann bringen. Das führte auch zu einer Professionalisierung des Gerichtswesens, und viele Fürsten erließen nun feste Gerichtsordnungen. Denn das beliebte Appellationsprivileg, mit dem eine Berufung am Reichskammergericht ausgeschlossen werden konnte, war in der Regel nur zu erlangen, wenn das Gerichtswesen im Land mehrstufig und geordnet war. Bei Rechtsverweigerung war eine Anrufung des Kammergerichts auch weiterhin möglich.

Klagen in Speyer und Wetzlar

Für die Fürsten war das vor allem von ihnen geforderte Reichskammergericht so eine durchaus ambivalente Angelegenheit. Zwar war die exklusive Höchstgerichtsbarkeit des Königs und Kaisers beschnitten, zwar konnten sie ihre Streitigkeiten vor »ihrem« Gericht austragen, doch band es die Landesfürsten an eine übergeordnete Gerichtsinstanz. Das Reichskammergericht als Berufungsgericht war eine nicht zu unterschätzende Beschränkung der Autonomie und damit auch der potenziellen Willkür der Landesfürsten, ihrer Gesetzgebung und ihres Gerichtswesens. Es ist daher kein Wunder, dass das Interesse der Fürsten am Unterhalt des Gerichts mit der Zeit nachließ und einige die dafür vorgesehene Steuer, den »Kammerzieler«, gar nicht oder nur schleppend zahlten. Ein notorischer Steuerverweigerer war Brandenburg-Preußen, das am Ende des 18. Jahrhunderts mit 320 000 Talern beim Kammergericht im Rückstand war – immerhin hat es die gesamte, in 140 Jahren angehäufte Schuldensumme kurz vor dem Ende des Reiches noch nachgezahlt. Das Gericht war aufgrund der schlechten Zahlungsmoral einiger Reichsglieder – im Gegensatz zum Reichshofrat – oft unterfinanziert, was wiederum zur langen Dauer vieler Verfahren beitrug.

Die Besetzung des Reichskammergerichts (das zuerst in Frankfurt am Main angesiedelt wurde, bald nach Speyer umzog und seit 1690 in Wetzlar residierte) war professionell – die Hälfte der Richter studierte Juristen, meist Bürgerliche, die andere Hälfte rechtskundige Adelige. So war es nicht nur Verfassungsgericht für die Reichsglieder und oberste Berufungsinstanz über den landesherrlichen Gerichten, sondern auch Anstoß zu einer umfassenden Gerichtsneuordnung im ganzen Reich. Entsprechend galt das Rechtswesen Deutschlands in der Frühen Neuzeit im europäischen Vergleich als durchaus präsentabel, auch wenn das Reich noch kein Rechtsstaat im modernen Sinne war. Allein die Möglichkeit, nach Speyer oder Wetzlar zu ziehen und dort sogar den eigenen Landesherrn verklagen zu können, hatte eine dämpfende Wirkung auf fürstliche Willkür. Als Garant der Rechts- und Friedenswahrung im Reich ersetzte es den König zumindest zum Teil. Die Umsetzung der Urteile war freilich eine ganz andere Sache – die Exekutive war und blieb Landessache oder wurde den Reichskreisen übertragen.

Das Reich im Bild

Der berühmte Quaternionenadler war eine gängige Darstellung der Reichsverfassung in der Frühen Neuzeit. Der doppelköpfige Adler war das Wappentier des Reiches, in seinen Flügeln wurden in Vierergruppen ausgewählte Reichsstände mit ihren Wappen aufgeführt, zuoberst die der Kurfürsten – ein Symbol für den föderativen Verfassungsaufbau.

Die zentrale Instanz: Der Reichstag

Im Reichstag wurde die regelmäßige und dauerhafte Beteiligung der Reichsstände – Kurfürsten, weltliche und geistliche Fürsten, Reichsstädte – an den Reichsangelegenheiten verankert. Er sollte als höchstes Gesetzgebungsorgan vor allem über die Reichssteuern befinden, als Verteilungsgremium jener Lastengemeinschaft, als die sich die Reichsstände nolens volens im 15. Jahrhundert zusammengerauft hatten. Die Kurfürsten allein wollten und konnten das Reich nicht tragen. Kurfürst Albrecht III. von Brandenburg schrieb schon 1485: »Es ist zu betrachten, das wir nit sind das ganz Reych (…), wir vermogen allein nit die burdt des ganzen Reychs zu tragen, aber mit zu leyden nach gebur als die fordersten und nechsten glider des heyligen Reychs pin ich des für mein person willig zuthon«. Die Städte dachten nicht viel anders, denn auch sie zahlten viel für das Reich. Kurverein und Städtetag hatten daher ein starkes Interesse daran, die Reichsfürsten und Reichsgrafen finanziell stärker einzubinden. Der Reichstag entstand also nicht zuletzt, um die Gebergemeinschaft für das Reich zu erweitern und zu verstetigen. Henneberg hatte schon 1492 das unstete Finanzgebaren der Reichsfürsten bitterlich beklagt: »Hat man dann einen Anschlag (i.e. Veranschlagung – A.F.) gemacht, so thut der eine Hülff, der ander gar nicht, und wird ihme nachgesehen. Von dritten nimpt man das halbe Geld, so komt einer heut, der ander morgen oder über ein halb Jahre.« Dieser schlechten Zahlungsmoral sollte der Reichstag abhelfen, indem man alle in die Pflicht nahm, aber auch allen die Mitsprache anbot. Wer fehlte, tat das auf eigenes Risiko – Reichstagsbeschlüsse galten auch für Abwesende. So war der Besuch rege, wer nicht selber kam, ließ sich in aller Regel durch Räte vertreten. Der Reichstag hatte aber nicht nur über Geld, sondern auch über Krieg, Frieden und Bündnisse zu entscheiden, eigentlich monarchische Vorrechte, die nun im aristokratischen Kollektiv besprochen wurden. Dem Kaiser kam dennoch ein Vorrang zu, jedenfalls formell: Er berief den Reichstag ein, er bestimmte im Verein mit dem Erzkanzler die Tagesordnung, Reichsgesetze kamen ohne seine Zustimmung nicht zustande. Dieses Vetorecht kam freilich nicht allzu häufig zum Einsatz, denn nach wie vor galt: Der Kaiser war Landesfürst unter Landesfürsten und als solcher führendes Mitglied im Reichstag. Die Verstetigung des Reichtags war »ein elementarer Schritt zur Integration des Reichsverbandes zu einem Ganzen, zu einer handlungsfähigen politischen Einheit«. (Barbara Stollberg-Rilinger) Er war das Zentrum des neuen bundesstaatlichen Systems. Der Historiker Maximilian Lanzinner hat die Bedeutung des Reichstags so zusammengefasst: »Er diente als Forum der Konfliktregelung, des Interessenausgleichs und der Friedenssicherung und vermochte so mehr als jede andere Institution den föderativen Reichsverband politisch zu integrieren und zu stabilisieren, ja er stellte ihn überhaupt erst her.«

Regensburg, Augsburg, Nürnberg

Einen festen Ort hatte der Reichstag zunächst nicht. Vom Frankfurter Reichstag 1486 bis zum Beginn des Dreißigjährigen Krieges fanden 43 Reichstage statt, die meisten in Regensburg (11), Augsburg (10), Nürnberg (7), Speyer (5) und Worms (3). Weitere Reichstagsorte waren Esslingen, Lindau, Freiburg im Breisgau, Köln, Konstanz und Trier. Reichstage dauerten einige Wochen, bisweilen auch mehrere Monate und versammelten über die politisch Beteiligten hinaus viele Künstler, Unternehmer, Theologen, Gelehrte. Sie waren ein politisches und kulturelles Großereignis, auf dem sich das Reich nicht nur Gesetze gab, sondern sich auch festlich inszenierte. Zum Wormser Reichstag 1521 sollen insgesamt mehr als 10000 Besu-

Reichstag in Aktion
Wie auf dieser Darstellung des Augsburger Reichstags von 1530 (Überreichung der Augsburger Konfession durch protestantische Stände) muss man sich eine Versammlung des Reiches vorstellen, wenn sie im Plenum aller Mitglieder zusammenkam. Das war freilich selten der Fall, kleinere Beratungsrunden waren die Regel.

cher in die Stadt gekommen sein. Auch einfache Leute erschienen in der Hoffnung, für ein Anliegen offene Ohren zu finden. Bittschriften (»Supplikationen«) von Untertanen wurden seit 1540 in großer Zahl vorgebracht, oft auch persönlich, ein eigens eingesetzter Ausschuss kümmerte sich darum – der Vorläufer der heutigen Petitionsausschüsse. Wobei der frühe Reichstag kein Parlament im heutigen Sinne war. Es gab selten ein Plenum, die Verhandlungen fanden hinter verschlossener Tür statt, öffentliche Reden wurden nicht gehalten. Dass allein 31 Reichstage vor 1555 stattfanden, erweist jenen Zeitraum als Epoche der Verfassungsbildung und -verstetigung. Die meisten großen Reichsgesetze fallen in jene Jahre. Von 1557 bis 1613 gab es dagegen nur noch 12 Reichstage, was zum einen daran lag, dass die wichtigen Entscheidungen getroffen waren (statt der großen Reichstage gab es nun häufige »Arbeitssitzungen« von Räten in Form von Deputationstagen), zum anderen aber am Auseinanderdriften des Reichsbundes wegen der Glaubensspaltung.

Drei Kurien

Der Reichstag setzte sich aus drei Kurien zusammen, welche die Reichsstände repräsentierten: Kurfürsten, Fürsten, Reichsstädte. Die Reichsmatrikel von 1521 führte sieben Kurfürsten, 49 geistliche und 31 weltliche Fürsten, 65 Prälaten und 14 Äbtissinnen, 137 Grafen und Herren, 84 Reichsstädte (die aber in Wirklichkeit gar nicht alle diesen Status hatten). Die Kurfürsten blieben die entscheidende Gruppe. Die Fürstbischöfe von Mainz, Köln und Trier und die Kurfürsten von der Pfalz, Sachsen und Brandenburg hatten jeweils eine Stimme im Reichstag, nicht dagegen der König von Böhmen, der nur an der Königswahl teilnahm. Die böhmische Krone hatten seit 1526 die Habsburger inne, die ohnehin versuchten, ihre Länder so weit als möglich aus dem Reichsverband herauszuhalten. Mit der Reformation – die Lehre Martin Luthers und ihre Folgen waren ein Hauptthema der Reichstage des 16. Jahrhunderts – wuchs der Einfluss der Kurfürsten noch, weil die drei geistlichen natürlich katholisch waren, während die drei weltlichen im protestantischen Lager standen (wie übrigens auch die große Mehrzahl der weltlichen Reichsfürsten). Die Parität im Kurverein bedeutete, dass in der wichtigsten Kurie des Reichstags keines der Lager die Mehrheit hatte. So kam den Kurfürsten eine entscheidende Rolle für den Ausgleich zwischen den Konfessionen zu. Das Funktionieren des Reichstags und des gesamten föderativen Systems hing damit nicht zuletzt von der Kompromissbereitschaft der Kurfürsten ab, die ihrer Verantwortung meist auch gerecht wurden und auch in den Krisen des 17. Jahrhunderts eher dämpfend und ausgleichend wirkten.

Eine Länder- und Städtekammer

Die zweite Kurie, der Fürstenrat, umfasste die Herzöge, Mark- und Landgrafen sowie die Fürstbischöfe, die jeweils eine Einzelstimme hatten. Die Reichsgrafen und Prälaten waren dagegen in Kollegien mit je einer Sammelstimme zusammengefasst. Die Stimmen waren nicht an Personen, sondern an die Territorien gebunden – der Reichstag war so gesehen also eine Länderkammer. Freilich konnten Fürsten mehrere Stimmen haben, wenn sie Länder in Personalunion regierten. Die Zahl der weltlichen Fürstentümer stieg zwischen 1521 und 1792 von 31 auf 61, durch Landesteilungen oder Standeserhöhungen. Die Zahl der geistlichen Fürstentümer sank dagegen von 49 auf 24, vor allem durch Säkularisierung von Kirchenbesitz im Zuge der Reformation. Die mächtigeren Mitglieder der Fürstenbank

(Bayern, Württemberg, Hessen, die braunschweigischen Herzöge, dazu Bistümer wie Münster, Bamberg, Salzburg oder Würzburg) hatten eine ähnliche Machtstellung und Interessenlage wie die Kurfürsten – die Stärkung ihrer Landesstaatlichkeit war ihnen wichtig, das Festhalten an einer weitgehenden Autonomie, ihrer »Libertät«. Die mindermächtigen Reichsgrafen versammelten sich in den vier Grafenkollegien Schwaben, Franken, Westfalen und Wetterau, die Reichsprälaten und Reichsäbtissinnen verteilten sich auf eine schwäbische und eine rheinische Bank. Diese weniger mächtigen Mitglieder der Fürstenbank waren schon eher an einem starken Reich interessiert, das sie schützte und über das sie ihre Interessenwahrung zu organisieren suchten.

Auch die Reichsstädte wollten ein handlungsfähiges Reich, um ihre wirtschaftlichen Interessen zu sichern. Es gab eine rheinische und eine schwäbische Städtebank. Die Zahl der Reichsstädte sank mit der Zeit allerdings auf gut 50. In ihren guten Zeiten bis zum Dreißigjährigen Krieg trugen sie erheblich zu den Reichsfinanzen bei – was sie aber in Schulden stürzte und ihren Niedergang mitverursachte. Die Reichsstädte besaßen erst seit 1582 ein volles Stimmrecht, aber auch danach hatten die Adelskurien das entscheidende Wort.

Ein Beschluss kam zu Stande, wenn alle drei Kurien zustimmten und der Kaiser ihn mittrug. Die drei Gruppen berieten getrennt, in den Kurien galt das Mehrheitsprinzip (außer, seit 1555, für Religionssachen). Grundsätzlich hielt man aber an der alten Konsensregel des »quod omnes tangit« fest – was alle angeht, muss von allen beschlossen werden. Der Reichstag war so vor allem auf Vermittlung und Kooperation angelegt.

Die Reichsregimente – Fehlschlag einer Bundesregierung

Neben dem Reichstag als Legislative und dem Reichskammergericht als Judikative sah Hennebergs Reichsreformplan auch ein Exekutivorgan vor – wohl nach dem Vorbild der Bundesräte in den Städtebünden. Das so genannte Reichsregiment sollte eine dauerhafte Regierung ohne den oder neben dem König sein. Maximilian erkannte Hennebergs Absicht natürlich und schimpfte, man wolle ihn »an den Nagel henken«. Das Reichsregiment war als oberste Koordinierungsinstanz für die Landfriedensexekutive gedacht, die nach dem Beispiel des Schwäbischen Bundes weiterhin regional in den Reichskreisen organisiert werden sollte. Als Leiter des Reichsregiments war der Reichserzkanzler vorgesehen, das Gremium wäre das I-Tüpfelchen in Hennebergs Plan gewesen, ein (vor allem von den Kurfürsten gelenkter) Reichsrat als Königsersatz. Seine Befürworter aber hatten zu wenig bedacht, dass eine solche zentrale Einrichtung nicht nur die königliche Macht beschnitten hätte, sondern auch die fürstliche Autonomie. So endete das erste Reichsregiment bereits 1502 in allgemeiner Unzufriedenheit. Kaiser Karl V. ließ die Einrichtung 1521 nochmals aufleben, im Rahmen seiner Versuche, das Reich stärker zu zentralisieren. Er hatte das unitarische Potenzial des Regiments durchaus erkannt. In ihm saßen neben fünf kaiserlichen Vertretern (Hennebergs Modell hatte nur einen vorgesehen) die Delegierten der Kurfürsten, je einer der weltlichen und geistlichen Fürsten, Grafen und Prälaten, zwei Städtevertreter sowie je ein Vertreter der Reichskreise. Das zweite Reichsregiment unternahm von Nürnberg aus auch den ehrgeizigen Versuch, eine Gesetzgebung unabhängig vom Reichstag anzugehen. Es agierte dabei eher selbständig als gelenkt, denn in ihm saßen vorzugsweise jene bürgerlichen Räte, deren Vorgänger im 15. Jahrhundert eine unitarisch-föderale Reichsreform angepeilt hatten. So entstanden Entwürfe für eine erste Exekutionsordnung (also ein Verwaltungsrecht), eine Steuerordnung sowie eine Kriegsverfassung. Auch sollte das Reich zu einem einheitlichen Zollgebiet werden. Aber die Fürsten machten nicht mit. Eine solche Zentralbehörde, ob nun aristokratisch oder monarchisch geprägt, war ihnen dann doch etwas zu viel an Bundesstaatlichkeit. Das Experiment wurde 1531 beendet. Immerhin hat das zweite Reichsregiment einige wichtige Reichsgesetze vorbereitet.

Die Reihe der großen Reichsgesetze

Die erste Phase nach der Wormser Reichsreform war für die Reichsgesetzgebung äußerst fruchtbar. »Nie zuvor und nie danach hat das Alte Reich eine solche Fülle von wichtigen Reichsgesetzen zustande gebracht wie in dem kurzen Zeitraum zwischen 1495 und 1555.« (Heinz Duchhardt) Neben der »Constitutio Criminalis Carolina«, dem ersten Strafgesetzbuch des Reiches von 1532, das im Kern bis Anfang des 19. Jahrhunderts galt, gehörten zu den großen Reichsgesetzen jener Jahre: die Reichsprozessordnung von 1507, die Appellationsordnung von 1508, die Notariatsordnung von 1512, die Monopolordnung von 1523/29 (vor allem gegen die großen süddeutschen Handels- und Finanzhäuser gerichtet), die Erbrechtsordnung von 1529, die Polizeiordnung von 1530/1548, die Reichsmünzordnung von 1524/59. Das erste große Reichsgesetz im Jahr 1498 richtete sich übrigens gegen das Weinpanschen. Alle diese Gesetze zogen eine beträchtliche Rechtsvereinheitlichung nach sich.

Legislativer Austauschprozess

Die Reichsgesetzgebung verlief aber nicht allein von oben nach unten. Es war ein legislativer Austauschprozess zwischen Reich und Ländern, denn beide Ebenen waren ja nicht strikt voneinander getrennt, sondern bundesstaatlich verschränkt. Die Reichsgesetzgebung bediente sich der Erfahrungen in den Ländern, Landesgesetze wurden zum Vorbild für Reichsgesetze, die dann wiederum die Landesgesetzgebung beeinflussten. Die Reichsgesetze hatten eher einen Rahmen- oder Modellcharakter, denn die Fürsten und Städte wollten sich ihre Autonomie nicht vollständig nehmen lassen. So konnten sie den Wortlaut der Reichsgesetze in Gänze übernehmen oder nach eigenen Vorstellungen abändern oder ergänzen. Es gab ein allgemeines Abweichungsrecht, um den Autonomieverlust der Landespolitik in Grenzen zu halten. Freigestellt war den Fürsten und Städten natürlich auch, wie diese Gesetze angewendet wurden – Exekutivautonomie war stets gegeben. Die Landesherren hatten die Reichsgesetze allerdings umzusetzen, Änderungen durften dem Sinngehalt der Gesetze nicht entgegenstehen. Das machte Veit Ludwig von Seckendorff in seinem 1655 erstmals erschienen »Teutschen Fürsten-Staat« deutlich, einer Art Regierungs- und Verwaltungslehre, die in der zweiten Hälfte des 17. Jahrhunderts eine Pflichtlektüre für Staatsdiener im ganzen Reich war. Danach hatten die Länder Reichsgesetze »zu publiciren« und mussten darauf achten, »daß denselben nachgelebet werde«. Zudem hatten die Fürsten dafür zu sorgen, dass ihre Verordnungen und Gesetze denen des Reiches nicht widersprachen, »sondern denenselben gemäß und nachfolgig seyn«. Ein Abweichungsrecht kam laut Seckendorff, der Kanzler in Sachsen-Gotha und später Rektor der Universität Halle war, dann in Frage, wenn ein Fürst Reichsgesetze »auf seiner lande zustand (...) genauer einrichten wolte«. Reichsrecht war somit zwar bindend, aber Landesrecht war nicht zwangsläufig untergeordnet. Die Länder und Städte hielten sich freilich bei aller Neigung zur Eigenwilligkeit an das Recht des Reiches: Sie hatten es ja als Mitglieder im Reichstag ausgehandelt und sich selbst gegeben.

Die »Carolina« als Beispiel

Ein gutes Beispiel für den föderalen Prozess der Gesetzgebung war die »Carolina« von 1532. Dieses Straf- und Prozessrechtsbuch war an die Bamberger Halsgerichtsordnung von 1507 angelehnt. Gute Landesgesetzgebung konnte das Reichsrecht nachhaltig beeinflussen, was wiederum ein Ansporn für die Landesgesetzgeber war: Vorbild zu sein für eine gesamtstaatliche Regelung konnte als Auszeichnung für gutes Regieren gelten (natürlich nach den Vorstellungen jener Zeit). Eine besondere Rolle spielte die Polizeigesetzgebung des Reiches. Unter »Policey« (nach dem griechischen Wort politeia) verstand man im Alten Reich all das, was wir unter dem Begriff innere Sicherheit zusammenfassen. Dazu kamen Maßnahmen, die heute eher als Sozialpolitik oder als Verwaltungsrecht bezeichnet würden. Polizeigesetzgebung war ein Mittel der Fürsten und Stadtväter, ihre obrigkeitlichen Vorstellungen durchzusetzen. Dazu gehörten Kleiderordnungen, die bis ins Detail vorschrieben, wer was anziehen durfte und wer nicht. Auch konkrete Vorschriften für den Aufwand bei Hochzeits- und Tauffeiern waren darunter, aber eben auch Vorgaben zur Qualität von Waren und Dienstleistungen. Höchstlöhne oder Lebensmittelpreise wurden durch Polizeigesetzgebung ebenso verordnet wie Regeln gegen den Zinswucher und Zensurmaßnahmen. Wie alle Reichsgesetze hatte auch die Reichspolizeiordnung von 1530/1549 eine Art Öffnungsklausel, die den Landesherren die Möglichkeit gab, das Reichsgesetz »zu ringern und zu mäßigen, aber in keinen Weg zu erhöhen oder zu mehren«. Eine Verschärfung vor allem der Strafen war also nicht erlaubt, nur die Lockerung.

Nun könnte man denken, dass gerade hier – beim Maßregeln der eigenen Leute – die Landesautonomie groß geschrieben wurde. Doch weit gefehlt: Die Reichsgesetzgebung zur »Policey« war durchaus gern gesehen, denn so konnten Landesherren und Stadtobere die im wahrsten Sinne geballte Autorität des Reiches für die Gängelung der eigenen Untertanen ins Feld führen. Oft wurden die Reichspolizeiordnungen nahezu wörtlich auf Landesebene umgesetzt. Auch konnten dadurch die eigenen Landtage umgangen oder unter Druck gesetzt werden, die möglicherweise andere Vorstellungen hatten. Ein unitarischer Ansatz zum partikularen Zweck – auch die heutige Politik verfährt bisweilen so. Dennoch blieb die Flexibilität der Reichsgesetzgebung ein wichtiges Moment. Denn: »Im Reichssystem mit seinen großen regionalen Unterschieden und Besonderheiten waren reichseinheitliche Policeynormen nur begrenzt funktional.« (Karl Härter) Zudem hielt sich das Reich bei Materien zurück, die schon damals als »Landessache« galten: bei der Verwaltungsordnung, bei Schulen und Hochschulen, im Gesundheitswesen, in der Land- und Forstwirtschaft, bei Infrastrukturfragen wie dem Straßen- und Chausseenbau. Hier hatten die Länder und Reichskreise weitgehende Autonomie – wie heute also vor allem in der Bildungs- und regionalen Strukturpolitik. Über das Reich wurden eher Probleme geregelt, die sich auch überregional auswirken konnten. Darunter fielen neben den sozialen Maßnahmen die Regelungen für das Kredit- und Münzwesen oder den Handel.

Die Garde der Reichspolitiker

Die politische Integrationswirkung der Reichstage hing auch damit zusammen, dass sie vor- und nachbereitet werden mussten, dass auch zwischen den Reichstagen Beratungen und Konsultationen nötig waren. Dieses Geschäft, wie auch das Aushandeln der Details auf den Reichstagen selbst, überließen die Reichsfürsten ihren dafür bestellten Räten und Beamten. Diese Männer, Juristen und erfahrene Praktiker der Macht, waren die eigentlichen Reichspolitiker, die so etwas wie einen Grundkonsens entwickelten: Sie schauten darauf, dass die Reichsebene funktionierte, bei allen Differenzen, die ihre Landesherren untereinander und mit dem Kaiser austrugen. Zudem erhielten sie durch ihre Zusammenkünfte und durch die Eingaben, die Menschen aller Bevölkerungsschichten an den Reichstag richteten, einen guten Überblick über die Verhältnisse im gesamten Reich. Diese Reichspolitiker wirkten wiederum auf die Verwaltungen der Länder ein und sorgten dort dafür, dass Einheitsbelange nicht zu kurz kamen. Sie wussten, wie viel Einheit die aristokratische Vielfalt brauchte oder vertrug. Die großen Reichsgesetze wurden vor allem in diesem Kreis konzipiert. Die Professionalisierung der Reichstagsgeschäfte setzte früh ein, schon im 16. Jahrhundert ließen sich viele Fürsten nach den Eröffnungssitzungen von ihren Räten vertreten, der Ausbau der Landesherrschaft ging vor. Dies war eine Entwicklung mit beträchtlicher Folgewirkung: Die Ländervertretung beim Gesamtstaat blieb bis zur Weimarer Republik vor allem eine Gesandten- und Beamtenveranstaltung. Im demokratischen Zeitalter wurde das zum Problem, weshalb es im Bundesrat unserer Tage wieder üblich ist, dass sich die Regierungschefs der Länder in ihrem Bundesorgan regelmäßig versammeln.

Zur Welt der Reichspolitiker gehörten nicht zuletzt die Ausschüsse des Reichstags und jene Veranstaltungen, die zwischen den Reichstagen stattfanden. Da waren vor allem die Reichsdeputationstage, auf denen Materien besprochen wurden, mit denen man sich auf den Reichstagen nicht befassen wollte oder die vertagt worden waren. Dadurch wurde auch die Schwerfälligkeit der großen Versammlung umgangen – in kleinerer Runde, ungestört von hochadeligen Rangstreitigkeiten, konnte manches Problem eher gelöst werden. Ordentliche Deputationstage hatten eine feste Besetzung aus Vertretern der Kurfürsten, einiger Fürsten, zweier Grafen, einem Prälaten und immerhin sechs Reichsstädten, was deren Stellung außerhalb des aristokratisch bestimmten Reichstags deutlich hob. Darüber hinaus gab es noch Fachkonferenzen, so genannte Partikulartage, auf denen Spezialprobleme abgehandelt wurden.

Gemeiner Pfennig und andere Gelddinge

Zum Reformprogramm von Worms gehörte auch der Gemeine Pfennig, eine ganz neue Art von Steuer, die nicht von den Reichsständen erhoben wurde, sondern direkt bei der Bevölkerung. Der Gemeine Pfennig (gemein stand für allgemein) war eine Mischung aus Kopf- und Vermögensteuer, die von jedem Untertan, männlich oder weiblich, ab 16 Jahren verlangt wurde. Einzutreiben hatten ihn die Pfarrer im Beisein von Amtleuten. So sollte eine dauerhafte Einnahmequelle für das Reich geschaffen werden, aus der Kriegslasten, das Kammergericht und auch das Reichsregiment finanziert werden sollten. Aber der Gemeine Pfennig war ein Fehlschlag, er wurde bis 1555 insgesamt nur elfmal erhoben. Den Fürsten vor allem war dieses Steuermodell zu zentralistisch, es hätte auf Dauer auch den Einfluss des Kaisers stärken können, in jedem Fall aber gab es kaiserlichen Beauftragten die Gelegenheit, sich in das Steuersammeln einzumischen. Aber auch in der Bevölkerung war der Gemeine Pfennig nicht beliebt.

So kehrte der Reichstag wieder zu den so genannten Matrikularbeiträgen zurück, die jeder Fürst und jede Stadt dem Reich gemäß seiner Einstufung in der Reichsmatrikel zu leisten hatte. Auf Basis der Reichsmatrikel von 1521 (eine Art Steuerliste) wurden die Reichsstände nach einem festen Schlüssel belastet. Allerdings nicht dauerhaft, es war eine anlassbedingte, immer wieder auf den Reichstagen zu beschließende Besteuerung. Sie konnte auf die Landesuntertanen abgewälzt werden und wurde zusammen mit den Landständen eingetrieben, die allerdings kein Mitspracherecht hatten – es ging ja um eine Reichssteuer, nicht um Landessteuern. Für die Fürsten vor allem hatte dieses System einen lukrativen Vorteil: Man konnte stillschweigend Aufschläge zugunsten der Landeskasse vornehmen – und man leitete bisweilen auch dem Reich weniger zu als veranschlagt worden war, das Phänomen der »klebrigen Hand«. Den Menschen in den deutschen Landen wurde aber durch die regelmäßige Zahlung von Reichssteuern erstmals wirklich bewusst, dass das Reich mehr war als der ferne König und Kaiser. Zur bisherigen grund- und landesherrschaftlichen Belastung trat nun eine dritte Abgabe, die das Reich ins Bewusstsein der Untertanen trug. Neben dem Reichskammergericht mit seiner Möglichkeit, den eigenen Herren zu verklagen, waren es die Reichssteuern, die den einfachen Leuten die neue staatliche Dimension des Reiches vermittelte.

Insgesamt scheint zumindest im 16. Jahrhundert die Steuermoral der Reichsglieder – gemessen an den Disziplinvorstellungen der Zeit – gut gewesen zu sein. Bis zu 90 Prozent der veranlagten Summen liefen ein. Vor allem die »Türkenhilfe« zur Verteidigung des Reiches im Südosten war ein Erfolg, das Argument, man müsse das christliche Reich vor den bösen Muselmanen schützen, steigerte offenbar die Zahlungsbereitschaft auch der Untertanen. Ein Nebeneffekt der Reichssteuern war die Intensivierung der Steuer- und Finanzverwaltung in den Ländern, um die verlangten Gelder auch einigermaßen zügig abliefern zu können. Das Matrikelsystem ist lange beibehalten worden, es galt noch im Bismarckreich nach 1870 und wurde erst in der Weimarer Republik endgültig beendet, als man der Bundesebene erstmals deutlich mehr politische Aufgaben zumaß als den Ländern.

Finanzbehörde in Augsburg

Auch das Reich bekam zu Beginn des 16. Jahrhunderts eine eigene Steuerbehörde, der die Reichspfennigmeister vorstanden. Der Chef der Behörde saß in Augsburg (wegen der dortigen Bankhäuser die Finanzmetropole des Reiches), ein zweiter residierte in Leipzig. Eingenommen und weitergeleitet wurden die Reichssteuern über die Reichskreise. Da die Reichsmatrikel von 1521 nicht zuverlässig war, oblag es den Pfennigmeistern, immer wieder neue Verzeichnisse als Besteuerungsgrundlage zu erstellen. Der oberste Reichspfennigmeister nahm zur Vorfinanzierung auch Kredite für das Reich auf und hatte, wenn die Steuerzahlungen einliefen, mit Summen zu tun, die für die damalige Zeit enorm waren. Als Finanzexperten waren die Pfennigmeister sehr einflussreich und versuchten auch, die Währungspolitik im Reich zu koordinieren. Da die Kontrolle der Verwendung der Reichssteuern durch die Fürsten und Städte eher lax gehandhabt wurde, ging mit dem Posten der Pfennigmeister eine hohe Verantwortung einher. Der berühmteste von ihnen hieß Zacharias Geizkofler, er galt als Finanzgenie seiner Zeit.

Eine einheitliche Währung hatte das Reich nicht, der Versuch, mit der ersten Reichsmünzordnung von 1524 den sächsischen Taler zur Einheitsmünze zu machen, gehörte zu den erfolglosen Reichsprojekten. Auch der 1551 eingeführte Reichsgulden setzte sich nicht durch (wer das Münzregal hatte, verteidigte es, denn es war einträglich). Mit der Münzordnung von 1566 wurde dann der Silbertaler zur Basismünze bestimmt, doch das Währungssystem blieb vielfältig. Immerhin war die dezentrale Währungsaufsicht der Reichskreise einigermaßen erfolgreich. Vor allem das föderale System der Münzassoziationen der Reichskreise sorgte bis ins 18. Jahrhundert dafür, »dass trotz des zersplitterten Münzwesens im Reich ein größeres Maß an monetärer Stabilität herrschte als im zentral regierten und einheitlichen Wirtschafts- und Währungsraum Frankreich«. (Michael North)

Die Reichskreise

Der Erfolg der Wormser Reichsreform zeigte sich nicht zuletzt darin, dass es nach einer jahrzehntlangen Debatte endlich gelang – konkret: im Jahr 1500 –, die fürstlichen und städtischen Reichsglieder in sechs Reichskreisen zusammenzufassen (nur die Kurfürsten blieben zunächst außen vor). Die Reichskreise waren in der Nachfolge der einstigen Landfriedenseinungen (und nach dem Vorbild des parallel weiterhin existierenden Schwäbischen Bundes) als Bezirke gedacht, in denen die Landfriedensurteile des Reichskammergerichts vollzogen werden sollten. Zudem sollten die Richter am Kammergericht in den Kreisen gewählt werden, um eine möglichst hohe regionale Ausgewogenheit zu erreichen. Als koordinierender Überbau war das Reichsregiment gedacht. So entstanden zuerst der Schwäbische, Fränkische, Oberrheinische, Bayerische, Niederrheinisch-Westfälische und der Niedersächsische Kreis. Mitglieder der Kreise waren alle Reichsfürsten, Grafen, Prälaten und Herren der jeweiligen Region. 1512 wurden auch die Kurfürstentümer mit einigen anliegenden Territorien in Kreisen organisiert, weil diese nun mehr Aufgaben zugewiesen bekamen, neben der Steuereinnahme nicht zuletzt die Stellung von Truppen für die angestrebte Reichsarmee. So kamen der Kurrheinische (Kurpfalz, Mainz, Trier und Köln), der Obersächsische (mit Brandenburg und Sachsen) und der Burgundische sowie Österreichische Kreis (für die Habsburger Lande) hinzu. Von besonderem Interesse dabei: Die Schweizer Eidgenossenschaft war in keinem Kreis dabei, ihr Ausscheiden aus dem Reich war also sehr früh anerkannt; und auch die habsburgischen Länder Böhmen, Mähren, Schlesien waren nicht »eingekreist«, gehörten damit also offiziell eigentlich nicht zum Reich. Dass Savoyen im Oberrheinischen Kreis dabei war, darf man als Kuriosum am Rande vermerken.

Kgr. DÄNEMARK
SCHLESWIG
HOLSTEIN
NORDSEE
MECKLENBURG
OST-
FRIESLAND
BREMEN
FRIESLAND
OLDENBURG
LÜNEBURG
BRANDENBU
HOLLAND
GELDERN
MÜNSTER
BRAUN-
SCHWEIG
KLEVE
LIPPE
FLANDERN
MARK
WESTFALEN
BRABANT
BERG
HESSEN
SACHSEN
ARTOIS
NASSAU
HENNEGAU
THÜRINGEN
LUXEMBURG
Kgr.
BÖHME
FRANKEN
KURPFALZ
OBERPFALZ
WÜRTTEMBERG
LOTHRINGEN
Kgr. FRANKREICH
ELSASS
BAYERN
BURGUND
SALZBURG
EIDGENOSSENSCHAFT
TIROL
KÄRNTEN
SAVOYEN
REPUBLIK VENEDIG
REICHSITALIEN
© www.diekoordinaten.de

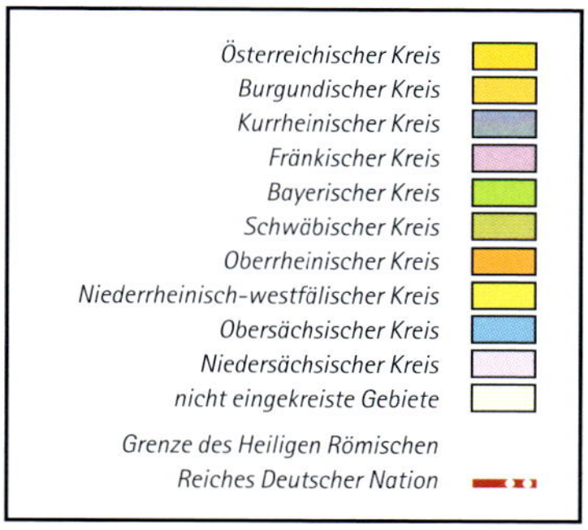

1512

Die Reichkreise

Mit den nach 1500 geschaffenen Reichskreisen bekam das Reich eine neue politische Struktur über den Landesherrschaften (wobei die großen, mächtigen Fürsten in den Kreisen eine führende Rolle spielten). In der Frühen Neuzeit war es üblich, in Karten des Reiches die Kreiseinteilung zu zeigen.

Kopenhagen
Kgr. DÄNEMARK
Hzm. SCHLESWIG
DITHMARSCHEN
NORDSEE
Hzm. HOLSTEIN
Lübeck
Hzm. POMMERN
Hamburg
Hzm. MECKLENBURG
Gft. OST-FRIES-LAND
FRIESLAND
Gft. OLDEN-BURG
Erzbm. BREMEN
Bremen
Gft. RUPPIN
Bm. UTRECHT
Gft. HOLLAND
Welfische Herzogtümer
Kfsm. BRANDENBURG
Berlin
Hzm. GELDERN
Osnabrück
Bm. MÜNSTER
Münster
Wolfenbüttel
Erzbm. MAGDEBURG
Hzm. KLEVE
Fsm. ANHALT
Kfsm. SACHSEN
Calais (Eng.)
Gft. FLANDERN
Gft. MARK
Kassel
Leipzig
LAUSITZ
Hzm. BRABANT
Bm. KÖLN
Hzm. BERG
Brüssel
Aachen
Lgft. HESSEN
Hzm. NASSAU
Hzm. SACHSEN
Dresden
Gft. ARTOIS
Gft. HENNEGAU
Schmalkalden
Bm. LÜTTICH
Hzm. LUXEM-BURG
Erzbm. MAINZ
Frankfurt
Erzbm. TRIER
Würzburg
Bamberg
Prag
KURPFALZ
Speyer
Nürnberg
OBERPFALZ
Kgr. BÖHMEN
Bm. METZ
Hzm. BAR
Stuttgart
Regensburg
Eichstätt
Kgr. FRANKREICH
Straßburg
WÜRTTEMBERG
Bayerische Herzogtümer
Passau
Hzm. LOTHRINGEN
Ulm
Augsburg
Erzhzm. ÖS
Biberach
München
Basel
Konstanz
Salzburg
Besancon
Freigrafschaft BURGUND
Hzm. STEIEF
Innsbruck
Erzbm. SALZBURG
Gft. TIROL
Gft. CHAROLAIS (zu Habsburg)
Eidgenossenschaft
Hzm. KÄRNTEN
Hzm. SAVOYEN
Trient
Hzm. MAILAND
Hzm. KRAIN
Republik VENEDIG
Mailand
MONTFERRAT
Venedig
Fsm. PIEMONT
Rep. GENUA
Hzm. MODENA
Hzm. FERRARA

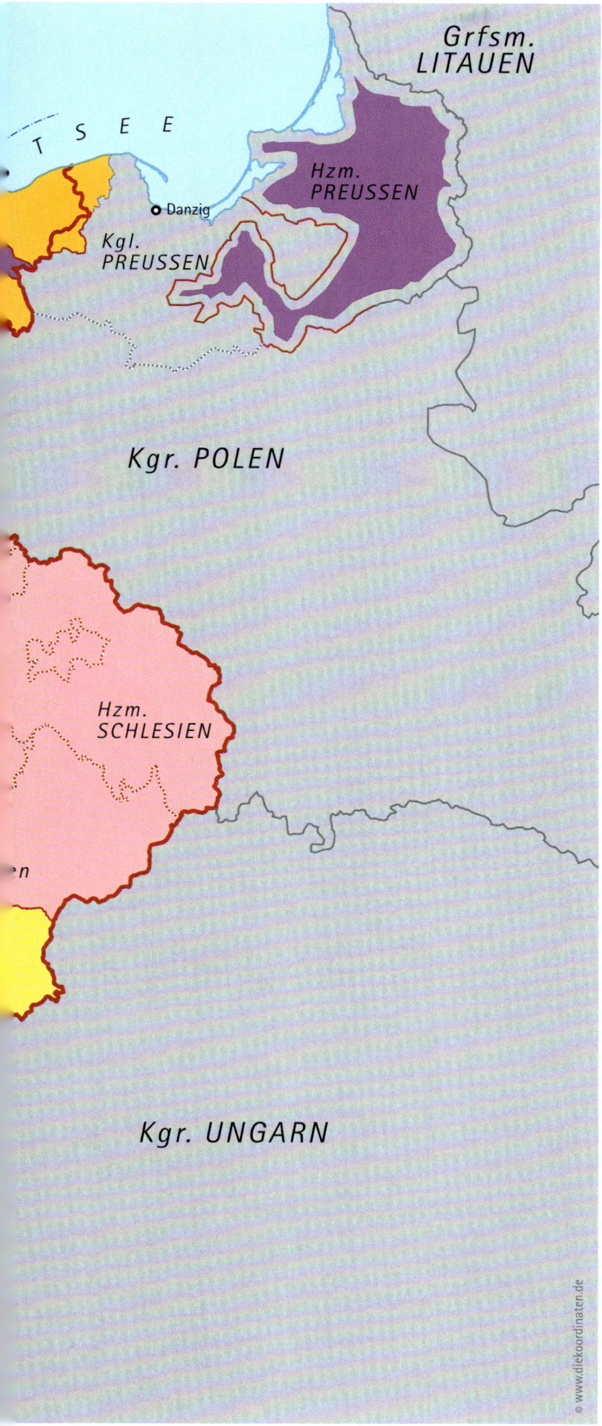

1512
Die Landesherrschaften

Erst im 19. Jahrhundert wurde es üblich, das Reich als Ansammlung großer und kleiner Landesherrschaften darzustellen. Der berühmte »Flickenteppich« statt der klareren Kreisstruktur prägte nun das Bild des Reiches. Die historische Wahrheit liegt – wie so oft – in der Mitte. Deutlich wird in dieser Karte die dominierende Rolle der Großdynastien im Reich, die sich bei den katholischen Häusern auch auf die geistlichen Gebiete erstreckte.

Lebendig im Südwesten, rudimentär im Nordosten

In jedem der damit zehn Kreise hatten ein oder zwei größere Reichsstände das Amt des »Kreisausschreibers« inne, leiteten also den Kreis. Alle Mitglieder waren im Kreistag versammelt, die Geschäfte erledigte eine kleine Kanzlei, es gab eine gemeinsame Kasse und für das Kreisheer einen Kreisobristen. Die Reichskreise bildeten nach dem Wormser Modell eine föderale Exekutivebene zur Umsetzung der Reichsgesetze und Reichsaufgaben. Sie waren mit Blick auf die Entwicklung des Föderalismus die wohl wichtigste Neuerung der Reichsreform. Allerdings haben sie höchst unterschiedlich funktioniert. Denn die großen Fürstentümer hatten an ihnen kein Interesse, die Durchsetzung des Landfriedens hatten sie ja längst selbst in die Hand genommen, sie bedurften der Zusammenbindung mit anderen nicht. Das galt neben den habsburgischen Ländern vor allem für Brandenburg und Sachsen, aber auch für Bayern, Mecklenburg oder Braunschweig-Lüneburg. Der Obersächsische Kreis blieb daher eine rudimentäre Einrichtung, zumal die vorherrschenden Kreismitglieder Brandenburg und Sachsen eher durch Konkurrenz auffielen als durch Kooperation. Auch der Niedersächsische Kreis blieb organisatorisch von Beginn an zurück. Seit etwa 1680 wurde in den beiden sächsischen Kreisen keine Kreistage mehr abgehalten. In den habsburgischen Kreisen Burgund und Österreich gab es so gut wie keine eigenständige Kreispolitik, sie bestanden rein formal vor allem wegen der Truppenstellung und Steuerzahlung für das Reichsheer. Dagegen entwickelten vor allem der Schwäbische und der Fränkische Kreis ein reges Eigenleben. Mit Abstufungen galt das auch für den Oberrheinischen, den Bayerischen und den Niederrheinisch-Westfälischen Kreis, während der Kurrheinische Kreis ebenfalls eher ein Torso blieb. Schwaben, Franken, der Oberrhein und Westfalen – das waren jene Gebiete, die schon im Mittelalter der Landfriedenseinungen bedurften, wo die Städtebünde blühten, wo auch jetzt noch Kleinteiligkeit das staatliche Leben bestimmte. Auf diese Regionen oder Lande vor allem war die Reichskreisidee denn auch zugeschnitten. Der entscheidende Fortschritt zu den Einungen und auch zum Schwäbischen Bund war, dass die Reichskreise reichsgesetzlich festgelegt und territorial gedacht waren. Hier wurde vor allem ein Raum politisch organisiert, weniger eine Gruppe von regionalen Machthabern.

Landesersatz mit Autonomie

Vom Ansatz her war das Reichskreismodell durchaus ambivalent. Man konnte die Kreise als Reichsprovinzen sehen, als Selbstverwaltungskörperschaften mit vom Reich abgeleiteten Funktionen. Das waren sie auch – wie die heutigen Bundesländer sollten sie Reichsvorgaben umsetzen. Andererseits setzte sich aber schnell eine Auffassung durch, die den Reichskreisen eine sehr weitgehende autonome Aufgabenerfüllung zugestand und dann auch eine eigene Gesetzgebungszuständigkeit.

Sie waren Landesersatz dort, wo sich der Fürstenstaat als großer Flächenstaat nicht durchgesetzt hatte. Diese Autonomie steckte denn auch hinter dem Erfolg, den man vor allem den Kreisen von Schwaben und Franken zumessen kann. Die Kreistage dort kamen bis zum Ende des Reichs 1806 auf jeweils ungefähr 340 Sitzungsperioden – der Schwäbische Kreis kam meist in Ulm zusammen, der Fränkische häufig in Nürnberg. Diese Sitzungsperioden dauerten oft mehrere Wochen, bisweilen Monate – insgesamt eine bemerkenswerte Häufung und Dauer. Selbst der weniger aktive Bayerische Kreistag tagte fast hundert Mal. Mit Blick auf den Südwesten hat der Historiker Hans Hubert Hofmann festgestellt: »Alle eigentlich staatlichen Funktionen des Reiches lagen ausschließlich bei diesen einzelnen Reichskreisen.« Sie ersetzten den Mangel an Staatlichkeit der kleinen Herrschaften. Der berühmte »Flickenteppich« hat so gesehen hier gar nicht existiert. Von ihrer Funktion im föderalen Reichsaufbau her gehören die Reichkreise wie die großen Territorien in die Vorgeschichte der heutigen Länder der Bundesrepublik. Es gibt sogar einige Kontinuitäten. Das Gebiet von Baden-Württemberg deckt sich zu einem großen Teil mit dem des Schwäbischen Kreises – beider Wappen zieren die drei staufischen Löwen. Und im Niedersächsischen und im Niederrheinisch-Westfälischen Kreis kann man zumindest den Namen nach Vorläufer der heutigen Länder Nordrhein-Westfalen und Niedersachsen sehen, auch wenn die Gebiete nur teils identisch sind.

Vielfältige Aufgaben

Die Reichskreise als föderale Gebilde zwischen Reich und Territorien übernahmen seit der Verabschiedung der Reichsexekutionsordnung von 1555 immer mehr Aufgaben, auch unabhängig von Vorgaben des Reichstags. Sie bestimmten die meisten Richter am Kammergericht, sollten dessen Urteile vollstrecken und durch Kreistruppen den Landfrieden sichern und durchsetzen. Das gelang nicht immer: »Wenn es einem Reichskreis nicht gefiel, ein Urteil zu vollziehen, so blieb es eben unvollzogen.« (Wolfgang Sellert) Moderne Vorstellungen von staatlicher Effizienz waren in der Frühen Neuzeit noch nicht verbreitet. In einer Art »Auftragsverwaltung« hatten die Kreise die Gesetze des Reiches umzusetzen, wobei aber auch sie Vorgaben nicht eins zu eins übernehmen mussten, sondern sie nach den Beschlüssen der Kreistage abändern konnten. Die Kreise als Föderationen von Reichsständen im Kleinen – »ein Spiegelbild der föderativen Verfassung des Reiches« (Arno Buschmann) – agierten hier wie die großen Länder. Zu den Aufgaben der Kreise gehörte auch das Aufbringen der Reichssteuern. Sie konnten aber auch eigene Abgaben erheben. Dazu kamen Zuständigkeiten in der Wirtschafts- und Sozialpolitik. So waren die Reichskreise seit der Reichsmünzordnung von 1551 für die Kontrolle des Geldwesens zuständig. Auch für Preisregulierungen waren sie verantwortlich. Die innere Sicherheit – etwa die Verfolgung von Räuberei, die Kontrolle der Bettelei und auch der Zuchthausbau – war Kreissache. Dazu kamen Aufgaben wie Glücksspielkontrolle, Wirtshausaufsicht, Armenfürsorge, Handwerksordnung und Zollwesen, der Bau von Chausseen, die regionale Post oder die Aus- und Einfuhrkontrolle für Getreide oder Wolle. Die Seuchenbekämpfung oblag ebenfalls den Kreisen. Natürlich kam die Kreisorganisation vor allem den Mindermächtigen entgegen, die nicht staatsfähig waren. Aber selbst größere Reichsstände wie Württemberg oder das Bistum Würzburg, die zur eigenstaatlichen Entwicklung fähig waren, arbeiteten konstruktiv in ihren Kreisen mit. Kurzum: Die Reichskreise waren dort, wo sie funktionierten, für die Menschen der Staat. Denn die Reichskreise hatten nicht nur eine Verwaltungsfunktion, sondern wie die größeren Territorien auch ein eigenes Gesetzgebungsrecht. Nach dem Subsidiaritätsprinzip waren sie als Partikulargewalten für einen Großteil der Politik zuständig und dabei in den Schranken des Reichsföderalismus auch autonom.

Das Reichsoberhaupt

»Deutschland ist unter so viele Königlein aufgeteilt, dass von einem Königreich keine Spur mehr zu finden ist.« So schrieb Erasmus von Rotterdam im Jahr 1517. Es war das Ergebnis der mittelalterlichen Verfassungsentwicklung, und die konnten auch die Habsburger nicht mehr umkehren, die sich in der Frühen Neuzeit sozusagen gewohnheitsmäßig im Amt festsetzten. Auch der imperiale Anspruch der Habsburger verfing im deutschen Reich nicht mehr, sondern wurde eher zu einem Verfassungsproblem, weil die monarchische Deutung des Amtes nicht mehr passte zum aristokratisch-föderativen Reichscharakter. Das europäische Engagement der Habsburger wurde für das Reich zu einem Dauerproblem, und die inneren Krisen ihres weitläufigen Herrschaftskonglomerats erst recht. Das blieb bis 1866 so, als das Habsburgerreich dann aus Deutschland ausschied. Als erster König nannte sich Maximilian I. seit 1508 erwählter römischer Kaiser, ohne sich noch um eine Bestätigung und Krönung durch den Papst in Rom zu kümmern – mit Ausnahme Karls V. hielten das künftig alle Könige so. Streng genommen, nach mittelalterlichem Verständnis, waren sie also gar keine richtigen Kaiser mehr. Dennoch kam die Bezeichnung König außer Mode, in den Jahrhunderten zwischen 1500 und 1800 sprach man nur noch vom Kaiser als dem Reichsoberhaupt. Um die monarchischen Ambitionen der Habsburger einzuhegen, gingen die Kurfürsten dazu über, in ausführlichen Wahlverträgen den künftigen König und Kaiser eng an die bundesstaatlichen Grundsätze der Reichsverfassung zu binden. Solche »Wahlkapitulationen« mussten alle Kaiser seit Karl V. billigen. Mit der Zeit wurde daraus der Versuch, ein auf Dauer gültiges Verfassungsdokument zu erstellen – also eine geschriebene Verfassung als Grundlage aller Reichspolitik –, was aber nicht gelang.

Ein Amtskaisertum

Das Reichsoberhaupt wurde mit den Beschlüssen von Worms und der weiteren Entwicklung endgültig auf ein Amtskaisertum begrenzt. Das zeigte sich schon auf den Reichstagen um 1500, als sich Maximilian I. heftig beklagte, er müsse als Reichsoberhaupt bei den Beratungen vor der Tür bleiben, was nicht einmal dem Bürgermeister einer Kommune zugemutet werde. Machtlos war er dennoch nicht, schon weil die Habsburger mit ihren vielen Ländern die stärksten Reichsfürsten waren. Der Kaiser blieb Verwalter des Reichslehnguts und konnte theoretisch jedes Reichslehen entziehen (aber weiterhin nicht für sich behalten). Er konnte auch Adelige zu Reichsfürsten erheben und damit Klientelpolitik treiben (aber der Reichstag handelte sich hier bald ein Mitspracherecht aus). Mit der lehnrechtlichen Oberaufsicht war eine Art Kontrollrecht verbunden, was sich nicht zuletzt in den kaiserlichen Debitkommissionen niederschlug, die vor allem notorisch überschuldeten Kleinfürsten auf die Finger schauten – bei den größeren Reichsständen war dem Reichsoberhaupt das nicht möglich. Zudem war der Kaiser als oberster Reichsfeldherr stets der Hauptverantwortliche für die Reichsverteidigung, wobei die Habsburger hier reichspolitische und dynastische Interessen oft verwoben.

Was ein Kaiser aus dem Amt machte, war letztlich eine Frage seiner politischen Fähigkeiten. Kam etwa Maximilian I. den aristokratischen Ansprüchen entgegen, versuchte Karl V. eine monarchische Oberherrschaft durchzusetzen, womit er scheiterte. Und während Ferdinand I. und Maximilian II. in der zweiten Hälfte des 16. Jahrhunderts zu einer Verstetigung der Wormser Verfassungsordnung beitrugen, stürzten Rudolf II., Matthias und Ferdinand II. das Reich in eine Verfassungskrise und einen mörderischen Krieg. Leopold I. wiederum schaffte es, nach 1658 das Vertrauen in das Kaiseramt durch eine kluge, ausgleichende Politik wiederherzustellen, während der hektische Joseph II. nach 1765 vor allem Misstrauen säte (und es ausgerechnet Friedrich II. von Preußen möglich machte, sich als protestantischer Gegenkaiser aufzuspielen). Der unfähigste aller Kaiser, Franz II., musste schließlich 1806 die Auflösung des Reiches verkünden.

Reformation und Landesstaat

Neben dem Ausbau der Reichsebene setzte sich die Festigung der Landesherrschaft im 16. Jahrhundert fort, die großen Länder wurden nun immer mehr zu modernen Staaten. Johannes Burkhardt hat diese Landesstaatlichkeit als »eine der größten ordnungspolitischen Leistungen der deutschen Geschichte« bezeichnet. Die Entwicklung wurde vor allem durch die Reformation vorangetrieben: Hinter dem bis heute hochgehaltenen Anspruch der Eigenstaatlichkeit der Länder steckt auch Martin Luther. Im Glaubensstreit, der sich an den Lehren des Wittenberger Mönchs und Professor entzündete, genauer gesagt: durch dessen politische Auswirkungen, wurde die Landesherrschaft der Fürsten deutlich gestärkt. Da Politik und Religion in jener Zeit eins waren, wurde die Reform der Kirche auch zu einer politischen Angelegenheit. Jene Fürsten, die Luther und den neuen Glauben schützten und die Reform der Kirche zu ihrer Sache machten, verfolgten damit auch landespolitische Interessen. Denn die Kirche besaß im Gegensatz zur weltlichen Obrigkeit im frühen 16. Jahrhundert eine Organisation, die bis hinunter in die Dörfer reichte. Wer sie von Rom löste, konnte seinen Landesstaat deutlich stärken. Zudem war das Schulwesen, so rudimentär es war, eine Sache der Kirche. In den lutherischen und reformierten Ländern wurde es schnell zu einer staatlichen Angelegenheit. Die Reformation brachte auch einen zweiten Schub bei den Universitätsgründungen: Jena (1558), Helmstedt (1576) oder Gießen (1607) gehörten zu den protestantischen Neugründungen. Die katholische Gegenreformation brachte neue Universitäten in Würzburg (1582) oder Paderborn (1614), dazu kam eine Vielzahl von Jesuitenkollegs. Immer mehr Theologen und Juristen für den Staats- und Kirchendienst konnten nun an eigenen Landesuniversitäten ausgebildet werden. Auch die Armenfürsorge, bislang eine Domäne der Kirche, kam unter staatliche Kontrolle. Ein wesentliches Motiv aber waren die Finanzen. Die Säkularisierung von Kloster- und Kirchenbesitz machte die protestantischen Landesfürsten noch mächtiger. In den katholisch gebliebenen Territorien wurde dieser Prozess eine Generation später im Zuge der Gegenreformation zum Teil nachvollzogen (natürlich ohne Säkularisierung von Kirchenbesitz).

Behörden und Residenzen

An den fürstlichen Höfen entstanden nun erstmals echte Regierungen, Kollegialorgane, die für Verwaltung und Justiz (Hofrat), die Finanzen (Kammerrat) und die persönliche Beratung des Fürsten (Geheimer Rat) zuständig waren. Zur Kirchenverwaltung gab es Geistliche Räte. Zur besseren kommerziellen Nutzung der fürstlichen Güter und Besitzungen wurden auch die zentralen Finanzbehörden verstärkt und professionalisiert. Diese Hofverwaltungen wurden durch eigene Ordnungen zunehmend bürokratisiert. Gleichzeitig begann der Adel des Landes, die bislang dominierenden Bürgerlichen aus den Rats- und Hofämtern zu verdrängen, das Ziel seiner Domestizierung durch den Landesherrn wurde langsam erreicht. Dennoch blieben die Landstände ein wichtiger Mitspieler. Im 16. Jahrhundert begannen die Fürsten auch, ihre Residenzstädte zu kulturellen und wirtschaftlichen Zentren auszubauen, im Süden und Westen in gezielter Konkurrenz zu den Reichsstädten. Gelehrte und Künstler wurden verpflichtet, ein Fürst, der etwas auf sich hielt, begann sich als Sammler hervorzutun und richtete Gemäldegalerien, Raritätenkabinette oder Wunderkammern ein – die Basis einer auch heute noch regional sehr vielfältigen Museumslandschaft. Schulen, Universitäten, Kunst, Wissenschaft,

Museen als Signum des Landes – wer die Anfänge der bis heute zäh vereidigten Kulturhoheit der Länder besichtigen will, muss ins 16. Jahrhundert schauen.

Jeder nach seiner Fasson

Auf dem Wormser Reichstag von 1521, auf dem Luther sich weigerte, seine Lehre zurückzunehmen, wurde über den Wittenberger Theologen die Reichsacht ausgesprochen. Das Wormser Edikt verbot allen Reichsständen, Luther und seine Anhänger zu unterstützen, und erklärte den Übertritt zum neuen Glauben zum Landfriedensdelikt. Das Problem war nur: Kaiser Karl konnte dieses Reichsgesetz

Krieg um die Verfassung

Politische Kriege um die Reichs- oder Bundesverfassung gehören zur deutschen Geschichte bis ins 19. Jahrhundert. Der Feldzug Karls V. gegen den Schmalkaldischen Bund steht in dieser Reihe. Die Abbildung zeigt die Gefangennahme des Kurfürsten Johann Friedreich von Sachsen durch den mächtigen Habsburger in der Schlacht bei Mühlberg am 24. April 1547.

gegen die lutherfreundlichen Reichsstände – voran der sächsische Kurfürst, der Landgraf von Hessen und mächtige Reichsstädte wie Straßburg, Nürnberg und Ulm – nicht durchsetzen. 1526 erwirkten die Gegner des Kaisers und der alten Kirche auf dem Reichstag zu Speyer jenen folgenreichen Beschluss, wonach bis zu einer endgültigen Klärung der Konfessionsfrage jeder Territorialherr das Wormser Edikt so handhaben konnte, wie er es für richtig hielt. Der Reichsverband war nicht in der Lage, die Frage einheitlich zu lösen, ohne das Reich zu sprengen – also wurde nach dem Subsidiaritätsprinzip verfahren und Religion damit praktisch zur landesherrschaftlichen Angelegenheit erklärt. Die »Protestation« der lutherfreundlichen Reichsstände gegen den Versuch der Aufhebung des Reichstagsbeschlusses von 1526 führte dazu, dass diese Stände (und bald die ganze Glaubensrichtung) als Protestanten bezeichnet wurden.

Schmalkaldener und Nürnberger

Luthers Lehre wurde, je mehr sie sich verbreitete und politisch nützlich war, zum zentralen reichspolitischen Problem. Im Februar 1531 versammelten sich einige protestantische Fürsten und Städte unter Führung des jungen Landgrafen Philipp von Hessen und des sächsischen Kurfürsten Johann Friedrich I. im Schmalkaldischen Bund. Der Bund war zum einen ein glaubenspolitisch motiviertes Verteidigungsbündnis, andererseits aber auch ein Instrument zur Erhaltung der aristokratisch-föderativen Reichsverfassung gegen Kaiser Karl V., der die Verteidigung des alten Glaubens mit seinen monarchischen Ambitionen verband. Ein erster Erfolg war die Duldung des neuen Glaubens durch einen Reichstagsbeschluss von 1532. Allerdings provozierte er eine durch den kaiserlichen Reichsvizekanzler Matthias Held vermittelte Gegengründung, den Nürnberger Bund einiger großer altgläubiger Reichsstände. Doch trat keiner der katholischen Kurfürsten diesem Bund bei, sie dachten nicht daran, sich einer Organisation einzuordnen, die unter kaiserlicher Führung stand. Beide Bünde verstanden sich zunächst als Defensivbündnisse mit dem Ziel, die jeweils andere Seite zu einem religions- und letztlich auch machtpolitischen Kompromiss zu zwingen. Es ging also um Abschreckung durch Rüstung. Damit zeigte sich aber auch, dass die neue bundesstaatliche Reichsverfassung mit ihren Konsens- und Ausgleichsmechanismen nicht voll funktionsfähig war. Das Vertrauen in diese Verfassungsform bestand nur, so lange sich alle Beteiligten in ihre Rolle bequemten. Der auf Machterweiterung schielende Karl, in dessen universalmonarchischem Plan der deutsche Föderalismus störte, hielt sich nicht daran. Nachdem ein Ausgleichsversuch auf dem Regensburger Reichstag 1546 fehlgeschlagen war, rüstete Karl V. zum Kampf: Der Schmalkaldische Krieg lässt sich als ein mit Waffen ausgetragener Verfassungskonflikt sehen und weist schon voraus auf den Dreißigjährigen Krieg zwei Generationen später. Die protestantischen Fürsten und Städte nahmen für sich ein Widerstandsrecht in Anspruch und verteidigten ihre Interpretation der föderativen Reichsverfassung gegen einen Kaiser, dem man Despotismus vorwarf und den Willen, die nun plakativ hochgehaltene »deutsche Freiheit« unterdrücken zu wollen – also das Mitspracherecht der Fürsten und Städte im Reich. Karl besiegte jedoch die Schmalkaldener am 24. April 1547 in der Schlacht bei Mühlberg an der Elbe.

Der Bundesplan Karls V.

Aber der Erfolg ließ Karl, der über halb Europa und mittlerweile auch Südamerika herrschte, überheblich werden. Er wollte das Reich zur Monarchie umformen und die einheitliche Religion wieder herstellen. 1548 erließ er das »Augsburger Interim« – eine Art Kompromisskonfession mit geringen Zugeständnissen an die protestantische Seite. Damit erhob der Kaiser nicht nur den Anspruch, über den Glauben im Reich entscheiden könne, er überging dabei auch den Reichstag und zeigte damit seine Geringschätzung der Reichsverfassung. Als zweiten Schritt plante er, das gesamte Reich als Bund unter seiner Führung zu organisieren. Vorbild war auch hier der Schwäbische Bund, allerdings mit einer eindeutig unitarischen Zuspitzung. Da im geplanten Bundesrat wie im Schwäbischen Bund alle Mitglieder gleichberechtigt waren, und nicht wie im Reichstag eine hierarchische Gewichtung bestand, war der Bundesplan auch ein Angriff auf die »Präeminenz« der Kurfürsten und der Mächtigen auf der Fürstenbank. Karl wollte dadurch die kleineren Reichsstände hinter sich scharen. Den Reichskreisen sollte eine wichtige Rolle zukommen, allerdings unter der Fuchtel kaiserlicher Aufpasser. Im Grunde peilte Karl damit einer Art dezentralisierten Einheitsstaat an, der sich äußerlich der bundesstaatlichen Formen bediente, um eine monarchische Regierungsweise zu bemänteln. Der Plan brachte allerdings nicht nur die protestantischen Fürsten und Städte gegen den Kaiser auf, sondern auch die katholischen Großen, voran den Bayernherzog. Im Fürstenaufstand von 1552 formierte sich ein antikaiserliches Bündnis, über den Reichstag brachten die Fürsten den Bundesplan zu Fall. Die monarchische Politik Karls V. war damit gescheitert, der Widerstand der Fürsten bestätigte das »föderativ-aristokratische Reich« (Georg Schmidt).

Der Augsburger Religionsfriede von 1555

Die religiös wie politisch motivierte Glaubensspaltung im Reich war nicht mehr rückgängig zu machen war. Resultat dieser Erkenntnis war der Augsburger Religionsfrieden von 1555, Höhepunkt und Schlussstein der Reichsreform. Nun wurde das seit 1526 geltende Prinzip, dass der Landesherr die Konfession in seinem Territorium bestimmen konnte, in den Verfassungsrang erhoben: »Cuius regio, eius religio« (der berühmte Satz ist allerdings eine später geprägte Erklärungsformel).

Untertanen, die diesem Glaubensdiktat nicht folgen wollten, wurde das Recht zur Emigration eingeräumt, für damalige Verhältnisse ein bemerkenswertes Zugeständnis, das zu einer eingeschränkten Religionsfreiheit im Gesamtreich führte. Der Religionsfriede verhinderte, dass die Glaubensspaltung die neue Reichsordnung mit sich riss. »Indem man 1555 die Religionseinheit nicht mehr als eine Voraussetzung für die Reichseinheit betrachtete und die Religionsabweichung nicht mehr als Landfriedensdelikt behandelte, stellte man die Zusammengehörigkeit des Reiches als politischen Verband höher als die Zugehörigkeit des Reiches zur religiösen Gemeinschaft der Kirche. Der Augsburger Religionsfriede war ein Sieg der Politik über die Religion.« (Heinz Angermeier) Man handelte nach dem Subsidiaritätsprinzip: »Es ist bezeichnend für den föderalistischen Charakter des politischen Systems, dass das Reich die Entscheidung über den rechten Glauben – nach zeitgenössischem Empfinden ein wichtiges Attribut von Staatlichkeit! – den einzelnen Obrigkeiten vor Ort überließ.« (Axel Gotthard) Der Sieg der Politik war somit auch ein Triumph des Reichsföderalismus, der sich gegen spalterische Ideen und extreme Verfassungsvorstellungen auf beiden Seiten durchgesetzt hatte. »Es waren die konfessionsneutralen Fürsten, bedachte Politiker und juristisch versierte Räte, die ungeachtet ihrer eigenen Glaubensüberzeugungen sich religiösen wie herrschaftlichen Absolutheitsansprüchen mit Worten und Taten widersetzten und damit den politischen Kompromiss mit den Eckpunkten politische Pluralität, deutsche Freiheit und innerer Frieden ermöglichten.« (Georg Schmidt) Allerdings gab der Religionsfriede den Landesherren nun auch jede Freiheit, ihre Landesstaatlichkeit auf dem Weg des Reformationsrechts weiter zu festigen. Was an »Freiheit« auf Reichsebene gewonnen war, konnte auf Landesebene zu Unfreiheit führen – auch wenn einige Fürsten und Städte Andersgläubige in ihren Territorien duldeten.

Eine Zeit der Konsolidierung …

Das Subsidiaritätsprinzip wurde auf dem Reichstag von 1555 auch auf die Durchsetzung des Landfriedens angewendet: Gemäß der in Augsburg verabschiedeten Reichsexekutionsordnung war zur Abwehr von Landfriedensdelikten zunächst der Landesherr zuständig, danach der Reichskreis, in dem das vom Friedens- oder Verfassungsbruch betroffene Territorium lag. Sollte das nicht reichen (Landfriedensbrechern war, wie die Geschichte lehrte, ja oft nur militärisch beizukommen), mussten die Nachbarkreise aushelfen, erst wenn diese ebenfalls überfordert waren, wurde die Reichsebene eingeschaltet. Der Kaiser als oberster Friedenswahrer spielte in diesem Prozess praktisch keine Rolle mehr, das Landfriedensproblem war nun durch die neue Reichsverfassung komplett föderal organisiert. Ein halbes Jahrhundert sicherte die zwischen 1495 und 1555 geschaffene Verfassung Frieden und Einheit im Reich. Die mit der Reichsreform beschlossenen Maßnahmen wurden umgesetzt, die Reichskreise begannen zu arbeiten, das Reichskammergericht hatte jetzt seine »Glanzzeit« (Maximilian Lanzinner), gravierende Landfriedensbrüche kamen bald nicht mehr vor. Die bundesstaatliche Integration des Reiches führte zu einer bis dahin unbekannten Friedlichkeit im Reich, jedenfalls nach den Maßstäben jener Zeit. Kultur und Wirtschaft kamen voran. Die zurückhaltende Politik der Kaiser Ferdinand I. und Maximilian II. trug zur Befriedung des Reiches bei. Man kann die Jahrzehnte zwischen 1550 und 1600 daher durchaus als Blütezeit des Reichsföderalismus bezeichnen.

... endet im Streit der Konfessionen

Die bewusste Unbestimmtheit einiger Beschlüsse des Augsburger Religionsfriedens war jedoch immer wieder Anlass für juristische Auslegungsstreitigkeiten, hinter denen natürlich politische Machtansprüche standen. Axel Gotthard hat den Augsburger Kompromiss einen »Ermattungsfrieden« genannt, er war also das Resultat einer Ermüdung der feindlichen Seiten, die den Konsensbereiten die Gelegenheit gegeben hatte, Frieden zu stiften. Die Hardliner im protestantischen wie im katholischen Lager fanden sich mit dem Kompromiss aber nie wirklich ab. Nicht zuletzt gab es einen Dauerzwist wegen der Einziehung katholischen Kirchenbesitzes in protestantischen Ländern. In katholischen wie lutherischen Gebieten begannen die Fürsten um 1600 zudem damit, ihr Recht zur Konfessionsbestimmung massiver durchzusetzen als zuvor. Eine neue Generation an der Macht schätzte den Kompromiss des Religionsfriedens nicht mehr so hoch ein wie jene Regenten, die von den Tumulten des frühen Jahrhunderts geprägt waren. Und dazu kam jetzt noch eine dritte Konfession: Die Kalvinisten (auch Reformierte genannt) fassten Fuß im Reich. Angeführt vom pfälzischen Kurfürsten agierte diese Partei aggressiver als die lutherischen Fürsten, die eher reichstreu waren. Die Kalvinisten glaubten nicht an die ausgleichende Wirkung der Reichsverfassung. Auf der anderen Seite scharte sich um den mehr dynastisch als reichspolitisch denkenden, wohl auch etwas verwirrten Kaiser Rudolf II. ein katholisches Lager. In der Mitte sammelte sich unter kursächsischer Führung das Lager der Neutralen und Reichstreuen. Aber die Spaltung war da. Der Reichstag wurde seiner Aufgabe als Ort der Kommunikation und Kooperation nicht mehr gerecht, weil die Katholiken verstärkt das Mehrheitsprinzip durchsetzen wollten. Im Kurverein fanden die Kurfürsten nicht mehr zueinander. Das Reichskammergericht war durch konfessionelle Streitigkeiten gelähmt. Die Reichsinstanzen funktionierten zu Beginn des 17. Jahrhunderts immer weniger, obwohl die zentrale Ebene des föderalen Systems zum Ausgleich gefragt gewesen wäre. Die Ideologen hatten Oberwasser.

Union und Liga

Und es bildeten sich wieder konfessionelle Bündnisse. Zunächst schloss sich 1608 ein Teil der Protestanten unter Führung des Pfälzer Kurfürsten in der Union zusammen (das lutherische Sachsen und die norddeutschen Fürsten blieben jedoch draußen). Dann verbündeten sich 1609 katholische Reichsstände unter bayerischer Führung in der Liga, vom katholischen Kaiser unterstützt. Zuvor hatte die katholische Partei einen glatten Verfassungsbruch begangen: Die Vollstreckung eines Reichshofratsurteils gegen die protestantische Reichstadt Donauwörth (in der eine katholische Minderheit lebte) wurde 1608 nicht dem zuständigen, multikonfessionellen Schwäbischen Kreis aufgetragen, sondern dem katholischen Bayernherzog, der damit natürlich auch die Absicht verband, die Stadt seinem Land einzuverleiben. Das führte zu einem heftigen Streit auf dem Regensburger Reichstag von 1608, der sich erstmals ohne einen förmlichen Reichsabschied auflöste. Allerdings steuerten weder Union noch Liga auf einen Krieg zu – sie wollten zunächst vor allem das Gleichgewicht der Konfessionsparteien bewahren. Aber das überdehnte habsburgische Herrschaftssystem war mittlerweile labil geworden, nicht zuletzt in Böhmen entwickelte sich ein religions- und machtpolitischer Brandherd. Und in Böhmen begann der Dreißigjährige Krieg, die bis dahin größte Katastrophe der deutschen Geschichte.

Von der Verfassungskrise zum Verfassungskrieg

Die seit 1608 schwelende Verfassungskrise des Reiches mündete in einen Krieg, der weniger ein Religionskrieg denn ein »gigantischer Verfassungskonflikt« (Dietmar Willoweit) war. Der Widerstand der selbstbewussten, weitgehend protestantischen Landstände in Böhmen gegen die habsburgische Rekatholisierungspolitik führte 1618 zum Aufstand, der neue Kaiser Ferdinand II. wurde als böhmischer König abgesetzt, der Kalvinist Friedrich von der Pfalz zum Nachfolger gewählt. Damit kippte die katholische Mehrheit im Kurkolleg (der Böhme war ja Königswähler). Ferdinand und die Liga vertrieben den »Winterkönig« jedoch nach wenigen Monaten aus Prag. Dessen pfälzische Kurwürde vergab der Kaiser ohne Rücksprache an den ihm treuen katholischen Bayernherzog. Ferdinand, der wie zuvor Karl V. von einer habsburgischen Universalmonarchie träumte, setzte sich damit über die Goldene Bulle hinweg. Die Frage war: Kann der Kaiser eine monarchisch-zentralistische Ordnung unter katholischen Vorzeichen durchsetzen oder bleibt die föderativ-aristokratische Ordnung samt ihrer Multikonfessionalität gewahrt? Oder zerbricht das ganze Reich? Daran entzündete sich der Konflikt. Es war zunächst ein deutscher Krieg um die Verfassung des Reiches. Aber er gab anderen europäischen Mächten – Spanien, Frankreich, Schweden – Gelegenheit einzugreifen und uferte zu einem Kampf um die Vorherrschaft in Europa aus. Zunächst schien Ferdinand seinen Traum von der habsburgischen Universalmonarchie sogar umsetzen zu können. Nach seinem Sieg über die protestantisch-norddeutschen Truppen wähnte er sich 1629 am Gipfel seiner Machtentfaltung und erließ, eigenmächtig ohne Zustimmung eines Reichstags, das so genannte Restitutionsedikt. Damit sollte die konfessionelle Machtverteilung im Reich im Sinne der Gegenreformation neu gestaltet werden. Von den protestantischen Fürsten verlangte Ferdinand, den seit 1552 eingezogenen Klosterbesitz an die katholische Kirche zurückzugeben.

Ein Kaiser gegen die Fürsten

Dies war ein Angriff auf deren Landeshoheit. Der Augsburger Religionsfriede wurde strikt nach katholischem Verständnis ausgelegt, die Reformierten (die pragmatischerweise bisher wie die Lutheraner als Protestanten betrachtet wurden) waren ganz davon ausgeschlossen – und damit auch von der Teilnahme an der Reichspolitik. Ferdinands Vorgehen brachte auch die gemäßigten lutherischen Reichsfürsten, voran Kursachsen und Brandenburg, gegen den Kaiser auf. Gleichzeitig fielen die katholischen Kurfürsten von Ferdinand ab, weil sie eine zu große Machtballung beim Reichsoberhaupt fürchteten. Aber keine Seite setzte sich durch. Eine neue, noch schrecklichere Phase des Krieges begann, schwedische Truppen unter König Gustav Adolf fielen ins Reich ein, um der protestantischen Seite zu helfen, aber auch, um Schweden zur europäischen Großmacht zu machen. Gustav Adolf schielte auf die Kaiserkrone. Erst 1634 wurden die Schweden durch kaiserliche Truppen besiegt. Ferdinand war nun zwar bereit, auf die Protestanten zuzugehen. Er hatte eingesehen, dass die Macht des Kaisers und die der großen Reichsfürsten einander bedingten. Das Restitutionsedikt wurde jedoch nicht aufgehoben, sondern nur ausgesetzt, und im Prager Frieden von 1635 wurde nur den norddeutschen Fürsten ihr eingezogenes Kirchengut belassen, im Süden und Westen aber wurde die Macht der Protestanten gestutzt. Der mit diesem Friedensdiktat Ferdinands verbundene Machtgewinn der Habsburger veranlasste nun Frankreich, direkt im Reich einzugreifen. Auch die Schweden marschierten wieder. Das Prager Friedensdiktat blieb damit zwar Papier, doch es begann die schrecklichste Phase des Krieges. Hunderttausende starben durch Übergriffe marodierender Soldaten aller Seiten, durch Hunger, durch Seuchen. Ganze Regionen wurden wirtschaftlich ausgepresst und entvölkert: Vor allem die Pfalz und Württemberg waren verheert, auch Thüringen und Franken, und Pommerland war abgebrannt. Die Bevölkerungszahl im Reich sank bis 1648 von 16 auf 11 Millionen. Die Wirtschaft war auf Jahrzehnte hinaus angeschlagen. Weite Teile Deutschlands mussten neu aufgebaut werden. Am Ende stand die Einsicht, dass eine Befriedung des Reichs nur durch die Rückkehr zur alten Verfassung, zu der im 16. Jahrhundert gefundenen Machtbalance möglich sein würde. Das monarchische Abenteuer der Habsburger war beendet, und für zwei Jahrhunderte hatten die Deutschen genug von unitarischen Experimenten.

KAPITEL 6

Die deutsche Fürstenunion 1648-1790

Der Westfälische Friede – ein Grundgesetz für das Reich

Der seit 1637 amtierende Kaiser Ferdinand III. versuchte, mit den deutschen Fürsten einen Weg zum Frieden zu finden. 1640 kam erstmals seit 1613 wieder ein Reichstag zusammen, der beschloss, den protestantischen Fürsten den bis 1627 eingezogenen Kirchenbesitz zu belassen. 1644 ging der Kaiser daran, mit Frankreich in Münster und mit Schweden in Osnabrück Friedensverhandlungen aufzunehmen. Zwar hatte Ferdinand vor, die Reichsfürsten auszuschließen, doch konnte er das nicht durchsetzen: Die kaiserliche Macht war durch die habsburgische Politik der letzten Jahrzehnte diskreditiert, und Frankreich stützte die deutschen Fürsten. Sämtliche Reichsstände, ja sogar Gesandte der beiden Reichskreise von Schwaben und Franken nahmen teil – insgesamt 93 Delegationen aus dem Reich. In Münster und Osnabrück kam somit ein »Quasi-Reichstag« (Konrad Repgen) zusammen. Und dessen Ziel war es, über alle Gräben hinweg die Einheit des Reiches in seiner staatlichen Vielfalt mit seiner föderalen Verfassung wieder herzustellen. Der europäische Friedenskongress war somit auch ein deutscher Verfassungskonvent. Es war ein politischer Balanceakt: »Die strittigen Fragen mussten in das Verfassungs- und Rechtssystem des Reichs so eingepasst werden, dass der Kaiser kein absolutes Dominat gewann, die Glaubensfrage dauerhaft entschärft wurde, die Autonomie der Stände nicht die Reichseinheit zerstörte und die kleineren vor den Annexionsbemühungen der mächtigen Stände gesichert waren.« (Georg Schmidt) Der Westfälische Friede vom 24. Oktober 1648 bestätigte die um 1500 entstandene Verfassungsordnung. Der auf die Reichsorganisation zielende Teil des Friedensvertrags wurde als »Fundamental-Gesetz« des Reiches bezeichnet. Das Verhältnis von Kaiser und Fürsten wurde verbindlich geregelt. Der Vertrag bestätigte die hergebrachten Privilegien der Reichsglieder und sicherte endgültig die Landesherrschaft – »in geistlichen als auch weltlichen Angelegenheiten« – verfassungsrechtlich ab. Zudem bekamen die Reichsstände ihr Bündnisrecht untereinander und mit auswärtigen Mächten bestätigt. Dieses durfte sich jedoch nicht gegen »Kaiser und Reich« richten, es sei denn, der Kaiser bedrohte die Reichsverfassung. Das Bündnisrecht, von den Reichsgliedern vehement verteidigt, sollte allein ihrer eigenen Erhaltung und Sicherheit dienen.

Verfassungsfrieden
Die Verhandlungen von Münster und Osnabrück beendeten im Herbst 1648 den Dreißigjährigen Krieg, auch der ein Krieg um die deutsche Verfassung. Deren föderativer Kern wurde in den Friedensschlüssen bestätigt und gestärkt, keineswegs aber wurde das Reich deswegen einer politischen Zersplitterung preisgegeben.

Kern des europäischen Balancesystems

Indem man die Mitte des Kontinents durch die Bestätigung der auf Ausgleich zielenden föderalen Reichsverfassung stabilisierte, sollte auch ganz Europa an Stabilität gewinnen. Das Funktionieren der Rechts- und Friedensordnung des Reiches war als Kern eines europäischen Machtbalancesystems gedacht. So bekam der Reichsföderalismus eine über Deutschland hinausreichende Funktion und Bedeutung. Die innere Ruhe des Reiches sollte durch die föderale Ordnung garantiert sein, und dieser innerdeutsche Ausgleich sollte bewirken, dass wegen innerdeutscher Wirren oder von Deutschland aus kein Krieg mehr geführt wurde. Das Reich war damit nicht machtlos, aber es war als Defensivordnung konzipiert: Stark genug zur Verteidigung, aber gekennzeichnet durch eine »strukturelle Nichtangriffsfähigkeit« (Johannes Burkhardt). Was für den »global player«, das Habsburgerreich, aber nur eingeschränkt galt; die Wiener Herrscher nahmen für sich in Anspruch, hier eigenmächtig agieren zu können, aber eben nur außerhalb des Reichsverbandes. Im Reich blieb die Entscheidungsmacht über Krieg und Frieden (ansonsten die höchste Prärogative der Monarchen) beim Reichstag, der außenpolitisch höchsten Instanz. Der Erlass, ja sogar die Auslegung von Reichsgesetzen im Inneren war von nun an zudem strikt an die Zustimmung der Reichsstände gebunden. Eigenmächtige kaiserliche Verordnungen – wie etwa das Restitutionsedikt von 1629 – waren verboten. Die föderativ-aristokratische Grundordnung war damit gestärkt. Der Genfer Aufklärungsphilosoph Jean-Jacques Rousseau hat das Werk von 1648 noch ein Jahrhundert später gelobt. Das europäische Staatensystem werde nicht nur durch das Gleichgewicht der Mächte erhalten, sondern habe noch eine »wirksamere Stütze: nämlich das Deutsche Reich, das vom Herzen Europas aus alle anderen Mächte im Zaum hält und vielleicht der Sicherheit der anderen noch mehr dienen kann als seiner eigenen; durch seine Größe und die Zahl und Tapferkeit seiner Völker ein Achtung gebietendes Reich, dessen Verfassung allen von Nutzen ist, die, indem sie ihm die Mittel und den Willen zu Eroberungen unterbindet, es zugleich zu einer Klippe der Eroberer macht.« Das klang ein wenig idealistisch, doch im Kern war dies das Ziel des Westfälischen Friedens.

Weder Souveränität noch Zersplitterung

Der Westfälische Vertrag stärkte die Reichsfürsten, aber er machte aus den deutschen Ländern keine souveränen Staaten, weder innen- noch außenpolitisch, und er brachte keine Kleinstaaterei, keine Zersplitterung, wie noch heute oft zu lesen ist. Den deutschen Fürsten war klar, dass die innere wie äußere Souveränität der Reichsglieder (die von Frankreich ins Gespräch gebracht worden war) zum Zerfall der Reichseinheit führen würde. Daran waren aber weder katholische noch protestantische Reichsstände interessiert. Sie wollten so wenig zum Spielball der anderen europäischen Mächte werden wie sie Spielbälle des Kaisers sein wollten. Ihnen genügten die verbesserten Möglichkeiten zum weiteren Aufbau ihrer Landesstaatlichkeit und die erweiterten Rechte innerhalb des föderalen Gesamtstaats. Dass die Souveränität der Fürsten begrenzt war, zeigte schon die Entscheidung des Westfälischen Kongresses für die Parität der Konfessionen: Katholisches, lutherisches und reformiertes Bekenntnis wurden als gleichrangig anerkannt. Dabei wurde die Landesherrschaft eingeschränkt: Das Recht der Fürsten, den Glauben ihrer Untertanen zu bestimmen, fiel praktisch weg.

Keine Souveränität also, und damit war auch der Weg zu absolutistischem Regieren in Deutschland verfassungsrechtlich verbaut. Veit Ludwig von Seckendorff schrieb daher in seiner Auslegung der Verfassungsordnung: »Eine teutsche fürstliche hoheit nicht gar absolut sey, sondern auf die Keyserliche Majestät und das heilige reich unterthänigen respect habe.« Und Johann Stephan Pütter hat im späten 18. Jahrhundert den Unterschied zwischen souveränem Staat und deutschen Ländern so beschrieben: »Der wesentliche Unterschied zwischen der höchsten Gewalt einer unabhängigen Macht und der Landeshoheit eines Teutschen Reichsstandes bestehet unstreitig darin, daß sie noch einer höhern Gewalt, wie theils vom Kaiser alleine, theils von Kaiser und Reich ausgeübt wird, untergeordnet ist, jene hingegen gar keine menschliche Gewalt über sich erkennet.« Da der Kaiser aber mehr denn je nur noch amtierte und nicht regierte, waren die deutschen Landesfürsten praktisch sich selbst untergeordnet – sie waren das Reich, das sie über den Reichstag steuerten. Das Deutschland, das der westfälische Verfassungskonvent geschaffen hatte, war noch mehr als zuvor eine Fürstenunion. Die Kaiser hielten sich zurück, die mächtigeren Reichsfürsten hatten gelernt, ihren Drang nach Eigenständigkeit mit der Einsicht in die Vorzüge der Reichseinheit zu verbinden. Bis weit ins 18. Jahrhundert hinein war diese Fürstenunion auf der Grundlage des 1648 erneuerten und gestärkten Reichsföderalismus eine relativ stabile Angelegenheit.

Ein Monstrum?

Schon bald nach 1648 begann unter den Rechtsgelehrten der Zeit eine ausführliche Debatte über den Charakter der Reichsverfassung, ein Auslegungsstreit über die Regierungsform des Reiches. Am berühmtesten ist die Interpretation Samuel Pufendorfs geworden. 1667 fand er in einer Abhandlung über den »Zustand des Deutschen Reiches« jene klassische Formulierung, die Reichsverfassung sei »einem Monstrum gleich«. Pufendorf wollte damit ausdrücken, dass sie nicht in die Kategorien der klassischen Staatsformenlehre passte. Keine echte Monarchie sei das Reich, keine vollendete Aristokratie (wegen der Rangunterschiede im Reichstag), eine Demokratie natürlich schon gar nicht, aber auch kein Staatenbund, sondern eine »disharmonische Staatsform«, urteilte Pufendorf, damals Professor im kurpfälzischen Heidelberg. Die Vorstellung einer Mischverfassung, wie sie damals unter Reichsjuristen durchaus gängig war, lehnte Pufendorf ab. Man komme der Wahrheit am nächsten, schrieb er, »wenn wir sagen, Deutschlands Verfassung nähert sich der einer Föderation, in der ein mit monarchischem Scheine ausgestatteter Fürst als Bundesoberhaupt eine hervorragende Stellung einnimmt«. Auch von einem »föderativen System«, von einer »Föderation von Bundesgenossen ungleichen Rechts« sprach Pufendorf. Doch betonte er, das Reich sei mehr als nur ein Staatenbund (Konföderation) von souveränen Mächten. Immerhin hat er die Bezeichnung »Monstrum«, die immer gerne zitiert wurde, um über den Reichsföderalismus zu spotten, später abgeschwächt, in der Ausgabe letzter Hand ist das Wort gestrichen.

Ludolph Hugo entdeckt den Bundesstaat

Doch gab es auch Reichsjuristen, die stärker auf die Verfassungswirklichkeit schauten und dabei dem bundesstaatlichen Wesen des Reiches auf die Schliche kamen – denn »der Bundesstaat wurde nicht erfunden, sondern entdeckt« (Alois Riklin). Schon Johannes Althusius, erst Professor in Herborn, dann Stadtsyndikus in Emden, hatte 1603 in seiner Politiklehre einen Staatsaufbau konsequent nach dem Subsidiaritätsprinzip verfochten. Der Tübinger Jurist Christoph Besold stellte dann 1614 fest, dass sowohl dem Reich als auch den Ländern Staatsqualität zukomme. Dies wurde 1661 von dem späteren braunschweig-lüneburgischen Hofrat und Reichstagsgesandten Ludolph Hugo aufgenommen. Für ihn ist das Reich aus vielen Staaten zusammengesetzt, doch sei es kein Staatenbund, sondern eine Gemeinschaft von Staaten. »Es liegt vor Augen, dass unser Reich durch eine zweifache Regierung gelenkt wird; denn das Reich als Gesamtheit bildet ein gemeinsames Staatswesen, und die einzelnen Gebiete, aus denen es zusammengesetzt ist, haben besondere Fürsten oder Magistrate, Gerichte und Ratsversammlungen und überhaupt ein besonderes, jenem Höheren untergeordnetes Staatswesen.« Die staatliche Gewalt im Reich war somit zwischen Gesamtstaat und Einzelstaaten aufgeteilt. Hugo hatte damit die föderale Doppelstaatlichkeit als Kern der Reichsverfassung erfasst. Zudem hat er die Beziehung zwischen beiden Ebenen beschrieben, also jene vertikale Machtverteilung, die erst den Bundesstaat ausmacht. Dabei hob auch er auf das Subsidiaritätsprinzip ab. Die Reichsglieder geben jene Aufgaben an das Reich ab, die sie allein nicht leisten können; umgekehrt springen sie ein, wenn das Reich seine Kompetenzen nicht ausschöpft. Während Hugo die Entstehung dieser Doppelstaatlichkeit aus der Föderalisierung eines einstmals einheitlichen Staatsgebildes ableitete, ging der berühmte Philosoph Gottfried Wilhelm Leibniz den anderen Weg. Seiner Ansicht nach haben sich souveräne Fürsten zu einem Staatswesen zusammengeschlossen, zu einer Fürstenunion. Auch Leibniz erkannte im politischen System des Reiches eine Bundesverfassung, er sprach von einem »corpus foederatum«.

Pütter und der Staat aus Staaten

Ausführlich hat dann im 18. Jahrhundert der Göttinger Reichsjurist Johann Stephan Pütter das Reich als Bundesstaat beschrieben (ohne aber, wie Besold, Hugo und Leibniz auch, diesen Begriff zu verwenden – er kam ja erst um 1800 auf). Pütter betonte die Vielfalt der einzelstaatlichen Verfassungszustände, die unter dem

Dach des Reiches dennoch zu einer Einheit gefügt sind: »Nichts ist gewisser, als dass Mecklenburg und Baiern, Württemberg und Pommern, Passau und Münster, Oldenburg und Bentheim, Hamburg und Nürnberg, kurz geistliche und weltliche Länder, Kur- und Fürstentümer, Grafschaften und Reichsstände, wenn ihre innere Verfassung auch noch so sehr voneinander abgehet, dennoch alle ohne Ausnahme noch als Teile eines eigenen Ganzen in gleichmäßiger Verbindung unter dem Deutschen Reiche stehen.« Und weiter: »Deutschland ist ein Reich, das in lauter besondere Staaten eingetheilet ist, jedoch alle noch unter einer gemeinsamen höchsten Gewalt in der Gestalt eines zusammengesetzten Körpers vereinigt sind.« Im Gegensatz zu Pufendorf sah er »nichts Mißgeburthsmäßiges darin«. Dass das Reich nach 1648 weder ein Staatenbund noch eine allenfalls lose Föderation vorgeblich souveräner Staaten war, sieht auch die heutige Rechtswissenschaft so. So schrieb der Staatsrechtler Christoph Link mit Blick auf den Westfälischen Frieden und dessen Folgen: »Aus (der) Dialektik einer Staatsbildung im Reichsverband wuchs ein staatsrechtliches Verständnis für die komplexe Struktur einer bundesstaatlichen Ordnung, in der Gesamtstaat wie Einzelstaaten jeweils Staatsqualität zukommt. Insofern hat der Frieden die politische Gestalt Deutschlands auf Dauer bestimmt und damit die Grundlagen einer in Europa einzigartigen Staatsordnung gelegt.«

Im Hintergrund des Reichszusammenhalts stand bis ins 18. Jahrhundert das mittelalterliche Verfassungsinstrument des Lehnrechts – und es wirkte auch jetzt noch, obwohl bald allen zeremoniellen Ballasts entledigt, als integrativ. Wer sich vom Reich in die volle Souveränität hätte separieren wollen, riskierte den Verlust der Lehen, die dem Reich, rechtlich gesehen, nicht entfremdet werden konnten. Das Lehnrecht, so antiquiert es erscheinen mochte, wirkte nach 1648 wie eine Austrittsbarriere – und war damit weiterhin ein Grundfaktor für den bundesstaatlichen Reichsaufbau.

Der Reichstag wird immerwährend

Pufendorf hatte in seinen Schriften einen ständigen Reichstag als wichtige Voraussetzung für eine funktionierende Föderation gefordert. Dazu sollte es nun kommen. Nach 1654 fand längere Zeit kein Reichstag mehr statt, die Reichsfürsten wollten jedoch häufigere Versammlungen. Vor allem Fürsten aus der zweiten Reihe wollten dadurch eine stärkere Beteiligung an der Regierung des Reiches bekommen. Ihnen missfiel, dass Kaiser und Kurfürsten in den Zeiten zwischen den Reichstagen die Reichspolitik allein bestimmten. Um die »Präeminenz« der Kurfürsten zu durchlöchern, wollten sie eine Beteiligung an der Königswahl und eine permanente Wahlkapitulation, also eine dauerhafte verfassungsrechtliche Festlegung der Rechte und Pflichten des Kaisers, was in Münster und Osnabrück unterlassen worden war. Letztlich ging es um die Frage, ob die herkömmliche Hierarchie Bestand haben oder die mindermächtigen Fürsten aufgewertet würden. 1663 berief

Reichspolitische Schaltstelle

Der »immerwährende« Reichstag in Regensburg war noch kein Parlament im modernen Sinn einer Repräsentativversammlung. Aber er war das unbestrittene Zentrum der reichspolitischen Aktivitäten (trotz des regen politischen Lebens am Kaiserhof in Wien). Mit ihm beginnt die Geschichte der permanent tagenden Länderkammer, die heute vom Bundesrat fortgeführt wird.

Kaiser Leopold I. schließlich einen Reichstag nach Regensburg ein. Dessen Abschluss wurde jedoch immer wieder hinausgezögert, weil man sich über diese und jene Verfassungsfrage nicht einig wurde. Jahr für Jahr ging das so, neue Fragen tauchten auf – kurzum: Obwohl es nie geplant war, wurde aus dem Reichstag ein immerwährender Kongress in Regensburg. Von nun an waren praktisch nur noch erfahrene Reichspolitiker als Gesandte dort zu sehen. Der Kaiser ließ sich durch einen Prinzipalkommissar vertreten (seit etwa 1740 fiel diese Aufgabe den Fürsten von Thurn und Taxis zu), die Fürsten schickten eigene Gesandte. Die Geschäfte führte der Reichserzkanzler, der durch einen Direktorialgesandten vertreten war, der die so genannte »Diktatur« führte – ein Büro, durch die der gesamte Schriftverkehr lief. Verlierer der Institutionalisierung des Reichstags als ständige Einrichtung

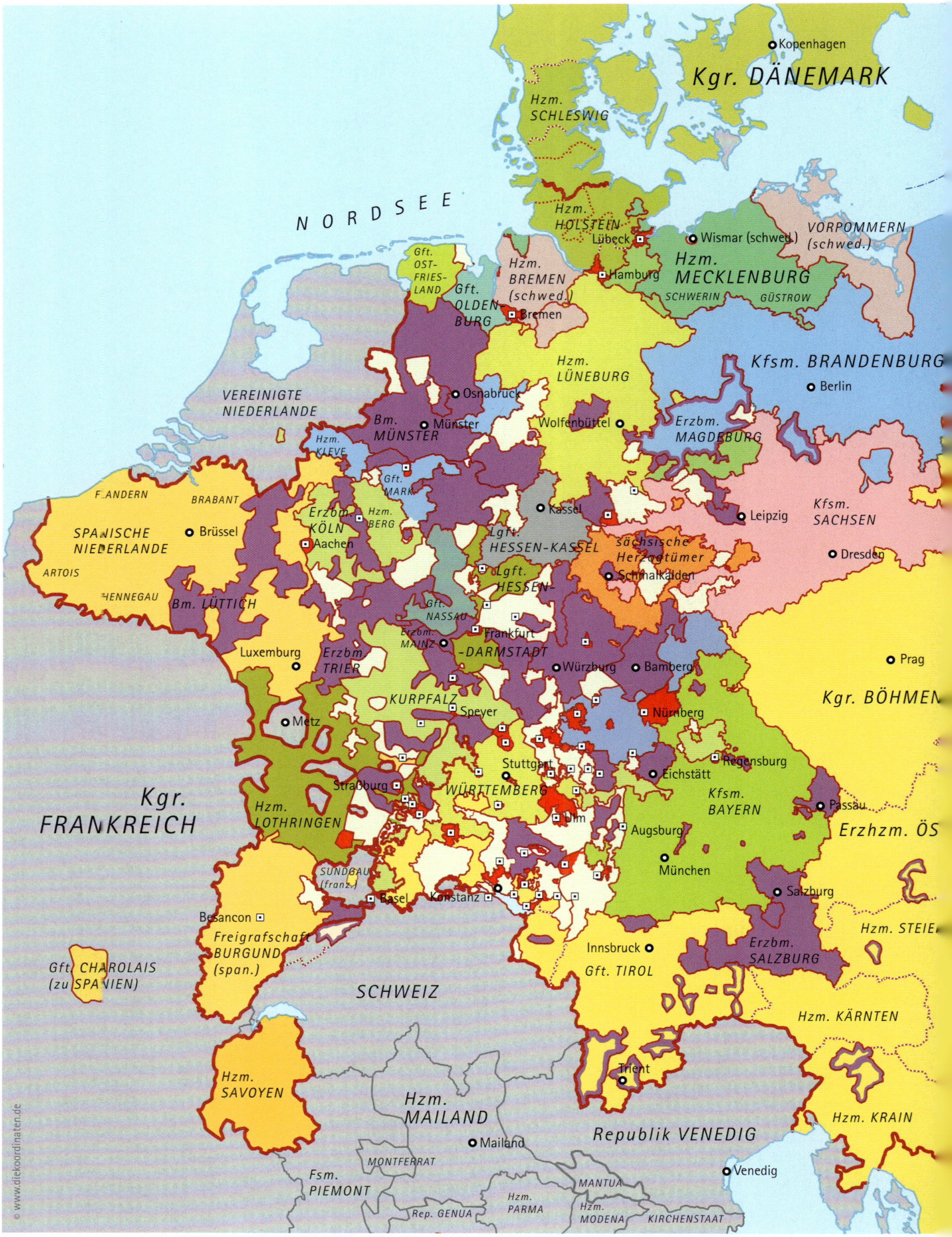
Kopenhagen
Kgr. DÄNEMARK
Hzm. SCHLESWIG
NORDSEE
Hzm. HOLSTEIN
Lübeck
Wismar (schwed.)
VORPOMMERN (schwed.)
Gft. OST-FRIES-LAND
Gft. OLDEN BURG
Hzm. BREMEN (schwed.)
Bremen
Hamburg
Hzm. MECKLENBURG
SCHWERIN
GÜSTROW
Hzm. LÜNEBURG
Kfsm. BRANDENBURG
Berlin
VEREINIGTE NIEDERLANDE
Osnabrück
Bm. MÜNSTER
Münster
Wolfenbüttel
Erzbm. MAGDEBURG
Hzm. KLEVE
Gft. MARK
FLANDERN
BRABANT
SPANISCHE NIEDERLANDE
Brüssel
ARTOIS
HENNEGAU
Erzbm. KÖLN
Hzm. BERG
Aachen
Kassel
Lgft. HESSEN-KASSEL
sächsische Herzogtümer
Schmalkalden
Leipzig
Kfsm. SACHSEN
Dresden
Bm. LÜTTICH
Gft. NASSAU
Lgft. HESSEN-DARMSTADT
Frankfurt
Erzbm. MAINZ
Luxemburg
Erzbm. TRIER
Würzburg
Bamberg
Prag
Kgr. BÖHMEN
KURPFALZ
Speyer
Nürnberg
Metz
Stuttgart
Regensburg
Eichstätt
Straßburg
WÜRTTEMBERG
Kfsm. BAYERN
Passau
Kgr. FRANKREICH
Hzm. LOTHRINGEN
Ulm
Augsburg
Erzhzm. ÖS
München
SUNDGAU (franz.)
Basel
Konstanz
Salzburg
Besancon
Freigrafschaft BURGUND (span.)
Innsbruck
Hzm. STEIE
Erzbm. SALZBURG
Gft. TIROL
Gft. CHAROLAIS (zu SPANIEN)
SCHWEIZ
Hzm. KÄRNTEN
Trient
Hzm. SAVOYEN
Hzm. MAILAND
Hzm. KRAIN
Republik VENEDIG
Mailand
MONTFERRAT
Venedig
Fsm. PIEMONT
MANTUA
Rep. GENUA
Hzm. PARMA
Hzm. MODENA
KIRCHENSTAAT
© www.diekoordinaten.de

1648
Die Fürstenunion

Der Westfälische Friede bestätigte die aristokratisch-föderale Herrschaftsordnung im Reich. Die Reichsfürsten konnten ihre starke Stellung gegenüber dem Königtum absichern, doch bestand die deutsche Fürstenunion nicht aus souveränen Staaten, sondern es waren Teilstaaten einer Föderation, in deren Struktur die Reichskreise (zumindest im Südwesten) weiter eine Rolle spielten. In Regensburg etablierte sich mit dem »immerwährenden« Reichstag eine zentrale Schaltstelle der Reichspolitik.

waren vor allem die Kurfürsten. Deren oligarchisches Kollektivgremium, der Kurverein, wurde als reichspolitisches Steuerungsorgan überflüssig. Allein das exklusive Recht der Königswahl konnten die »Säulen des Reiches« noch wahren. Die Gewinner der Entwicklung waren die mittleren und kleinen Reichsfürstentümer, sie waren nun dauerhaft beteiligt am Reichsregierungsgeschäft, der Reichsföderalismus wurde dadurch ausgewogener.

Ein Forum für Verhandlungen

Mit dem Erfolg der Mindermächtigen – eine kleine Revolution – war es auch gelungen, das Vertretungsorgan des Reiches zu modernisieren und der Entwicklung in den Territorien anzupassen. Denn dort entwickelte sich nun der moderne Verwaltungsstaat, in dem Regieren ein permanenter, bürokratisch organisierter Prozess ist. Der Reichstag beschränkte sich zwar weiter darauf, nur große Rahmengesetze wie die Reichshandwerksordnung von 1731 und die Münzordnung von 1738 zu erlassen. »Er bildete das Forum des Reiches, auf welchem mehr zu verhandeln als zu entscheiden war.« (Dietmar Willoweit) Gesetzgebung im Detail blieb Sache der Länder. Aber der Reichstag war nun in der Lage, die Entwicklung dort permanent zu begleiten. Damit konnte er seiner Aufgabe nachkommen, die Reichseinheit bei aller Ländervielfalt zu wahren. Er wurde zu einer »zentralen reichspolitischen Clearing- und Kontaktstelle« (Karl Härter).
Weiterhin wurde im Regensburger Alten Rathaus, dem Tagungsort des Reichstags, das herkömmliche Abstimmungsverfahren angewendet: Einen formellen Vorrang behielt die Kurfürstenbank, die ihre Stellungnahmen der Fürstenbank zuleitete – stimmte diese zu, ging die Angelegenheit an die Reichsstädte. Sollten diese eine andere Meinung haben, wurde die kaiserliche Seite zur Vermittlung herangezogen. Stimmten die Städte zu, kam es zu einem so genannten Reichsgutachten aller drei Kurien, das dem Kaiser vorgelegt wurde – stimmte Wien zu, konnte ein »Reichsschluss«, also ein Gesetz, verkündet werden. Doch gab es im Verfahren auch eine Neuerung: Im Westfälischen Frieden waren Mehrheitsentscheidungen in Konfessionsfragen ausdrücklich verboten worden. Konflikte sollten durch gütliche Einigung geschlichtet werden. Dafür wurden an Stelle der Kurien zwei konfessionelle Korpora gebildet: das katholische und das protestantische, erste Ansätze einer festen Parteibildung in der Reichspolitik. Der Zwang zum Kompromiss sollte der Reichseinheit dienen. Doch zeigte sich später, dass der Reichstag damit lahm gelegt werden konnte, wenn allgemeine Zwistigkeiten zu Glaubensfragen umgedeutet wurden. Vor allem Brandenburg-Preußen missbrauchte diese Konfessionsregelung im späteren 18. Jahrhundert als Blockadeinstrument. Bis dahin allerdings kam das Auseinandertreten in die Korpora – »itio in partes« genannt – insgesamt nicht sehr häufig vor.

Überschaubar und arbeitsfähig

Der Regensburger Reichstag, eine Art Arbeitsparlament ohne echtes Plenum, war eine recht überschaubare Veranstaltung. Nicht alle Reichsmitglieder hatten Delegierte dort. Nur die großen Länder hatten eigene Gesandte, kleinere ließen sich durch größere vertreten oder teilten sich einen Gesandten, die Reichsstädte wurden durch Regensburger Räte vertreten. Insgesamt waren in Regenburg nur zwei bis drei Dutzend Gesandte tätig, es war also eine potenziell sehr arbeitsfähige Struktur. Diese Gesandten waren zwar an Weisungen gebunden, was die Verfahren bisweilen in die Länge zog. Andererseits waren sie eigenständig genug, und zudem oft besser informiert als ihre Kollegen in den Residenzen, um sich Freiräume zu schaffen. Diese reichspolitische Elite bestand aus meist niederadeligen, rechtskundigen Männern, die durchaus – bei allen hierarchisch-zeremoniellen Zwistigkeiten – einem institutionellen Grundkonsens verpflichtet waren.

Ein Bund mit Hierarchiegefüge

Der Reichstag bildete die Hierarchie im Reich ab. Zwischen den Reichsgliedern bestand ja ein beträchtliches Gefälle hinsichtlich des wirtschaftlichen und militärischen Potenzials und damit auch der politischen Macht. Da war das riesige Länderkonglomerat der Habsburger, die seit 1708 als Könige von Böhmen wieder mit allen Rechten im Kurfürstenkolleg vertreten waren. Daneben wuchs Brandenburg heran – seit dem 17. Jahrhundert auch ein Länderkonglomerat mit Hinterpommern, dem außerreichischen Preußen und den hinzugeerbten westfälisch-niederrheinischen Gebieten wie Kleve, Mark und Ravensberg. Auch Kursachsen und die Kurpfalz (ebenfalls ein Länderverbund mit Jülich-Berg und Neuburg) sowie die neuen Kurfürstentümer Bayern (seit 1623) und Hannover (seit 1692) waren als Mitglieder der ersten Kurie mächtige Reichsstände. Es waren auch die Länder der großen Dynastien, die meist mehrere Reichsländer in Personalunion regierten: Habsburg, Zollern, Wittelsbach, Wettin, Welfen. Aufgrund ihrer Kurfürstenrolle waren auch die Fürstbistümer Mainz (schon wegen des Erzkanzleramtes), Köln und Trier reichspolitisch weiter reichspolitisch wichtig. Darunter gab es eine Gruppe selbstbewusster Fürstentümer, die auf gleichberechtigte Mitsprache pochten: Württemberg, Hessen-Kassel, Mecklenburg-Schwerin, Ansbach, Hessen-Darmstadt, Baden oder Braunschweig-Wolfenbüttel. Dazu kamen die großen Bistümer wie Münster, Würzburg und Salzburg. Ihre eigene Rolle spielten in Regensburg die fürstlichen Kleinstaaten wie Anhalt, Sachsen-Gotha, Sachsen-Weimar oder Fürstenberg, die zwar nicht mächtig waren, aber Regensburg als Ort ihrer Interessenwahrung nutzen konnten und dazu beitrugen, dass die Machtpolitik der Großen nicht überhand nahm im Reich. Das war es aber auch schon in Regensburg. Das Märchen von den ungefähr 300 selbständigen Staaten im Reich ist ein

Unfug, auch wenn das bis heute in gängigen Darstellungen wiederholt wird (samt der entsprechenden Flickenteppichkarte, die erst im 19. Jahrhundert erfunden wurde). Denn Reichsstände waren keine souveränen Staaten, und wirklich staatsfähig waren unter ihnen nur die großen Länder. Die kleinen Territorien und Reichsstädte, die sich vorwiegend in den Kreisen Schwaben, Franken und Oberrhein ballten, waren das nicht – sie aber hatten ihre Reichskreise als Flächenstaatsersatz.

Informationsdrehscheibe Regensburg

Als Informationsdrehscheibe spielte der Regensburger Reichstag auch eine nicht zu unterschätzende Rolle in der europäischen Politik: Nicht wenige ausländische Staaten waren mit eigenen Gesandten beim Reichstag akkreditiert. Diese sollten in Regensburg sozusagen ins Reich hineinhorchen, umgekehrt hatten die deutschen Gesandten hier die Möglichkeit, sich über Vorgänge in Versailles, Westminster oder Sankt Petersburg zu informieren. Die Vorgänge in Regensburg waren vergleichsweise transparent, denn eine Geheimhaltung der Beratungen – wie an den fürstlichen Höfen – gelang in Regensburg nicht; entsprechend gab es eine recht ausführliche öffentliche Berichterstattung über diese Dauerversammlung.

Eine Chance für das Kaisertum

In der ersten Hälfte des 17. Jahrhunderts hatten die habsburgischen Kaiser systemwidrig agiert, und noch in Münster und Osnabrück wollte Ferdinand III. die Reichsmitglieder aus den Verhandlungen drängen – ohne Erfolg. Das Kaisertum hatte im Dreißigjährigen Krieg an Respekt verloren und war in seiner verfassungsrechtlichen Substanz auf Dauer geschwächt. Entsprechend stärkte der Westfälische Friede den aristokratischen Charakter des Reiches noch und reduzierte das Reichsoberhaupt erst recht auf ein »Amtskaisertum« (Johannes Burkhardt). Die Machteinbuße des Kaisertums zeigte sich nicht zuletzt darin, dass mit dem Übergang zum immerwährenden Reichstag das Recht verloren ging, die Versammlung einberufen und auflösen zu können – damit war auch ein wesentliches monarchisches Steuerungsinstrument abgeschafft.

Vor allem Leopold I., der von 1658 bis 1705 regierte, gelang jedoch eine bemerkenswerte Wiederbelebung kaiserlicher Autorität im Reich (aber eben nicht über das Reich). Er knüpfte vielfältig Klientelbeziehungen, nicht zuletzt unter den katholischen Reichsständen, handelte aber konfessionspolitisch so ausgewogen, dass die protestantischen Fürsten vorerst kein Problem mit der katholischen Mehrheit im Reichstag hatten. Was ihm half, war natürlich auch der osmanische Eroberungsdrang auf dem Balkan, der das Reich von Südosten her bedrohte. Wieder einmal war die »Türkengefahr« ein Mittel, das Reich hinter dem Oberhaupt zu sammeln. Leopold nutzte den Regensburger Reichstag geschickt als Schaltstelle für kaiserliche Einflusspolitik. Ihm gelang es sogar, einige Male das eigentlich nur formal geltende kaiserliche Vetorecht gegen ausverhandelte Reichstagsbeschlüsse einzusetzen. Spätere Kaiser schafften das nicht mehr. Der Reichshofrat überflügelte am Ende des 17. Jahrhunderts das Reichskammergericht als oberste Schiedsinstanz vor allem in Verfassungskonflikten. Das Kammergericht blieb dennoch ein Mittelpunkt des Reichsgeschehens, nicht zuletzt für Untertanenprozesse. Das Wetzlarer Gericht, wenn auch unterfinanziert und mit Verfahren überrollt, spielte eine nicht unwesentliche Rolle bei der Beschneidung autokratischer Allüren so manches Landesfürsten. Und mit der Existenz zweier konkurrierender Reichsgerichte war eben immer auch eine gewisse Garantie verbunden, dass Willkür und politische Beeinflussung der Prozesse ihre Grenzen hatten.

Kluges Reichsoberhaupt
Wie einige – wenn auch nicht alle – seiner Vorgänger erwies sich der Habsburger Leopold I. als kluger und ausgleichender König und Kaiser. Er wusste die Möglichkeiten, die die Reichsverfassung dem Bundesoberhaupt bot, zur Ausweitung seines Einflusses zu nutzen, etwa die reichspolitische Schaltstelle des Reichstags zu Regensburg.

Reduzierte Reichsgesetzgebung

Dass die Gesetzgebung des Reichstags in Regensburg bald eingeschlafen sei, gehört wohl auch zu den verfassungshistorischen Märchen aus früheren Zeiten. Es stimmt allenfalls für die Phase nach 1740, und das lag nicht zuletzt an der Blockadepolitik Brandenburg-Preußens, über die noch zu sprechen sein wird. Eine Auflistung für den Zeitraum davor umfasst etwa 600 Reichsgesetze. Allerdings stimmt, dass es kaum noch große, grundlegende Reichsgesetze gab. Das hatte einen einfachen Grund: Die großen Gesetzeswerke wie die »Carolina« oder die Reichspolizeiordnung aus dem 16. Jahrhundert galten weiter und wurden allenfalls noch in Teilen überarbeitet oder ergänzt, aber nicht in Gänze novelliert. Große Gesetze der Regensburger Zeit waren die Reichsverteidigungsordnung von 1681 und die Reichshandwerksordnung von 1731. Ansonsten bestimmte auch viel tagespolitisches Klein-Klein die Regensburger Agenda. Dazu gehörte nicht zuletzt die Wirtschaftspolitik – in der Außenhandelsregulierung etwa war der Reichstag zeitweise recht aktiv, man hat für das ausgehende 17. Jahrhundert sogar von einem Reichsmerkantilismus gesprochen, der nicht zuletzt der Konfrontation mit der aggressiven Außen- und Kriegspolitik Ludwigs XIV. von Frankreich entsprang. Dabei ging es nicht zuletzt um Importverbote für französische Waren. Eine Petitesse am Rande: Dass Gastwirtschaften ihre Preise auch heute noch am Eingang ausschildern müssen, geht auf ein Reichsgesetz von 1667 zurück.

Bei allem Autonomiestreben hatten die Fürstenstaaten und die Reichskreise immer wieder Interesse an einheitlichen Gesetzen und damit an Vorgaben durch das Reich. Die Wirkung von Polizei-, Münz-, Gewerbe- oder Gesindeordnungen, also von wirtschafts- und sozialpolitischen Maßnahmen, war nun einmal höher, wenn ihr Geltungsbereich möglichst weit reichte. Und weiterhin galt: »Legitimation durch das Reich (war) wichtig für die landesfürstliche Politik« (Volker Press).

Staat bleibt Ländersache

Die Notwendigkeit, die von den Verheerungen des Dreißigjährigen Krieges betroffenen Regionen (eine breiter Streifen vom Südwesten Richtung Nordosten) wieder aufzubauen und die Staatsfinanzen zu sanieren, führte zu einer Verstärkung der landesstaatlichen Tätigkeit. Nicht zuletzt das Verkehrsnetz wurde ausgebaut – Straßen, Brücken und Kanäle entstanden, um den Handel zu fördern. Die Landesfürsten begannen, eigenständige Wirtschafts- und Standortpolitik zu betreiben. Sie und ihre Berater machten sich die neue kameralistische Wirtschaftsidee zu eigen, die auf die Förderung von Handel und Gewerbe zielte, um dadurch auch die Einnahmen des Staates aus Steuern, Abgaben und Monopolen zu erhöhen. Der Warenexport war in diesem System wichtig, um einen Handelsüberschuss zu generieren, also wurden Manufakturen gegründet, die mehr produzieren sollten, als im Land verbraucht wurde. Bergbau und Hüttenwesen wurden, wo es möglich war, besonders gefördert. Nicht zuletzt die Modernisierung der Landwirtschaft war Teil dieser deutschen Form des Merkantilismus. Auch die Lockerung der Zunftbestimmungen fiel darunter, um mehr Wettbewerb zu schaffen – die Reichshandwerksordnung von 1731, über die viele Jahre verhandelt worden war, gehörte mit ihren antizünftischen Passagen in diese Stoßrichtung. Bevölkerungsvermehrung war ein wichtiger Teil der neuen Wirtschaftspolitik: Die Ansiedlung von gebildeten und versierten Zuwanderern gehörte dazu; die Aufnahme von französischen Hugenotten und die Anwerbung holländischer Fachleute in Brandenburg sind bekannte Beispiele.

Geld regiert die Fürstenwelt

Ursache dieser Wirtschaftspolitik war auch der stetig wachsende Geldbedarf der Fürstenstaaten. Vor allem der Aufbau von Heeren ließ die Ausgaben steigen, der Bau- und Repräsentationsbedarf verschlang im Barockzeitalter ebenfalls viel Geld – zumindest für die größeren Fürstentümer war das Beispiel Ludwigs XIV. verlockend, ihr Versailles wollten sie nun alle haben. Freilich legten sich bisweilen die eher auf Sparsamkeit bedachten Landstände quer, denen das Geldausgeben und Schuldenmachen ihrer Fürsten missfiel. Und das Recht zur Steuerbewilligung hatten sich die meisten Landstände erhalten können. Deren Entmachtung gelang bisweilen, meist aber nur schrittweise und selten vollständig. Als Ersatz für die Vollversammlungen etablierte sich häufig ein Ausschusswesen, das eine relativ wirksame Kontrolle des Steuerwesens übernehmen konnte (allerdings auch von den fürstlichen Regierungen leichter zu kontrollieren war). Die bisweilen überbordende Verschuldung der Landesherren nutzte letztlich den Landständen, denn im Zweifel waren sie es, nicht die Fürsten, die kreditfähig waren und damit das Land aus der Überschuldung retten konnten. Die reichsrechtliche Garantie landständischer Mitsprache blieb gegenüber den fürstlichen Alleinherrschaftsansprüchen weitgehend intakt. Das zeigte noch gegen Ende des Reiches der Konflikt des von Bürgerlichen dominierten württembergischen Landtags mit dem allürenhaften Herzog Carl Eugen. Als die Landstände angesichts einer neuen Militärsteuer und der hohen Verschuldung des Landes 1763 mit einer Klage vor dem Reichshofrat drohten, musste Carl Eugen einen Landtag einberufen, der bis 1770 tagte und einen »Erbvergleich« erreichte, in dem der Herzog die Rechte der Landstände anerkannte und den Landtag und seine Ausschüsse als Repräsentanten des Landes akzeptierte. So hat es fürstlich-autokratischen Absolutismus im Reich nur in Ansätzen gegeben, auf breiter Front durchsetzen ließ er sich nicht – die Historiker sind deswegen davon abgekommen, von einer absolutistischen Epoche zu sprechen und bevorzugen heute den Begriff Barockzeitalter.

Etatismus á la Brandenburg

Nicht zuletzt Brandenburg wurde zum kameralistisch-bürokratischen Vorzeigemodell. Die Herrscher in Berlin und Potsdam entwickelten nach 1648 auch die stärksten autokratischen Neigungen unter den deutschen Fürsten – vom »Großen Kurfürsten« Friedrich Wilhelm bis zu Friedrich II. huldigten sie alle einem Etatismus, der am Ende zu einem zentralistisch regierten Militärstaat führte, der alle Politik dem Primat der Armee unterordnete. 1723 schuf der »Soldatenkönig« Friedrich Wilhelm I. zu diesem Zweck ein »General-, Ober-, Finanz-, Kriegs- und Domänendirektorium«, um die bis dahin etwas chaotische Zentralverwaltung zu ordnen und unter fürstliche Kontrolle zu bringen. Das auch in Friedenszeiten einsatzbereite Heer wuchs von 20000 Mann (1655) auf 77000 Soldaten (1740) und war damit größer als das Reichsheer. Um diese Militärmaschine am Laufen zu halten, brauchten die brandenburgischen Kurfürsten viel Geld, das ihre Landstände nicht ohne weiteres aufzubringen bereit waren. Zwangsmaßnahmen gegen die Landstände wiederum konnten Reichsgerichtsprozesse nach sich ziehen. So gehörte Brandenburg bereits 1654 zu den Antragstellern im Reichstag, als den Fürsten das Recht zugestanden wurde, sich bestimmte Militärlasten von den Landständen finanzieren zu lassen. Der wiederum nicht zuletzt von Brandenburg vorangetriebene Versuch, dieses Recht auszuweiten und den Landständen Klagen gegen die Besteuerung vor den Reichsgerichten zu verbieten, scheiterte allerdings einige Jahre darauf am kaiserlichen Veto – die damit verbundene Machtsteigerung der Landesherren wäre genauso systemwidrig gewesen wie die einstigen monarchischen Bestrebungen in Wien.

Das Reich als Verteidigungsordnung

Die europäische Friedensordnung von Münster und Osnabrück sollte ewig währen, aber die Ewigkeit war von kurzer Dauer. Die Jahrzehnte nach 1648 waren eine Epoche permanenter Konflikte und Kleinkriege, der Aufrüstung der europäischen Staaten im Zeichen imperialer Ansprüche, der Bildung stehender Heere und großer Marineflotten. Frankreich stritt gegen Spanien um die Vormacht im Westen des Kontinents, im Norden ging es um die Dominanz im Ostseeraum. Um die Niederlande wurde Krieg geführt und um die Erbfolge in der Pfalz. Und die Osmanen standen vor Wien. Das Reich blieb davon nicht unberührt. Es hatte sozusagen drei Sicherheitszonen. Im Südosten trugen die Habsburger die Verantwortung, durch die Siege über die Türkenheere wuchs ihr (außerdeutscher) Herrschaftsbereich in den Balkan hinein. Im Norden rüsteten Sachsen, Hannover und vor allem Brandenburg-Preußen auf – in allen drei Fürstentümern regten sich nun auch Großmachtambitionen. Im Südwesten dagegen stand das bunte Konglomerat mittlerer und kleinerer Reichsstände dem expansionsfreudigen Frankreich gegenüber. Vor allem auf deren Druck hin schuf sich das Reich ein verbessertes Verteidigungssystem. 1681/82 verabschiedete der Reichstag eine »Reichsdefensionsordnung«, mit der eine feste Reichsarmee geschaffen und die Kostenübernahme geregelt wurde. Die Reichsverteidigung wurde über die Reichskreise organisiert. Für das Heer von insgesamt 45000 bis 60000 Mann hatten sie genau festgelegte Kontingente zu stellen oder entsprechend Geld zu entrichten, was wiederum auf die Kreismitglieder umgelegt wurde – bis hinunter zum berühmten halben Kavalleristen der Äbtissin von Gutenzell. Ein Fünftel der Truppen stellte der Österreichische Kreis, der Kaiser wollte führend beteiligt sein. Der Schwäbische und der Fränkische Kreis stellten Kreistruppen auf, die in Friedenszeiten Polizeiaufgaben übernahmen oder die Reichsfestungen an der Grenze zu Frankreich bemannten. Die großen »Armierten« im Norden aber stellten sich quer – sie wollten ihre Truppen nicht unter ein Kreiskommando geben und sie damit dem Reich zur Verfügung stellen. Die Zeichen standen auf mehr Eigenständigkeit derer, die sich stark glaubten. Das eher zusammengewürfelte Reichsheer stand immer im Schatten der besser organisierten Armeen der größeren Fürstenstaaten. Doch war diese Vereidigungsordnung dem Friedenszweck des Reiches durchaus angemessen – die Reichsarmee war nie als Angriffswaffe konzipiert, sondern eben zur Abwehr. Und dieser Aufgabe wurde die Reichsverteidigungsordnung – ein Kompromiss zwischen kaiserlicher Zentralarmierung und völliger Partikularisierung des Wehrwesens – durchaus gerecht, auch wenn Ludwig XIV. sich das Elsass unter den Nagel reißen und seine Truppen zeitweise in der Pfalz wüten konnten.

Der erste Rheinbund

Die im Süden und Westen des Reiches gelegenen Mindermächtigen mussten nach eigenen Wegen suchen, ihre Verteidigungsfähigkeit zu organisieren. Der Föderalismus der Reichsverfassung bot ihnen dafür Möglichkeiten: durch eine Bündnispolitik untereinander und über die Reichskreise. Eine treibende Kraft dabei waren nicht zuletzt die Mainzer Kurfürsten und Erzkanzler – allen voran Johann Philipp von Schönborn, der einer fränkischen Adelsfamilie entstammte. Er hatte die Schrecken des Dreißigjährigen Krieges und die Auswirkungen des kaiserlichen Zentralismus noch erlebt. 1651 schlug er eine Assoziation der Kreise Kurrhein und Oberrhein vor, sie sollte später auch die Kreise Franken, Schwaben, Niederrhein-Westfalen und Bayern umfassen. Das Ziel war das aller späteren Kreisassoziationen: gemeinsame Verteidigung und Verhinderung fremder Truppendurchmärsche und Einquartierungen. 1658 versammelte Schönborn die drei geistlichen Kurfürsten und mehrere Reichsfürsten im ersten Rheinbund. Neben der Absicht, Kriegshandlungen aus dem Gebiet der Kreise Kurrhein, Niederrhein-Westfalen, Oberrhein und Niedersachsen

Weitsichtiger Friedensfürst
Johann Philipp von Schönborn, Fürstbischof von Mainz, war einer der bedeutendsten Reichspolitiker im späten 17. Jahrhundert. Durch »binnenbündische« Allianzen versuchte er, die föderative Reichsverfassung zu stärken – mit Erfolg, weshalb ihm in der Geschichte des deutschen Föderalismus ein herausgehobener Platz gebührt.

fernzuhalten, sollte dieser Rheinbund den Habsburgern und Frankreich zeigen, dass die Fürsten das im Westfälischen Frieden bestätigte Bündnisrecht zu nutzen wussten. Mit dem Rheinbund erschien eine neue Möglichkeit der aristokratischen Reichsorganisation, über die konfessionellen Schranken hinweg. Dem Bund traten bis zu seiner Auflösung 1668 auch größere Länder wie Brandenburg und Württemberg bei. Das Signal Richtung Wien war eindeutig: Die deutschen Fürsten würden zur Not das Reich in Eigenregie organisieren, mit dem Reichserzkanzler an der Spitze. Und Johann Philipp von Schönborn, zweifellos ein »Friedensfürst« (Axel Gotthard), gehörte zu den bemerkenswerten Inhabern dieses Amtes. Er hatte genügend Renommee als Kurfürst, um von Mainz aus für die Sammlung gegen den Kaiser zu werben. Dabei ging es Schönborn nicht um eine Veränderung der Reichsverfassung, sondern um die Verteidigung des aristokratisch-föderativen Status Quo, wie er im Westfälischen Frieden festgelegt worden war. Die Habsburger sollten daran erinnert werden, wo ihre Grenzen lagen.

Gemeinsam stark: Der südwestdeutsche Eigenweg

Der Rheinbund war nur ein Anfang. Angesichts der wachsenden französischen Aggression und auch der Aufrüstung der größeren Reichsfürstentümer scharte sich der Südwesten zu einer engen Verteidigungsgemeinschaft zusammen. Die zweite Hälfte des 17. Jahrhunderts und die ersten Jahrzehnte des 18. Jahrhunderts waren die große Zeit der südwestdeutschen Reichskreise und ihrer Assoziationen, die als Bünde organisiert wurden. Lothar Franz von Schönborn nahm die Ideen seines Onkels wieder auf – der Pfälzische Krieg hatte gezeigt, dass weder der Kaiser noch die größeren Reichsfürsten in der Lage oder willens waren, im Südwesten die Verteidigung des Reiches wirksam mitzuorganisieren. 1697 wurde die bereits bestehende Verbindung des Schwäbischen und Fränkischen Kreises in der Frankfurter Assoziation um die Kreise Oberrhein, Kurrhein und Niederrhein-Westfalen erweitert. Bis 1733 folgten noch sechs weitere Assoziationen. Die Nördlinger Assoziation von 1702 – der nun auch der Österreichische Reichskreis beitrat, womit sich der Kaiser quasi unter die Führung seines Erzkanzlers stellte – war sogar Mitglied der Haager Großen Allianz gegen Frankreich. Die Assoziationen schufen »eine neue Form des Reichsföderalismus« (Hans-Hubert Hofmann) – die Bildung eines Bundes ohne monarchische Spitze.

Rangstreit und Großmachtpolitik: Brandenburg, Hannover und Sachsen

Während man im südwestdeutschen Reichsteil neue Formen des Föderalismus ausprobierte, suchten im Nordosten Brandenburg, Hannover und Sachsen mehr Eigenständigkeit und Machtfülle zu erlangen. Ihren Fürsten wurde der Anzug eines Reichsmitglieds zu eng. Sie strebten nach Höherem, aber Königswürden waren nur im Ausland zu haben. Den ersten Ausbruch wagte der sächsische Kurfürst Friedrich August »der Starke«: Er ließ sich 1697 zum polnischen König wählen und trat dafür zum katholischen Glauben über. Der Plan Augusts, ein mittelosteuropäisches Machtgebilde zu schaffen, schlug allerdings am Ende fehl, Sachsens Bedeutung im Reich sank dadurch erheblich. Die Führungsrolle im protestantischen Lager fiel zunehmend an Brandenburg, wo – vom sächsischen Beispiel angestachelt – Kurfürst Friedrich III. ebenfalls höhere Würden anstrebte. Mit Erlaubnis des Kaisers setzte er sich 1701 die Krone eines »Königs in Preußen« aufs Haupt. Das außerhalb des Reiches liegende Herzogtum Preußen war bereits 1618 an Kurbrandenburg gefallen. 1714 gelangte zudem der kurz zuvor zum Kurfürst erhobene hannoversche Landesherr als Georg I. auf den britischen Thron. Das Kurfürstentum wurde damit einerseits zum Nebenland, andererseits wuchs dank der Verbindung zur angehenden imperialen Supermacht Großbritannien seine Machtposition im Reichsverband. Das Ergebnis all dieser Manöver war, dass die drei großen Fürstentümer im Nordosten – wie schon Österreich – eine Neigung zu Großmachtpolitik entwickelten, die zumindest im Falle Brandenburg-Preußens bald auch mit hegemonialen und separatistischen Vorstellungen einherging. Das war, wie sich zeigen sollte, Sprengstoff für den föderalen Reichsverband.

Endstation Potsdam: Friedrich II. von Preußen

Im Jahr 1740 kam in Brandenburg-Preußen Friedrich II. auf den Thron. Er verließ die reichspolitische Linie seiner Vorfahren, die zwischen Distanz und Loyalität zu Kaiser und Reich geschwankt hatte. Friedrich schwankte nicht. Der preußische König, der als Kurfürst eine »Säule des Reiches« hätte sein sollen, machte bis zu seinem Tod 1786 vor allem Politik gegen das Reich oder instrumentalisierte dessen Einrichtungen für seine Zwecke. Für Friedrich II. war das Reich nur ein »Chaos kleiner Staaten, zu schwach, um selbständig zu handeln«, wie er 1768 schrieb – und damit deutlich machte, dass er Preußen gar nicht mehr für einen Teil des Reiches hielt. Den Reichsföderalismus hat Friedrich verachtet und wohl auch gar nicht verstanden. Sein Ziel war expansive Großmachtpolitik. »Ein König von Preußen muss mehr darauf sinnen, eine Provinz zu erobern«, lautete die Devise. Friedrichs Machtpolitik war »letztlich gegen die Existenzgrundlagen des Reichsverbands gerichtet, für den das Auftreten dieses Friedrich gleichsam die Endzeit ankündigte« (Volker Press). Den Hauptgegner sah Friedrich in Österreich, dessen Vorrang im Reich er brechen wollte. Schielte er selbst auf das Kaiseramt? Wie auch immer: Mit Friedrich begann die Obsession der preußischen Herrscher, die Hegemonie in und über Deutschland zu erringen. Schon im ersten Regierungsjahr überfiel Friedrich Schlesien, das zum habsburgischen Herrschaftsbereich außerhalb des Reiches gehörte – es war dennoch ein Landfriedensbruch, denn ein Angriff auf das Reichsoberhaupt widersprach dem Reichsrecht. 1744 marschierten preußische Truppen in Sachsen und Böhmen ein, ein weiterer Rechtsbruch. Da Preußen am Ende militärisch siegreich war, blieb es im Besitz Schlesiens, einer wohlhabenden Region, deren Wirtschaftskraft nun zur weiteren Aufrüstung von Friedrichs Militärstaat genutzt werden konnte. Im Siebenjährigen Krieg, den Preußen 1756 vom Zaun brach, trieb Friedrich den Konflikt mit Österreich auf die Spitze. Auftakt war der abermalige Einmarsch in Sachsen, erneut ein Landfriedensbruch, der als Präventivschlag gegen Österreich getarnt wurde. Doch Friedrich machte auch Anstalten, das Land seinem Militärstaat unterzuordnen. Dem Kaiser gelang es zwar, das Reich zum Krieg gegen Preußen zu bewegen, doch waren die meisten Reichsstände ohne Begeisterung dabei – sie wollten nicht in den preußisch-österreichischen Konflikt gezogen werden. Einer nach dem anderen schloss einen Separatfrieden mit Preußen. Der Zusammenhalt im Reich wurde durch den Gegensatz der beiden Großstaaten immer mehr zerrüttet. Dafür sorgte Friedrich auch am Reichstag in Regensburg. Preußens Machtposition im evangelischen Korpus diente dazu, die Schaltstelle des Reiches zu stören, indem immer wieder die konfessionelle Karte gezogen wurde. Möglichst viele Streitpunkte wurden zu Religionssachen erklärt, die nicht mit Mehrheit, sondern nur einvernehmlich zu klären waren. Was selten geschah. Es war eine Blockadepolitik gegen das Reich. Allerdings hatte Friedrich (im Privaten jeder Religion abhold) in den protestantischen Territorien dafür auch Mitstreiter, denn die katholische Mehrheit in den Reichstagskurien war den Protestanten auch im 18. Jahrhundert noch ein steter Ärger.

Friedrichs Innenpolitik: Autokratie, Zentralismus, Militarisierung

Friedrichs Innenpolitik war ein Spiegelbild seiner aggressiven Außenpolitik. Er baute den Militärstaat, den ihm sein Vater übergeben hatte, noch aus. In Brandenburg-Preußen hatte sich nach dem Urteil von Heinz Duchhardt »ein Geist von Zucht und Unterordnung, ein System von Befehl und Gehorsam« über die ganze Gesellschaft ausgedehnt. Friedrich regierte autokratisch, alles war auf den König zugeschnitten, der freilich nicht in der Lage war, auch alles zu überschauen. »Immer zahlreicher wurden die Fehlentscheidungen, Versäumnisse und Unklarheiten.« (Eberhard Weis) Seine Anweisungen wurden nicht selten von seinen Beamten boykottiert. Während in anderen deutschen Ländern Bürgerliche im Lauf des 18. Jahrhunderts sowohl wirtschaftlich wie politisch mehr Einfluss bekamen, wurde in Preußen der Vorrang des Adels noch verstärkt. Bei der Bauernbefreiung blieb Preußen hinter anderen Territorien zurück. Das meiste Geld wurde für das Heer ausgegeben: In Bayern entfiel im 18. Jahrhundert im Schnitt ein Viertel der Staatsausgaben auf das Militär, in Preußen waren es zwei Drittel, in manchen Jahren sogar 80 Prozent. Für Bildung und Kultur blieb wenig übrig. Im Gegensatz zu den meisten anderen Fürsten hat Friedrich keine Schulreform durchgeführt. Bei seinem Tod »hinterließ er ein erneuerungsbedürftiges Land« (Günter Vogler).

Die neue Wiener Sicht: Österreich geht vor

Mit der Erweiterung des habsburgischen Herrschaftsbereichs in den Türkenkriegen verlor die Reichspolitik für die Wiener Herrscher gegenüber der eigenen Großmachtpolitik an Bedeutung. Leopold I. hatte die kaiserliche Rolle noch angenommen, unter seinen Nachfolgern Joseph I. und Karl VI. sank dagegen das Interesse am Reich, während unter Maria Theresia der Konflikt mit Preußen jede Rücksichtnahme auf das Reich überwog. Mit Joseph II. trat 1765 ein Reichsoberhaupt an, das so wenig Sinn für dieses Gebilde hatte wie Friedrich II. in Preußen. Joseph wollte Österreich zu einem modernen Staatswesen umformen und stürzte sich in eine atemlose Reformpolitik, die seine ganze Aufmerksamkeit fesselte. Der Ehrgeiz, Österreich zum aufgeklärten Musterstaat zu machen, ließ ihn die Reichspolitik noch mehr vernachlässigen. Zwar unternahm er auch hier einige Reformschritte, vor allem mit dem – von Preußen torpedierten – Versuch, das überlastete und unterfinanzierte Reichskammergericht arbeitsfähiger zu machen. Aber die Rolle des kaiserlichen Schiedsrichters nahm er nicht an, ganz im Gegenteil: Mit seinem Plan, die österreichischen Niederlande (in etwa das heutige Belgien) gegen Bayern einzutauschen und dem Einmarsch in Niederbayern erntete er 1778 vor allem Entsetzen im Reich – denn auch das war Landfriedensbruch. Das Ergebnis des nachfolgenden (weitgehend unblutigen) Bayerischen Erbfolgekriegs, in den natürlich auch Preußen eingriff, war der Friede von Teschen 1779. Er schanzte Österreich das Innviertel zu und garantierte Preußens Ansprüche auf Ansbach-Bayreuth (und damit ein Ausgreifen auf Süddeutschland). Die Zeichen waren deutlich: Das Reich drohte zur Tauschmasse für Ausdehnungs- und Machtgeschäfte der Großen zu verkommen, die sich, wenn sie nicht Krieg gegeneinander führten, gern auch auf Kosten Dritter einig werden konnten. Schon die erste Teilung Polens 1772 hatte offenbart, wozu Österreich und Preußen in der Lage waren.

Mogulen in Berlin und Wien

Die Lahmlegung, Bedrohung und sich andeutende Auflösung der gesamtstaatlichen Ordnung führten in der zweiten Hälfte des 18. Jahrhunderts zu einer breiten Diskussion über die politische Zukunft Deutschlands. Die Höfe in Wien und Potsdam gaben Pamphlete in Auftrag, in denen sie sich jeweils als Führungskraft empfahlen. Die preußenfreundliche Publizistik deutete das Reich dabei nur noch als lockeres »System vereinigter oder conföderierter Staaten«, wie der in preußischen Diensten stehende Ökonom Johann von Justi schrieb. Der bundesstaatliche Zusammenhalt sollte zugunsten der Souveränität der Einzelstaaten aufgegeben werden. Deutlich stand der preußische Wunsch nach einer Separation vom Reich und seinen rechtlichen Bindungen hinter solchen Überlegungen. Dagegen gab der kursächsische Staatsrechtler Gottlob Biener 1780 zu bedenken, dass Deutschland zu solch einem »Bündnis vereinigter Staaten, welche unabhängig von einer höheren Gewalt Gesetzgebung und Majestät ausüben«, nicht geschaffen sei, denn seine Mitglieder seien zu ungleich. Ohne eine koordinierende Kraft würde das Reich zur »Mördergrube«, in der die Großen die Kleinen schluckten. Mit nur zwei Siegern, wie der württembergische Rat Eberhard von Gemmingen in einem Vergleich mit der indischen Fürstenwelt befürchtete: »Die beiden Mogulen in Wien und Berlin werden endlich alle die kleinen Rajahs und Nabobs von Deutschland unter ihr Zepter teilen.«

Das Dritte Deutschland formiert sich

Die mindermächtigen deutschen Fürsten sahen diese Entwicklung mit sehr gemischten Gefühlen. Einerseits suchten sie die Nähe zu einer der Großmächte, schon aus Gründen des Selbstschutzes und auch der konfessionellen Solidarität. Preußen war die Vormacht der Protestanten, Habsburg die der Katholischen. Andererseits fürchteten sie die drohende Aufteilung des Reichs. So kam die Idee eines Dritten Deutschlands auf, das sich zwischen den Großmächten Österreich und Preußen als ein neuer Bund organisieren sollte – als Erbe des Reichs und in Fortsetzung der westfälischen Ordnung. Es war die Rede von einem ABC-Reich – »Austria, Borussia, Corpus Principum Germanorum«, also einem Verband der deutschen Fürsten unabhängig von Österreich und Preußen.

Im Dritten Deutschland hielt man am bundesstaatlichen Charakter des Reiches fest, nicht zuletzt auch in der von Sachlichkeit geprägten Reichspublizistik, jener Wissenschaft zwischen Jurisprudenz, Politik und Ökonomie, die ihre Heimstaat an der Universität Göttingen und ihren Nestor in Johann Stephan Pütter hatte (aus dessen Schule am Ende des 18. Jahrhunderts 23 der 24 Reichstagsgesandten stammten). Hier war der Glaube an den Reichsföderalismus ungebrochen. Auch im Bürgertum war vielen bewusst, dass die Freiheiten, die es in Deutschland gab und die insgesamt kaum geringer waren als die in England, mit der Staatenvielfalt im Reich zu tun hatten. Ein Friedrich Schiller konnte hier eben auch einen Regenten finden, der seine fürstenkritische Dichtung nicht übel nahm. Und auch die Presse- und Buchzensur war durch die politische Kleinteiligkeit häufig ein stumpfes Schwert – man musste nicht weit reisen, um ein Werk, das im eigenen Land versteckt wurde, anderswo in einer Bibliothek zu finden. Die klassische Epoche der deutschen Literatur und Kultur – ihre Anfänge und nicht wenige ihrer Höhepunkte fallen in die Endphase des Alten Reiches, und sie wurde nicht in Berlin oder Wien geprägt, sondern in Weimar und Jena, in Mannheim mit seinem Spitzenorchester, in Wolfenbüttel mit der berühmten Bibliothek und im Gartenreich von Wörlitz.

Das Fürstenbundprojekt von 1785

An vielen kleineren Fürstenhöfen reifte – auch vor diesem Hintergrund, Johann Wolfgang Goethe war an den Plänen beteiligt – im letzten Drittel des Jahrhunderts der Gedanke einer Assoziation der Mindermächtigen heran, um sich gegen die reichsfeindliche Politik in Potsdam und Wien zu wehren. Wie schon mit dem ersten Rheinbund von 1658 sollte gezeigt werden, dass im Zweifel das Reich auch anders organisiert werden konnte. Die Idee zu einem solchen Fürstenbund ging 1778 nicht zuletzt von Sachsen-Weimar, Baden und Anhalt-Dessau aus. Hatte der erste Rheinbund dem Schutz des Westfälischen Friedens gegolten und die Kreisassoziationspolitik der Sicherheit nach innen und außen, stand nun die Verfassungsreform und der Widerstand gegen die reichsfeindlichen Vormächte im Vordergrund. Sie sollte die kleineren Reichsfürsten gegenüber den Mächtigen aufwerten. In diesen Vorstellungen klang auch die eines Bundes von Gleichen an, wie parallel dazu in den Verfassungsdebatten der sich gründenden Vereinigten Staaten von Amerika. Freilich war man sich nicht durchweg einig, eine treibende Kraft wie einst der Reichserzkanzler Schönborn fehlte.

Friedrichs letzte Untat

In diese Rolle schlüpfte nun ausgerechnet Friedrich II. von Preußen, der sich unerwartet als Retter der Reichsverfassung aufspielte. Da er freilich keinen Bund von Ebenbürtigen wollte, schmiedete er im Frühjahr 1785 zunächst ein Dreierbündnis mit den Kurfürsten von Hannover und Sachsen, das dann durch kleinere Länder wie Braunschweig, Sachsen-Gotha, Sachsen-Weimar, Pfalz-Zweibrücken, Mecklenburg, Ansbach, Bayreuth, Baden, Hessen-Kassel und Anhalt erweitert wurde. Es war eine Versammlung protestantischer Fürsten, der vereinbarte Zweck ihres Bundes war auch nur noch die Erhaltung der Reichsverfassung, von Reform im Sinne der Mindermächtigen war nicht mehr die Rede. Im Grunde diente der Fürstenbund nur dazu, Preußen eine Ersatzallianz zu schaffen, weil es zu jenem Zeitpunkt ohne großen Bündnispartner dastand und in die Isolierung zu geraten drohte. Allerdings eröffnete der Beitritt des Mainzer Kurfürsten Friedrich Karl von Erthal im Herbst 1785 eine neue Reformperspektive, weil nun der zweite Mann im Reich mitwirken wollte. Erthal und seine Koadjutor Karl Theodor von Dalberg wandten sich von Wien ab, weil sie in der josephinischen Kirchenpolitik auch eine Gefährdung der geistlichen Staaten sahen. Der Mainzer Hofbibliothekar Johannes von Müller veröffentlichte 1787 anonym eine Streitschrift für die Gründung eines Fürstenbundes und stellte darin fest, »die Deutschen haben sich in allen Krisen durch Assoziationen geholfen«. Müller forderte eine Verfassungsreform, um den Reichsinstitutionen (Reichstag, Kammergericht) wieder ihr Arbeitsfähigkeit zurückzugeben. Sein Ziel war eine »in genugsamer Freiheit vorwärts strebende Bundesrepublik« von aufgeklärten Fürstenstaaten. Friedrich Wilhelm II., seit 1786 preußischer König, schien ein gewisses Interesse an dem Projekt und einer damit verbundenen Reichsreform zu haben, die auf eine weitere Herabminderung der kaiserlichen Position gerichtet war. Aber schon 1788 zerschlug sich das Projekt. Die im Zusammenhang mit dem Fürstenbund entwickelten Reformpläne für eine neue Fürstenunion wanderten in die Schubladen.

Aufklärung und Landesstaat

Je weniger das Reich als Ganzes noch von sich reden machte, desto lebendiger trat seine Vielgestaltigkeit nun hervor. In den Ländern stand die Regierungspolitik mittlerweile ganz im Zeichen der Aufklärung, und deren Repräsentanten in den fürstlichen Verwaltungen verfolgten das Ziel, den Staat zu höchster Leistung zu bringen und die Gesellschaft zu erneuern. Die etatistische Variante der Aufklärung war das Instrument einer mittlerweile selbstbewusst und selbstständig gewordenen Bürokratie, die sich von den Launen und Grillen fürstlicher Herrscher freimachen wollte. Statt des Fürsten und seiner engeren Berater sollte das Kollektiv der aufgeklärten Beamtenschaft die eigentliche Regentschaft übernehmen, um den Staat rationaleren Herrschaftsprinzipien zu unterwerfen. Politik war in den Augen der aufgeklärten Elite nicht nur pragmatisches Agieren, sondern sollte planvolles Handeln sein. Rechnen, Ordnen, Zählen, Messen – das waren die Instrumente dieses »aufgeklärten Absolutismus«. Wer aber mit Statistiken regierte, der schaffte Grundlagen für den Vergleich. Und dafür war der Reichsföderalismus mit seiner staatlichen Vielfalt ein guter Nährboden. Die Landesherren und ihre Verwaltungen schauten, was die anderen so machten. In gewissem Sinne hat es Wettbewerbsföderalismus schon im 18. Jahrhundert gegeben. »Die deutschen Kleinstaaten traten in einen produktiven und innovativen Wettbewerb um Modernität und Standortvorteile.« (Georg Schmidt)

Vorzüge der Kleinteiligkeit

Die mittleren und kleinen Territorien des Reiches, die Reichskreisgebiete zumal, hatten keine große Neigung zu Außenpolitik und Krieg, sie konzentrierten sich auf die Innenpolitik. Und gerade sie zeigten sich offen für Neuerungen, in der Justiz, im Abbau ständischer Privilegien, im Bildungswesen, der Wirtschaftsförderung und in der Verbesserung der Stellung der Bauern. Das förderte auch die Wirtschaftsentwicklung im Ganzen. Die vielen Residenzen brachten zudem mit sich, dass das kulturelle Leben in Deutschland nicht auf eine Hauptstadt hin orientiert war wie in Großbritannien oder Frankreich, sondern regional vielfältig blieb. 1789 gab es im Reich dank der Vielstaaterei 38 Universitäten. England hatte mit Oxford und Cambridge nur zwei. Gerade die »Polyzentralität« des Reiches gab der deutschen Aufklärung ihren eigenen, vielfältigen Charakter. Sie war auch, weil ihre Vertreter viel stärker als in Frankreich oder England in die Politik eingebunden waren, ausgesprochen praxisorientiert. Sie hatte weniger ein Befreiungs- als ein Erziehungsprogramm, war volkspädagogisch und staatsgläubig. Die deutsche Aufklärung wollte den Fürstenstaat zum Wohlfahrtsstaat umbauen, und das deutsche Staatenkonglomerat zur Bildungsrepublik. Lernen und Lehren war ein hohes Gut, um 1800 konnte denn auch ein Viertel der deutschen Bevölkerung lesen und schreiben – recht viel für die damalige Zeit. Bis heute ist Wettbewerb zwischen den Ländern ein Motor der Erneuerung auf diesem Feld. Beglückung von oben war das Ziel der deutschen Aufklärung. Sie glaubte, die Selbsterneuerung und Vervollkommnung der Gesellschaft könne vom Staat ausgehen. Und da es viele Ideen dafür gab, war der Föderalismus auch ein guter Nährboden für die Aufklärung. Einer ihrer bedeutendsten Vertreter hat in der staatlichen Vielfalt den eigentlichen Pluspunkt Deutschlands ausgemacht: Christoph Martin Wieland, im kleinteiligen Oberschwaben groß geworden und später Fürstenerzieher und Hofrat in Sachsen-Weimar, schrieb um 1791, dass »die Vorteile, welch aus dieser Zerteilung im ganzen für uns entspringen, das Nachteilige bei weitem überwiegen; oder vielmehr, dass sie es gerade ist, der wir diese Vorzüge zu verdanken haben«.

Dies dürfte auch für die wirtschaftliche Entwicklung im Reich gegolten haben, denn Wirtschaftshistoriker glauben, dass gerade diese »Zerteilung« oder politische »Zersplitterung« zu einer verstärkten Konkurrenz zwischen den Ländern und Regionen führte, die wiederum vorteilhaft war für wirtschaftliches Wachstum. Dabei gab es sowohl offenen Standortwettbewerb als auch das Phänomen, dass Obrigkeiten vor Maßnahmen zurückschreckten, die wirtschaftliche Betätigung hinderte – etwa das Erheben zu hoher Zölle. Die durch die Reichsgerichte einigermaßen garantierte Rechtssicherheit und lange Zeit auch die vereinheitlichende Gesetzgebung des Reichstags trugen ihren Teil dazu bei. Die staatliche Vielfalt wurde im 18. Jahrhundert so nicht als Malaise, sondern als Vorteil Deutschlands gesehen. Freilich haperte es in kleinen Territorien bisweilen an der Effizienz der Verwaltung, auch konnten sie angesichts der geringen Größe ihrer Beamtenschaft in der Gesetzgebung nicht eigenständig agieren. Hier wirkte sich die Blockadepolitik Preußens im Reichstag nachteilig aus: Die Gesetzgebung des Reiches, die gerade für die Kleinterritorien wichtig war, hielt mit der legislativen Entwicklung in den großen Ländern nicht mehr Schritt und die Reichskreise konnten das nicht immer ausgleichen. Doch nicht zuletzt in der Schul- und Bildungspolitik waren die kleinen Territorien den großen oft voraus.

Musterstaaten: Sachsen-Weimar, Anhalt-Dessau, Baden

Sachsen-Weimar war vielleicht das bemerkenswerteste Kleinfürstentum Deutschlands in jener Zeit – nicht zuletzt dank der Tätigkeit Johann Wolfgang Goethes, der dort seit 1775 als Landespolitiker wirkte. 1783 etwa leitete er eine Finanzreform ein, die sich durch eine solch radikale Kürzung der Militärausgaben auszeichnete, dass selbst die Landstände Bedenken hatten. Die aufgeklärte Reformpolitik unter Herzog Carl August und Goethe sorgte für Modernisierungen in der Landwirtschaft, der Gewebeförderung und im Bildungswesen. Die Rolle Weimars als deutsches Kulturzentrum ist bekannt – neben Goethe wirkten dort auch Friedrich Schiller, Christoph Martin Wieland und Johann Gottfried Herder, die das Residenzstädtchen Weimar und die Universität Jena zu Zentren der europäischen Kultur machten.

Noch progressiver ging es in Anhalt-Dessau zu, das sich zu einem Modellfürstentum entwickelte, in dem Kultur und Bildung zum hauptsächlichen Staatszweck wurden. Noch unter Fürst Leopold I., dem Erfinder des Gleichschritts, war das Land ein kleiner, autokratisch regierter Militärstaat. Leopold III. Friedrich Franz (»Fürst Franz«) jedoch steuerte ab 1758 die Landespolitik völlig um. Die Überschaubarkeit seines kleinen Fürstentums trug zweifellos zum Gelingen bei, bemerkenswert aber war, dass Franz dieses Unterfangen bewusst als Gegenmodell zum benachbarten Preußen konzipierte. Ende des 18. Jahrhunderts galt Anhalt-Dessau als »Mekka des Fortschritts« (Günter Vogler). Neben dem Philantropinum, einer überkonfessionellen, lebenspraktischen Modellschule unter Leitung des Pädagogen Johann Bernhard Basedow, schuf Fürst Franz auch den Wörlitzer Park, dessen Gestaltung nach englisch-aristokratischen Vorbildern eine politische Aussage in sich trug: die Distanzierung vom französischen Modell des autokratisch-monarchischen Regimes, wie es Friedrich II. pflegte. Zudem sollte es eine Art landwirtschaftliches Modellprojekt sein.

Wenn Baden-Württemberg sich heute gern als Musterländle feiert, dann geht das nicht zuletzt zurück auf den badischen Markgrafen Karl Friedrich, der sein Land in der zweiten Hälfte des 18. Jahrhunderts systematisch nach aufklärerischen Ideen gestaltete. Dank guter Besoldung schuf er ein solides Beamtentum, das seine Vorstellungen konsequent umsetzte. Schon 1753 baute er ein vorbildliches Volksschulwesen auf, damit auch in den Dörfern zumindest im Winter Unterricht gegeben werden konnte. Als erstes Land richtete Baden 1768 staatliche Lehrerseminare ein. Karl Friedrichs Wirtschaftspolitik war an den Vorstellungen der französischen Physiokraten orientiert, die sich gegen staatliche Reglementierungen wandten und empfahlen, nach der liberalen Devise »laissez faire« zu handeln. Baden gehörte zu den wenigen Territorien, die weitgehend schuldenfrei blieben.

Bayern und Sachsen

Aber nicht nur Kleinstaaten waren reformorientiert. Das katholische Bayern war unter Kurfürst Max III. Joseph vor allem ein Vorreiter bei der Rechtsreform. Lange vor dem Allgemeinen Landrecht in Preußen wurde durch Wiguläus Kreittmayr zwischen 1751 und 1756 eine umfassende Reform des Landesrechts unternommen und die Gerichtsverfassung neu geordnet. Damit war Bayern das erste Land in Mitteleuropa, in dem ein modernes Zivilrecht kodifiziert war. Den Landesbewohnern gab diese Reform ein hohes Maß an Rechtssicherheit. Die starke Rolle der katholischen Kirche, der mehr als die Hälfte des Bodens in Bayern gehörte, wurde beschnitten, deren Einfluss auf das Schulwesen beschränkt, das nun stärker in staatliche Regie kam. Die Reformpolitik stagnierte zwar nach 1777, doch Bayern gehörte zu den moderneren deutschen Staaten jener Zeit.

In Sachsen führten die Zerrüttungen des Siebenjährigen Krieges zu einer Reformpolitik, die stark an der liberalen britischen Aufklärung orientiert war. Die Reformen wurden ab 1762 vor allem von geadelten Bürgerlichen wie Thomas von Fritsch und Peter von Hohenthal angestoßen. Bürgerliche Kaufleute und Unternehmer hatten über das Handelszentrum Leipzig einen großen Einfluss auf die Landespolitik, obwohl sie nicht in den Landständen vertreten waren. Zudem besetzten diese bürgerlichen Reformer die Verwaltung. Eine Beamtenregierung (»Kommission zur Förderung des Landesbesten«) ging daran, Handelshemmnisse und Monopole zu beseitigen und die Ansiedlung neuer Gewerbe zu fördern. Vor allem die Steuerverwaltung wurde verbessert, um die horrenden Staatsschulden schneller abbauen zu können. Auch Adelige mussten nun regelmäßig Steuern zahlen. Im Bildungsbereich wurden nicht zuletzt die technischen Schulen ausgebaut – die 1745 gegründete Bergakademie in Freiberg besteht bis heute. Damals wurde der Grundstein dafür gelegt, dass das Land bei der Industrialisierung im 19. Jahrhundert eine Führungsrolle in Deutschland einnehmen konnte.

Die geistlichen Gebiete: Zwischen Fortschritt und Rückständigkeit

Die geistlichen Gebiete zeigten im 18. Jahrhundert ein zwiespältiges Bild: Neben sehr rückständigen Fürstbistümern wie Paderborn gab es auch fortgeschrittene Territorien. Vor allem die drei Kurbistümer Mainz, Köln und Trier warten bekannt für ihre liberale Politik. Die Universitäten Bonn und Mainz waren Zentren der katholischen Aufklärung. Nicht zuletzt in der Sozialpolitik entfalteten die geistlichen Fürstentümer Aktivitäten, vor allem bei der öffentlichen Armen- und Krankenfürsorge. Vorreiter bei der Gesundheitspolitik war das Fürstbistum Würzburg, wo eine recht fortschrittliche Krankenversorgung samt Vorsorgebetreuung entstand. Hier wurde auch schon früh die Kinderarbeit eingeschränkt. Die Schul- und Bildungsreformen in den als »Pfaffenstaaten« verspotteten Territorien orientierten sich oft am österreichischen Beispiel. Gerade in den Volksschulen gab es hier einige Verbesserungen, die über die in weltlichen Gebieten hinausgingen. Freilich wurde die Verbindung von weltlicher Macht und geistlichem Amt zunehmend als Problem betrachtet – auch von den geistlichen Fürsten selbst. Die Säkularisierung dieser Territorien war im gesamten 18. Jahrhundert ein wiederkehrendes Thema, als sie nach 1800 angegangen wurde, gab es nur wenige Proteste dagegen. Untertan eines geistlichen Fürsten zu sein, galt übrigens nicht unbedingt als Nachteil, Belastungen durch Steuern und Militärdienst waren in der Regel geringer als in den weltlichen Ländern. »Unterm Krummstab ist gut leben« hieß ein Spruch, in dem mehr als ein Kern Wahrheit lag.

Zerfall mit Aussicht auf Erneuerung

So sah die Zeit zwischen 1740 und 1790 einerseits einen Zerfall des Reichsverbandes als Gesamtstaat – wegen der Potsdamer Blockadepolitik, des Desinteresses der Kaisermacht, der Kriege zwischen Preußen und Österreich und der Teilungspolitik der beiden Großstaaten. Das Reichssystem war lahm gelegt, der Reichstag konnte nicht mehr richtig funktionieren. Andererseits brachte die Aufklärung einen weiteren Schub in der Entwicklung der Landesstaatlichkeit. Die Mittel- und Kleinstaaten versuchten, sich abseits der Politik der Großen zurechtzufinden. Zwar kam eine wirksame Selbstorganisation des Dritten Deutschlands nicht zu Stande, dazu war der Zusammenhalt zu gering. Aber der Fürstenbund von 1785, jedenfalls seine Vorbereitung, zeigte eine Möglichkeit für die Zukunft: die Organisation Deutschlands als einen Bund von Fürstenstaaten ohne eine monarchische Spitze, ohne Kaiser.

KAPITEL 7

Vom Reich zum Bund 1790 bis 1815

»Wie hält's nur noch zusammen?«

»Das liebe Heilge Römsche Reich, wie hält's nur noch zusammen?« So lässt Goethe in seinem nach 1797 entstandenen »Faust« den lustigen Gesellen Frosch in Auerbachs Keller singen. Um die Wende vom 18. zum 19. Jahrhundert war das die politische Kernfrage in Deutschland, eine vertrackte Frage – und die Antwort des Gesellen Brander auf Froschs Lied lautet denn auch: »Ein leidig Lied! Dankt Gott mit jedem Morgen, dass ihr nicht braucht fürs Röm'sche Reich zu sorgen. Ich halt es wenigstens für reichlichen Gewinn, dass ich nicht Kaiser oder Kanzler bin.« Dass bei Goethe Kaiser und Kanzler in einem Zug genannt werden, hatte seinen Grund: Denn an Stelle des schwachen Kaisers Franz II. war es nicht zuletzt der letzte Erzkanzler Karl Theodor von Dalberg, der zu einer zentralen Figur der späten Reichspolitik avancierte. Dalberg setzte, wie viele andere am Ende des 18. Jahrhunderts, auf eine Reform des Reiches. Schon 1787 hatte er als designierter Nachfolger Erthals »Vorschläge zum Besten des deutschen Reiches« gemacht – sie liefen auf eine Stärkung der Reichsebene hinaus, den Abbau von Zöllen, Gewerbefreiheit, eine Justizreform samt einem allgemeinen Zivil- und Strafrecht. Ziel war es, »Bürgern und Untertanen« einen »ruhigen Genuss des Eigentums und gesetzmäßiger Freiheit« zu garantieren. Das waren vorausschauende Gedanken. Dalbergs Vorstellungen fußten auf der traditionellen Mainzer Föderationspolitik und dem Fürstenbund-Projekt, sein Ziel war eine Sammlung des Dritten Deutschlands. In Wien und Berlin wurde dagegen weiterhin Politik am Reich vorbei gemacht, man dachte nur noch in Großmachtkategorien, war aber – wie sich zeigen sollte – dem revolutionären Frankreich nicht gewachsen. Als das von seinen beiden größten Mitgliedern aufgegebene Reich 1806 unterging, fand sich das Dritte Deutschland im Rheinbund zusammen, einer Föderation in der Fortsetzung des Reichsverbands ohne monarchische Spitze und ohne Großmächte. Dalberg spielte dort wieder eine führende Rolle. Zuvor hatte mit dem Reichsdeputationshauptschluss von 1803 eine große territoriale »Flurbereinigung« die Gestalt des Reiches erheblich verändert und im Süden einige Mittelstaaten geschaffen, die sich anschickten, zwischen Österreich und Preußen eine eigene Rolle zu spielen. Der alte Reichsföderalismus mit seinen vielgestaltigen Möglichkeiten hatte ausgedient, eine neue Form bahnte sich an und wurde im Rheinbund ausprobiert. So verlief in diesen turbulenten Jahren zwischen 1790 und 1815 ein »offener Prozess der Verfassungsgestaltung« (Dietmar Willoweit), in dem versucht wurde, Altes und Neues zu verbinden, geprägt »vom Bemühen um Kontinuität durch Umwandlung« (Heinz Angermeier). Und Kontinuität bedeutete, dass man vom föderalen Weg nicht abwich. Diese Übergangszeit hat »endgültig entschieden, dass Deutschland auch in Zukunft (...) nur ein Bundesstaat, kein Einheitsstaat werden konnte, dass es also seinen schon im Mittelalter begründeten föderalistischen Charakter behalten würde«. (Eberhard Weis)

Österreich und Preußen verraten das Reich

Die ersten Reaktionen auf die Französische Revolution von 1789 waren in Deutschland freundlich bis zustimmend. Auch in Wien und Berlin betrachteten die Herrscher die Entwicklung in Paris mit wachsender Hoffnung – auf eine Schwächung Frankreichs allerdings, aus der man Nutzen ziehen wollte. Angesichts der seit Jahren erwogenen Erweiterungs- und Aufteilungspläne im Reich erkannte man eine günstige Konstellation. »Wenn Preußen und Österreich sich einig sind, ist das Ende des Reiches gekommen«, ahnte der Fürstbischof von Würzburg bald nach dem Umsturz in Frankreich. Und Österreich und Preußen näherten sich an. In der Pillnitzer Deklaration vom August 1791 verständigten sie sich auf eine Art Polizeiaktion zu Gunsten der Bourbonenmonarchie, deren Ziel die »innerliche Schwäche und äußerliche Nullität« Frankreichs sein sollte, wie der österreichische Kanzler Fürst von Kaunitz sagte. Damit verbunden war die Absicht, Österreich und Preußen innerhalb des Reiches territorial zu vergrößern. Wien wollte wieder Bayern gegen die habsburgischen Niederlande tauschen, Preußen zielte auf Vergrößerungen im Westen und in Franken. Doch das Spiel ging schief. Das bedrängte Frankreich ging selbst zum Angriff über, die Truppen Österreichs und Preußens hielten den französischen Volksheeren nicht Stand. Nach der berühmten Kanonade von Valmy im September 1792 mussten sie sich aus Frankreich zurückziehen, einen Monat später rückten die Franzosen schon in Mainz ein. Damit war das Reich betroffen, eine Reichsarmee zur Verteidigung musste aufgestellt werden. Kaiser Franz II. und Preußens König Friedrich Wilhelm II. hatten einen Krieg ins Reich getragen, den die wenigsten Reichsglieder gewollt hatten – der Reichstag war erst im März 1793 notgedrungen und gezwungen bereit, den Reichskrieg gegen Frankreich zu erklären. Berlin und Wien aber scherten sich nicht mehr um das Reich, sondern betrieben dessen Ende. Den Anstoß gab Preußen. Im April 1795 schloss es in Basel mit Frankreich einen Separatfrieden und stimmte der Abtretung der von Frankreich besetzten linksrheinischen Gebiete zu, die zum Großteil gar nicht zu Preußen gehörten. Dafür sollte es rechts des Rheins »Entschädigungen« geben. Vereinbart wurde eine norddeutsche Neutralitätszone, womit sich Preußen aus dem selbst angezettelten Krieg davonstahl. Österreich schloss 1797 nach Niederlagen in Italien den Frieden von Campo Formio, der ebenfalls die Abtretung linksrheinischer Gebiete vorsah, auch hier gegen »Entschädigungen« im Reichsgebiet. Mit diesen Friedensschlüssen haben Preußen und Österreich »im Endergebnis um eigener Vorteile willen das Reich an Frankreich verraten« (Karl Otmar von Aretin).

Territoriale Revolution: Der Reichsdeputationshauptschluss

Im Frieden von Lunéville zwischen Frankreich und dem Kaiser, der ohne Rücksprache mit dem Reichstag handelte, wurde 1801 die Auflösung des Reichsverbands in seiner alten Form besiegelt. Die Vereinbarung bestätigte die Abtretung der linksrheinischen Gebiete und sah eine Neuaufteilung des Reichsgebiets rechts des Rheins vor. Sie wurde zur Grundlage des Reichsdeputationshauptschlusses vom 25. Februar 1803. Dieses letzte große Reichsgesetz, das der Reichstag einen Monat später in Regensburg verabschiedete, leitete eine territoriale Revolution in Deutschland ein. Sämtliche geistlichen Fürstentümer und Gebiete verschwanden von der Landkarte. Die meisten Reichsstädte verloren ihre Eigenständigkeit, verschont blieben nur Augsburg, Bremen, Frankfurt am Main, Hamburg, Lübeck und Nürnberg. Insgesamt wurden 112 Reichsstände rechts des Rheins auf die Fürstenstaaten verteilt. Hauptnutznießer der Säkularisierung und Mediatisierung waren Preußen, Bayern, Baden und Württemberg. Für den Erzkanzler Dalberg wurde ein neues Kurfürstentum mit kleineren Gebieten um Regensburg und Aschaffenburg geschnitzt. Auch die Reichsritterschaft, eigentlich vom Reichsdeputationshauptschluss gar nicht erfasst, musste dran glauben: Die größeren Staaten okkupierten im »Rittersturm« ab Herbst 1803 widerrechtlich, aber dauerhaft die Kleinherrschaften dieser Adeligen, die es seit dem Mittelalter verstanden hatten, ihre Unabhängigkeit zu sichern (sich aber auch unbeliebt gemacht hatten, weil sie sich oft der Einordnung in die Reichskreise entzogen). Einen zweiten Schub der territorialen Neuordnung brachte der Friede von Preßburg 1805, nachdem Österreich einen weiteren Feldzug gegen Frankreich verloren hatte. Bayern, Württemberg und Baden wurden habsburgische Gebiete zugeschlagen. In geringerem Maße profitierten auch die drei hessischen Staaten (Darmstadt, Kassel und Nassau) von der Neugliederung. Der Südwesten, bislang über die Reichskreise organisiert und integriert, war nun in eine überschaubare Zahl von neuen Mittelstaaten gegliedert. Der moderne Flächenstaat hatte sich durchgesetzt, die verfassungspolitische »Krücke« der Reichskreise als Flächenstaatsersatz war nicht mehr nötig.

Weniger ist mehr

Diese Flurbereinigung kam zwar auch auf Druck Napoleon Bonapartes zustande, der 1799 in Frankreich die Macht an sich gerissen hatte, und sie verlief nicht immer und überall in den Bahnen des Reichsrechts. Doch völlig willkürlich war sie nicht. Schon 1801 hatte beispielsweise der schwäbische Publizist Johann Gottfried Pahl

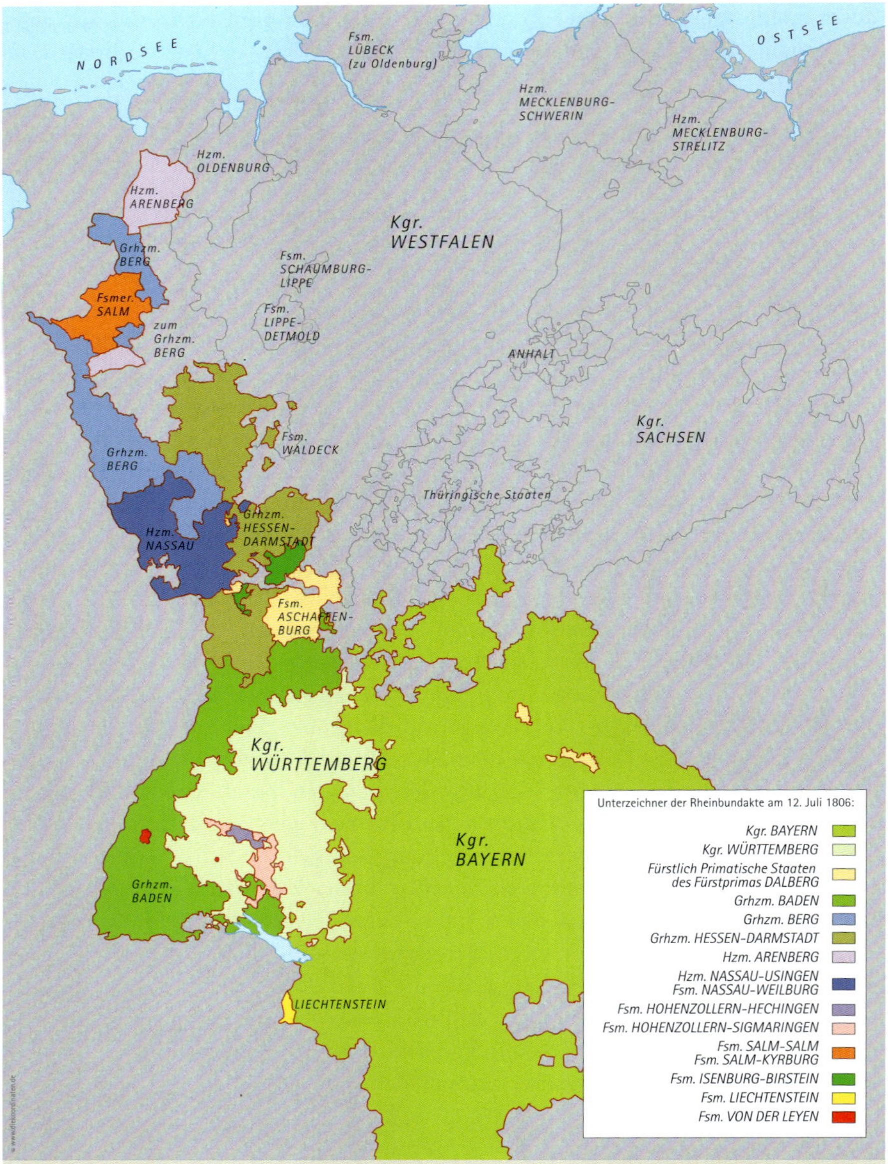

1806 Der Rheinbund

Nach dem Ende des Reiches entstand – nicht ohne Druck des französischen Kaisers Napoleon – der Rheinbund als Nachfolgeordnung, deren eher lockere föderale Struktur auf Fürstenbundideen des 18. Jahrhunderts fußte. Neben den Unterzeichnerstaaten von 1806 traten dem Rheinbund mit der Zeit fast alle deutschen Staaten außer Österreich und Preußen bei.

auf die Notwendigkeit einer solchen Territorialreform hingewiesen. Man müsse das Reich auf einige wenige weltliche Fürstentümer reduzieren, schrieb Pahl, um ein Gegengewicht zu Preußen, Österreich und Frankreich zu schaffen, »weil die Erhaltung des Staats das höchste Gesetz« sei. Mit diesem Staat meinte Pahl das Reich als die bundesstaatliche Zusammenfassung des Dritten Deutschlands. Der verfassungspolitische Schnitt von 1803 war so gesehen eine Verfassungsmodernisierung. Man verfuhr dabei nach dem Motto: Weniger ist mehr. Das Reich hatte sich umgestaltet und mit dem Reichsdeputationshauptschluss den Weg freigemacht für eine neue Zeit: »Durch die einschneidenden Veränderungen, die er nicht nur auf der Ebene der Verfassung gebracht hatte, eröffnete er der deutschen Gesellschaft ihren Weg in das bürgerliche Zeitalter.« (Hans-Jürgen Becker) Napoleon verband mit der Neuordnung dagegen vor allem die Absicht, Puffer- und Satellitenstaaten gegenüber den Ostmächten Österreich, Preußen und Russland zu schaffen. Insofern kamen bei der Neuordnung des Reiches deutsche und französische Interessen durchaus zusammen. Dass Württemberg, Baden und Hessen-Kassel zu Kurfürstentümern erhoben wurden, deutete darauf hin, dass das Reich mit dem Verfassungsumbruch noch nicht aufgegeben war.

Sommer 1806: Das Reich vergeht, der Rheinbund entsteht

Aber das Ende kam schnell und von vielen Deutschen unerwartet. Im Sommer 1806 wurde das Reich zu Grabe getragen. Am 12. Juli bildeten 16 Reichsfürsten unter Napoleons Protektorat den Rheinbund, am 1. August sagten sie sich vom Reich los, am 6. August legte Franz II. in Wien ohne viel Aufhebens die Kaiserkrone nieder. Zum Rheinbund gehörten neben den Kernländern Bayern, Württemberg, Baden und Hessen-Darmstadt zunächst das unter französischer Aufsicht stehende neue Großherzogtum Berg, das Herzogtum Nassau, einige kleinere Länder sowie ein Gebietskonstrukt um Regensburg, Aschaffenburg und Wetzlar, das an Dalberg gegeben wurde – als Dank für seine Kooperation mit Napoleon und weil man nahe an der Reichsverfassung bleiben wollte. Dalberg übernahm als Fürstprimas des Rheinbunds die Aufgaben, die zuvor der Reichserzkanzler innegehabt hatte. Bis 1808 kamen ein neues Großherzogtum Würzburg, Sachsen, die thüringischen und anhaltischen Herzogtümer, die beiden Mecklenburg, das neu geschaffene Königtum Westfalen (wie Berg unter französischer Herrschaft), Oldenburg und weitere Kleinterritorien hinzu. Am Ende waren es 38 Länder. Der Rheinbund war somit kein Sezessionsunternehmen, sondern versammelte fast alle deutschen Länder außer Preußen und Österreich in einer neuen Föderation. Anders gesagt: Der Rheinbund war die Fortsetzung des Reiches in der Form, wie sie die Vertreter der Assoziations- und Fürstenbundpolitik im Dritten Deutschland angestrebt hatten. Der neue Bund war daher keine napoleonische Erfindung, um »Vasallenstaaten« zu bekommen. »Es war der Versuch einer Regeneration des Alten

Kalkuliertes Bündnis
Frankreichs Herrscher Napoleon brauchte die Rheinbundstaaten für seine Militärkampagnen. Die deutschen Fürsten versprachen sich von der Koalition mit dem Franzosen die Chance, ihre Macht zu erweitern und den deutschen Verfassungsrahmen neu zu zimmern.

Reiches im Gehäuse einer neuen Staatlichkeit.« (Hans-Werner Hahn) Eine Regeneration freilich, die ohne die destruktive Kraft der beiden Großmächte auskommen wollte.

Autonomie, nicht Souveränität

Das von Dalberg konzipierte Rheinbundstatut war auch unverkennbar aus der alten Reichsverfassung abgeleitet. Ursprüngliches Ziel des Bundes war nach dieser Rheinbund-Akte, »durch eine angemessene Übereinkunft den äußern und innern

Frieden Süddeutschlands zu sichern, für welchen nach der alten und der neuesten Erfahrung die deutsche Konstitution keine Garantie mehr gewähren konnte«. Die Rheinbund-Akte sah vor, dass »gemeinschaftliche Interessen« und Streitigkeiten auf einem Bundestag in Frankfurt am Main verhandelt werden sollten. Präsident des Bundestages sollte der Fürstprimas Dalberg sein. Die Gesetzgebungshoheit lag bei den Bundesstaaten. Ihr Bündnisrecht war eingeschränkt, aber außenpolitische Souveränität war nicht das Ziel der Rheinbundfürsten. Sie wollten vor allem für innere Reformen unbeschränkter sein, als es unter der alten Reichsverfassung mit den kaiserlichen und reichsgerichtlichen Aufsichtsbefugnissen möglich war – »frey von allen Fesseln des Reichsverbandes«, wie der bayerische Staatsrechtler Nikolaus Thaddäus Gönner schrieb. Dalberg dagegen versprach sich vom Rheinbund wohl die Umsetzung seiner schon früher skizzierten, gesamtstaatlich angelegten Sozial- und Wirtschaftsreformen. Daher hatte er auch die Vorstellung, die Bundesebene zu stärken – scheiterte damit jedoch an den Rheinbundfürsten. Denn die neuen Mittelstaaten zielten mit diesem Bund ohne monarchische Spitze und ohne starke Bundesorgane vor allem darauf, ihre Autonomie zu stärken. Nun begann auch jene Begriffs- und Formendebatte um Staatenbund und Bundesstaat, um den Sitz der Souveränität, die die Juristen bis heute unter sich führen.

»Ihr wollt keine Ordnung«

Protektor des Rheinbunds war Napoleon. In Paris sah man den Rheinbund vor allem als eine Militärallianz zur Unterstützung Frankreichs. Nach der Rheinbundakte hatte Bayern 30000 Soldaten zu stellen, Württemberg 12000, Baden 8000, das später beitretende Sachsen 20000, das Königreich Westfalen 25000, und auch die kleineren Mitglieder waren verpflichtet, Napoleon mit Truppen zu versorgen. Selbst die Einrichtung von Zwiebackbäckereien in Augsburg wurde in der Akte vereinbart, »damit im Falle eines Krieges der Marsch der Armeen keinen Aufenthalt leide«. Doch die Gründung des Rheinbundes hatte über den Krieg hinaus ein weiteres Ziel: Er war als »zentraler Eckpfeiler einer künftigen europäischen Friedensordnung gedacht« (Georg Schmidt). Der Zusammenschluss sollte sowohl eine Machtballung als auch ein Machtvakuum in der Mitte Europas verhindern. Damit übernahm der Rheinbund, zumal nach seiner Erweiterung 1808, die sicherheitspolitische Funktion des Alten Reiches in der europäischen Staatenordnung.

Dass man den Rheinbund nicht als bloßes Satellitensystem Frankreichs abtun darf, zeigt die Entwicklung der Bundesordnung – sie trat nämlich trotz des starken Drucks aus Paris niemals wirklich in Kraft. Vor allem Bayern und Württemberg blockierten, weil man in München und Stuttgart fürchtete, dass die geplanten zentralen Instanzen und das vorgesehene Fundamentalgesetz zu Instrumenten Napoleons werden könnten, die neu gewonnene innenpolitische Eigenständigkeit zu unterhöhlen. Napoleon allerdings wollte sich mit den süddeutschen Staaten wegen der Neugestaltung des deutschen Föderalismus nicht streiten, von dem er ohnehin wenig hielt: »Ihr wollt keine Ordnung bei euch«, hielt der vom Zentralismus geprägte Kaiser der Franzosen einigen deutschen Fürsten einmal vor, nachdem er seinen halbherzigen Versuch aufgegeben hatte, den Rheinbund straffer an die Zügel zu nehmen. »Lest in der Geschichte nach: zu allen Zeiten habt ihr eure Kaiser schikaniert.« Die Rheinbundfürsten aber misstrauten Napoleon mindestens so sehr wie den Herrschern in Wien und Berlin. Und sie glaubten auch nicht, dass der korsische Militärführer allzu lange regieren würde. Daher versuchten die leitenden Politiker der größeren Rheinbundstaaten, auf Zeit zu spielen und ihr wichtigstes Vorhaben möglichst rasch umzusetzen: durch eine durchgreifende Reformpolitik ihre neuen Länder zu konsolidieren.

Die rheinbündischen Reformen

Bei den Reformen in den Rheinbundstaaten ging es darum, die Verwaltung neu aufzubauen und die hinzugewonnenen Gebiete zu integrieren. Dazu kam der Versuch, nach dem französischen (und auch britischen) Vorbild die alte ständische Ordnung in eine bürgerliche Gesellschaft zu überführen. Die von der Reichsverfassung geschützten Landstände vertraten dagegen adelige Standesinteressen und versuchten, eigene Privilegien zu schützen. Daher wollte der aufgeklärte fürstliche Beamtenapparat die Macht der aus ihrer Sicht konservativen und fortschrittsunwilligen Landstände brechen, wobei deren exklusives Steuerbewilligungs- und Steuerverwaltungsrecht eine wichtige Rolle spielte. Denn der wachsende Staatsapparat und die Truppenstellung für Frankreich verschlangen viel Geld, die Schulden wuchsen, es bedurfte einer neuen Form der Staatsfinanzierung, die mit den Landständen nicht zu machen war. Deren Entmachtung war freilich ein zwiespältiger Prozess, denn das Abgehen von der traditionellen Konsenspolitik barg die Gefahr, dass die Landespolitik völlig unkontrolliert und nun doch absolutistisch verfahren konnte. Kritische Stimmen erhoben schnell den Vorwurf der Despotie. In manchen Ländern, vor allem in Sachsen-Weimar, setzte man daher auf Kooperation mit den Landständen statt Zwang. Aber die Reformen schritten überall voran. Die Gleichheit aller vor dem Gesetz wurde eingeführt, der gleiche Zugang zu öffentlichen Ämtern und zum Militär, die Sicherheit des Eigentums, Gewissensfreiheit und eine eingeschränkte Pressefreiheit. Die Verwaltung wurde nach französischem Vorbild straff bis auf die Gemeindeebene hinunter durchorganisiert. Der Adel verlor seine Herrschaftsrechte und konnte nur noch über seine Eingliederung in die allgemeine Landesverwaltung politische Macht ausüben. Die Befreiung der Bauern, schon im 18. Jahrhundert begonnen, wurde fortgeführt. Das Steuerwesen wurde vereinfacht und vereinheitlicht – und damit auch im Vergleich zum oft chaotischen Steuerwesen früherer Zeiten weitaus ergiebiger. Aber die höhere Steuergerechtigkeit war meist auch mit höheren Steuern verbunden. Justiz und Verwaltung wurden getrennt. Bildungsreformen zielten nicht zuletzt auf die Schulung einer funktionierenden Beamtenschaft. Die politische Mitbestimmung und die Kontrolle der Verwaltung durch die Gesellschaft, also eine Volksrepräsentation, sollte der Endpunkt dieser Staatsmodernisierung sein. Vorerst wollte die Beamtenschaft aber ungehindert von jeder Mitsprache und Mitwirkung selber regieren. Das hatte sogar einen guten Grund: Die bildungs- und besitzbürgerliche Schicht, die man durch die Reformen stärken wollte, war noch gar nicht groß genug, um sich in einer Repräsentativversammlung erfolgreich gegen die Interessen von Adel und altem Handwerk durchsetzen zu können.

Keine bloße Kopie

Die Rheinbundreformen waren eine »Revolution von oben«, das Werk einer Bürokratie, die für sich in Anspruch nahm, als »allgemeiner Stand« (wie der Philosoph Hegel ihn nannte) den Staat zum Nutzen aller zu gestalten. Fast alle Reformer hatten ihre »Karrieren« im Alten Reich begonnen, hatten bereits vor 1800 Reformvorstellungen entwickelt und mit deren Umsetzung begonnen. »Insofern waren die rheinbündischen Reformen keine bloße Kopie des französischen Musters, sondern auch in der deutschen Entwicklung angelegt.« (Elisabeth Fehrenbach) Abgerundet wurden die Rheinbundreformen allerdings erst in der Anfangsphase des Deutschen Bundes, als man in den süddeutschen Staaten endlich gewählte Landtage zur politischen Mitgestaltung schuf. Freilich hatte der Beamtenetatismus, so fortschrittlich viele seiner Reformen waren, auch immer etwas Obrigkeitsstaatliches. Bürokratismus und »Vielregiererei« schufen jenen Konfliktstoff, der schon bald liberale Kritiker auf den Plan rief, die nach mehr gesellschaftlicher Mitbestimmung verlangten, als die Beamtenregierungen zugestehen wollten. Für die weitere Entwicklung des Föderalismus hatte der gewaltige Ausbau der »Landesstaatlichkeit«, der mit der Territorialrevolution und den Reformen einherging, erhebliche Konsequenzen: Der gewachsene Autonomieanspruch und das Widerstreben gegen zu große zentrale Einflussmöglichkeiten bedeutete, dass eine künftige Bundesorganisation darauf Rücksicht zu nehmen hatte, dass die kommende Föderation lockerer sein musste als die der alten Reichsverfassung.

Das Bayern des Ministers Montgelas

Im neuen Königreich Bayern wurde die Reformpolitik am gründlichsten und eigenständigsten umgesetzt, es wurde zum Musterstaat des aufgeklärten Beamtenregimes. Das war im Wesentlichen das Werk des leitenden Ministers Maximilian von Montgelas. Er hatte bereits 1796 Grundzüge einer Staatsreform skizziert, die er ab 1799 unter Maximilian IV. Joseph umsetzen konnte. Als erstes Land führte Bayern ein modernes Beamtenrecht ein, Grundlage für eine effiziente Verwaltung, denn bis dahin herrschten Ämterkäuflichkeit und Patronage. Schon 1808 legte Montgelas eine Verfassung vor. Die darin vorgesehene Volksvertretung trat zwar nie zusammen, geplant war aber schon, das Prinzip der Ständerepräsentation durch die Bindung an Eigentum und Steuerleistung zu ersetzen. Um den aus Altbayern und Dutzenden von säkularisierten und mediatisierten Reichsterritorien zusammengewürfelten neuen Staat zu einigen, wurde die Verwaltung stark zentralisiert, doch versuchte man, alle Teile des Landes in der Regierung in München zu beteiligen. Man ging auch daran, eine – wie man heute sagen würde – »Landesidentität« zu schaffen, ein gesamtbayerisches Nationalgefühl. Das hieß vor allem, den Franken ihre gewachsene Reichskreisidentität – und die gab es – auszutreiben. Ganz gelungen ist das nie, aber das nach außen gern betonte bayerische Sonderbewusstsein reicht in jene Zeit zurück, als man daran ging, ein neues Landesbewusstsein von Würzburg bis Berchtesgaden und Bayreuth bis Lindau zu schaffen. Das Münchener Oktoberfest gehört in diesen Zusammenhang – es wurde erstmals 1810 aus Anlass der Hochzeit des Thronfolgers als bayerisches »Nationalfest« veranstaltet.

Der schwäbische Sultan

Auch im frischgebackenen Königtum Württemberg wurde eifrig reformiert (und mit dem Cannstatter Wasen auch ein Nationalvolksfest gestiftet). In Stuttgart ging der Monarch selbst voran, und monarchisch, ja autokratisch regierte Friedrich I. mit großer Zielstrebigkeit. Man nannte ihn daher auch den »schwäbischen Sultan«. Schon im Dezember 1805 hatte Friedrich die alte landständische Verfassung eigenmächtig aufgehoben. Adelige Vorrechte in den neuwürttembergischen Gebieten wurden abgebaut (in Altwürttemberg traf es die eingesessene und wenig reformlustige bürgerliche Landschaft ähnlich hart). Allerdings war die Integrationsaufgabe in Württemberg auch besonders schwierig. Denn der Schwäbische Kreis, dessen Gebiete zum größeren Teil an das neue Königreich gefallen waren, war besonders vielgestaltig gewesen. Und gerade im Schwäbischen hatte es besonders viele Reichsritter gegeben, die – ganz standesbewusst – Schwierigkeiten machen konnten, und zudem sehr viele kleine Reichsstädte, die vor allem ihre hohen Schulden in das neue Land einbrachten. Zudem waren die neuwürttembergischen Gebiete überwiegend katholisch, Altwürttemberg war dagegen protestantisch, Konflikte und Abneigungen zwischen beiden Landesteilen reichten noch bis ins 20. Jahrhundert. Friedrich ging angesichts der nicht einfachen Gemengelage rigoroser vor als andere Rheinbundfürsten, was auch seinem Naturell entsprach. Die Beamtenschaft in Stuttgart hatte weit weniger zu melden als etwa in München. Aber auch in Württemberg zielten die Reformen letztlich auf einen modernen Staat mit effizienter Verwaltung und am Ende einer Vertretung der Bürgerschaft (jedenfalls der Wohlhabenden und Gebildeten) in einem gewählten Landtag.

Baden wieder musterhaft

In Baden, das von der Reichsflurbereinigung am meisten profitierte, war die Kontinuität zu den Reformen des 18. Jahrhunderts besonders groß, zumal noch immer der aufgeklärte Großherzog Karl Friedrich regierte. Dessen Hofratsdirektor Friedrich Brauer verfocht in den ersten Rheinbundjahren eine im Vergleich zu Bayern und Württemberg eher moderate Reformpolitik und versuchte, die neuen Gebiete weniger abrupt zu integrieren. Er scheiterte jedoch mit seiner vorsichtigen Haltung, auch weil Baden nicht die hohen Kontributionserwartungen in Paris erfüllte. Brauers Nachfolger Sigismund von Reitzenstein ging die Sache schneidiger an, sein Ehrgeiz war es, Badens Rolle als Musterländle zu erhalten – und zwar durch die möglichst weit gehende Annäherung an das Vorbild Frankreich. Als einziger der süddeutschen Rheinbundstaaten übernahm Baden den Code Napoleon, das französische Zivilgesetzbuch. Doch scheute man vor der Abschaffung des Adels ebenso zurück wie man es nicht wagte, die völlige Gewerbefreiheit einzuführen.

Franzosen auf Zeit: Die linksrheinischen Gebiete

Die tiefsten Veränderungen um 1800 erlebte das linksrheinische Deutschland, das Frankreich praktisch eingegliedert war. Hier galt bereits seit 1797 französisches Recht. Der Adel wurde hier abgeschafft, Feudallasten konnten ohne Ausgleich für die früheren Grundbesitzer abgelöst werden. Der Kirchenbesitz – und davon gab es in der »Reichspfaffengasse« zwischen Mainz, Trier und Köln eine Menge, insgesamt ein Drittel des linksrheinischen Gebiets – wurde verstaatlicht und dann verkauft, was im Rheinland eine neue bürgerliche Grundbesitzerklasse schuf, aber auch den Bauern zu Gute kam. Zwischen dem Niederrhein und der Pfalz entstanden so in kurzer Zeit völlig andere Gesellschaftsverhältnisse als im Rest Deutschlands. Und nirgends ging die wirtschaftliche Liberalisierung so weit wie im Land links des Rheins. Das in der »Franzosenzeit« gebildete Sonderbewusstsein, die Sympathie für die aus Frankreich importierten Freiheiten lebte fort, nachdem das Rheinland 1815 an Preußen fiel und die Pfalz bayerisch wurde. Und als die Franzosen 1919 wiederkamen, lebte es immer noch – so mancher Rheinländer und Pfälzer setzte am Anfang der Weimarer Republik darauf, dass die beiden Regionen unter französischem Einfluss eigenständig würden.

Preußens Versuch, sich zu reformieren

Auch in Berlin tat sich einiges. »Preußen hat sehr geeilet, so vieles nachzuahmen, was im Rheinbund geschah.« Diese rückblickende Bewertung des hessischen Ministers Karl du Thil haben die Historiker lange Zeit nicht geteilt, die Rheinbundreformen stehen bis heute oft im Schatten der preußischen Vorhaben, die von der berühmten Reformerriege – dem Reichsfreiherrn Karl vom und zum Stein, Karl August von Hardenberg, Gerhard von Scharnhorst und Wilhelm von Humboldt – angegangen wurden. Mittlerweile ist aber unbestritten, dass für die weitere Entwicklung Deutschlands die süddeutschen Reformen mindestens so wichtig waren. Die Ausgangslagen waren sehr unterschiedlich: Im Rheinbund wurden neue Staaten geschaffen, in Preußen aber musste der Staat wieder auf Vordermann gebracht werden. Es galt, den völligen Zusammenbruch von 1806, nach den Niederlagen von Jena und Auerstädt gegen die Franzosen und deren rheinische Verbündete, aufzufangen und die schwer angeschlagene Großmacht aufzurichten. »Die Reorganisation von Armee und Administration war in erster Linie eine Selbsterneuerung.« (Elisabeth Fehrenbach) Diese Niederlage hatte auch die preußische Hegemonialpolitik in Norddeutschland beendet, die auf einen ersten Norddeutschen Bund und (ganz in der fritzischen Tradition) auf eine Spaltung des Reiches an der Mainlinie gezielt hatte. Nun war die Ruhe des Neutralitätsjahrzehnts vorbei und der Traum geplatzt (aber Preußens Herrscher, wie sie nun einmal waren, kamen später wieder darauf zurück). Ganz vorne bei den Reformanstrengungen stand natürlich die Heeresreform, die den Wiederaufstieg der Militärmacht Preußen einleiten sollte. Dazu trat eine Bildungsreform, die weit über Preußen hinaus Wirkung zeigte und das Muster für die moderne Universität schuf. Zudem wurde 1808 eine Städteordnung erlassen, die den Kommunen Selbstverwaltungsrechte übertrug – Preußen war hier weniger zentralistisch als die Südstaaten. Auch die Liberalisierung des Wirtschaftslebens ging weiter als in den Rheinbundstaaten, vor allem, um über die dadurch erwarteten höheren Steuereinnahmen den völlig maroden Staatshaushalt schneller sanieren zu können. 1811 wurde die Gewerbefreiheit eingeführt, auch ging Preußen früh zum Freihandel über. Die »Bauernbefreiung« führte in Preußen dagegen eher zu einer Stärkung der Großgrundbesitzer, denn viele Bauern konnten sich ihre Freiheit gar nicht leisten. Und der preußische Staatsaufbau blieb im alten ständischen System hängen, der Weg in Richtung einer Repräsentativverfassung wurde nicht beschritten, das Allgemeine Landrecht von 1794 blieb gültig. Der Adel behielt seinen starken Einfluss und konnte Privilegien bewahren, die in den Rheinbundstaaten verschwanden. Auf dem Land und in den Provinzverwaltungen blieb sein politischer Einfluss dominierend. So fiel Preußen bei aller Vorbildlichkeit der Reformen im Einzelnen verfassungspolitisch hinter die süddeutschen Staaten zurück.

Österreich fällt zurück

Möglicherweise wäre die Geschichte anders verlaufen, hätte der fortschrittlich denkende Kaiser Leopold II. länger regiert als nur von 1790 bis 1792. Wie sein Vorgänger Joseph II. sah er sich als Reformer, als Großherzog der Toskana hatte er vorbildliche Reformen eingeleitet. Leopold befürwortete den Verfassungsstaat, was den meisten seiner Mitregenten in Europa zu Ende des 18. Jahrhunderts kaum eingefallen wäre. »Die begrenzte Monarchie, wo die exekutive Gewalt in den Händen eines Einzigen frei ist und die gesetzgebende Gewalt in denen der Repräsentanten der Nation, ist die beste von allen«, schrieb er schon 1790. Sein Nachfolger Franz II. hielt von all dem nichts. Im Gegenteil, unter seiner Regentschaft wurden sogar viele Reformen der josephinischen Ära zurückgenommen. Österreich fiel wirtschafts-, sozial- und verfassungspolitisch immer mehr zurück. Reformpolitik wie in den Rheinbundstaaten und in Preußen fand in Österreich nach 1800 nicht statt. Zudem tat sich nun in dem Vielvölkerreich jener Grundkonflikt auf, der das ganze 19. Jahrhundert prägte: Sollte die Habsburgermonarchie eher zentralistisch von Wien aus regiert werden, oder gab man dem Gesamtstaat eine föderale Herrschaftsform? Das klassische Problem großer Staaten: Wie kann zwischen Einheit und Vielfalt eine Balance gefunden werden? Weder die eine noch die andere Lösung setzte sich durch. »Bestehen blieb eine chaotische Regierungsverfassung, bei der die Integration der Politik allein in der Hand des Kaisers lag.« (Thomas Nipperdey) Die Staatsfinanzen waren zerrüttet, eine Konsolidierung gelang nicht. Der Großmachtstatus ruhte fortan auf tönernen Füßen.

KAPITEL 8

Der Deutsche Bund 1815-1848

Weg in den Verfassungsstaat

Napoleons Herrschaft endete nach dem Desaster des Russlandfeldzugs 1812. Eine Allianz aus Russland, England, Österreich und Preußen, der nun auch Bayern beitrat, das den Rheinbund kurz zuvor verlassen hatte, besiegte die französische Armee und deren Verbündete im Oktober 1813 in der Völkerschlacht bei Leipzig. Der Rheinbund löste sich auf, Österreich und Preußen waren in alter Machtvollkommenheit wieder zurück auf der Bühne – aber die territorialen Veränderungen von 1803/1806 konnten nicht mehr rückgängig gemacht werden. Das Dritte Deutschland, um 1790 zur potenziellen Tauschmasse der Großmächte herabgesunken, war aus der Übergangsphase gestärkt und konsolidiert hervorgegangen. Und damit gab es nur einen Weg in die Zukunft, der nach dem Sieg über Napoleon im Pariser Frieden vom 30. Mai 1814 in einen historischen Satz gekleidet wurde: »Die deutschen Staaten sollen unabhängig sein und durch ein föderatives Band miteinander verbunden.« Es sollte also eine lockere Föderation sein, für die der Rheinbund das Vorbild lieferte. Nur als ein Bund von starken Ländern mit einer eher schwachen Bundesebene war Deutschland 1815 zu vereinigen. Insbesondere die deutschen Mittelstaaten konnten sich in diesem lockeren Bund weiter konsolidieren, ihre Eigenstaatlichkeit festigen und als Gesamtheit ein Gegengewicht zu den Großmächten Österreich und Preußen bilden. Vor allem im liberaleren Süden entstand in den folgenden Jahren ein ausgeprägtes Landesbewusstsein in der Bevölkerung, welches bis in die Gegenwart spürbar ist. Der Deutsche Bund stärkte das Dritte Deutschland, und von ihm ging in jenen Jahren der politische Fortschritt aus. Das wurde durch die Bundesakte grundsätzlich abgesichert, auch wenn die verfassungspolitisch rückständigen Mächte Österreich und Preußen Wege und Mittel fanden, dagegen anzukämpfen. »Die entscheidenden Weichen auf dem Weg zum Verfassungsstaat sind in der Verfassungspolitik des Deutschen Bundes und mit der süddeutschen Verfassungsgesetzgebung gestellt worden.« (Dietmar Willoweit) Der Deutsche Bund sorgte so dafür, dass zumindest ein Teil Deutschlands Anschluss behalten konnte an die westliche Verfassungsentwicklung.

Konvent für Deutschland und Europa
Der Wiener Kongress von 1814/15 wollte – wie der Konvent in Westfalen 1648 – die Verhältnisse in Europa und Deutschland regeln. Alte und neue Vorstellungen mussten in eine Balance gebracht werden. Zentrale Figur des diplomatischen Drahtseilaktes war der österreichische Staatsmann Clemens Fürst von Metternich.

Der Wiener Kongress: Eine Ordnung für Europa …

Begründet wurde der Deutsche Bund auf dem Wiener Kongress, der unter der Leitung des österreichischen Staatsmanns Clemens von Metternich seit November 1814 tagte. Wie die westfälischen Kongresse nach dem Dreißigjährigen Krieg hatte auch die Wiener Diplomatenversammlung eine Doppelfunktion: Verhandlungen über eine europäische Friedensordnung gingen einher mit einem deutschen Verfassungskonvent. Der europäische Aspekt war die Rückkehr zu einem Gleichgewichtssystems, in dem der Deutsche Bund, der deutsche Föderalismus, in der Mitte Europas jene stabilisierende Rolle einnehmen sollte, die schon das Alte Reich besaß. Der Göttinger Gelehrte Arnold Hermann Ludwig Heeren fasste das 1816 so zusammen: »Der Deutsche Bundesstaat macht geographisch den Mittelpunkt dieses Systems aus. Er berührt ganz oder beynahe die Hauptstaaten des Westens und des Ostens; und nicht leicht kann auf der einen oder der andern Seite unseres Welttheils sich etwas ereignen, was ihm gleichgültig bleiben könnte. Aber auch den fremden Mächten kann es nicht gleichgültig seyn, wie der Centralstaat von Europa geformt ist! Wäre dieser Staat eine große Monarchie mit strenger politischer Einheit; ausgerüstet mit allen den materiellen Staatskräften, die Deutschland besitzt – welcher sichere Ruhestand wäre für sie möglich? Ja würde ein solcher Staat lange der Versuchung widerstehen können, die Vorherrschaft in Europa sich anzueignen, wozu seine Lage und seine Macht ihn zu berechtigen schienen? Die Entstehung einer einzigen und unumschränkten Monarchie in Deutschland würde binnen kurzem das Grab der Freyheit von Europa.« Als Gesamtheit nicht angriffsfähig, ohne aktive Außenpolitik, aber stark genug zur gemeinsamen Verteidigung und zum Erhalt der Balance in Europa – das war die sicherheitspolitische Aufgabe des Deutschen Bundes in der Nachfolge des Reiches. Freilich agierten Österreich und Preußen als eigenständige Glieder des europäischen Staatensystems auch eigenständig, und das wiederum führte dazu, dass ihre Bundespolitik immer auch unter dem Vorzeichen ihrer Großmachtinteressen stand.

... und für Deutschland

34 Fürstenstaaten – vom Kaiserreich Österreich bis hinunter zum Fürstentum Lippe – und vier »freye Städte« bildeten den Deutschen Bund, bis zu seinem Ende 1866 gab es nur geringe Veränderungen. Nach Bevölkerung dominierten Österreich mit 9,5 Millionen Einwohnern im Bundesgebiet und Preußen mit 7,9 Millionen, doch waren die Mittelstaaten Bayern, Württemberg, Hannover, Sachsen, Baden und die beiden Hessen – das eigentliche Dritte Deutschland – mit zusammen 9,6 Millionen Einwohnern durchaus auf Augenhöhe. Auf die Kleinstaaten und die Städte entfielen gut drei Millionen »Bundesdeutsche«. In einer Denkschrift vom Dezember 1813, schon mit Blick auf künftige Verfassungsverhandlungen, schrieb der preußische Reformer Wilhelm von Humboldt einige klassische Sätze zu deren gesamtstaatlicher Organisation: »Die Nationen haben, wie die Individuen, ihre durch keine Politik abzuändernden Richtungen. Die Richtung Deutschlands ist es, ein Staatenverein zu sein, und daher ist es weder wie Frankreich und Spanien in eine Masse zusammengeschmolzen, noch hat es wie Italien aus unverbundenen einzelnen Staaten bestanden. Dahin aber würde die Sache unfehlbar ausarten, wenn man nur vier oder fünf große Staaten fortdauern ließe. Ein Staatenverein fordert eine größere Anzahl, und man hat nur zwischen der nun einmal möglichen (und, meiner Meinung nach, keineswegs wünschenswerten) Einheit und dieser Mehrheit die Wahl.«

Unterschiedliche Interessen

Allerdings wollte Humboldt diesen Staatenverein auf die Doppelhegemonie Österreichs und Preußens gründen, was dann auch zur Verhandlungsposition Preußens auf dem Wiener Kongress werden sollte. »Die feste, durchgängige, nie unterbrochene Übereinstimmung und Freundschaft Österreichs und Preußens ist allein der Schlußstein des ganzen Gebäudes«, fasste er seine Überlegungen zusammen. Metternich dachte in Wien ganz ähnlich. Hardenberg legte im September 1814 dafür 41 Artikel vor, eine Skizze des »föderativen Körpers«, den die beiden Großmächte planten. Er ging in die Richtung der ABC-Lösung vom Ende des 18. Jahrhunderts – Österreich und Preußen sollten einem neuen deutschen Bund nur mit einigen Territorien angehören – halb draußen, halb drinnen. Die Länder sollten in sieben Kreisen zusammengefasst werden, mit Österreich, Preußen, Bayern, Hannover, Württemberg, Baden und Kurhessen als Kreisdirektoren. Diese »Kreisobristen« sollten in einer Bundesversammlung – wie die Kurfürsten einst – einen »Rat« bilden, die restlichen Fürsten und Städte einen zweiten. Das erinnerte an das Reich, war aber so gestaltet, dass Wien und Berlin stets die Kontrolle hatten. Entsprechend stark waren die Bundeskompetenzen ausgestaltet. In einer späteren Version wurden Baden und Hessen aus dem Lenkungskreis gestrichen, es blieb eine hegemoniale Zwei-plus-drei-Lösung übrig. Sehr föderalistisch klang das nicht, es war krude Machttechnokratie. Und das Konstrukt fiel in sich zusammen, nachdem Preußen in seiner unstillbaren Landgier sich im November 1814 einmal mehr an Sachsen vergreifen wollte. Dies wurde freilich unterbunden, nur dessen nördlicher Teil fiel im Zuge der territorialen Verschiebereien auf dem Kongress an die norddeutsche Militärmacht. Preußen verlor damit aber jedes Vertrauen, der pragmatische Diplomat Metternich wandte sich ab und den Mittelstaaten zu, die sich auch künftig eher an Wien als an Berlin hielten. Deren Hauptinteresse war es angesichts der österreichisch-preußischen Hegemonievorstellungen, die Bundeskompetenzen schmal und die Autonomierechte der Bundesstaaten umfassend zu gestalten. Sie wollten ihre Landeskonsolidierung ungestört fortsetzen können und sich von den Großmächten so wenig wie möglich lenken lassen. Dabei hatten sie die Unterstützung Großbritanniens, Russlands und Frankreichs. Die deutsche Kleinstaatenwelt, die in Wien freilich nur am Rande mitverhandelte, wollte zwar eine starke Bundesebene, von der sie ich mehr Schutz vor Zudringlichkeiten anderer Bundesglieder versprachen – so wie einst vom Kaiser und den Reichsgerichten. Doch wichtiger war ihnen eine Garantie ihrer Existenz.

In der Tradition von Fürstenbund und Rheinbund

Am Ende konnten die Mittel- und Kleinstaaten, aber auch Österreich zufrieden sein. Artikel 2 der Bundesakte vom 8. Juni 1815 legte als Kernzweck des Deutschen Bundes fest: »Erhaltung der äusseren und inneren Sicherheit Deutschlands und der Unabhängigkeit und Unverletztlichkeit der einzelnen deutschen Staaten«. Mit dieser zentralen Verfassungsbestimmung war eine Neuauflage der österreichisch-preußischen Aufteilungspolitik verhindert, die Hegemonialstellung der Großmächte deutlich begrenzt. Nach der Bundesakte waren die Bundesstaaten gleichberechtigt. Zentrale Einrichtung war die Bundesversammlung, ein nach dem Vorbild des Regensburger Reichstags gestalteter permanenter Gesandtenkongress mit Sitz in Frankfurt am Main. Im Gegensatz zum Alten Reich gab es weder ein Staatsoberhaupt noch ein permanentes Reichsgericht – Letzteres hatte vor allem Bayern verhindert. Streitfälle zwischen den Mitgliedern sollten die Bundesversammlung oder ein eigens zu benennendes Gericht schlichten. Die Bundesstaaten hatten – wie schon die Reichsglieder – nur ein eingeschränktes Bündnisrecht, das sich nicht gegen den Bund oder andere Bundesstaaten richten durfte. Der Bund wurde auf Dauer geschlossen, der Austritt durch einseitige Erklärung war nicht möglich.

Eine konstitutionelle Schule

Der Bremer Senator Johann Smidt kennzeichnete den Zweck des Bundes so: »Die Willkür soll aufhören. Das Recht soll wiederkehren. Deutschland soll in kräftiger Einheit dastehen gegen jeden auswärtigen Feind. Allgemeine Nationalanstalten sollen möglich werden, ohne Verletzung der Individualität der Staaten und ihrer Staatsautonomie.« Smidt hoffte zudem auf einen Erziehungseffekt bei den beiden Großmächten: »Es wird eine Schule der Regierungskunst für sie werden, denn indem sie sich durch dieses Verhältnis nöthigen, auch gegen den kleinsten Staat gesetzmässig zu verfahren und auf das Recht des Stärkeren zu verzichten, befähigen sie sich dadurch auch in ihrem eigenen Lande constitutionell regieren zu können.« Smidt sollte sich täuschen, aber diese Äußerung zeigt, mit welch großen Erwartungen die Gründung des Deutschen Bundes verbunden war. Und sie zeigt, dass vor allem die Mittel- und Kleinstaaten im neuen Bund eine Einrichtung sahen, die ihren Interessen entgegenkam. So war der Deutsche Bund eine Fortsetzung des Reiches – auch jetzt sollte gelten: Recht vor Macht. Dass man auf einen Kaiser, überhaupt auf ein Staatsoberhaupt verzichtete, stand in der Tradition eines Bundes von Gleichen, den man sich in den mindermächtigen Fürstenstaaten im 18. Jahrhundert gewünscht hatte, eine Idealvorstellung eines Deutschland, das nicht durch die Großmachtambitionen seiner beiden führenden Staaten in innere Händel und europäische Kriege verwickelt würde. Volker Press hat, im Gegensatz zur älteren Geschichtsschreibung, diesen Bund als eine modernisierte Weiterentwicklung des Alten Reiches bezeichnet: »Er bewahrte die Einheit Deutschlands und gab ihm einen institutionellen Rahmen, auch funktionierte der Bund vielfach effektiver als der erstarrende Reichsverband.« Und er sicherte die verfassungspolitischen Fortschritte der Rheinbundära, worauf es vor allem dem Dritten Deutschland ankam.

Insofern war der Deutsche Bund von seinem Ansatz her kein System der Restauration, »sondern die Absicherung revolutionärer Erneuerung«, wie Press weiter festgestellt hat.

Bund und föderative Nation

In der Folge der »Befreiungskriege« und des Sieges über Napoleon ging so etwas wie eine erste nationalistische Welle durch Deutschland. Doch sie war von kurzer Dauer, und der auf staatliche Einheit zielende Deutschnationalismus blieb vorerst ein Minderheitenphänomen, gepflegt von radikalen universitären Burschenschaften oder der Turnerbewegung des Friedrich Ludwig Jahn. Die meisten Deutschen hingen einem »föderativen Nationalgefühl« an, das sich »ein staatliches Handlungsinstrumentarium schaffen wollte, um für die gesamte Nation zu regeln, was als gemeinsame Aufgabe galt, ohne jedoch daraus einen Zentralstaat zu formen« (Dieter Langewische). Repräsentativ dafür war die Sichtweise, die Goethe im Oktober 1828 im Gespräch mit Johann Peter Eckermann entwickelte. »Mir ist nicht bange«, sagte der alte Dichter, »dass Deutschland nicht eins werde; unsere guten Chausseen und künftigen Eisenbahnen werden schon das ihrige tun.« Vor allem wünschte sich der einstige Weimarer Landespolitiker mehr Einheit bei Wirtschaft, Handel und Währung, auch solle zwischen den deutschen Staaten nicht mehr »von Inland und Ausland« die Rede sein – alles Anliegen, die durchaus in der Macht des Deutschen Bundes lagen. Doch Goethe fuhr fort: »Wenn man aber denkt, die Einheit Deutschlands bestehe darin, dass das sehr große Reich eine einzige große Residenz habe und dass diese eine große Residenz wie zum Wohl der Entwickelung einzelner großer Talente so auch zum Wohl der großen Masse des Volkes gereiche, so ist man im Irrtum.« Und es folgte ein Plädoyer vor allem für den Kultur- und Bildungsföderalismus: »Wodurch ist Deutschland groß als durch eine bewundernswürdige Volkskultur, die alle Teile des Reichs gleichmäßig durchdrungen hat. Sind es aber nicht die einzelnen Fürstensitze, von denen sie ausgeht und welche ihre Träger und Pfleger sind?« Die vielen Residenzen und die großen ehemaligen Reichsstädte – die regionalen Hauptstädte also – waren für Goethe Garanten dieser gleichmäßigen Verteilung von Kultur und Bildung. »Würden sie aber bleiben, was sie sind, wenn sie ihre eigene Souveränität verlieren und irgendeinem großen deutschen Reich als Provinzialstädte einverleibt werden sollten? Ich habe Ursache, daran zu zweifeln.« Kein übermächtiges Zentrum, dadurch keine rückständigen Provinzen – darin sah Goethe auch weiterhin die Vorteile der staatlichen Vielfalt. Der Deutsche Bund galt den meisten Deutschen als durchaus annehmbares »nationales Gehäuse«.

Nicht Staatenbund, sondern Bundesstaat

Goethes Wunsch nach mehr wirtschaftlicher Einheit, nach weniger Zollschranken und Handelshemmnissen, war freilich verbreitet. Es lag durchaus auch im Rahmen der Möglichkeiten des Deutschen Bundes, dies zu erfüllen. Es sollte sogar seine Aufgabe sein. So war nach Artikel 19 der Bundesakte eine Bundesgesetzgebung »wegen des Handels und Verkehrs zwischen den verschiedenen Bundesstaaten« vorgesehen, eine sehr dehnbare und auslegungsfähige Bestimmung, die eine Zoll- und Währungsunion, einen gesamtdeutschen Wirtschaftsraum möglich gemacht hätte. Auch andere Vorgaben der Bundesakte zielten auf mehr Einheitlichkeit. Artikel 13 schrieb eine »landständische Verfassung« für alle Staaten vor. Nach Artikel 18 war eine Verfügung zur »Preßfreyheit« für alle Staaten vorgesehen. Es wurden auch zwei allgemeine Grundrechte durch die Bundesakte garantiert: die Freiheit des Grunderwerbs in allen Bundesstaaten und das Recht des freien Wegzugs von einem Staat in einen anderen, also Freizügigkeit im Bundesgebiet. So konnte Wilhelm von Humboldt feststellen: Der Deutsche Bund sei »seiner ursprünglichen Bestimmung und seinem politischen Dasein nach ein wirklicher Staatenbund ..., der sich aber zur Erreichung seines innern und äußern Zwecks in gewissen durch die Bundes-Acte bestimmten Beziehungen eine Einheit und einen Zusammenhalt gegeben hat, welchen ihn in diesen Beziehungen zu einem Bundesstaate machen«. Was fehlte, war eine Volksvertretung (direkt bestimmt oder in Form eines Senats mit von den Landtagen bestimmten Abgeordneten) und ein Bundesgericht, das sich viele Kritiker des Bundes wünschten, weil sie darin, anknüpfend an die Reichsgerichtsbarkeit, ein Instrument der Machtkontrolle gegenüber Landesregierungen und Fürsten sahen. Doch lehnten vor allem die süddeutschen Mittelstaaten eine stärkere Bundesebene ab. Sie wollten ihre Verfassungsfortschritte gegen bundespolitische Eingriffe absichern und fürchteten nicht zuletzt Klagen des gerade erst mediatisierten Adels vor einem Bundesgericht. Das Fehlen von starken Bundeseinrichtungen war aus dieser Sicht kein Defizit. Die Umsetzung von Bundesbeschlüssen war – ganz traditionell – Ländersache, Bundesgesetze traten erst in Kraft, wenn sie von den Landesbehörden publiziert wurden (wozu sie freilich verpflichtet waren). So war die Bundesstaatlichkeit nach 1815 weiter sehr locker gefügt – die partikulare Ebene sollte dominieren, doch wie sich zeigte, konnte über die Bundesebene ein nicht geringer Einfluss auf die Länder ausgeübt werden.

Das Rätsel des Artikels 13

Ein zentraler Konfliktpunkt zwischen den Bundesstaaten war der Artikel 13 der Bundesakte, der allen Mitgliedern landständische Verfassungen auferlegte. Dieser Artikel war das »große Rätsel« (Hartwig Brandt) der Bundesverfassung – denn was sollte »landständisch« bedeuten? Eine traditionelle Ständeversammlung, also prak-

Kgr. SCHWEDEN
Kgr. DÄNEMARK
Hzm. SCHLESWIG in Personalunion mit Dänemark
NORDSEE
Hzm. HOLSTEIN in Personalunion mit Dänemark
Freie Stadt Lübeck
Grhzm. MECKLENBURG-SCHWERIN
Schwerin
Grhzm. MECKLENBURG-STRELITZ
Neustrelitz
Freie Stadt Hamburg
Oldenburg
Freie Stadt Bremen
Grhzm. OLDENBURG
Kgr. HANNOVER
Kgr.der VEREINIGTEN NIEDERLANDE
Berlin
Fsm. LIPPE-DETMOLD
Bückeburg
Detmold
Hzm. Braunschweig
Braunschweig
ANHALT
Kgr. PREUSSEN
Dessau
Bernburg
Köthen
zum Kgr. Hannover
Fsm. WALDECK-PYRMONT
Arolsen
Sondershausen
Kgr. PREUSSEN
Kfsm. HESSEN
Thüringische Staaten
Gotha
Weimar
Rudolstadt
Greiz
Schleiz
Kgr. SACHSEN
Dresden
Grhzm. HESSEN-DARMSTADT
Hzm. NASSAU
Homburg
Meiningen
Hildburghausen
Coburg
Grhzm. LUXEMBURG in Personalunion mit den Niederlanden
Wiesbaden
Freie Stadt Frankfurt
Darmstadt
Luxemburg
Kgr. BAYERN (Pfalz)
KAISERTUM ÖSTERREICH
Karlsruhe
Kgr. WÜRTTEMBERG
Kgr. BAYERN
Stuttgart
Kgr. FRANKREICH
Hechingen
Grhzm. BADEN
Siegmoringen
München
Fsm. NEUENBURG (Preußen)
SCHWEIZ
Fsm. Liechtenstein
Vaduz
© www.diekoordinaten.de

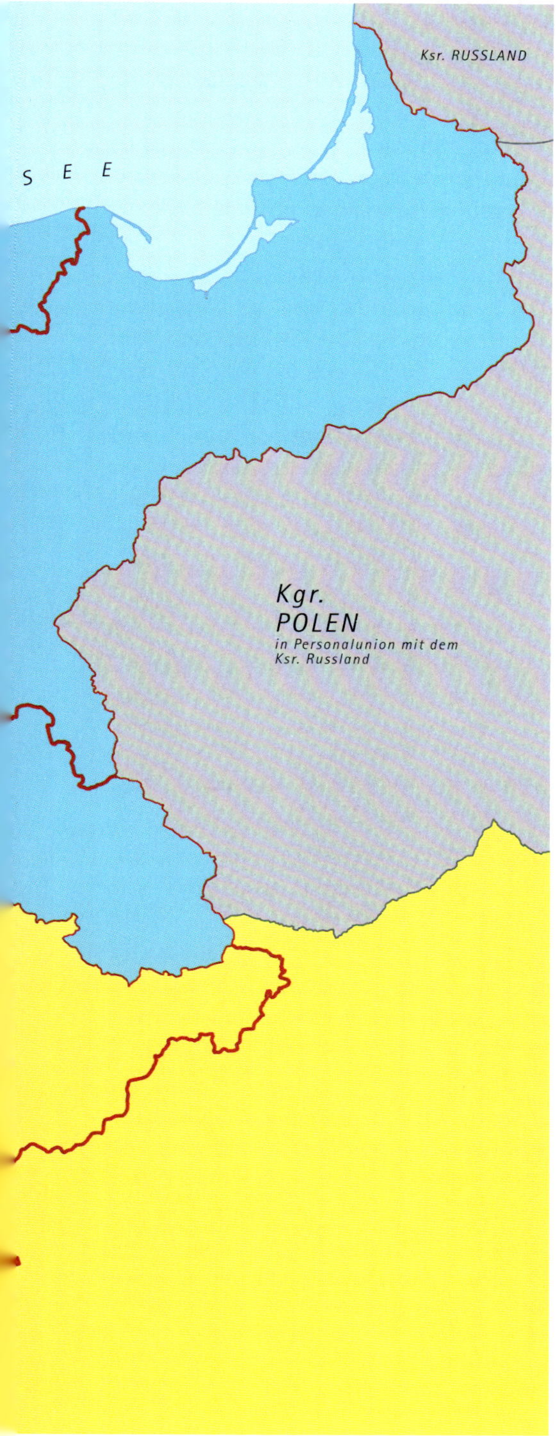

Zahlenkürzel:

Thüringische Staaten

Grhzm. SACHSEN-WEIMAR	1a
Hzm. SACHSEN-GOTHA	1b
Hzm. SACHSEN-MEININGEN	1c
Hzm. SACHSEN-HILDBURGHAUSEN	1d
Hzm. Sachsen-Coburg	1e
Amt RÖMHILD Gemeinsamer Besitz Hzm. SACHSEN-GOTHA und Hzm. SACHSEN-MEININGEN	1b|c
Fsm. SCHWARZBURG-SONDERSHAUSEN	2a
Fsm. SCHWARZBURG-RUDOLSTADT	2b
Fsm. REUSS ältere Linie	3a
Fsm. REUSS jüngere Linie	3b
zu Preußen	Pr.

Anhaltische Herzogtümer

ANHALT-DESSAU	4a
ANHALT-KÖTHEN	4b
ANHALT-BERNBURG	4c
Kfsm. HESSEN-KASSEL	6
Grhzm. MECKLENBURG-STRELITZ	8
Hzm. BRAUNSCHWEIG	9
Grhzm. OLDENBURG	10
Hzm. LAUENBURG: in Personalunion mit dem Kgr. DÄNEMARK	12
Fsm. HOHENZOLLERN-HECHINGEN	13a
Fsm. HOHENZOLLERN-SIGMARINGEN	13b
Fsm. WALDECK-PYRMONT	15
Fsm. SCHAUMBURG-LIPPE	16
Lgft. HESSEN-HOMBURG	18
LIPPSTADT: gemeinsamer Besitz Kgr. PREUSSEN und Fsm. LIPPE-DETMOLD	19
BERGEDORF: gemeinsamer Besitz der freien Städte HAMBURG und LÜBECK	20
zu HAMBURG (CUXHAVEN)	31
Grenze des Deutschen Bundes	

1820
Der Deutsche Bund

Nach dem Sieg über Frankreich erbrachte die Neuordnung Europas auf dem Wiener Kongress den Deutschen Bund – quasi das alte Reich in einer modernisierten Version. Die alte Kleinteiligkeit war (außer in der Mitte Deutschlands) durch die territoriale Neuordnung in den Jahren zuvor beendet worden, das Dritte Deutschland der Mittelstaaten entstand als Gegenlager zu den Vormächten Österreich und Preußen. Sitz der Bundesversammlung war Frankfurt am Main.

Gescheit und eigenwillig
Zu den bemerkenswerten Landespolitikern in Deutschland gehörten immer auch Frauen. Fürstin Pauline zur Lippe stand zu Beginn des 19. Jahrhunderts in dieser Reihe. Die resolute Landesmutter ist als relativ progressive Sozialpolitikerin bis heute bekannt geblieben, hat aber auch verfassungspolitisch fortschrittlich gedacht – 1819 ließ sie gegen den Willen der konservativen Landstände eine Konstitution nach süddeutschem Muster ausarbeiten.

tisch die Herrschaft des Adels, wie in Preußen, Österreich und mehreren Kleinstaaten? Oder eine modernere parlamentarische Vertretung, wie sie in den süddeutschen Staaten vorgesehen war, nicht nach Ständen gegliedert, sondern als Repräsentation der Gesamtgesellschaft (wenn auch im liberalen Sinn der Vertretung des Volkes durch Besitzende und Gebildete)? Vor allem stellte sich die Frage, ob dies bundesrechtlich konkret vorgegeben werden sollte. Als Sachsen-Weimar im Oktober 1816 eine Bundesgarantie für seine fortschrittliche Verfassung wünschte, begann sich das Problem zuzuspitzen, zumal kurz darauf die lippischen Altstände gegen die ebenfalls moderne Repräsentativverfassung protestierten, die ihre Fürstin Pauline erlassen hatte. Auch Mecklenburg-Schwerin (mit seiner altständischen Verfassung) hakte nach, wie es denn um Artikel 13 bestellt sei. In München, Stuttgart, Darmstadt und den anderen Residenzen der Reformstaaten wollte man lieber nicht auf eine Bundesentscheidung warten. Der bayerische König Ludwig I. erließ am 26. Mai 1818 eine heimlich vorbereitete moderne Verfassung, Baden folgte am 22. August 1818, Württemberg ein Jahr darauf, Hessen-Darmstadt schließlich im Dezember 1820. Damit war der Süden Deutschlands ein Block von so genannten konstitutionellen Monarchien, ergänzt um einige kleinere Staaten wie Nassau (das schon seit 1814 konstituionell war) und Sachsen-Weimar. Die Verfassungen ähnelten sich. Als Vorbild diente die französische »Charte constitutionnelle« von 1814, die eine Repräsentation des Volkes vorsah und den Monarchen an die Verfassung band. Die Regierungen waren allerdings nicht an den Willen des Parlaments gebunden, sondern dem Monarchen gegenüber verantwortlich, der sie auch ins Amt setzte. Allerdings hatten die Parlamente in diesen Verfassungsmonarchien in aller Regel das Budgetrecht wie die früheren Landstände: Sie konnten so über die Haushalts- und Steuerbewilligung Einfluss nehmen. Mit dieser Verfassungsgebung waren Fakten geschaffen, an denen man in Wien und Berlin nicht mehr vorbeikam.

Schwestern im reaktionären Geiste: Österreich …

Die Verfassungsfrage stellte sich auch in Österreich und Preußen. Die Habsburger herrschten freilich über ein Vielvölkerreich, das zum Teil gar nicht in den Deutschen Bund eingegliedert war, mit Ungarn, Siebenbürgen, Kroatien, Venetien, der Lombardei. Wie sollte man dieses Konglomerat integrieren und regieren? Metternich bastelte ein Modell, in dem kein Zentralparlament vorgesehen war, als Ersatz dafür sollte es einen Staatsrat geben, ein allein vom Monarchen ernanntes Beratergremium. Unterhalb davon waren altständische Provinzlandtage vorgesehen. Doch der Vorschlag versandete im Wiener Regierungsapparat. Stattdessen wurde ein autoritärer Zentralismus eingeführt, mit dem man sich jahrzehntelang durchwurstelte. Verfassungspolitische Rückständigkeit bestimmte fortan die Wiener Bundespolitik. Die wachsenden Probleme des Habsburgerreichs bedeuteten auch, dass die Wiener Haltung zum Deutschen Bund in eine seltsame Position zwischen Innen- und Außenpolitik geriet. Österreich war halb drin, halb draußen.

… und Preußen

In Preußen, das verfassungspolitisch kaum weniger konservativ war, sah es etwas anders aus. Als Mitglied der siegreichen Allianz gegen Napoleon war die norddeutsche Militärmonarchie auf dem Wiener Kongress erheblich vergrößert worden, eine wundersame Entwicklung, bedenkt man, dass nur wenige Jahre davor der Staatsbankrott nahe war. Preußen wuchs nun wieder stärker nach Deutschland hinein. Über seine alten Länder Kleve und Mark hinaus bekam es das gesamte Gebiet zwischen Niederrhein und Saarland und den Großteil Westfalens. Ein Grund dafür war, dass man die Verteidigung der deutschen Westgrenze gegen Frankreich besser organisieren wollte als im Alten Reich (weswegen auch die Mittelmacht Bayern die linksrheinische Pfalz zugeschanzt bekam). Der Hohenzollernstaat erhielt mit dem Rheinland eine selbstbewusste, wirtschaftlich starke Region, die nach 20 Jahren unter französischer Herrschaft eine westeuropäisch-bürgerliche Gesellschaftsstruktur besaß. Die preußischen Kernlande im Osten waren dagegen weiterhin agrarisch-adelig geprägt. Die Erwartungen, wie der Staat organisiert sein soll, klafften zwangsläufig erheblich auseinander. Am Berliner Hof hatten jedoch die konservativen Kräfte das Sagen. Die Reformpolitik des Kanzlers Hardenberg verkümmerte nach 1815, und obwohl König Friedrich Wilhelm III. schon 1810 eine Verfassung versprochen hatte, tat sich in dieser Hinsicht 40 Jahre lang nichts. Die Reform- und Verfassungsgegner fürchteten eine Zersetzung der preußischen Militärmonarchie. So kam es ebenfalls nur zu Provinzialparlamenten, in denen der Adel weithin dominierte. Zwischen den beiden Großmächten gab es damit »einen Gleichklang der verfassungspolitischen Absichten, der auch ins Programmatische, ins Ideologische reichte« (Hartwig Brandt). Die Regierungen Österreichs und

Preußens waren Schwestern im rückständigen Geist. Das hieß: Die Mittelstaaten durften sich nicht fortentwickeln zu parlamentarischen Monarchien mit liberalen Landtagen, sie sollten nicht die Verantwortlichkeit der Minister gegenüber dem Parlament einführen, das Gesetzgeber ist und aus dessen Reihen die Regierung gebildet wird. Denn das hätte die Herrschaftsordnung in Österreich und Preußen gefährdet. Der verfassungspolitische Gegensatz zwischen den liberaleren Mittelstaaten und den konservativen Großstaaten war das Kernproblem des Deutschen Bundes, ein Konflikt, der zwangsläufig auf den Föderalismus ausstrahlte und ihn prägte: Denn Österreich und Preußen konnten den Bund als Instrument ihrer Interessen gegen die liberalen Bundesstaaten nutzen. Allerdings war die Doppelhegemonie nie frei von Konflikten: »Das Metternichsche Österreich war zu wenig, (...) Preußen zu sehr an Deutschland interessiert.« (Helmut Rumpler) Nur bis 1848 hielten Wien und Berlin einigermaßen zusammen, danach zerfiel die künstliche Einigkeit – und machte einem Gegensatz Platz, der die Bundesordnung letztlich sprengte. Das Dritte Deutschland (und auch die europäische Staatenwelt) fanden keinen Weg, den Hahnenkampf zu verhindern.

Frankfurt am Main, Eschenheimer Gasse: Die Bundesversammlung

Die Bundesversammlung (auch Bundestag genannt) residierte in Frankfurt am Main, im Thurn und Taxischen Palais in der Eschenheimer Gasse. Die Mitglieder waren durch jeweils einen Gesandten vertreten, man tagte an einem runden Tisch, unter dem Vorsitz Österreichs, das damit seinen Anspruch als Führungsmacht im Bund dokumentierte. Die Versammlung konnte in zwei Gremien stattfinden: im Engeren Rat und im – sehr selten tagenden – Plenum. Von den 17 Stimmen im Engeren Rat führten die elf größeren Staaten Österreich, Preußen, Bayern, Sachsen, Hannover, Württemberg, Baden, Kurhessen (Hessen-Kassel), Hessen-Darmstadt, Holstein und Luxemburg je eine Stimme, die 27 kleinen Länder und die Städte teilten sich sechs Kuriatstimmen. Im Plenum, das vor allem für Verfassungsänderungen zuständig war, wurden die 69 Stimmen nach Größe verteilt: je vier für Österreich und die fünf Königreiche, je drei oder zwei für die Mittelstaaten, je eine für die Kleinfürstentümer und Städte. Dieses Prinzip der Stimmengewichtung nach Größe – trotz verfassungsrechtlicher Gleichstellung – ist in der Länderkammer bis heute beibehalten worden, gehört also zur spezifisch deutschen Föderalismustradition. Im Plenum der Bundesversammlung war eine Zweidrittelmehrheit nötig (die großen Sechs konnten damit nicht überstimmt werden), im Engeren Rat wurde nach einfacher Mehrheit entschieden. In wichtigen Verfassungsfragen war Einstimmigkeit vorgeschrieben. Damit hatten weder die Großmächte noch die Mittelstaaten noch die Kleinen eine Mehrheit, das Stimmenverteilungssystem diente dazu, angesichts der doch beträchtlichen Größen- und damit auch Leistungsunterschiede eine Balance zu wahren, die allen Seiten entgegenkam. Eine

Runder Tisch

Zwar war der Deutsche Bund in der Wirklichkeit keine Veranstaltung von Gleichen, dazu waren Österreich und Preußen zu übermächtig. Aber in der Bundesversammlung in Frankfurt am Main (auch Bundestag genannt) wahrte man die Form – unter Wiener Vorsitz tagten die Gesandten an einem runden Tisch, der die Hierarchieordnung zumindest optisch verschleierte.

Allianz der mittleren und kleinen Staaten gegen Österreich und Preußen war zwar möglich, aber die meisten Kleinstaaten grenzten an preußisches Gebiet oder waren von ihm umschlossen. Das gab Berlin ein Druckmittel – wer wollte es sich schon mit dem militärisch und wirtschaftlich starken Preußen verscherzen? Die Wiener Politik wiederum verstand es durch geschickte Diplomatie, sich häufig die Mittelstaaten geneigt zu machen. Die wiederum vermieden es jedoch, sich zu einseitig aufzustellen, eher betrieben sie eine Art Schaukelpolitik. Solange Wien und Berlin sich aber einig waren, konnten sie Mehrheiten am Bundestag ohne weiteres organisieren.

Eine aktive Bundesversammlung

Der Bundestag versuchte sich in den ersten Jahren seiner Existenz als eigenständiges Organ zu etablieren. Die Gesandten, die nach der Bundesakte nicht strikt weisungsgebunden waren, nahmen die Bundespolitik in ihre Hände und versuchten, die föderative Integration, welche die Bundesakte ermöglichte, voranzubringen. Vor allem der Württemberger Karl August von Wangenheim – für den Konservativen Metternich ein »übler Demagoge« –, der Hesse Georg Ferdinand von Lepel und der Bayer Johann Adam von Aretin wollten die Bundesversammlung nutzen, um dem Bund insgesamt eine Richtung im Sinne der süddeutschen Verfassungsstaaten zu geben. Wangenheims Idee war es, »Föderalismus und Liberalismus vom dritten Deutschland her zu verbinden und auf der Bundesebene gemeinsam ins Spiel zu bringen« (Heinrich Lutz). Auch der österreichische Gesandte Johan Rudolf von Buol-Schauenstein neigte zu einer aktiven Bundespolitik, um den Bund als »Band der Nationalität« zu stärken. In seiner Eröffnungsrede am 5. November 1816 betonte der Vorsitzende der Bundesversammlung, dass es das Ziel sei, den Bund fortzuentwickeln: »Jeder Deutsche erwartet mit Zuversicht und Vertrauen, dass wir eingedenk unsers Berufs, das Gebäude des großen National-Bundes vollenden werden.« Freilich stießen die Bemühungen um mehr bundeseinheitliche Regelungen oft auf Widerstand in den Landesregierungen, weshalb der Versuch einer eigenständigen Frankfurter Bundespolitik durch die Gesandten über viel versprechende Ansätze nicht hinausgekommen ist.

Rolle rückwärts: Karlsbader Beschlüsse …

Als sich in der kleinen Nationalbewegung militante Tendenzen zeigten und der Jenaer Theologiestudent Karl Ludwig Sand am 23. März 1819 in Mannheim den als reaktionär verschrienen Dramendichter August von Kotzebue ermordete, verständigte sich Metternich mit Preußen auf eine bundespolitische Wende. Er lud Vertreter einiger Bundesstaaten in das böhmische Kurstädtchen Karlsbad, wo er Maßnahmen absprach, die vordergründig der Bekämpfung der nationalistischen Burschenschaften dienen sollten, in Wirklichkeit aber gegen liberale Bestrebungen gerichtet waren: ein Universitätsgesetz zur Überwachung der Studenten und Professoren, ein Pressegesetz zur Ausweitung der Zensur, ein Untersuchungsgesetz, mit dem eine zentrale Spitzelbehörde in Mainz errichtet wurde. Das Verfahren Metternichs war nicht verfassungskonform, denn Ort dieser Gespräche hätte die Bundesversammlung sein müssen. Die Karlsbader Beschlüsse wurden am 20. September 1819 dem teils gar nicht eingeweihten Bundestag vorgelegt und eilends durchgedrückt. Die Verfassungsstaaten stimmten zu, freilich dachten Bayern, Württemberg und Baden nicht daran, das Beschlossene auch in aller Härte umzusetzen. Wie im Reich war auch jetzt die Umsetzung von Bundesgesetzen autonome Ländersache, und das gab den Regierungen Spielraum.

… und Wiener Schlussakte

Der zweite Schritt zur reaktionären Verschärfung der Bundespolitik war die Wiener Schlussakte vom 15. Mai 1820, mit der die Bundesakte ausgestaltet wurde. Diese verfassungspolitische Präzisierung erfolgte weitgehend im Sinne der Großmächte, indem das Instrument der Bundesintervention als Disziplinierungsmittel geschaffen wurde. Die »Aufrechterhaltung der innern Ruhe und Ordnung in den Bundesstaaten« blieb zwar Aufgabe der Landesregierungen, »als Ausnahme kann jedoch, in Rücksicht auf die innere Sicherheit des gesammten Bundes, und in Folge der Verpflichtung der Bundes-Glieder zu gegenseitiger Hülfsleistung, die Mitwirkung der Gesamtheit zur Erhaltung oder Wiederherstellung der Ruhe, im Fall einer Widersetzlichkeit der Untertahnen gegen die Regierung, eines offenen Aufruhrs, oder gefährlicher Bewegungen in mehreren Bundesstaaten, Statt finden«. Die »Mitwirkung«, also das Eingreifen anderer Bundesstaaten, konnte auch unaufgefordert erfolgen. Dieser Artikel 25 der Schlussakte war ein Freibrief zur Unterdrückung liberaler und nationaler Bestrebungen. Die Karlsbader Beschlüsse und die Wiener Schlussakte legten die Verfassungsstaaten an die österreichisch-preußische Kette, und im Bundestag fanden die liberaleren Staaten meist keine Mehrheit. Die Komplizenschaft zwischen Wien und Berlin fand fortan vor allem in direkten Vorabsprachen der Frankfurter Bundespolitik ihren Ausdruck. »In der inneren Bundespolitik hatte seit 1819/20 die Sicherung des Status quo absolute Priorität, während die föderative Integration Deutschlands, welche bei der Bundesgründung ein wichtiges Leitmotiv gewesen war, praktisch aufgegeben wurde.« (Jürgen Müller)

Monarchisches Prinzip

Freilich gelang es Metternich und den reaktionären Kräften nicht mehr, die süddeutsche Verfassungsgebung mit ihren modernen Repräsentativversammlungen durch die Wiener Schlussakte zurückzudrehen. Ganz im Gegenteil: Sie wurde letztlich zu ihrer Garantie. Denn laut Artikel 56 der Schlussakte durften bestehende Verfassungen nur auf verfassungsmäßigem Weg abgeändert werden – also in den Verfassungsstaaten nicht gegen den Willen der Landtage. Der Bund hatte hier kein Interventionsrecht, die Verfassungsautonomie der Länder war nicht zu erschüttern. »Die Partie ist angefangen, die Partie muss gespielt werden«, lautete der berühmte Satz des württembergischen Außenministers Ernst Graf von Wintzingerode. Doch Metternich fand einen Weg, die Weiterentwicklung zu behindern. Artikel 57 bestimmte, dass »die gesammte Staats-Gewalt in dem Oberhaupte des Staats vereinigt bleiben« müsse, die souveränen Fürsten könnten »durch eine landständische Verfassung nur in der Ausübung bestimmter Rechte an die Mitwirkung der Stände gebunden werden«. Dieses »monarchische Prinzip« konnte genutzt werden, um den Einfluss der Landtage zu begrenzen und den Übergang zum parlamentarischen System zu blockieren. So lange freilich die Landtage bei der Steuerbewilligung und vor allem der Haushaltsgenehmigung mitredeten, und das taten sie in aller Regel auch, »war das konstitutionelle System (...) immer virtuell parlamentarisch« (Hartwig Brandt). Im Jahr 1833 stellte der württembergische Ministerpräsident Johannes Schlayer fest, »dass die Regierung auf die Majorität der Stände als auf ihre Grundlage sich stützen müsse«. So war das mit der Schlussakte eingeführte »monarchische Prinzip« zwar kein unüberwindbares Hindernis, aber doch ein verfassungspolitischer Hemmschuh, der jederzeit aufs Gleis gelegt werden konnte, um den liberalen Zug zu stoppen.

Die »Epuration« des Bundestags

Der dritte Schritt zur Unterordnung des Bundes unter den reaktionären Willen der österreichisch-preußischen Vormächte war die Absetzung der selbstbewussten Gesandtenriege in Frankfurt, die auf Druck aus Wien und Berlin hin erfolgte. Neben Wangenheim und Aretin fiel der »Epuration« im Jahr 1823 auch Buol-Schauenstein zum Opfer. Das zentrale Bundesgremium war damit seiner selbständigen Köpfe beraubt. Der Bundestag hatte als »Plattform für ein parlamentarisches Kräftespiel zwischen den Bevollmächtigten« (Peter Burg) ausgespielt, denn die Wiener Schlussakte hatte auch verfügt, dass die Gesandten nicht mehr ohne Instruktionen ihrer Regierungen handeln durften. Nachfolger wurden brave Beamte, die sich eigenständiger Politik enthielten, der Versuch einer autonomen Politik der Verfassungsstaaten am Bundestag war beendet. »Steriles restauratives Denken« (Jürgen Angelow) herrschte fortan in der Bundesversammlung. Als politisch gestaltende Kraft war sie seit 1823 ausgeschaltet, ihre Arbeit erschöpfte sich in den nächsten Jahrzehnten häufig in Protokollangelegenheiten, bürokratischem Kleinkram und dem Durchwinken von Beschlüssen. In den Zwanzigerjahren des 19. Jahrhundert legten sich Lähmung und Perspektivlosigkeit über das deutsche Verfassungsleben.

Liberaler Aufschwung – abgebremst

Erst in der Folge der Pariser Julirevolution kam es 1830 auch zu einem liberalen Aufbruch in Deutschland. Nun bildete sich ein politisches Vereinsleben heraus, in dem sich bereits die künftigen Parteilinien abzeichneten: Liberale, Konservative, Demokraten, auch schon die ersten Sozialisten fanden sich zusammen, um über die politische Zukunft des Deutschen Bundes zu debattieren. Hochburgen waren

Demokratische Initialzündung
Das Hambacher Fest Ende Mai 1832 steht am Beginn der deutschen Demokratiegeschichte. Es markiert auch den Wunsch nach einem deutschen Nationalstaat, den sich freilich die meisten Demokraten jener Tage nicht als einen Zentralstaat, sondern als einen Bundesstaat mit einer vom Volkswillen bestimmten Bundesebene vorstellten.

Württemberg, Baden und die Pfalz – »das südwestdeutsche Labor, in dem das Moderne erprobt wurde« (Hartwig Brandt). Und das Lager der Verfassungsstaaten vergrößerte sich nun um Braunschweig, Hannover, Kurhessen und Sachsen. Die Mehrheit der Bundesstaaten war jetzt »konstitutionell«, was irgendwann auf die Bundespolitik durchschlagen musste. Dadurch aber wuchs der Gegensatz zwischen dem Dritten Deutschland und den Vormächten Preußen und Österreich noch. Wien und Berlin handelten schnell. Nach dem Hambacher Fest im Mai 1832, als »Nationalfest der Deutschen« ein Höhepunkt der Protestbewegung für mehr politische Freiheit, erließ der Bundestag auf ihren Druck hin die »Sechs Artikel«: Die Zensur wurde verschärft, politische Vereine wurden verboten, öffentliche Versammlungen eingeschränkt, vor allem aber bekamen die Landtage Fesseln angelegt, indem durch eine extensive Auslegung der Wiener Schlussakte das Petitions- und Gesetzgebungsrecht, das Budgetrecht und die Rede- und Berichtsfreiheit eingeschränkt wurden. Bedenken in den Verfassungsstaaten hielten Wien und Berlin die Devise »Bundesrecht bricht Landesrecht« entgegen. Baden wurde so gezwungen, sein liberales Pressegesetz zu verschärfen. Dass Monarchen und Regierungen auch in den Verfassungsstaaten die Maßnahmen letztlich billigten, hing nicht nur mit der Furcht vor »nationalen Umtrieben« zusammen, sondern auch mit dem gewachsenen Selbstbewusstsein der Landtage. Die Parlamente waren nämlich bisweilen weit weniger bequem, als man sich das in den Regierungen wünschte. So waren die 1830er Jahre »durch eine Verschärfung der parlamentarischen Kämpfe und eine Verhärtung der verfassungspolitischen Fronten gekennzeichnet« (Heinrich Lutz).

Ein »Nationalrath« soll es richten

Der reaktionären Bundespolitik setzten die Liberalen nun offen die Forderung nach parlamentarischer Volksrepräsentation auch im Bund entgegen. Im Oktober 1831 schlug Carl Theodor Welcker, einer der Köpfe der liberalen Bewegung, im badischen Landtag einen »Nationalrath« vor, ein nationales Parlament, zur »Vervollkommnung der organischen Entwicklung des deutschen Bundes zur bestmöglichen Förderung deutscher Nationaleinheit und deutscher staatsbürgerlicher Freiheit«. Und der Liberale Sylvester Jordan plädierte im kurhessischen Landtag dafür, ausgehend von den bundesstaatlichen Ansätzen in der Bundesakte zu einer »constitutionellen Verfahrungsweise« in Frankfurt zu kommen. An einer solchen Bundesreform aber hatten die Regierungen kein Interesse, am allerwenigsten die in Wien und Berlin. Doch die Opposition dagegen nahm Fahrt auf, und sie verband sich über die Länder hinweg. Die Vorstellung, dass es in Deutschland mehr politischer Einigkeit und Einheit bedurfte, gewann immer mehr Anhänger. Doch war diese Nationalbewegung immer auch sehr heterogen: Sie reichte von gemäßigten, dem Föderativen verbundenen Liberalen bis hin zu radikal-zentralstaatlichen Republikanern.

Spitzelwesen gegen Liberale, Nationale und Demokraten

Die konservativen Kräfte nahmen diese Bewegung nicht auf, sondern suchten sie nur noch mehr zu bekämpfen. Der »Frankfurter Wachensturm« im April 1833 – ein Angriff Heidelberger Studenten auf die Hauptwache, um eine deutsche Revolution zu entfesseln, der aber nicht einmal die Frankfurter Bevölkerung mitriss – diente als Vorwand, um die antiliberalen und antinationalen Maßnahmen des Bundes zu verschärfen. Auf den Wiener Ministerialkonferenzen im Frühjahr 1834 wurde unter Federführung Metternichs das polizeistaatliche System des Bundes ausgeweitet. Zur Kontrolle der Presse trat eine weitere zentrale Spitzelbehörde ins Leben, deren Berichte zu Hunderten von Strafverfahren gegen Liberale und Demokraten führten. Freilich hatten sich schon in Wien mehrere Verfassungsstaaten – Bayern, Sachsen, Hannover, Württemberg, Baden, Kurhessen, Sachsen-Weimar, Nassau, einige der Kleinstaaten – sperrig gezeigt, die Durchsetzung der dennoch beschlossenen »Sechzig Artikel« erfolgte nicht überall mit Nachdruck oder in Gänze. Sie waren zudem verfassungswidrig, da sie zum Teil geheim blieben. Die Teilung Deutschlands in zwei Lager dokumentierte auch der Hannoveraner Verfassungskonflikt 1837. Dort nahm – entgegen dem Bundesrecht – König Ernst August die Verfassung einseitig zurück, sieben Göttinger Professoren, darunter die Gebrüder Grimm, wurden entlassen, was für Empörung in ganz Deutschland sorgte. In der Bundesversammlung kam jedoch keine Mehrheit zu Stande, diesen Verfassungsbruch per Bundesintervention – die eigentlich rechtlich geboten gewesen wäre – rückgängig zu machen. Nur Bayern, Württemberg, Baden, Sachsen, die sächsischen Herzogtümer und die freien Städte stimmten dafür.

Unerträgliche Bundespraxis

So hatte der Föderalismus des Deutschen Bundes um 1840 eine merkwürdige Gestalt angenommen. Eigentlich als Mittel zur Machtbalance und zur Garantie eigenstaatlicher Entwicklung der Bundesglieder gedacht, war der Bund immer mehr zum Werkzeug reaktionärer Politik geworden – die bundesstaatlichen Möglichkeiten wurden für eine repressive Politik genutzt. Auch wenn deren Umsetzung im Belieben der Länder stand und sie daher nicht überall voll durchschlug, wurde doch deutlich, dass ein Föderalismus keine Zukunft haben konnte, der die zentralen Bundeskompetenzen vor allem dazu nutzte, liberale Bestrebungen niederzuhalten. Die fortschrittliche Entwicklung in einem Teil des Bundes wurde über den Bund behindert – hier bahnte sich ein fundamentaler Verfassungskonflikt an. »Der Gegensatz zwischen den in den vorhandenen Landesverfassungen verbrieften Freiheiten und Rechten einerseits sowie der politischen Praxis des Bundes andererseits wurde immer spürbarer. Konstitutionelle Rechte, wie sie das liberale Bürgertum für unverzichtbar hielt, waren folglich nur noch über eine Revision oder Abschaffung der Bundesverfassung zu erreichen.« (Jürgen Angelow). Und genau darauf zielte die liberaldemokratische Bewegung, die seit 1830 Fahrt aufgenommen hatte – auf eine Umgestaltung des Bundes. Zwar hatte die föderale Doppelstaatlichkeit eben jene Entwicklung ermöglicht, gegen die Österreich und Preußen die Bundesebene zu instrumentalisieren versuchten: Nur in der lockeren Föderation von 1815 konnten sich die Verfassungsstaaten behaupten. Insofern waren die meisten Liberalen und Demokraten nicht antiföderalistisch; es ging nur einer Minderheit um einen Einheitsstaat. Das Problem war, dass eine politische Fortentwicklung auf Landesebene durch den Bund gehemmt werden konnte. Daher griff um 1840 immer mehr die Erkenntnis um sich, die beste Sicherung gegen reaktionäre Bestrebungen sei die Umformung des Deutschen Bundes zu einem föderativen Verfassungsstaat nach süddeutschem Vorbild.

KAPITEL 9

Die Revolution 1848/49

Einheit oder Freiheit?

Auf einem der vielen Freiheitsfeste im Jahr 1832 hielt der badische Liberale Karl von Rotteck eine Rede, in der er auch auf Deutschlands Verfassung zu sprechen kam und den verbreiteten Wunsch nach mehr deutscher Einheit: »Ich will die Einheit nicht anders als mit Freiheit, ich will lieber Freiheit ohne Einheit als Einheit ohne Freiheit. Ich will keine Einheit unter den Flügeln des preußischen oder österreichischen Adlers… Ein Staatenbund ist laut dem Zeugnis der Geschichte zur Bewahrung der Freiheit geeigneter als die ungeteilte Masse eines großen Reiches.« Rotteck zog den lockeren Föderalismus des Deutschen Bundes vor, denn immerhin garantierte der, dass in Baden weit liberaler regiert werden konnte als in anderen Staaten. Wie der Freiburger Professor dachten viele Liberale seiner Generation, die dem vom Alten Reich geprägten föderativen Nationalverständnis anhing.

Die Stimmung kippt

Schon ein Jahrzehnt später hatte sich die Stimmung allerdings deutlich verändert. Im Sommer 1847 schrieb die »Deutsche Zeitung«, ein liberales südwestdeutsches Blatt, die Entwicklung werde dahin gehen, »die schlaffen staatenbündlichen Bestimmungen in bundesstaatliche anzuziehen«. Das war, im kräftigen Tonfall durchaus typisch, der Ruf nach einem anderen, einem stärker national-demokratischen und auch unitarischen Föderalismus. Erst mehr Einheit werde die Freiheit bringen, so glaubten viele im liberalen Lager nun. Jetzt erst unterschied man streng nach dem Staatenbund (der negativ gesehen wurde) und dem Bundesstaat, der zum politischen Schlagwort für mehr politische Einheit mit einem nationalen Parlament als Kernziel wurde. Diese gesamtdeutsche Volksvertretung sollte dafür sorgen, dass Freiheit nicht nur in einigen Ländern herrschte, sondern in ganz Deutschland – indem eine demokratisch-liberale Bundesgesetzgebung allen Bundesstaaten eine freiheitlichere Form gab. Liberalisierung von oben her – so könnte man das bundesstaatliche Programm nennen, das nun populär wurde. »Einigkeit und Recht und Freiheit«, wie sie der Dichter August Heinrich Hoffmann von Fallersleben 1841 in seinem populären Lied einforderte, sollten durch einen starken Bundesstaat verwirklicht werden. Und man beachte: Es war bei Hoffmann nur von Einigkeit die Rede, einheitsstaatlich dachte man nicht unbedingt im nationalen Lager.

Auf liberaler und demokratischer Seite spielte dabei das Vorbild der Vereinigten Staaten von Amerika eine Rolle, die als geglückte Verbindung von Einheit und Vielfalt in einem Bundesstaat galten – mit einer vergleichsweise starken Bundesebene, einem mächtigen Präsidenten und einem kräftigen Zweikammerparlament. Auch der Rückblick ins Alte Reich beflügelte die Forderungen nach einem Bundesstaat. Welcker betonte in einem Beitrag zum liberalen »Staatslexikon« dessen bundesstaatliche Elemente, womit er vor allem die Reichsgerichtsbarkeit meinte, die Schutz für Landtage wie Untertanen vor landesherrlicher Willkür geboten hatte. Daran wollte man anknüpfen.

Mehr Stärke auch nach außen

In Hoffmanns Lied war auch von »Deutschland, Deutschland über alles« die Rede. Es war Ausdruck eines nationalen Überschwangs, ja einer nationalistischen Welle, die im Revolutionsjahrzehnt durch Deutschland schwappte und weit mehr Menschen mitriss als die Freiheitskriegsbegeisterung eine Generation zuvor. Viele träumten von einem mächtigen Deutschland. 1840 war in Frankreich wieder einmal die Forderung nach der Rheingrenze populär geworden, die kriegerischen Töne und das nationalistische Begleitgetöse fanden ein ebenso lautes Echo auf deutscher Seite. Vielen Nationalbegeisterten missfiel jetzt die passive außenpolitische Rolle des Deutschen Bundes, dessen Friedenswahrungsfunktion als Zentrum des Staatensystems im politischen Bewusstsein verblasste. Deutschland als Ganzes sollte ebenfalls aktive Außenpolitik treiben können, wie Großbritannien und Frankreich, denn nicht zuletzt über außenpolitische Stärke – symbolisiert durch eine mächtige Flotte und ein großes Heer – definierte man nationale Größe. Und durch die Fähigkeit zur Expansion. Imperiales und nationales Denken verbanden sich. Auch hier kam das Reich ins Spiel, freilich in einer betont imperialen Ausdeutung: Man schwelgte geradezu in der Erinnerung an eine vermeintlich große Zeit deutscher Kaiserherrlichkeit und Vormacht über Europa. Auch das sollte der Bundesstaat wieder herbeizaubern, der durchaus als deutsche Form des Nationalstaats begriffen wurde. Doch sollte er mächtig sein. In diesem Klima begann jene folgenreiche Umdeutung des Föderalismus, die letztlich dazu führte, dass man mit der lockeren Form des Deutschen Bundes Schwäche und Rückständigkeit assoziierte, mit dem unitarisch gedachten Bundesstaat dagegen Stärke und Fortschritt.

Der Deutsche Zollverein

Der Wunsch nach mehr Einheit hatte freilich auch ganz sachliche, ökonomische Ursachen. Die vor allem von Großbritannien ausgehende Industrialisierung begann auch die deutsche Wirtschaft zu verändern, zuerst in Sachsen und den preußischen

Provinzen Schlesien, Rheinland und Westfalen. Der rasch voranschreitende Eisenbahnbau, 1835 in Bayern mit der Strecke Nürnberg-Fürth begonnen, führte die Regionen enger zusammen. Die Märkte wurden weiträumiger, der Ruf nach mehr Wirtschaftseinheit wurde lauter. Schon 1834 war der Deutsche Zollverein gegründet worden, ein Werk preußischer Politik, über den sich der Einfluss Berlins in Deutschland erweitern ließ. Denn der Zollverein war keine rein ökonomische Angelegenheit, sondern löste auch eine politische Dynamik aus, die der preußische Handelsminister Friedrich Christian von Motz schon 1829 vorhergesagt hatte: »Wenn es staatswissenschaftliche Wahrheit ist, dass Zölle nur die Folge politischer Trennung verschiedener Staaten sind, so muss es auch Wahrheit sein, dass Einigung dieser Staaten zu einem Zoll- und Handelsverbande zugleich auch Einigung zu einem und demselben politischen System mit sich führt.« Kein Wunder, dass Metternich mit Entsetzen reagierte und von einem »Nebenbunde« sprach, denn Preußen hielt Österreich aus dem Zollverein fern. Die Mitglieder des Zollvereins waren gleichberechtigt, alle besaßen ein Vetorecht. Zwar waren die Interessen nicht ganz kongruent: Preußen vertrat den Freihandel, in den Mittelstaaten herrschten Schutzzollinteressen vor. Doch da die meisten Mitglieder finanziell profitierten, war der Zollverein aus der Sicht aller ein Erfolgsmodell. In gewisser Weise entstand so auch eine »verfassungspolitische Alternative zum Deutschen Bund« (Dietmar Willoweit). Schon bald war der Zollverein populärer als der Bund, der seine Möglichkeiten, wirtschafts- und handelspolitisch aktiv zu werden, nicht genutzt hatte. Die Anfänge einer Zollunion gehen auf Bestrebungen im Dritten Deutschland zurück. 1828 kam der Bayerisch-Württembergische Verein zu Stande, bald darauf verbanden sich Hannover, Kurhessen, Braunschweig und Sachsen im Mitteldeutschen Handelsverein, 1833 gründete sich der Thüringische Zoll- und Handelsverein. Diese Vereinigungen waren eine wirtschaftspolitische Fortsetzung der »Binnenbündelei« des Alten Reiches. Ein Zollverein nur des Dritten Deutschlands kam allerdings nicht zustande. Im Deutschen Zollverein verbanden sich schließlich die meisten Staaten des Bundes bis auf Österreich, Hannover, die beiden Mecklenburg, Oldenburg, Schaumburg-Lippe und die Hansestädte. Der Föderalismus des Deutschen Bundes hemmte allerdings den wirtschaftlichen Fortschritt nicht, denn wie im Alten Reich galt nun erst recht, dass die staatliche Vielfalt ihre positiven Seiten hatte – die »Staatenkonkurrenz dürfte letztlich eher wachstumsstimulierend gewirkt haben« (Hans-Werner Hahn). Und der Staat spielte bei der Industrialisierung Deutschlands eine stärkere Rolle als etwa in England oder Nordamerika.

Liberale Reformer, demokratische Revolutionäre

Im Herbst 1847 gingen die führenden politischen Bewegungen – Liberale und Demokraten – in die Offensive, das Bürgertum forderte jetzt massiv seine Beteiligung ein. Auf großen Versammlungen wurden die Forderungen nach einer Verfassungsreform immer wieder erhoben. Die Demokraten, deren Hochburgen in Baden, Sachsen und Württemberg waren und die sich auch um die Interessen der kleinen Leute kümmerten, forderten am 12. September 1847 in Offenburg die Anerkennung von Menschenrechten in den Landesverfassungen und eine republikanische Reform des Bundes auf der Grundlage der Volkssouveränität, mit einem starken nationalen Parlament. Dem Frankfurter Bundestag, dessen Arbeit intransparent war, misstrauten die Demokraten zutiefst. Deren Führer Gustav von Struve hatte schon 1846 geschrieben: »Die Exklusivität der deutschen Bundesversammlung war aber und ist der Garant ihrer politischen Bedeutungslosigkeit. Siebenzehn Männer können aber nur dadurch auf 40 Millionen wahren Einfluss gewinnen, dass sie mit denselben in engen Wechselverkehr treten. Wo ein solcher nicht stattfindet, können Gefühle, Hoffnungen und Erwartungen nicht angeregt, kann kein Zutrauen begründet werden.«

Den Liberalen, die vor allem im neuen Unternehmertum und bei den Advokaten, Professoren und Beamten stark waren (»Reichtum und Intelligenz«), gingen einige demokratische Forderungen zu weit. Sie wollten nicht an den Thronen rütteln und befürworteten daher am 10. Oktober bei ihrem Treffen in Heppenheim eine Bundesreform in Zusammenarbeit mit den Monarchen und Landesregierungen. Der künftige Bundesstaat sollte die »Besonderheit und angemessene Selbstverwaltung der einzelnen Länder« bestehen lassen. Auch unter den Landesregierungen gab es Bewegung. Preußen hatte seine enge Bindung an Wien etwas gelockert, der seit 1840 regierende König Friedrich Wilhelm IV. gab sich offen für nationale und liberale Ideen, Preußen machte sogar Vorschläge für eine Bundesreform, die auch der Frankfurter Bundesversammlung wieder etwas Leben einhauchten.

März 1848: Die Revolution findet in den Ländern statt

Am 24. Februar 1848 wurde in Paris die Republik ausgerufen. Die revolutionäre Aufregung griff schnell auf Deutschland über. In den meisten Mittel- und Kleinstaaten, voran in Hessen-Darmstadt, Württemberg, Baden, Bayern und Sachsen, wurden innerhalb weniger Tage liberale »Märzregierungen« eingesetzt, um Empörung und Unmut im Volk aufzufangen. Diese Regierungen machten sich die so genannten »Märzforderungen« zu Eigen, die auf Hunderten von Versammlungen erhoben wurden: Ende der polizeistaatlichen Maßnahmen und Versammlungs-, Rede- und Pressefreiheit, politische Gleichberechtigung aller Staatsbürger, eine unabhängige Justiz mit Schöffengerichten, Volksmilizen, Stärkung der Landtage. Und vor allem: Einberufung eines gesamtdeutschen Parlaments. In Bayern musste Ludwig I., durch seine Affäre mit der Tänzerin Lola Montez angeschlagen, sogar auf den Thron verzichten. Im Dritten Deutschland gelang so in kürzester Zeit der Übergang zur parlamentarischen Monarchie, denn die »Märzministerien« bestanden häufig aus prominenten liberalen Abgeordneten und hatten die Mehrheit der

Landtage hinter sich. Die Revolution von 1848 fand in den Ländern statt, die verändert, aber nicht abgeschafft werden sollten. »Gerade die Parlamente von 1848 haben bei allem Einheitsengagement das Eigenrecht der Einzelstaaten kräftig vertreten.« (Thomas Nipperdey)

Österreichisches Drama, preußisches Schauspiel

In Preußen und Österreich verliefen die Ereignisse im März 1848 nicht ganz so glimpflich. In Wien kam es zu gewalttätigen Aktionen, Bürgerwehr und Studenten übernahmen das Stadtregiment. Am 13. März wurde Metternich gestürzt, im April erließ Kaiser Ferdinand eine Verfassung, im Mai wurde ein gesamtösterreichischer Reichstag einberufen. Die neue Regierung war jedoch weit weniger liberal als in den Mittelstaaten. In Wien ging es um mehr als nur um Verfassungsfragen. Es ging um die Existenz des Gesamtstaats und seiner Herrscherdynastie. Im Vielvölkerreich gärte es schon lange, Ungarn, Tschechen, Polen, Italiener, Kroaten, Serben und Slowenen forderten mehr nationale Eigenständigkeit. Es war im Frühjahr und Sommer 1848 durchaus nicht klar, ob die Habsburgermonarchie das Jahr überstehen würde. Auch in Berlin kam es zu Unruhen. König Friedrich Wilhelm hatte im Jahr zuvor die in ihn gesetzten Erwartungen enttäuscht, als er zunächst einen Vereinigten Landtag einberief, der eine Staatsanleihe für den Eisenbahnbau bewilligen sollte, ihn dann aber wieder nach Hause schickte, als die Mehrheit der Abgeordneten verlangten, vor einer Anleihenbewilligung müsse erst der Landtag dauerhaft eingerichtet werden und Preußen eine Verfassung bekommen. Beim Geld, so der berühmte Satz des liberalen Abgeordneten David Hansemann, höre schließlich die Gemütlichkeit auf. Als am 18. März 1848 nach einer Demonstration vor dem Schloss in Berlin 230 Männer und Frauen durch das Militär getötet wurden, lenkte Friedrich Wilhelm zunächst ein. Er ritt demonstrativ durch Berlin mit einer schwarz-rot-goldenen Armbinde, ein Höfling trug ein Plakat hinterher, auf das eine Kaiserkrone gemalt war. In einer Rede erklärte der König: »Preußen geht fortan in Deutschland auf.« Es war Theater, um der revolutionären Bewegung die Spitze zu nehmen. Doch kam auch Friedrich Wilhelm nicht umhin, Ende März eine liberale Regierung einzusetzen und für Mai eine preußische Nationalversammlung nach Berlin zu berufen. Auch eine Verfassung wurde in Aussicht gestellt.

»Die Besinnung verloren«: Der Bundestag bewegt sich doch

Im Bundestag versammelten sich nun immer mehr Gesandte, die von liberalen Ministerien ernannt worden waren. Die Frankfurter Versammlung war dadurch in der Lage, zu der eigenständigeren Politik aus der Zeit vor 1823 zurückzukehren. Bewegung hatte der Bundestag aber schon in der alten Besetzung gezeigt. Am 29.

Februar 1848 empfahl er sich in einem Aufruf als das »gesetzliche Organ der nationalen und politischen Einheit Deutschlands«. Am 3. März hob er das Pressezensurgesetz praktisch auf, eine Woche später erklärte er den Reichsadler zum Bundeswappen und Schwarz-Rot-Gold »als Farben des ehemaligen deutschen Reichs-Paniers« zu Bundesfarben. Am 10. März rief der Bundestag die Einzelstaaten auf, »Männer des öffentlichen Vertrauens« in einen »Siebzehnerausschuss« zu entsenden, der die Bundesverfassung »auf breiter nationaler Grundlage« überarbeiten sollte, um den Vorschlag dann einer Nationalversammlung zur Abstimmung vorzulegen, deren Wahl den Landesregierungen empfohlen wurde. »Der Bundestag scheint total die Besinnung verloren zu haben«, meinte der preußische Außenminister Karl von Canitz. Auch wenn die bemerkenswerte Schnelligkeit von Reformvorschlägen in der Angst vor einem radikalen Umsturz begründet war, zeigten die Abläufe am Bundestag in Abstimmung mit den Ländern (allen voran Baden und Bayern) doch, dass eine Selbstreform des Bundes möglich war.

Die Ausschuss der siebzehn Vertrauensmänner

Der Siebzehnerausschuss war eine Versammlung honoriger Männer. Die Runde teilte sich in eine rechtsliberale und eine linksliberale Gruppe – die einen wollten am System der Verfassungsmonarchie festhalten, die anderen waren für demokratische Einflüsse offen. An der Spitze der Rechtsliberalen stand der von Preußen entsandte Historiker Friedrich Christoph Dahlmann, dazu gehörten der Österreicher Anton Ritter von Schmerling, der Verleger Friedrich Bassermann aus Baden und der von Holstein nominierte Historiker Johann Gustav Droysen. Im linksliberalen Lager standen der württembergische Dichter und Landtagspolitiker Ludwig Uhland, der streitbare Jurist Sylvester Jordan aus Hessen-Kassel und der von den freien Städten nominierte Historiker Georg Gottfried Gervinus, einer der »Göttinger Sieben«. In nur drei Wochen gelang es der Runde, einen Entwurf auszuarbeiten, der am 26. April 1848 der Bundesversammlung vorgelegt wurde. Der Siebzehnerausschuss »konzipierte einen nationalen Bundesstaat, dessen Verfassung die bestehenden Bundesgrundgesetze vollkommen ignorierte und statt dessen eine eigenständige Schöpfung auf der Basis der liberalen Grundsätze darstellte« (Jürgen Müller).

»Deutsches Reichsgrundgesetz«

Der »Entwurf des deutschen Reichsgrundgesetzes« war eine musterhaft schlanke Verfassung, kurz und bündig mit nur 30 Artikeln und einem erläuternden Vorwort. Er war die Keimzelle aller späteren deutschen Verfassungen, ein Kompromiss zwischen den unitarisch gesinnten Rechtsliberalen um Dahlmann und der antizentralistischen Gruppe um Uhland und Gervinus. »Die zum bisherigen deutschen Bunde gehörigen Lande ... bilden fortan ein Reich (Bundesstaat)«, lautete der erste Artikel. Gervinus sah sich zu einer Erklärung in der »Deutschen Zeitung« veranlasst: Man habe das Wort Bundesstaat in Klammer hinzugesetzt, weil der Begriff des Reiches »die Einheit zu ausschließlich ausspreche«, während die eigentliche Aufgabe die Umwandlung des Staatenbundes in einen Bundesstaat sei. »Die Selbstständigkeit der einzelnen deutschen Staaten wird nicht aufgehoben«, hieß es im Verfassungstext, »aber, so weit es die Einheit Deutschlands fordert, beschränkt.« Einzelne Staatsangelegenheiten sollten fortan »ausschließlich der Reichsgewalt anheimfallen«, dem Volk würden »gewisse Grundrechte und Einrichtungen von Reichswegen gewährleistet«. Die Schaffung eines Einheitsstaats wurde im Vorwort als »ein plötzlicher leichtsinniger Bruch mit unserer ganzen Vergangenheit« abgelehnt, man setzte auf Kooperation mit den Landesregierungen. Neben einem Reichstag mit zwei Kammern und einem Reichsoberhaupt (»residirt zu Frankfurt am Main«) sah der Entwurf eine Reichsregierung vor, wobei jedem Reichsministerium eine eigene Verwaltung zukam. Das war eine Abkehr von der Tradition, wonach Verwaltung allein Ländersache war. Doch wurde keine Möglichkeit geschaffen, dass die Reichsgewalt Zuständigkeiten der Länder an sich ziehen konnte, wie im späteren Entwurf der Nationalversammlung. Der Föderalismus des »Siebzehnerentwurfs« ähnelte hier eher der dualen US-Verfassung. Das Reich war für die Außenvertretung und das Heerwesen zuständig, dazu Zoll, Post, Währung und Verkehr. Der Reichsetat sollte durch Zoll- und Posteinkünfte gedeckt werden, notfalls konnte das Reich die Einzelstaaten mit Reichssteuern belegen, um seinen Aufgaben nachzukommen. Zur Machtbegrenzung der Reichsgewalt und zur Gewährleistung der Grundrechte war ein Reichsgericht vorgesehen. Es sollte in Nürnberg sitzen – gemäß der föderalen Tradition, das oberste Gericht nicht am Regierungssitz anzusiedeln. Der Reichstag war in ein demokratisch gewähltes Unterhaus und ein Oberhaus gegliedert, in dem die regierenden Fürsten (oder deren Stellvertreter), je ein Abgeordneter der freien Städte und 161 von den Landtagen gewählte oder von den Landesregierungen

Ausgeprägter Föderalist
Georg Gottfried Gervinus, linksliberaler Historiker und Mitglied des Siebzehnerausschusses wie auch der Paulskirchenversammlung von 1848, gehörte zu den bedeutenden Anhängern eines ausgewogenen Bundesstaatsmodells. Er verfocht nicht zuletzt die machthemmende Funktion des Föderalismus.

ernannte Reichsräte sitzen sollten – eine Mischung aus US-Senat, britischem Oberhaus und alter Reichs- und Bundestagstradition. Neben den beiden Kammern musste auch das Reichsoberhaupt den Reichsgesetzen zustimmen, es hatte also ein Vetorecht wie der amerikanische Präsident (und einst der Kaiser). Als Reichsoberhaupt sollte ein »deutscher Kaiser« fungieren, der erste Inhaber war von den Fürsten aus ihrer Mitte zu wählen, dann jedoch sollte der Titel erblich sein. Dieses Erbkaisertum war im Ausschuss allerdings höchst umstritten; Uhland forderte später, es solle »kein Haupt über Deutschland leuchten, das nicht mit einem vollen Tropfen demokratischen Öls gesalbt ist«.

Kritik aus allen Ecken

Durch die »Siebzehnerverfassung« wäre ein Bundesstaat mit einer stärkeren Trennung der Bundes- und Landesebene entstanden. Doch der Entwurf stieß auf Kritik aus allen Ecken (was nicht unbedingt gegen ihn sprach). Österreich, Preußen und Bayern äußerten Bedenken, weil ihnen die Einschränkung der Landesautonomie zu weit ging. Aus Hannover kam ein Gegenvorschlag, der auf eine Beibehaltung der gesamten Verwaltungshoheit bei den Ländern zielte. Die demokratische Linke stieß sich am Erbkaisertum, zudem missfiel ihr, dass der Entwurf quasi eine Auftragsarbeit des Bundestags war, also jener Einrichtung, die man jahrelang mit Misstrauen betrachtet hatte. So wurde der Entwurf zerredet, obwohl er eigentlich eine für alle Seiten akzeptable Verhandlungsgrundlage war. In der Nationalversammlung, die am 18. Mai 1848 in der Frankfurter Paulskirche zusammentrat, spielte der Siebzehnerentwurf kaum noch eine Rolle. Dies war umso tragischer, als gerade im Frühstadium der Revolution die Durchsetzung einer neuen Verfassung die besten Chancen hatte, da in den meisten Ländern liberale Regierungen amtierten, auch in Österreich und Preußen Parlamente eingesetzt waren und der Bundestag fast vollständig mit liberalen Politikern besetzt war. So stark wie im Frühsommer 1848 sollte die Interessenkongruenz zwischen Ländern und Nationalversammlung nie mehr sein. Und aus der Sicht der Länder erwies sich der Siebzehnerentwurf als akzeptabler im Vergleich zum späteren Paulskirchenentwurf.

Zerwürfnis zwischen Liberalen und Demokraten

Eine Ursache für die Entscheidung, in der Nationalversammlung einen völlig neuen Entwurf zu erarbeiten, war das tiefe Zerwürfnis zwischen Liberalen und Demokraten, das sich im April 1848 im »Vorparlament« auftat, welches die gesamtdeutschen Wahlen vorbereiten sollte. Viele Demokraten, aber auch manche Liberalen trauten den alten Kräften nicht und wollten keine Kooperation mit dem Bundestag – trotz der Neubesetzung. Zudem forderte die demokratische Linke weiter-

Unitarische Wende
Die Nationalversammlung, die am 18. Mai 1848 in der Frankfurter Paulskirche ihre Beratungen aufnahm, stand vor der Aufgabe, einen künftigen Bundesstaat zu konstruieren. Am Ende siegten die Vertreter einer ausgeprägt unitarischen Lösung, die sich freilich nicht durchsetzen ließ. Dennoch markiert die Paulskirchenverfassung eine Wende in der deutschen Verfassungsgeschichte, denn sie war fortan Vorbild der national-unitarischen Bewegung.

hin eine Republik. Dem Antrag der liberalen Mehrheit für eine Bundesreform stellte Gustav von Struve die demokratische Forderung entgegen: »Aufhebung der erblichen Monarchie und Ersetzung derselben durch frei gewählte Parlamente, an deren Spitze gewählte Präsidenten stehen, alle vereint in der föderativen Bundesverfassung nach dem Muster der nordamerikanischen Freistaaten«. Die Demokraten, die in keiner »Märzregierung« vertreten waren, wollten das Vorparlament zur permanenten Einrichtung machen – nur so glaubte man, die Revolution in Bewegung halten zu können. Die liberale Mehrheit lehnte das ab. Darauf zogen die Radikalen aus dem Vorparlament aus. Struve und sein Mitstreiter Friedrich Hecker inszenierten zwei Wochen später einen gewaltsamen Umsturzversuch in Baden – ein aussichtsloses Unterfangen, das durch Bundestruppen beendet wurde. Die Wahl zur Nationalversammlung, bei der noch keine Parteien im heutigen Sinne antraten, war für damalige Verhältnisse sehr demokratisch. Etwa 75 Prozent der Männer waren wahlberechtigt. Die meisten Abgeordneten waren Bürgerliche – Anwälte, Richter, Professoren, Beamte. Sie teilten sich in fünf Lager: republikanische Demokraten, eine gemäßigte Linke mit Demokraten und Linksliberalen, die Rechtsliberalen, die Konservativen und die relativ große Gruppe der »Stegreif-Ritter«, die sich keiner Fraktion fest anschlossen und mal so, mal so votierten. Dass Deutschland ein Bundesstaat sein sollte, darüber bestand weitgehende Einigkeit zwischen den Fraktionen. Über dessen konkrete Ausgestaltung aber waren sie uneins – »alle Richtungen benutzten den Begriff des Bundesstaats jeweils so, wie es ihren divergierenden politischen Absichten entsprach« (Michael Dreyer).

Die Fraktionen: Welcher Föderalismus soll es sein?

Die Fraktionen waren nach ihren Versammlungslokalen in der Frankfurter Innenstadt benannt. Die größte Fraktion waren die Rechtsliberalen, die gut ein Viertel der Abgeordneten stellten und als »Casino« bezeichnet wurden. Sie kamen überwiegend aus Preußen und Norddeutschland. Zu ihnen gehörte auch der einflussreiche Parlamentspräsident und einstige Burschenschaftler Heinrich von Gagern. Das »Casino« (Urzelle der späteren Nationalliberalen Partei) wollte an der Monarchie festhalten, das Erbkaisertum für die Hohenzollern sichern und die staatliche Vereinigung Deutschlands unter preußischer Führung durchsetzen. In dieser Fraktion sprach man mehr vom Reich als vom Bundesstaat, und dieses Reich sollte vor allem außenpolitisch mächtig sein. Das »Casino« war unitarisch eingestellt, ein ausgewogener Föderalismus war in den Augen der Rechtsliberalen eher ein Hindernis für die wirtschaftliche und machtpolitische Entwicklung Deutschlands.

Das linke Zentrum, Linksliberale und gemäßigte Demokraten, etwa ein Achtel der Abgeordneten, kam im »Württemberger Hof« zusammen. Die Fraktion wurde von süddeutschen Abgeordneten dominiert, die oft schon landespolitische Erfahrung hatten. Sie wollten die Länder nicht schwächen und strebten für den neuen Bundesstaat eine parlamentarische Monarchie nach britischem Vorbild an. Die USA waren das Vorbild für die Ausgestaltung des Föderalismus. Der Heidelberger Rechtsprofessor Karl Mittermaier, einer ihrer Köpfe, sagte in den Verfassungsberatungen: »In jenem Land ist die Aufgabe gelöst, die Macht einer Centralregierung – dem Zwecke der amerikanischen Verfassung treu: einen vollkommenen Verein zu bilden, Gerechtigkeit zu begründen, innere Ruh zu sichern, für eine gemeinsame Vertheidigung zu sorgen, und den Segen der Freiheit zu bewahren –, mit der vollsten Möglichkeit einer wohlthätigen Entwickelung der Einzelstaaten in Harmonie zu bringen.« Die Linksliberalen misstrauten einer zu starken Zentralgewalt. Dem Staatsoberhaupt wollte man allenfalls ein aufschiebendes Veto zuerkennen.

Die Linke tagte zunächst im »Deutschen Hof«, im Juni spaltete sich die radikale Fraktion »Donnersberg« ab, die im Gegensatz zu der von Robert Blum aus Sachsen geführten Gruppe keine Kompromisse mit den Liberalen machen wollte. Im Programm der Demokraten war von der »Aufhebung der Zerrissenheit Deutschlands und Wiederherstellung der Einteilung in Reichskreise« die Rede. Die Kreise lebten also in der Erinnerung fort als Möglichkeit einer Bundesorganisation abseits der Fürstenstaaten. Die USA dienten auch hier als Vorbild, doch war der Föderalismus der Demokraten unitarischer gefärbt als der amerikanische – hier kam der zentralistische Republikanismus Frankreichs ins Spiel. Daher wollten die Demokraten auch nur eine Kammer auf nationaler Ebene. Der Reichskreisplan hätte zur Zerschlagung Preußens und Österreichs geführt und den Kleinstaaten ein Ende bereitet – eine mit Blick auf die Großmächte illusorische Absicht. Immerhin debattierte die Paulskirchenversammlung ausgehend davon eine weitere »Flurbereinigung«, nach der siebzehn Staaten und vier Städte übrig geblieben wären. Aus dem Plan wurde aber nichts, er scheiterte vor allem an den Interessen Preußens und seiner Parteigänger in Frankfurt: Denn aus der Berliner Sicht bedeuteten mehr Mittelstaaten einen geringeren Einfluss Preußens in Deutschland. Die Konservativen der Fraktion »Café Milani« schließlich – etwa sechs Prozent der Abgeordneten und damit eher marginal – wollten möglichst starke Einzelstaaten, im Grunde eine Fortsetzung des Deutschen Bundes ohne Reform.

Das Parlament verzettelt sich

Angesichts der erheblichen Differenzen und der Unfähigkeit, sich auf der Grundlage des vorliegenden »Siebzehnerentwurfs« zu einigen, verzettelte sich die Nationalversammlung und beriet zuerst wochenlang über die Grundrechte. Im Vorgriff auf die Bundesverfassung setzte sie auf Vorschlag Gagerns eine »provisorische Zentralgewalt« ein, mit dem österreichischen Erzherzog Johann als Staatsoberhaupt (»Reichsverweser«), dem der Bundestag am 12. Juli 1848 seine Vollmachten übertrug, womit der Deutsche Bund vorläufig aufhörte zu existieren. Ein vor allem von Rechtsliberalen besetztes Kabinett hatte einen Ministerpräsidenten und Ressortchefs für Äußeres, Inneres, Finanzen, Justiz, Handel und Kriegswesen. Die Entscheidung sollte Folgen haben: »Ein solches Zentralisierungsprojekt brachte die Nationalversammlung unweigerlich auf Konfrontationskurs mit den Einzelstaaten.« (Frank Lorenz Müller) Mit denen sollte sich nämlich die Zentralgewalt nur »soweit thunlich in's Einvernehmen setzen«. Doch die Einzelstaaten besaßen weiter alle Mittel der Exekutive – Bürokratie, Polizei, Militär. Die Frankfurter Zentralgewalt besaß nichts: keine diplomatisches Korps, kein Schatzamt, keine Armee. Der britische Gesandte Lord Cowley hatte für die Frankfurter Vorgänge bald nur noch Spott übrig: »Eine Kammer, die gleichzeitig verfassunggebend und exekutiv sein will – eine Regierung mit nichts zu regieren. Ein Reichsverweser ohne Reich. Was für eine Kinderei!« Außer den USA erkannte kein anderer Staat die neue deutsche Nationalregierung an. Und als die Nationalversammlung auch noch auf einen Krieg gegen Dänemark um das nicht zum Bund gehörende Schleswig zusteuerte, war es aus mit dem Verständnis in den europäischen Hauptstädten. Einen expansiven Machtstaat in der Mitte Europas wollte man sich ersparen. Viele Abgeordnete von links bis rechts aber zielten auf ein militärisch schlagkräftiges Deutschland – man plante schon den Aufbau einer Reichsflotte. Droysen forderte in der Paulskirche ganz offen, dass »vierzig Millionen Menschen im Herzschilde Europas eine Weltmacht sein müssen«. Das war des unitarischen Pudels Kern. Der Casino-Liberale Georg Beseler gab in einer Paulskirchenrede unumwunden zu: »Es ist das Bedürfnis nach Macht und einer Weltstellung, welches durchaus mit dem Streben nach Einheit verbunden ist, und damit wir dies erreichen, dürfen wir nicht bloß abstrakten Freiheitsbestrebungen nachjagen, sondern müssen auch als Nation zusammenhalten und handeln.«

Kleindeutsch oder großdeutsch?

Der zentrale Streitpunkt der Paulskirchenversammlung aber war die Frage, ob der neue Staat kleindeutsch (ohne Österreich) oder großdeutsch (mit den deutschen Ländern Österreichs) sein sollte. Die kleindeutsche Lösung lief auf die preußische Führung als alleiniger Vormacht im Bundesstaat hinaus, die großdeutsche auf eine Auflösung des Habsburgerstaates und dessen Umformung zu einer Union selbständiger Staaten mit dem Wiener Kaiser als gemeinsamem Staatsoberhaupt. Die deutschen Länder Österreichs hätten dann dem neuen deutschen Reich beitreten können. An diesem Gegensatz bissen sich die Parlamentarier fest. Rechtsliberale und norddeutsche Konservative vertraten die kleindeutsche Idee. Sie waren am Erfolgsmodell Zollverein orientiert, Österreich galt ihnen als ein Klotz am Bein. Linksliberale und Demokraten, auch katholische Konservative, waren mehrheitlich großdeutsch gesinnt. Sie wollten nicht »auf das deutsche Österreich nur deswegen verzichten, weil dieses mit anderen Völkern einen gemeinsamen Monarchen hatte« (Heinrich-August Winkler). Der von Gagern vorgeschlagene Kompromiss, einen engeren (kleindeutschen) Bundesstaat mit Preußen an der Spitze zu schaffen, der dann mit Gesamtösterreich einen Staatenbund bilden sollte, fand zu wenig Unterstützung. An dieser kniffligen Frage, die auch eng mit dem jeweiligen Föderalismusverständnis verbunden war, ist die Nationalversammlung letztlich gescheitert. Zumal in Wien nach dem Sieg der Gegenrevolution im Spätherbst 1848 keinerlei Entgegenkommen mehr zu erwarten war

Die Verfassung der Paulskirche: Ein sehr unitarischer Bundesstaat

Die Paulskirchenverfassung, die seit dem Spätherbst 1848 in der Versammlung debattiert wurde, war vor allem von den Vorstellungen der »Casino-Fraktion« geprägt. Im Gegensatz zum »Siebzehnerentwurf« war in dem am Ende vorgelegten Entwurf nicht ausdrücklich von einem Bundesstaat die Rede, nur in einem Paragraphen ist der Begriff beiläufig erwähnt. Allerdings hatte der Verfassungsausschuss des Parlaments in seinem Bericht vom 20. Oktober 1848 dazu einiges gesagt. Zwar sollte grundsätzlich der Föderalismus des neuen Reiches auf »einer herrlichen Vereinigung von zwei Elementen, dem nationalen Element der Gemeinsamkeit, und dem Elemente partikularer Eigenthümlichkeit« beruhen. Auch sollten die Länder durch das geplante Reichsgericht vor einer Übermacht und vor »Übergriffen« der Reichsebene geschützt sein. Ja man sprach sogar von einem Wettkampf der Einzelstaaten »in Verbesserung, Bildung, Sorge für Lokalinteressen« – aber nur innerhalb »weiser, durch die Macht der Bundesgewalt und Verwirklichung der Gesamtinteressen gezogener Schranken«. Das Anliegen war vor allem Beschränkung von Autonomie und Kontrolle der Länder durch den Bund.

Die Einzelstaaten behielten zwar nominell alle staatlichen Hoheiten und Rechte, soweit sie nicht an das Reich übertragen wurden. Gesetzgebung sollte jedoch vor allem Aufgabe des Reiches sein, um neben der Wirtschafts- auch die Rechtseinheit herzustellen. Daher hatte das Reich die Zuständigkeiten für Verkehr, Zoll- und Handelswesen, Gewerberegulierung, Post und Münzwesen, bürgerliches Recht und Strafrecht. Dank einer Generalklausel sollte das Reich zudem weitere Zuständigkeiten an sich ziehen können, wenn es »im Gesammtinteresse Deutschlands gemeinsame Einrichtungen und Maaßregeln nothwendig findet« – eine Gummiklausel, mittels derer die Länder entmachtet werden konnten, auch wenn diese Möglichkeit zum Eingreifen in die Landeshoheit an eine verfassungsändernde Mehrheit gebunden war. Diese Zuständigkeitsautorität war eine folgenreiche Neuerung, die bis heute im deutschen Verfassungsrecht unter dem hübschen Begriff »Kompetenz-Kompetenz« fortlebt. Reichsgesetze gingen nach dem Entwurf denen der Einzelstaaten vor, »insofern ihnen nicht ausdrücklich eine nur subsidiäre Geltung beigelegt ist«. Zur Finanzierung des Reiches wurden ein Teil der Zolleinnahmen, ein Anteil an den Produktions- und Verbrauchssteuern und so genannte Matrikularbeiträge von den Ländern vorgesehen. Deren Steuerautonomie wurde aber praktisch abgeschafft: Die Gesetzgebung über »gemeinschaftliche Produktions- und Verbrauchsteuern« lag allein beim Reich, Art und Umfang der Landessteuern sollte ebenfalls zentral bestimmt werden können. Da das Steuerbewilligungsrecht zu den wesentlichen Grundlagen jedes Parlaments gehört, lief dies auf eine Entmachtung der Landtage durch das Reich hinaus – der »Casino-Fraktion« war Parlamentarismus in den Ländern offenbar nicht wichtig.

Die Länder: Verwaltung statt Politik

Verwaltung sollte grundsätzlich eine Angelegenheit der Einzelstaaten bleiben. Man hoffte wohl, so die Widerstände in den Ländern zu überwinden. Denn die wesentliche Aufgabe der Fürsten in den Verfassungsstaaten – Haupt der Exekutive – wurde somit nicht berührt. Zudem waren die Landesexekutiven ja durchaus effizient, die Praxis im Bund wie im Zollverein hatte gezeigt, dass es einer Zentralverwaltung im Bundesstaat nicht bedurfte, solange die Länder Gesetze bundestreu ausführten. Dank der Generalklausel konnte die »Reichsgewalt« aber auch eigene Verwaltungen schaffen. Die Zusammensetzung des Bundesstaats aus den bestehenden Staaten des Deutschen Bundes war nicht garantiert, es wurde die Möglichkeit offengelassen, dass »mehrere Staaten zu einem Ganzen verbunden werden«. Das Gegenteil war nicht der Fall, eine Zerschlagung Preußens – wie von der Linken gefordert – lag nicht im Interesse der Rechtsliberalen. Der Reichstag der Paulskirchenverfassung hatte zwei Kammern. Das Volkshaus sollte nach einem einheitlichen, gleichen und direkten Männerwahlrecht bestimmt werden, die Mitglieder des Staatenhauses waren je zur Hälfte durch die Regierungen der Länder und die Landtage zu ernennen. Das Staatenhaus wurde teils nach dem alten Gesandtschaftsprinzip des Reichstags bestimmt, teils über die Landtage nach dem Vorbild des damaligen US-Senats, dessen Mitglieder auch noch indirekt gewählt wurden. Zum »Kaiser der Deutschen« sollte ein regierender deutscher Fürst gewählt werden, die Würde des Reichsoberhaupts war dann aber erblich »im Mannesstamme«. Mit dieser Lösung, die den Hohenzollern zugedacht war, fiel die Paulskirchenverfassung hinter das Wahlkönigtum des Alten Reiches zurück. Das Reichsoberhaupt war militärischer Oberbefehlshaber, das Reich hatte »die gesammte bewaffnete Macht Deutschlands zur Verfügung«.

»Gehorsam von jedem Einzelstaate«

Die Verfassung wurde am 27. März 1849 von der schon nicht mehr vollzähligen Nationalversammlung mit der knappen Mehrheit von 267 zu 263 Stimmen angenommen – sie bekam also nicht einmal jene Zweidrittelmehrheit, die in der Verfassung selbst für eine Verfassungsänderung vorgesehen war. Das unitarische Bundesstaatsmodell war also keineswegs das Ergebnis eines breiten Konsenses. Das Werk der Paulskirche markierte freilich eine unitarische Wende im deutschen Föderalismus: Es war keine Verfassung, die bestimmte Aufgaben zur gemeinsamen Lösung auf die Bundesebene hebt, ansonsten aber die Einzelstaaten ihre eigenen Wege gehen lässt. Man wollte keine »Vereinigten Staaten von Deutschland« schaffen, sondern einen nationalen Einheitsstaat im föderalen Mäntelchen. Das Deutschland der Paulskirchenverfassung mutete an »wie ein nach Einheit strebender Staat, der sich gezwungen sieht, der Existenz intermediärer Institutionen Rechnung zu tragen« (Horst Dippel). Die Verfassung von 1849 stellte eine gesetzgebende Kommandozentrale über die Länder, denen vor allem die Exekutive, die Verwaltung blieb. Es wurde ein hierarchischer Föderalismus geschaffen, der ein umfängliches Hineinregieren des Bundes in die Länder ermöglichte. Die Wortwahl klingt für unsere Ohren bisweilen fast autoritär. Der Einzelstaat sei »als Glied dem Ganzen unterworfen«, hieß es in der Begründung des Verfassungsausschusses, die Reichsgewalt allein »verwirklicht den Nationalwillen« und »fordert Gehorsam von jedem Einzelstaate«. Dass ein Nationalwille sich auch auf zwei Ebenen verwirklichen kann, dass Demokratie nicht zwangsläufig mit einem einheitlichen Volkswillen einhergeht, das wollten die Frankfurter Verfassungsschöpfer nicht anerkennen. Gemessen am Verlauf der Ereignisse von 1848 war die Frankfurter Reichsverfassung ohnehin ein merkwürdiges Ergebnis: Es wurden ausgerechnet die Länder geschwächt, also jene Ebene, auf der zumindest in den Mittelstaaten der politische Fortschritt im Deutschen Bund stattgefunden und wo die Revolution sich durchgesetzt hatte.

Die Gegenrevolution siegt

Die Paulskirchenverfassung war freilich eine Totgeburt, die Nationalversammlung hatte im Frühjahr 1849 den Kampf mit den alten Kräften, vor allem in Österreich und Preußen, längst verloren. Nicht in Frankfurt scheiterte die Revolution, sondern vor allem in Wien und Berlin. Im Oktober 1848 hatte die Nationalversammlung die Regierenden in Österreich vor die Wahl gestellt, entweder die Donaumonarchie in Einzelstaaten aufzulösen, die in Personalunion verbunden bleiben konnten, oder aus dem Reich auszuscheiden. Freilich war dort zu dem Zeitpunkt bereits die Gegenrevolution angelaufen, der neue konservative Ministerpräsident Felix Fürst zu Schwarzenberg machte deutlich, dass an eine Auflösung der Habsburgermonarchie nicht zu denken sei. Man werde sich auch nicht aus Deutschland hinauswerfen lassen, lautete Schwarzenbergs Devise. Um jedem Missverständnis vorzubeugen, kündigte Kaiser Franz Joseph I. eine Verfassung an, die die Einheit des Habsburgerstaats festschrieb. In Berlin war derweil die liberale Regierung ebenfalls nicht mehr im Amt, das preußische Gesamtparlament wurde im Dezember von Friedrich Wilhelm aufgelöst. Der König oktroyierte zwar eine Verfassung, die aber hinter denen der süddeutschen Länder zurückblieb und auch erst 1851 in Kraft trat. Die Paulskirchenverfassung wurde am Ende dennoch von 28 Bundesstaaten gebilligt, darunter auch Württemberg, aber Österreich, Preußen, Bayern, Sachsen und Hannover lehnten ab. Die Regierung in München schrieb am 26. April 1849 zur Begründung: »Eine solche Zentralisierung eines großen Volkes ist auch nach dem Zeugnisse der älteren und neueren Geschichte das Grab seiner gleichmäßigen Entwicklung und Bildung, seiner inneren Ruhe und selbst seiner Freiheit.« Und man betonte den friedenswahrenden Charakter der bisherigen Bundesverfassung:

»Es darf auch nicht unbeachtet bleiben, dass jedem Volke in der Weltgeschichte ein besonderer Beruf zukommt, dass die politische Macht nach außen weder die einzige noch die edelste Aufgabe eines Volkes ist.« In München lehnte man den Frankfurter Bundesstaat zwar nicht rundweg ab, war aber der Meinung, »dass Deutschland nicht völlig zentralisiert zu werden braucht, um eine starke Gesamtregierung zu erhalten«.

Vergebliche Kaiserwahl, vergebliche Aufstände

Am preußischen Nein änderte auch nichts, dass die Nationalversammlung Friedrich Wilhelm am 28. März 1849 zum Kaiser wählte. Der König wollte diese Würde nur annehmen, wenn die deutschen Fürsten zustimmten, eine Krone aus parlamentarischer Hand war für ihn nur ein »Reif aus Dreck und Letten«. Damit zerrieselte auch die letzte Hoffnung der Frankfurter Abgeordneten im brandenburgischen Sand. Was folgte, war eine Serie von Aufständen, vor allem in der Pfalz und in Sachsen, um die Frankfurter Reichsverfassung doch noch durchzusetzen, sowie ein Umsturz in Baden, wo die Linke die nachfolgenden Wahlen zum Landtag gewann. Truppen unter preußischer Führung schlugen die südwestdeutschen Aufstände nieder. Die Nationalversammlung zerfiel, die Linke bildete in Stuttgart ein Rumpfparlament, das aber am 18. Juni 1849 von der württembergischen Regierung aufgelöst wurde. Der Versuch, den Deutschen Bund zu einem nationalen Bundesstaat zu machen, war gescheitert. Aber das Scheitern war nicht ganz folgenlos. Die Frankfurter Pläne wurden zum Zündfunken für die Kette von Bundesreformplänen bis 1866. Die Verfassung der Paulskirche beeinflusste auch die Verfassung des Kaiserreichs von 1871, vor allem aber war sie eine Blaupause für den unitarisch-hierarchischen Föderalismus der Weimarer Republik und wirkte 1948/49 auch noch bei den Schöpfern des Grundgesetzes nach. Die USA haben in gewisser Weise vom Misserfolg der deutschen Demokraten und Liberalen profitiert: Viele »48er«, enttäuscht von ihrer politischen Heimat, wanderten nach Nordamerika aus – Zehntausende allein aus dem kleinen Großherzogtum Baden. Einige diese »Forty-Eighters« machten dort eine politische Karriere, allen voran Carl Schurz, der es bis zum Bundesminister brachte. Präsident Abraham Lincoln fand unter ihnen viele Anhänger.

KAPITEL 10

Neubeginn und Ende des Deutschen Bundes 1850-1866

Ringen um den Bund

Dem Scheitern der Nationalversammlung und ihrer Verfassung 1849 folgte ein jahrelanges Gezerre um die künftige Gestaltung eines gesamtdeutschen Bundes, das 1866 in den deutschen Bürgerkrieg mündete, der zum Ausscheiden Österreichs aus dem deutschen Staatsverband und letztlich zur alleinigen preußischen Hegemonie über den Rest Deutschlands führte. Die Jahre nach 1850 waren geprägt vom Machtkampf zwischen Österreich und Preußen. Das Dritte Deutschland wurde zwischen den beiden Großmächten hin- und hergerissen, der Deutsche Bund in diesem Streit zerrieben. Destruktiv gebärdete sich vor allem Preußen, das durch Blockadepolitik – ähnlich wie unter Friedrich II. hundert Jahre zuvor – wieder eine gesamtdeutsche Verfassungsordnung zum Einsturz bringen wollte. Die schwächelnde Donaumonarchie konnte keine Führungsrolle mehr spielen, während die Mittelstaaten nicht in der Lage waren, eine dauerhafte gemeinsame Front zu bilden und den Deutschen Bund als mitteleuropäische Balanceordnung zu erhalten. Dabei war die Bundesebene durchaus noch funktionsfähig, ja er erfuhr allen Wirren zum Trotz in jenen Jahren sogar noch eine gewisse Weiterentwicklung.

Preußens Bundesplan und Österreichs Gegenplan

Der erste Vorstoß, das gesamtdeutsche Verfassungsvakuum nach dem Ende der Revolution zu füllen, kam aus Berlin. Im Mai 1849 schloss Preußen ein Dreikönigsbündnis mit Sachsen und Hannover für eine kleindeutsche Union (was stark an die Fürstenbundstrategie Friedrichs II. erinnerte). Eine Verfassung wurde entworfen, die sich auf die der Paulskirche stützte, sie aber in konservativ-preußischem Sinne zuspitzte. So sollte es vor allem ein absolutes Vetorecht des Staatsoberhaupts gegen das Parlament geben, die Besetzung des Volkshauses sollte nicht nach dem demokratischen gleichen Männerwahlrecht, sondern dem gerade in Preußen eingeführten Dreiklassenwahlrecht erfolgen. Viele »Casino«-Liberale begrüßten die Unionspläne, 28 Länder schlossen sich der Union an, es waren aber vor allem die Kleinstaaten. Bayern und Württemberg distanzierten sich, und auch Sachsen und Hannover stiegen wieder aus, noch bevor im Januar 1850 die Wahlen für ein Unionsparlament in Erfurt stattfanden. Die Demokraten beteiligten sich an der Wahl erst gar nicht. So kam am Ende nur ein Verein norddeutscher Staaten zu Stande, die Erfurter Union, sozusagen eine Vorstufe zum Norddeutschen Bund von 1867, mit einem Parlament, das vor allem den kleindeutschen Nationalliberalismus repräsentierte. Österreichs Gegenzug ließ nicht lange auf sich warten: Im Oktober 1849 legte der Handelsminister Karl Ludwig von Bruck den Plan einer mitteleuropäischen Zoll- und Handelsunion vor. In Wien glaubte man, die Regierungen der Mittelstaaten wie auch die deutsche Nationalbewegung durch eine Erweiterung des Zollvereins locken zu können. Der Vorstoß fand jedoch kaum Unterstützung.

Zurück zum Bund

Gegen die Pläne in Wien und Berlin formierte sich im Februar 1850 das Vierkönigsbündnis von Bayern, Sachsen, Hannover und Württemberg. Es zielte auf eine Reform des Deutschen Bundes, mit einem Bundesdirektorium als Exekutivorgan an der Spitze, mit einer Nationalversammlung und einem Bundesgericht. Das Vierkönigsbündnis fand zwar zunächst keine Resonanz, die kleineren Staaten der Erfurter Union blieben bei Preußen. Doch markierte es den Beginn einer Kette von Bemühungen, das Dritte Deutschland zu sammeln. Die führenden Köpfe dieser »Triaspolitik« gegen die beiden deutschen Großmächte waren der sächsische Minister Friedrich Ferdinand von Beust und der bayerische Ministerpräsident Ludwig von der Pfordten. Gemeinsam mit Österreich belebten die vier Königreiche zunächst den Bundestag in Frankfurt. Als der in einen Verfassungskonflikt in Hessen-Kassel auf Seiten des reaktionären Fürsten eingriff, kam es zu einer Auseinandersetzung mit Preußen (wohl das eigentliche Ziel der Bundesintervention), das sich wegen der Mitgliedschaft des Landes in der Erfurter Union provoziert fühlte. Beide Seiten standen kurz vor einem Krieg. Preußen musste jedoch – auch auf Druck Russlands und Englands – zurückstecken und im November 1850 die Erfurter Union auflösen. Das wurde in Berlin als Schmach empfunden. Doch Wien nahm Rücksicht auf den alten Hegemonialpartner und verzichtete darauf, seine bundespolitischen Vorstellungen gegen Preußen durchzusetzen. Die Frage der Reform des Deutschen Bundes sollte auf einer Konferenz geklärt werden. Im Dritten Deutschland witterte man bereits wieder die alte Vereinbarungspolitik. »Die mittelstaatlichen Regierungen sahen die Gelegenheit versäumt, das eroberungsgierige Preußen ein für allemal in die Schranken zu weisen.« (Heinrich Lutz)

Die Dresdner Konferenzen

Von Dezember 1850 bis Mai 1851 wurde auf der vereinbarten Konferenz in Dresden der Versuch unternommen, den Deutschen Bund auf eine neue Grundlage zu stellen. Und es ging auch darum, zumindest einen Teil des Erbes von 1848 zu retten. Denn ohne Rücksicht auf die Nationalbewegung konnte es keine Verfassungsreform geben. Pfordten forderte daher, »der deutschen Nation den ihrer jetzigen Bildungsstufe entsprechenden Grad bürgerlicher Freiheit zu gewähren«. In Dresden aber blockierten die beiden Großmächte jede Einigung. Preußen wollte die förmliche Parität mit Österreich im Bundesvorsitz durchdrücken, was auch die Mittelstaaten ablehnten, weil Preußen zu wenig Vertrauen genoss. Österreich drang dagegen weiter auf einen Gesamteintritt der Habsburgermonarchie in den Bund, was ebenso auf Ablehnung stieß, denn die anderen wollten sich nicht die außerdeutschen Probleme der Habsburger aufhalsen. Der Wunsch vor allem aus Sachsen, Hannover und Württemberg, ein Bundesparlament zu etablieren – von Österreich abgeblockt und auch von Preußen, trotz der Erfurter Unionsverfassung, die genau das vorgesehen hatte (ein Beispiel für die doppelbödige Bundespolitik Berlins). Die Schaffung einer stärkeren Bundesexekutive unter Führung der Großmächte und der Mittelstaaten – verwehrt von der Gruppe der Kleinstaaten mit Rückendeckung Preußens, das in einer solchen Exekutive die Gefahr einer österreichisch-süddeutschen Blockbildung witterte. Das Ergebnis von Dresden war daher die Wiederbelebung des Deutschen Bundes in seiner alten Form. Und Österreich und Preußen – gerade noch erbitterte Gegner – gingen wieder einträchtig daran, den Bund für eine Politik im reaktionären Sinne zu instrumentalisieren. Im Herbst 1851 wollten sie über die wieder reaktivierte Spitzelbehörde hinaus sogar eine Bundespolizei schaffen, um so ein Mittel zum direkten Eingreifen in den liberaleren Mittelstaaten zu bekommen. Doch scheiterte das nun in der Bundesversammlung – ihre Polizeihoheit wollten sich die anderen Länder nicht nehmen lassen. Die reaktionären Maßnahmen fruchteten nicht mehr so wie vor 1848. Viele Bundesstaaten setzten sie nur zurückhaltend um, und schon 1854 wurden sie in Baden, Württemberg und Sachsen einseitig außer Kraft gesetzt. Man wollte in den Mittelstaaten nach 1850 einen anderen Deutschen Bund – föderati-

Bismarcks Gegenspieler
Der konservative sächsische Staatsmann Friedrich Ferdinand Graf von Beust stellte sich nach 1850 entschieden gegen die preußischen Bemühungen, eine kleindeutsche Lösung unter Berliner Führung durchzusetzen. Er lehnte sich an Österreich an und war einer der führenden Politiker im Lager des Dritten Deutschlands. Nach dem Scheitern seiner föderalistischen Vorstellungen wurde er 1866 Außenminister in Wien.

ver, freiheitlicher, funktionsfähiger. Mit Österreich und Preußen war das aber nicht möglich. Nach dem Scheitern der Dresdner Konferenz bot der Deutsche Bund daher »das unerquickliche Schauspiel einer Föderation ohne föderative Einigkeit« (Jürgen Müller).

Der Blockierer: Bismarck und der Bund

Preußen hatte seit 1851 eine Verfassung. Die konservativen Kräfte in Adel, Bürokratie und Militär behielten jedoch die Oberhand. Einer ihrer führenden Vertreter war Otto von Bismarck, der nun zum Hauptverantwortlichen für die destruktive preußische Bundespolitik wurde. Von 1851 bis 1859 als Bundestagsgesandter und ab 1862 als preußischer Ministerpräsident saß Bismarck auf den entscheidenden Posten. In Frankfurt betrieb er eine Politik, die von Sticheleien und Querelen gegen Wien und seine Partner geprägt war. Bismarck schaute auch darauf, dass sich im Bundestag möglichst wenig bewegte. Ansätze, das Heimat-, Auswanderungs- und Handelsrecht bundeseinheitlich zu regeln, wurden von Preußen ebenso hintertrieben wie Versuche, die Münz- und Maßsysteme stärker zu vereinheitlichen. Bismarck machte Politik im Bund gegen den Bund. Blieb der schwach und erfolglos, war das gut für Preußen – denn Bismarck wollte das Verlangen nach staatlicher Einheit, das sich ja auch aus der Unzufriedenheit mit dem trägen Frankfurter Betrieb speiste, für die preußischen Interessen nutzen. Freilich fand er dafür nur wenige Partner. Man habe im Bundestag »kaum vier Stimmen für sich«, sagte Bismarck einmal. Das irritierte ihn freilich wenig, denn seine Politik zielte nicht auf Partnerschaft, sondern Vormacht. »Unsre Politik hat keinen andren Exerzierplatz als Deutschland«, schrieb Bismarck 1853. Ein andermal räsonierte er darüber, das preußische Banner am Bodensee aufzupflanzen oder eben dort, »wo die protestantische Konfession endet«. Und zum Machtkampf mit Österreich meinte er: »Einer muß weichen oder vom andern ‚gewichen werden'.« Berühmt geworden ist seine Rede als Ministerpräsident vor der Budgetkommission des preußischen Abgeordnetenhauses am 29. September 1862: »Wir haben die Vorliebe, eine zu große Rüstung auf unseren schmalen Leib zu tragen; nur sollen wir sie auch utilisieren. Nicht auf Preußens Liberalismus sieht Deutschland, sondern auf seine Macht; Bayern, Württemberg und Baden mögen dem Liberalismus indulgieren, darum wird ihnen doch keiner Preußens Rolle anweisen; Preußen muss seine Kraft zusammenfassen und zusammenhalten auf den günstigen Augenblick, der schon einige Male verpaßt ist; Preußens Grenzen nach den Wiener Verträgen sind zu einem gesunden Staatsleben nicht günstig; nicht durch Reden und Majoritätsbeschlüsse werden die großen Fragen der Zeit entschieden – das ist der große Fehler von 1848 und 1849 gewesen –, sondern durch Eisen und Blut.« Das war Bismarcks Programm. So stand Preußen, kriegs- und annexionsbereit gegenüber den eigenen Bundesgenossen, außerhalb des föderalen Konsenses. Der Liberale Franz von Roggenbach, zeit-

Nicht vernähen, sondern trennen
Die Karikatur von 1864 aus der satirischen Zeitschrift »Kladderadatsch« zeigt den österreichischen Außenminister Johann Bernhard von Rechberg und den preußischen Ministerpräsidenten Otto von Bismarck beim Ziehen der »Main-Linie«. Eine Aufteilung Deutschlands in zwei Interessensphären stand in den 1860er Jahren permanent auf der politischen Tagesordnung in Wien und Berlin, mal im Miteinander der deutschen Großmächte, mal im Gegeneinander.

weise badischer Ministerpräsident, befand schon 1859, »dass Preußen von dem Bunde eigentlich nie das erwartete, was die neue Institution nach Sinn und Wort meinte, sondern dass es ihn zu einem transitorischen Mittel für Pläne, die über den Bund hinauslagen, verfälschte, abwechselnd gebrauchte, dann wieder lähmte, je nach seiner oft ganz willkürlichen Auffassung der augenblicklichen Dienlichkeit zu diesem Zwecke«.

Die Reformer: Das Dritte Deutschland

In den Mittelstaaten ging man derweil daran, den Bund so gut es ging am Leben zu halten, ihn zu reformieren, sich gegen Wien und Berlin zusammenzuschließen oder zumindest durch eine Art Gleichgewichtspolitik den preußisch-österreichischen Gegensatz erträglich zu gestalten. In der historischen Erinnerung spielt das

Vorgehen des Dritten Deutschlands heute keine große Rolle mehr, obwohl die Politik der deutschen Mittelstaaten vielleicht mehr zur Vorgeschichte der Bundesrepublik gehört als der Großmachtstreit zwischen Berlin und Wien. Vorherrschend ist die Meinung, alles sei auf die Lösung von 1871 hinausgelaufen. Es gab aber auch andere Wege. Das Vorgehen Bayerns, Sachsens, Württembergs, auch Badens und einiger kleinerer Staaten war die eigentliche Bundespolitik jener Jahre. Und sie fand Zustimmung: »Die Zeitgenossen der 1850er und noch der 1860er Jahre sahen in einer engeren Zusammenarbeit der deutschen Mittelstaaten einen geeigneten Weg zur Lösung der deutschen Frage und setzten auf deren reformpolitische Potenzen große Hoffnungen.« (Jonas Flöter) Ein erster Versuch war die Darmstädter Koalition von 1852, deren Ziel es war, die Aufnahme Österreichs in den Zollverein zu erzwingen. Wien selbst machte den Plan zunichte, als es einen bilateralen Handelsvertrag mit Preußen schloss. Eine zweite Allianz kam im Zusammenhang mit dem Krimkrieg 1854 zu Stande, als sich viele »Drittstaaten« – gegen die Wiener Politik – für eine neutrale Haltung des Deutschen Bundes aussprachen.

Würzburger Koalition

Ende 1859 bildete sich schließlich die Würzburger Koalition. Neben Bayern, Sachsen, Württemberg, den beiden Hessen, Nassau und Mecklenburg-Schwerin waren auch mehrere Kleinstaaten beteiligt – Baden und Sachsen-Weimar standen zu diesem Zeitpunkt jedoch bereits im preußischen Lager, ein deutliches Zeichen, dass die Berliner Spaltungspolitik Wirkung zeigte. In Würzburg einigte man sich auf Vorschläge zu einer weit reichenden Bundesreform. Kern war eine Vereinheitlichung im Zivil-, Straf- und Handelsrecht sowie ein einheitliches Münz-, Maß- und Gewichtssystem. Mit den schon früher vorgeschlagenen institutionellen Reformen – Bundesexekutive, Bundesgericht, Bundesparlament – war dies ein deutlicher Vorstoß zur Stärkung der Bundesstaatlichkeit. Während sich Österreich dem Vorhaben unverbindlich anschloss, antwortete Preußen mit einem Vorstoß zur Reform der Bundeskriegsverfassung, der darauf hinauslief, sämtliche Bundestruppen nur unter preußischen und österreichischen Oberbefehl zu stellen, mit der Grenze entlang der Mainlinie, also faktisch eine Zweiteilung – der Vorschlag erinnerte an die alte Aufteilungspolitik. Im Bundestag gab es dafür keine Stimme, Preußen war völlig isoliert. Freilich verliefen auch die Reformvorschläge der Würzburger Koalition im Sande.

Das Problem war, dass sich im Lager des Dritten Deutschlands kein dauerhafter Konsens über das gemeinsame Vorgehen herstellen ließ. Während Beust eine Sammlungspolitik, eine »Vereinigung der dritten Staatengruppe«, also eine Art Bund im Bunde anpeilte, mit regelmäßigen Ministerpräsidentenkonferenzen und festen Absprachen für die Bundesversammlung, bevorzugte Pfordten die hergebrachte Schaukelpolitik zwischen Wien und Berlin, was auf der alten Münchner

Linie lag, sich als dritte Kraft in Deutschland gerieren zu können. Aber auch die inneren Verhältnisse spielten eine Rolle. In München, Stuttgart und Karlsruhe misstraute man einer zu starken Bindung an Bundesbeschlüsse, die der Erfahrung nach die eigene liberalere Verfassungs- und Innenpolitik stören konnten. Beust dagegen verfocht innenpolitisch eine konservative Linie, die weder Württemberg noch Bayern mittragen mochten. Die Regierung Badens war ohnehin bereits auf die nationalliberale Einheitspolitik eingeschwenkt und daher eher propreußisch. So war das Dritte Deutschland nicht homogen genug, um dauerhaft als eigenständiger Block auftreten zu können oder sich eindeutig auf eine Seite, die preußische oder die österreichische, zu schlagen.

Preußen isoliert sich

Angesichts der offenkundigen Zielsetzung Preußens, seine Vormachtstellung über eine Sammlung Norddeutschlands durchzusetzen, schwenkte Österreich nach 1860 auf die Linie des Dritten Deutschlands ein. Dies wurde erleichtert, weil man in Wien das absolutistische Experiment abgebrochen hatte und seit 1861 eine Verfassung in Kraft war. Dass Preußen in jener Phase eine Annäherung an Frankreich und Italien suchte, die mit Österreich über Kreuz lagen, machte dem restlichen Deutschland klar, worauf man in Berlin hinzuarbeiten begann – den Krieg um die Vorherrschaft in Mitteleuropa. In welche Richtung Bismarck dabei dachte, offenbarte er im Januar 1863 in einem Gespräch mit einem österreichischen Diplomaten: »Für deutsche Nationalität habe ich gar keinen Sinn; mir ist ein Krieg gegen den König von Bayern oder Hannover gerade so viel wie gegen Frankreich.« Kurz darauf wurden österreichisch-mittelstaatliche Überlegungen für eine Bundesreform bekannt: Neben Rechtsvereinheitlichung und einem Bundesgericht sollte es künftig ein Nationalparlament in Form einer Versammlung von Delegierten der Landtage geben. Beust hatte dem schon mit seinem Reformvorschlag von 1861 vorgearbeitet, die vor allem die Bundesversammlung um zweimal jährlich tagende Ministerkonferenzen ergänzen wollte – Tagungsorte dafür sollten Regensburg und Hamburg sein. Auch eine von den Landtagen beschickte Abgeordnetenversammlung als Teil der Bundeslegislative und ein Bundesgericht waren vorgesehen. So hoffte der sächsische Ministerpräsident, den Deutschen Bund zu stabilisieren. Die Reaktionen waren lau. Der württembergische Außenminister Karl von Hügel hielt das Projekt für nicht realisierbar, »denn Preußen wird sich nimmermehr dazu hergeben, einen geregelten Zustand in Deutschland herbeizuführen«. Dazu hätte gehört, dass sich die Regierung in Berlin auch Mehrheitsbeschlüssen hätte beugen müssen. Preußen lehnte Beusts Vorstoß rundweg ab. Auf die Möglichkeit, das preußische Vetorecht im Bundestag zu übergehen (es ging ja um eine Verfassungsänderung), reagierte Bismarck mit einer unverhohlenen Kriegsdrohung gegenüber dem österreichischen Gesandten in Berlin. Zudem forderte der preußische Ministerpräsident jetzt ein direkt und gleich gewähltes Bundesparlament, ein verzweifelter Schachzug und bemerkenswert angesichts der Tatsache, dass er in Preußen die Haltung des Parlaments in jenen Tagen offen missachtete. Denn einen Streit mit der liberalen Mehrheit über die Heeresfinanzierung hatte der preußische Ministerpräsident 1862 zu einem Verfassungskonflikt zugespitzt, Bismarck ging dazu über, gegen Parlament und Verfassung zu regieren.

Franz Joseph will den Bund erneuern

In Wien arbeitete die Regierung im Frühsommer 1863 einen ausführlichen Plan zu einer Bundesreform aus. Der Bundeszweck sollte ausgeweitet werden: Nicht nur die Wahrung der inneren und äußeren Sicherheit, sondern auch die Entfaltung der nationalen Wohlfahrt sollte sein Ziel sein – das hieß vor allem eine stärker einheitliche Wirtschafts- und Handelspolitik. Als oberste Bundesexekutive war ein mehrköpfiges Direktorium vorgesehen, mit Österreich, Preußen und Bayern als ständigen Mitgliedern, besetzt durch Gesandte. Weitere Bundesorgane sollten die Fürstenversammlung sein (mehr eine Dekoration denn ein wirklich politisches Gremium), ein von den Gesandten der Bundesstaaten gebildeter Bundesrat als zweite Kammer und eine indirekt durch die Landtage gewählte Bundesversammlung, also das schon zuvor vorgeschlagene Delegiertenparlament. Diese Versammlung sollte das Gesetzgebungsorgan sein und das Budgetrecht haben, freilich hatte der Vorschlag das erhebliche Manko, dass die Versammlung nur alle drei Jahre zusammenkommen sollte. Auch ein Bundesgericht war vorgesehen. Der Wiener Verfassungsplan stand zwischen der Bundesakte von 1815 und der Verfassung von 1849. »Dass dies Ansatzpunkte waren, um die bundesstaatlichen Elemente in Zukunft noch weiter auszubauen (…), konnte für niemanden zweifelhaft sein« (Heinrich Lutz).

Der Frankfurter Fürstentag 1863

Zur Besprechung des österreichischen Verfassungsplans – in drei Dutzend Paragraphen detailliert ausgearbeitet – lud Kaiser Franz Josephs die deutschen Fürsten für den 16. August 1863 nach Frankfurt ein. In der Öffentlichkeit waren mit diesem Fürstentag große Erwartungen verbunden. Auf dem Bundespalais wehte erstmals seit 1849 wieder die schwarz-rot-goldene Fahne. Fast alle Monarchen und die vier Bürgermeister der freien Städte waren gekommen. Doch neben zwei Duodezfürsten fehlte auch der preußische König Wilhelm, auf Drängen Bismarcks, mit der schwachen Begründung, man müsse zunächst eine Ministerkonferenz zur Beratung des Plans vorschalten. Dem Wunsch Franz Josephs, die Verfassungsänderung auch ohne Preußen abzusegnen, widersetzte sich der Fürstentag jedoch. Man beauftragte daher König Johann von Sachsen, mit seinem Minister Beust zu Wil-

Der Fürstentag in Frankfurt

Am 16. August kamen die deutschen Fürsten auf Einladung des österreichischen Kaisers Franz Joseph (Bildmitte in heller Uniformjacke) im Bundspalais in Frankfurt am Main zusammen, um über Deutschlands Zukunft und einen neuen Wiener Bundesplan zu beraten. Der preußische König Wilhelm aber fehlte, weshalb das Treffen letztlich ergebnislos verlief.

helm zu fahren, der in Baden-Baden zur Kur weilte, und ihn umzustimmen. Mit dabei in der Kurstadt war auch der unvermeidliche Bismarck. Er überredete, das Ende seiner Karriere vor Augen, den preußischen König, nicht nach Frankfurt zu reisen – unter anderem mit der Begründung, das Erscheinen auf dem Fürstentag wäre Landesverrat. Beust drohte er damit, preußische Truppen aus der Bundesfestung Rastatt herbeizurufen, um das Hotel zu umstellen. Am Ende setzte er sich durch, auch gegen Königin Augusta, seine größte Gegnerin am Berliner Hof, die ihren Mann inständig gebeten hatte, nach Frankfurt zu fahren. Am Abend dieses

20. August erlitt Wilhelm einen Nervenzusammenbruch, Bismarck bekam einen Tobsuchtsanfall. Aber es war Geschichte gemacht: Denn obwohl am Tag darauf in Frankfurt 24 Staaten den österreichischen Plan billigten (darunter alle Königreiche, nicht aber Baden und Sachsen-Weimar), machten sie doch zur Bedingung, dass er nur in Kraft treten sollte, wenn Preußen mitwirke. Denn bei aller Abneigung gegen das Regime in Berlin tat man sich schwer mit der Vorstellung, Preußen aus Deutschland auszuschließen. Aber Preußen nutzte die Chance nicht, die das Dritte Deutschland damit eröffnete: Es schwenkte nicht auf einen Kompromisskurs ein. Aus der Bundesreform wurde wieder nichts.

Preußens Krieg gegen Deutschland

Österreich wandte sich nach dem Scheitern des Fürstentags, enttäuscht von den Mittelstaaten, ebenfalls vom Bund ab und fand sich abermals zu einer Allianzpolitik mit Preußen bereit. Die erste gemeinsame Aktion war 1864 der Krieg gegen Dänemark wegen des Dauerkonflikts um das Herzogtum Schleswig, dessen Status umstritten war – Dänemark wollte es sich einverleiben, eine Bundestagsmehrheit forderte den Anschluss an den Deutschen Bund (dem Holstein bereits angehörte, und beiden Herzogtümer war ihre traditionelle Zusammengehörigkeit – »up ewig ungedeelt« – international garantiert). Im Dritten Deutschland sah man die Möglichkeit, einen neuen Mittelstaat im Norden zu etablieren. Preußen und Österreich dagegen ließen im Januar 1864 eigene Truppen in Holstein und Schleswig einmarschieren, und nachdem Dänemark nicht einlenkte, wurde bis April ganz Jütland besetzt. Im Frieden von Wien musste Dänemark am 30.Oktober 1864 nachgeben, aber Schleswig-Holstein wurde nicht zum eigenständigen Bundesmitglied, sondern unter preußische (Schleswig) und österreichische (Holstein) Verwaltung gestellt. Aus dieser Konstellation heraus arbeitete Bismarck auf einen Entscheidungskrieg gegen Österreich hin. Antipreußische Demonstrationen in Holstein, von Wien geduldet, wurden im Januar 1866 zum Anlass genommen, erste Drohungen auszusprechen. Die Finanzierung eines Angriffskriegs war schon 1865 in die Wege geleitet worden, nun schritt man zur Tat, während man in Wien nach dem bekannten Wort des russischen Zaren Alexander allenfalls »zum Krieg resigniert« war. Um Österreich in eine Zweifrontenlage zu bringen, schloss Preußen – gegen jedes Bundesrecht – ein Angriffsbündnis mit Italien. Österreich bandelte darauf mit Frankreich an, setzte aber vor allem weiter auf den Bund. Am 7. Juni 1866 marschierte Preußen in Holstein ein, das ja trotz der österreichischen Verwaltung formal Mitglied des Deutschen Bundes war. Diesem Bundesbruch ließ Bismarck drei Tage später eine weitere Provokation folgen: einen Plan für eine neue Bundesverfassung, in der Österreich und auch Luxemburg (das er als Beschwichtigungsopfer für Frankreich vorgesehen hatte) nicht mehr vorkamen. Wien brachte nun am Bundestag die Mehrzahl der Stimmen für eine Bundesexekution hinter sich, vor allem die aller Mittelstaaten: Bayern, Hannover, Sachsen, Württemberg, Hessen-Darmstadt, Hessen-Kassel, ja selbst Baden. Preußen konnte nur auf seine norddeutschen Kleinstaaten-Satelliten zählen. Am 14. Juni 1866 trat Preußen vom Bundesvertrag zurück und griff nach der ultimativen Aufforderung an Sachsen, Hessen-Kassel und Hannover, sich dem preußischen Bundesplan anzuschließen, vier Tage später an. Preußens Krieg gegen Deutschland hatte begonnen. Die Truppen Hannovers – wie alle Bundestruppen mit Schwarz-Rot-Gold an der Uniform – konnten die preußischen Verbände zwar am 27. Juni bei Langensalza besiegen, mussten jedoch angesichts preußischer Überlegenheit zwei Tage später kapitulieren. Die entscheidende Schlacht fand am 3. Juli zwischen den böhmischen Ortschaften Königgrätz und Sadowa statt. Auf beiden Seiten waren jeweils über 400000 Soldaten aufgeboten, es war die bis dahin größte Schlacht der europäischen Geschichte. An den Finanzmärkten Europas setzte man eher auf einen Sieg der Bundestruppen. Doch die zahlenmäßig etwas stärkeren, waffentechnisch überlegenen preußischen Truppen schlugen die vereinte österreichisch-sächsische Armee. Das Duell der beiden deutschen Großmächte war beendet, die Vorherrschaft über Deutschland fiel Preußen zu.

Annexionen und kulante Gesten

Bismarck blieb gegenüber Österreich kulant, einen Einmarsch in Wien, wie von König Wilhelm gewünscht, gab es so wenig wie harsche Friedensbedingungen. Wien sollte als Koalitionspartner für das nun zu gründende großpreußische Reich erhalten und nicht zum Partner Russlands oder Frankreichs werden. Im zügig vereinbarten Frieden von Prag stimmte Kaiser Franz Joseph am 23. August 1866 der Auflösung des Deutschen Bundes und dem Ausscheiden Österreich aus dem deutschen Staatszusammenhang zu. Es kam zu keinen Gebietsabtretungen Österreichs an Preußen, das sich anderswo schadlos hielt. Schon 1816 hatte Metternich in weiser Einsicht in das Wesen des preußischen Staates geschrieben: »Der Versuch, das ganze nördliche Deutschland in Vasallität gegen Preußen zu stellen, kann sicher nur auf dem Wege der Gewalt erreicht werden (...). So lange der Hannöverische Staat besteht, ist die Unterjochung des nördlichen Deutschland unmöglich.« Diese Unterjochung folgte nun. Hannover, Hessen-Kassel, der nördliche Teil Hessen-Darmstadts und Nassau wurden kurzerhand annektiert, gegen jedes Recht. Bismarck sagte dem hannoverschen Kulturminister Bodo von Hodenberg am 15. August: »Es handelt sich bei diesem Kampf um die Existenz, um die heiligsten Interessen Preußens, und wo es sich um die Existenz Preußens handelt, kenne ich kein Recht.« Der König von Hannover wurde davongejagt, was monarchische Kreise in Berlin mit Entsetzen betrachteten. Schleswig-Holstein wurde ebenfalls eingegliedert, auch wenn man einmal angeblich für dessen Selbstbestimmung dort einmarschiert war. Die satirische Zeitschrift »Kladderadatsch« verspottete Bismarck als »Annexander«. Die Einverleibung Sachsens unterblieb, um nicht zu viel Unfrieden im restlichen Deutschland zu stiften und den Süddeutschen zu signalisieren, dass Mittelstaaten auch im preußischen Machtbereich geduldet werden konnten. Frankfurt, die Hauptstadt des Deutschen Bundes, verlor dagegen seine jahrhundertealte Selbständigkeit, weil es ebenfalls für die Bundesexekution gestimmt hatte. Preußen erhob die maßlose Kontributionsforderung von insgesamt 30,8 Millionen Gulden, begleitet von der Drohung, die Stadt bei Zahlungsverzug zu plündern. Die Summe entsprach etwa der Hälfte dessen, was man in Berlin an Kriegskosten veranschlagt hatte – Bayern, Württemberg, Baden und Hessen-Darmstadt sollten zusammen 47 Millionen aufzubringen. Den verzweifelten und gedemütigten Frankfurter Bürgermeister Karl Fellner trieb die ultimative Forderung in den Selbstmord (später hat Preußen auf der Forderung nicht mehr voll bestanden). Mit der Annexion Frankfurts kontrollierte Preußen den wichtigsten deutschen Banken- und Finanzplatz, der gerade für die Länder des Dritten Deutschlands und ihre Haushaltsfinanzierung eine wichtige Rolle spielte.

»Duldung zum Abholzen«

Süddeutschland war so finanzpolitisch an die Berliner Leine gelegt, dazu kamen militärische Schutz- und Trutzbündnisse, die Bayern, Württemberg, Hessen-Darmstadt und Baden mit Preußen abzuschließen hatten. Wirtschaftspolitisch war man ohnehin durch den Zollverein an Preußen gebunden, das nun aber offener als zuvor die bestimmende Rolle spielte. Eine innerpreußische Folge des Krieges war das Ende des Verfassungskonflikts: Das Parlament segnete im September 1866 nachträglich das verfassungswidrige Regieren Bismarcks seit 1862 ab. Das spaltete die liberale Fortschrittspartei. Für die so genannte Indemnitätsvorlage stimmte ein Flügel, der sich fortan als Nationalliberale Partei auch zur Unterstützung der preußischen Hegemonialpolitik bereit fand. Europa hatte das Dritte Deutschland im Stich gelassen und dem Treiben tatenlos zugeschaut (wie England) oder sich komplizenhaft verhalten (wie Frankreich). Man erkannte weder in London noch Paris noch St. Petersburg die Folgen der Zerstörung des Deutschen Bundes für die europäische Friedensordnung – oder wollte sie nicht wahrhaben. Der amerikanische Historiker Paul W. Schroeder hat dafür einen passenden Vergleich gefunden: »Europas Gleichgültigkeit beim Ableben des Deutschen Bundes war so etwas wie die Duldung zum Abholzen eines Waldes (...) ohne Rücksicht auf die ökologischen Folgen, in der Annahme, die Natur werde sich um das Problem kümmern – jene Art von Gleichgültigkeit gegenüber der Ökologie des internationalen Systems, für die langfristig gewöhnlich alle zahlen müssen.«

Im Nachlass: Nationale Reformen

Es war eine Ironie der Geschichte, dass der Deutsche Bund in seinen letzten Jahren doch noch einige Reformwerke auf den Weg brachte, die dann im späteren kleindeutschen Kaiserreich ihre Wirkung entfalteten. Schon 1861 verabschiedete der Frankfurter Bundestag ein Allgemeines Deutsches Handelsgesetzbuch, das bald in allen Staaten eingeführt wurde und erheblich zur Förderung der Wirtschaftseinheit beitrug. Auch die Entwürfe für ein bundesweites Urheberrecht, eine Maß- und Gewichtsordnung und eine Zivilprozessordnung wurden wenige Jahre später, kaum verändert, als Grundlage für die nationale Gesetzgebung im Kaiserreich genutzt. Die Politik der Rechtsvereinheitlichung, die 1871 mit Schwung einsetzte, hatte somit bereits im Deutschen Bund begonnen. Dieser hätte sich durchaus in Richtung einer verstärkten Gesamtstaatlichkeit fortentwickeln lassen. Dazu war das Dritte Deutschland bereit. Der österreichische Dichter Franz Grillparzer schrieb 1868 ein Epigramm als Nachruf: »Der Deutsche Bund war nicht schlecht von Haus, gab euch Schutz in jeder Fährlichkeit, nur setzt' er etwas ›Altmodisches‹ voraus, die Treue und die Ehrlichkeit.« Moderner und etwas weniger pathetisch gesprochen: Es fehlte am nötigen Konsens und am Willen zur bundesstaatlichen Gemeinsamkeit. Vor allem in Berlin.

KAPITEL 11

Geteilt: Nord und Süd 1866-1871

Bismarcks Staat

In einem Brief an den sozialdemokratischen Parteiführer August Bebel schrieb Friedrich Engels 1884 im Rückblick auf Preußens Deutschlandpolitik: »1866 war eine vollständige Revolution. Wie Preußen, nur durch Verrat und Krieg gegen das deutsche Reich, im Bunde mit dem Ausland (1740, 1756, 1795) zu etwas geworden ist, so hat es das deutsch-preußische Reich nur zustande gebracht durch gewaltsamen Umsturz des Deutschen Bundes und Bürgerkrieg.« Bis zum neuen Reich 1871 dauerte es nach dem preußischen Sieg im Krieg gegen Deutschland aber noch fünf Jahre. Mit der Bildung des Norddeutschen Bundes legte Bismarck 1867 die Grundlage für die weitere Ausdehnung der preußischen Vormachtstellung. Auf diesem Weg hatte er die kleindeutsche Nationalbewegung fest an seiner Seite. Die Nationalliberalen billigten die widerrechtlichen preußischen Annexionen als Schritt zum einheitlichen Nationalstaat, in den die Südstaaten bald aufgesogen werden sollten. In der Trennung in Nord und Süd sah Johannes von Miquel, einer der führenden Nationalliberalen, keine endgültige Grenze: »Die Mainlinie, wie wir sie heute haben, ist nicht die Scheidung zwischen zwei Machtgebieten zweier Großstaaten, nicht die Mainlinie, die wir früher fürchteten, die Scheidelinie zwischen Österreich und Preußen. Die Mainlinie ist, wenn ich den prosaischen Ausdruck gebrauchen darf, gewissermaßen eine Haltestelle für uns, wo wir Wasser und Kohlen einnehmen, Atem schöpfen, um nächstens weiter zu gehen.«

Quadratur des Kreises

Bismarck stand vor einer schwierigen Gemengelage, als er 1866 daran ging, eine Verfassung für das Provisorium des Norddeutschen Bundes zu konzipieren, die später auch für das angepeilte neue Reich gelten sollte. Vier Ziele mussten erreicht werden. Zum einen galt es, eine Form zu finden, in der die preußische Großmachtposition gesichert, Preußens Hegemonie verankert sein würde. Zweitens durfte – damit eng verbunden – die preußische Verfassung in dem neuen Gesamtstaat nicht gefährdet sein, um die Ängste der konservativen Kräfte in Preußen zu lindern. »Die Bismarcksche Verfassung sollte … die aristokratisch-monarchische Ordnung Preußens konservieren.« (Otto Pflanze). Der bürgerlichen Nationalbewegung musste drittens möglichst viel nationalstaatliche Einheit geboten werden. Viertens aber sollte die Verfassung des Norddeutschen Bundes offen sein für den Beitritt der süddeutschen Staaten sein, und das hieß, dass man den Föderalismus wiederum nicht zu unitarisch ausgestalten durfte. Die Aufgabe kam der Quadratur des Kreises nahe, und sie konnte nur gelingen durch die Weiterführung der föderalen Verfassungstradition. Auch wenn das den Einheitsnationalisten nicht gefiel. Aus ihrer Sicht war der Föderalismus ein notwendiges Übel, allenfalls eine Durchgangsstation. Die Anhänger der Nationalbewegung hätten statt des Norddeutschen Bundes lieber einen norddeutschen Einheitsstaat geschaffen. Der Liberale Benedikt Waldeck forderte daher als Kompromiss: »Wir wollen einen Bundesstaat, aber wir wollen ihn nur so, dass er den preußischen Einheitsstaat nicht schädigt.« Preußen sollte als Modell und Basis für das kommende Reich dienen.

Der Norddeutsche Bund: Ein Hund mit Flöhen

Die ersten Bundesverfassungsentwürfe der preußischen Beamtenschaft waren ebenfalls stark unitarisch. Bismarck lehnte sie Ende Oktober 1866 mit den Worten ab: »Sie sind zu zentralistisch bundesstaatlich für den dereinstigen Beitritt der Süddeutschen.« Wie sehr der Blick nach Süden die Überlegungen für die Verfassung des Norddeutschen Bundes bestimmte, zeigen schon die Kräfteverhältnisse: Denn für einen rein norddeutschen Bund war eigentlich gar nicht genügend Masse da. Die Mittelstaaten Hannover, Hessen-Kassel, Nassau und Schleswig-Holstein waren annektiert und zu preußischen Verwaltungsprovinzen degradiert. Die beiden Mecklenburg und Oldenburg waren wirtschaftlich von Preußen abhängig und kaum noch eigenständig. Die Hansestädte Hamburg, Bremen und Lübeck wahrten zwar ihre Autonomie, aber konnten sich – von preußischem Gebiet umzingelt – dem Berliner Einfluss kaum entziehen, und das Frankfurter Beispiel ermutigte nicht zu großem Selbstbewusstsein. Von den restlichen nord- und mitteldeutschen Ländern und Ländchen waren die meisten selbst nach damaligen Maßstäben nicht mehr staatsfähig: Braunschweig, Lippe, Schaumburg-Lippe, die thüringischen Kleinfürstentümer und Anhalt – für Bismarck waren sie immer nur das »kleine Gemüse«. Von allen Bundespartnern Preußens hatte allein Sachsen wirtschaftlich und politisch ein Eigengewicht. Preußens Übermacht zeigte sich schon in den Bevölkerungszahlen. Mit den annektierten Gebieten hatte es 25 Millionen Einwohner, die insgesamt 21 Bundespartner kamen zusammen auf fünf Millionen, gut die Hälfte davon waren Bürger Sachsens. In Baden spottete Franz von Roggenbach: »Wie kann man denn einen Bund bilden aus einem Hund und den Flöhen auf seinem Rücken?« Und der Publizist Konstantin Frantz meinte in der Rückschau sarkastisch: »Der Löwe und die Maus können sich nicht konföderieren.« Aber Bismarck brauchte die Mäuse und Flöhe, weil er einen Bund brauchte, um das großpreußisch-nationalliberale Gemeinschaftswerk nach Süden erweitern zu können. Dort fand man klare Worte für diese Form des Föderalismus. Der Ministerpräsi-

Badischer Drang nach Norden

Die nationalliberale Regierung in Karlsruhe wollte sich früh dem Norddeutschen Bund anschließen. Dagegen stellte sich eine bunte Koalition von Demokraten, Katholiken und konservativem Adel. Auch das Drohen Napoleons III. aus Paris irritierte die badische Führung nicht. Am Ende aber lehnte Bismarck einen frühen Beitritt ab.

dent von Hessen-Darmstadt, Reinhard von Dalwigk, sagte: »Die Fürsten des Norddeutschen Bundes sind keine Bundesgenossen, sondern Vasallen Preußens.« In Berlin sprach selbst König Wilhelm von einem »verlängerten Preußen«. Ein echter Föderalismus war da nicht möglich, die Übermacht Preußens war zu drückend. Aber der Norddeutsche Bund sollte auch gar nicht funktionieren – er sollte einfach nur da sein und warten.

Bismarcks Verfassungseintopf

Um es allen Seiten recht zu machen, ließ Bismarck – eingefleischter preußischer Partikularist, Vernunftföderalist, Unitarist wider Willen – einen Eintopf kochen, in dem alle eine Lieblingszutat fanden. Dabei griff man auf die Verfassung des Deutschen Bundes zurück, bediente sich aber auch aus der Paulskirchenverfassung von 1849. Im mecklenburgischen Putbus, wo er zur Kur weilte, diktierte Bismarck im Spätherbst 1866: »Man wird sich in der Form mehr an den Staatenbund halten müssen, diesem aber praktisch die Natur des Bundesstaates geben mit elastischen, unscheinbaren, aber weitgreifenden Ausdrücken.« Die neue Verfassung sollte die künftigen Partner nicht abschrecken, weshalb Bismarck es riskierte, mit der Annäherung an den Deutschen Bund die Nationalliberalen vor den Kopf zu stoßen. »Die Vorzüge dieses Systems bestehen in seiner Anlehnung an das Hergebrachte, dem sich die Regierungen als etwas Gewohntem und Selbstverständlichem leichter fügen werden als jeder neuen Kombination«, meinte er. Die verfassungspolitische Mischtechnik zeigte sich in der Benennung der drei zentralen Einrichtungen: Die monarchische Spitze wurde Bundespräsidium getauft, die Staatenvertretung Bundesrat (Bismarck wollte sie ursprünglich sogar wieder Bundestag nennen). Dagegen bekam das Parlament des Norddeutschen Bundes bereits den Namen Reichstag, so wie schon 1849, ein Entgegenkommen an die Vorstellungswelt der Nationalbewegung.

Wie organisiert man eine Hegemonie?

Das eigentliche Kernziel aber war die Wahrung der preußischen Hegemonie. Sie sollte wie einst die österreichich-preußische Doppelherrschaft im Deutschen Bund über die Versammlung der Länderregierungen organisiert werden. »Als Zentralbehörde wird daher nicht ein Ministerium, sondern ein Bundestag fungieren, bei dem wir, wie ich glaube, gute Geschäfte machen, wenn wir uns zunächst an das Kuriensystem des alten Bundes anlehnen«, schrieb Bismarck seinen Beamten. Bei der Ausgestaltung der Stimmverhältnisse ging der preußische Ministerpräsident daher vom alten Bundestag aus. Er addierte den preußischen Stimmen einfach die der annektierten Staaten hinzu. Damit verfügte Berlin über 17 von insgesamt 43 Stimmen. Das sah nicht bedrohlich aus, aber genügte den hegemonialen Ansprüchen. »Preußen würde also diese Majorität haben, sobald fünf der kleineren Staaten ihm beitreten«, rechnete Bismarck seinen Beratern vor, und aus seiner eigenen Erfahrung als Bundesgesandter wusste er, dass diese Mehrheitsbeschaffung für das übermächtige Preußen ein Klacks war. In Waldeck, Anhalt oder Schwarzburg-Rudolstadt muckte niemand gegen Berliner Wünsche auf. In einem später nach Süden erweiterten Bund würden es zwar mehr als fünf Stimmen sein müssen, aber das Reservoir der Mindermächtigen war groß genug. So verdankte die mittel- und norddeutsche Kleinstaaterei ihre fortgesetzte Existenz der Tatsache, dass Bismarck zur Anbindung der Südstaaten auf eine Bundesverfassung angewiesen war, aber die Zahl der schwachen Bundesstaaten so groß sein musste, dass Preußen stets genügend Unterstützung zur Verfügung hatte.

Lob und Kritik

Die Verfassung des Norddeutschen Bundes wurde von dem im Februar 1867 gewählten norddeutschen Reichstag, der eine rechtsliberal-konservative Mehrheit hatte, nach kurzer Debatte mit wenigen Änderungen angenommen. Bismarck selbst verteidigte am 11. März in der Debatte sein pragmatisches Vorgehen gegen gelehrte Einwände: »Es hat nicht unsere Absicht sein können, ein theoretisches Ideal einer Bundesverfassung herzustellen, in welcher die Einheit Deutschlands einerseits auf ewig verbürgt werde, auf der anderen Seite jeder particularistischen Regung die freie Bewegung gesichert bleibe. (...) Einer solchen Quadratur des Cirkels um einige Dezimalstellen näher zu rücken, ist nicht die Aufgabe der Gegenwart.« Bismarck hielt sich weniger an die wissenschaftliche Bundesstaatslehre, wie sie damals führend der Historiker Georg Waitz vertrat, der eher auf Trennung der bundesstaatlichen Ebenen abhob – Bismarck kam es darauf an, die Bundesebenen gemäß seinen Vorstellungen zu verflechten. Miquel, der später preußischer Finanzminister wurde, verteidigte die Verfassung: »Der Entwurf ist nicht zu vergleichen mit der amerikanischen, noch mit der schweizerischen Bundesverfassung.« Auch der Reichsverfassung von 1849 entspreche er nicht. »Der Entwurf gewährt keinen Einheitsstaat, keinen Bundesstaat und keinen Staatenbund; der Entwurf ist völlig originell, wie die politische Lage neu und originell ist, die er formulieren soll.« Und Miguel fügte hinzu: »Große Völker kopieren nicht, große Völker in großen Umständen sind immer neu.« So wurde das allein auf die preußische Vormacht hin konzipierte Konstrukt Bismarcks zu einem Glanzstück deutscher Besonderheit umgedeutet, weil es ein Schlupfloch ließ zum erhofften nationalen Einheitsstaat.

Außerhalb Berlins dagegen fehlte es nicht an Kritik. Der sächsische Staatsminister Richard von Friesen merkte schon bei den Vorberatungen an: »Der Entwurf überraschte allgemein; von vielen Seiten glaubte man ihn gar nicht ernst gemeint.« Der Schweizer Johann Bluntschli, Professor für Staatsrecht in Heidelberg, meinte, die neue Bundesverfassung folge nicht den Bundesreformversuchen nach 1850, sondern habe einen ganz anderen Charakter: Sie gleiche einem aus »einem Staatenbunde herauswachsenden Einheitsstaate mit autonomischer Provinzialverwaltung«. Der Gelehrte Heinrich Ewald, einer der »Göttinger Sieben« von 1837, lehnte das Konstrukt rundweg ab, weil die Mitglieder viel zu ungleich und Preußen viel zu dominierend sei. Für ihn war der Norddeutsche Bund nichts anderes als ein »Kriegs- und Eroberungsreich« mit »unversöhnlichen Widersprüchen«.

Unabhängig abhängig: Die süddeutschen Staaten 1866-1871

Während Bismarck seine Verfassung als Köder für die Südstaaten konzipierte, musste man in Bayern, Württemberg, Baden und Hessen-Darmstadts nach 1866 erst einmal mit den Folgen des Krieges und der neuen Situation fertig werden.

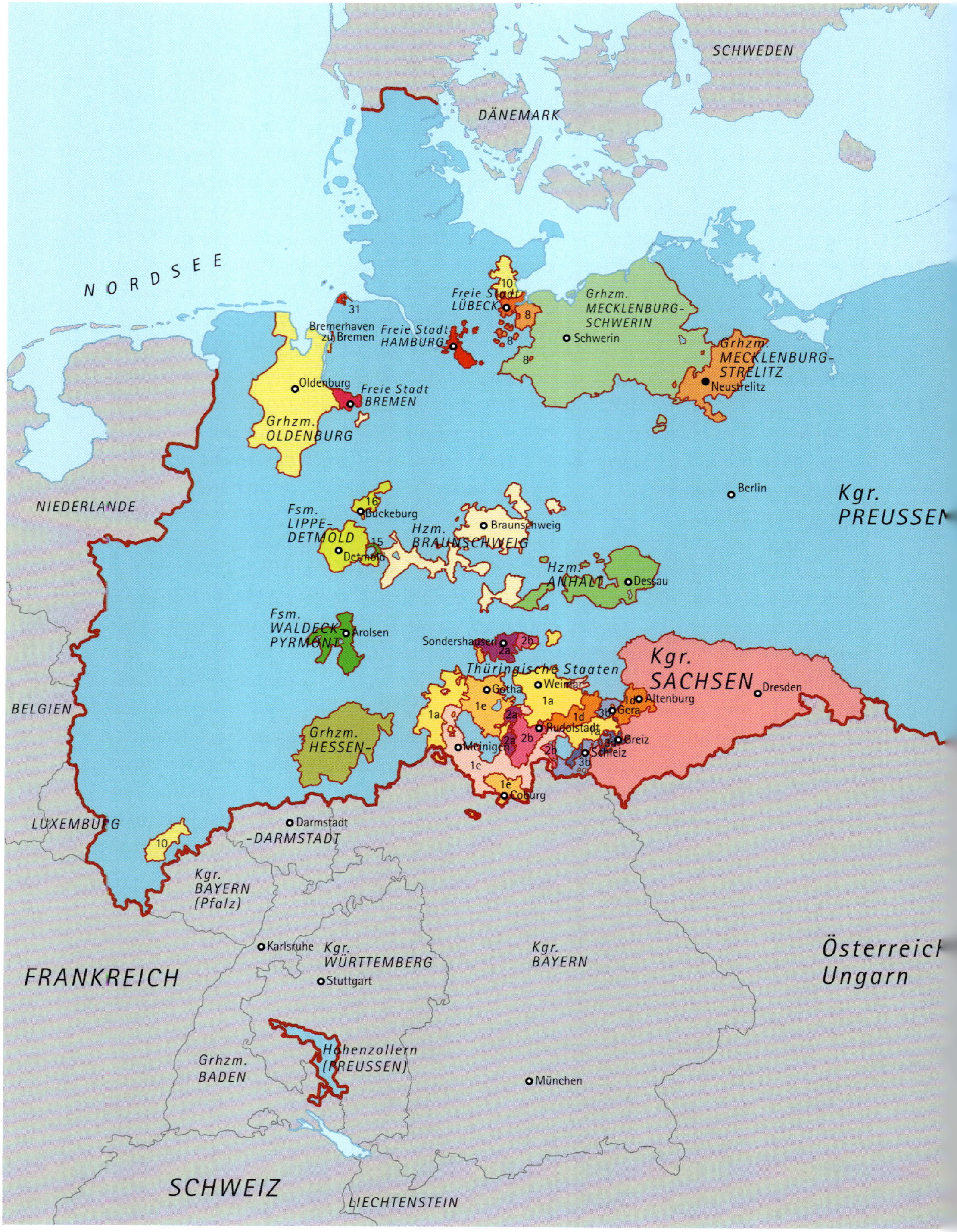
SCHWEDEN
DÄNEMARK
NORDSEE
Freie Stadt LÜBECK
Grhzm. MECKLENBURG-SCHWERIN
Schwerin
Grhzm. MECKLENBURG-STRELITZ
Neustrelitz
Bremerhaven zu Bremen
Freie Stadt HAMBURG
Oldenburg
Freie Stadt BREMEN
Grhzm. OLDENBURG
NIEDERLANDE
Berlin
Kgr. PREUSSEN
Bückeburg
Fsm. LIPPE-DETMOLD
Detmold
Hzm. BRAUNSCHWEIG
Braunschweig
Hzm. ANHALT
Dessau
Fsm. WALDECK-PYRMONT
Arolsen
Sondershausen
Thüringische Staaten
Gotha
Weimar
Kgr. SACHSEN
Dresden
Altenburg
Gera
Rudolstadt
Meiningen
Greiz
Schleiz
Coburg
BELGIEN
Grhzm. HESSEN-DARMSTADT
Darmstadt
LUXEMBURG
Kgr. BAYERN (Pfalz)
Karlsruhe
Kgr. WÜRTTEMBERG
Stuttgart
Kgr. BAYERN
FRANKREICH
Österreich-Ungarn
Grhzm. BADEN
Hohenzollern (PREUSSEN)
München
SCHWEIZ
LIECHTENSTEIN

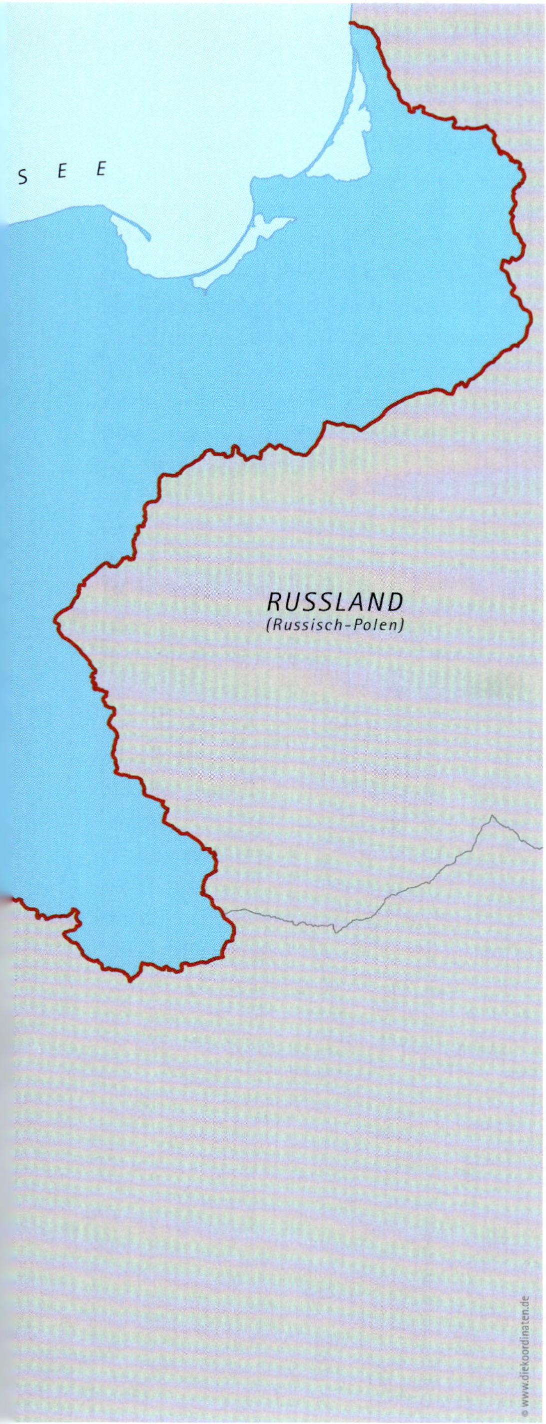

Zahlenkürzel:

Thüringische Staaten

Grhzm. SACHSEN-WEIMAR-EISENACH	1a
Hzm. SACHSEN-MEINIGEN	1c
Hzm. SACHSEN-ALTENBURG	1d
Hzm. SACHSEN-COBURG und Hzm. SACHSEN-GOTHA (in Personalunion)	1e
Fsm. SCHWARZBURG-SONDERSHAUSEN	2a
Fsm. SCHWARZBURG-RUDOLSTADT	2b
Fsm. REUSS ältere Linie	3a
Fsm. REUSS jüngere Linie	3b
Grhzm. MECKLENBURG-STRELITZ	8
Grhzm. OLDENBURG	10
Fsm. WALDECK	15
Fsm. SCHAUMBURG-LIPPE	16
zu HAMBURG (CUXHAVEN)	31
Grenze des Deutschen Reiches	——

1867

Der Norddeutsche Bund

Nach der Auflösung des Deutschen Bundes im Krieg von 1866 entstand im Norden eine von Preußen durch und durch beherrschte Föderation, der Norddeutsche Bund. Die nationale Bewegung sah in ihm eine Vorstufe zum ersehnten (kleindeutschen) Nationalstaat, der eine erheblich stärkere Bundesebene haben sollte als der Deutsche Bund.

Formell waren die süddeutschen Staaten so souverän wie andere europäische Mittelstaaten auch. Allerdings hatte Bismarck den Regierungen in München, Stuttgart, Karlsruhe und Darmstadt Schutz- und Trutzabkommen mit Preußen aufgezwungen und damit eine militärische Anbindung geschaffen. Das hätte jedoch nicht verhindert, was 1866 im Prager Frieden vereinbart worden war: einen Bund der vier süddeutschen Staaten. Österreich und Frankreich hatten das unterstützt. Doch ein solcher Südbund ist nie ins Leben getreten. Zwar gingen die Überlegungen in Bayern und Württemberg durchaus in diese Richtung, aber hinter den Kulissen ging Bismarck daran, die Pläne schon im Ansatz zu hintertreiben. Baden war ohnehin nicht bereit dazu, dort wünschten sich der Großherzog und die liberale Regierung sogar einen schnellen Anschluss an den Norddeutschen Bund, obwohl die katholische Bevölkerungsmehrheit das eher kritisch sah. Bismarck lehnte das Ansinnen eines frühen Anschlusses ab: »Greifen wir jetzt zu, so wird der Anschluss an Preußen (sic!) von dem süddeutschen Volke stets als Ergebnis von Krieg und Sieg, als ein Akt der Gewalt betrachtet und die Hegemonie Preußens ungern ertragen werden«, meinte er im Sommer 1866. Ein anderer, innerpreußischer Grund dürfte gewesen sein, dass Bismarck seine Konservativen bei Laune halten musste. Der Minister Dalwigk in Darmstadt jedenfalls glaubte, Bismarck könne die »Absorption des Südens durch den Norden nicht wünschen, weil dadurch der preußische Staat Elemente erhalten würde, die seinem inneren Wesen zuwider seien und deren Einfluss er am Ende doch unterliege«. Den süddeutschen Liberalismus beobachteten die preußischen Konservativen mit Misstrauen. Und dafür gab es einen triftigen Grund. Denn der Süden ging, frei von den Rücksichtnahmen im Deutschen Bund, nun in Richtung parlamentarischer Monarchie. In Baden hatte diese Entwicklung schon 1860 begonnen. In Württemberg besaß die demokratische Volkspartei im Verein mit einer großdeutschen Gruppe im Stuttgarter Landtag die Mehrheit, ein parlamentarisch erzwungener Regierungswechsel war nur eine Frage der Zeit. In Bayern erreichte Anfang 1870 die katholisch-ländliche Patriotenpartei sogar den Rücktritt der konservativ-liberalen Regierung unter dem Ministerpräsidenten Chlodwig von Hohenlohe-Schillingsfürst. So wirkte die Entwicklung im Süden aus Berliner Sicht zweifach bedrohlich: verfassungspolitisch wegen der Stärkung der Parlamente, deutschlandpolitisch wegen der offenkundigen Gefahr von Mehrheiten, die eine Verbindung mit dem Norddeutschen Bund ablehnten.

Der Zollverein wird »preußifiziert«

Neben den Militärbündnissen waren die süddeutschen Staaten nach wie vor auch über ihre Mitgliedschaft im Zollverein an Preußen gebunden. Hier zeigte sich nun, was der Süden von Norden her zu erwarten hatte. Denn das Ende des Deutschen Bundes nutzte Bismarck, um das Vetorecht der einzelnen Mitglieder im Zollverein aufzuheben – mit Ausnahme Preußens natürlich. Bismarck hatte gedroht, alle Mitglieder auszuschließen, die dies nicht akzeptierten. Freilich dachte nicht nur Bismarck in hegemonialen Kategorien. Im rechtsliberalen Wirtschaftsbürgertum gab es Vorstellungen, die darüber noch hinausgingen. Der Industrielle Georg von Siemens vertrat bereits 1866 die Ansicht, um mit der Konkurrenz in England und Belgien mithalten zu können, brauche es mehr als eine Wirtschaftsunion: Der Zollverein müsse »mit Preußen identisch werden«, forderte er, was auf einen Einheitsstaat hinauslief. Dass die preußischen Bankiers zur gleichen Zeit darauf drangen, Frankfurt als ersten deutschen Finanzplatz durch Berlin zu ersetzen, passte zu diesem Eindruck einer Zentralisierungspolitik aus wirtschaftlichen Gründen, der sich die Berliner Regierung kaum entgegenstemmen konnte.

Eine verunglückte Generalprobe

Aber das Volk hatte offenkundig andere Ansichten, jedenfalls das im Süden. Um schon einmal die Einheit einzuüben, war im Zollverein eine Volksvertretung eingeführt worden. Im Kern war das der norddeutsche Reichstag, der für diesen Zweck durch Wahlen am 28. Februar 1868 um süddeutsche Abgeordnete erweitert werden sollte. Diese Wahl in Bayern, Württemberg, Baden und Hessen-Darmstadt endete mit einem Fiasko für die Berliner Politik, es war ein für Bismarck, das Großpreußentum und die Nationalliberalen »deprimierendes Plebiszit für die Aufrechterhaltung der Main-Linie« (Josef Becker). Die Süddeutschen stimmten mit deutlicher Mehrheit für die Parteien, die sich gegen Anschlusspolitik und einen preußisch dominierten Nationalstaat aussprachen. Von den 79 süddeutschen Abgeordneten waren nur 26 »Nationaldeutsche«, also Nationalliberale oder preußenfreundliche Freikonservative. In Württemberg errangen die demokratische Volkspartei und eine Gruppe namens »gouvernementale Föderalisten« sämtliche Mandate, in Bayern siegte die katholische Patriotenpartei. In Baden lagen die Nationalliberalen nur knapp vor den Demokraten, nur in Hessen-Darmstadt – das aber schon stark dem preußischen Einfluss ausgeliefert war – stellten sie alle sechs Mandate. Bereits im Jahr davor waren die »Kleindeutschen« in Sachsen bei den Wahlen zum norddeutschen Reichstag eingebrochen. Im Dritten Deutschland gab es 1868 keine Mehrheit im Volk für einen Bundesstaat nach norddeutsch-preußischem Muster.

Staatsgründung durch Einmarsch beim Nachbarn

Seit dieser Wahlentscheidung war klar, dass sich die kleindeutsche Lösung nicht oder jedenfalls nicht so schnell auf dem Vereinbarungsweg erreichen lassen würde. Sie sollte daher erzwungen werden durch ein Ereignis, das eine nationale Stimmung, eine nationale Woge erzeugte, die den Widerstand wegschwemmte. Frankreich als »Erbfeind« musste dafür herhalten. Bismarck bereitete den Krieg gezielt vor, ohne ihn selbst vom Zaun brechen zu wollen. Er setzte ganz auf den Franzosenkaiser Napoleon III. und dessen Neigung, sein halbautoritäres Regime durch einen Krieg gegen Preußen zu festigen. Die formellen Schritte dafür sind bekannt: Die spanische Thronkandidatur eines Fürsten aus einer Nebenlinie der Hohenzollern nutzte Paris, um Druck auf Berlin auszuüben, diese zu verhindern; nachdem König Wilhelm seine Zustimmung zu der Kandidatur zurückzog, drängte Napoleon zudem noch auf eine Garantie, dass Preußen auch künftig eine solche Thronkandidatur eines Hohenzollern nicht unterstütze; die ablehnende Antwort Wilhelms ließ Bismarck in provokativ zugespitzter Form veröffentlichen, was in Deutschland zu Empörung über Frankreich und in Paris zur Kriegserklärung an Preußen führte. Beide Seiten spielten mit diesem Krieg, doch hatte es Berlin immer in der Hand, ihn zu verhindern. Bismarck tat genau das Gegenteil. So war es in der Tat letztlich »Bismarcks Krieg« (Heinrich August Winkler). Die süddeutschen Staaten traten unwillig und entgegen den Erwartungen in Paris in den Krieg ein, gezwungen durch die (geheimen) Militärbündnisse mit Preußen, die nur bei einer Kriegserklärung von außen wirksam waren. Das bayerische Kabinett war zwar mehrheitlich für bewaffnete Neutralität, doch fürchtete man in München im Falle eines preußischen Sieges unangenehme Folgen. Im Volk herrschte allerdings durchaus Jubel, als die preußisch-deutschen Verbände Anfang August in Frankreich einrückten und stetig vorankamen. Die kleindeutsche Einheit wurde durch diesen Einmarsch begründet.

Ein Krieg aus Angst vor einem anderen Deutschland?

Bismarcks Kriegspolitik hatte wohl auch einen präventiven Charakter. Es bestand nämlich aus Berliner Sicht durchaus die Gefahr, dass der norddeutsche Zwangsbund eben keine Durchgangsstation, sondern eine Endhaltstelle sein würde. Der Habsburgerstaat hatte den Schock von 1866 überwunden und formte sich zur österreichisch-ungarischen Doppelmonarchie um, samt einer leidlich liberalen Verfassung. Daran war nicht zuletzt der frühere sächsische Staatsminister Beust beteiligt, der jetzt in Wien wirkte und sein Amt auch nutzte, um Bismarcks Deutschlandpolitik entgegenzuwirken. Das war nicht ohne Aussicht auf Erfolg: Der preußische Expansionsdrang, der die Machtgewichte in Mitteleuropa beträchtlich verschob, verunsicherte mittlerweile alle europäischen Mächte. Eine Allianz der süddeutschen Staaten mit Österreich, gedeckt durch Frankreich und andere Mächte – sie war jedenfalls nicht ausgeschlossen. Der britische Liberale Malcolm MacColl, ein Vertrauter des Premierministers William Gladstone, hat die Triebfeder des preußischen Ministerpräsidenten damals jedenfalls so zusammengefasst: ›Bismarck made war on France because he feared Germany – Bismarck führte Krieg gegen Frankreich, weil er Deutschland fürchtete.« Etwas präziser: Weil er ein anderes Deutschland fürchtete. Diese Angst teilten die kleindeutschen Nationalisten, die heftig für den Krieg gegen Frankreich agitierten, um die süddeutschen Regierungen unter Druck zu setzen.

Der Anschluss des Südens

Die französischen Truppen wurden im Winter 1870/71 besiegt. Es war ein kurzer, aber auf beiden Seiten bisweilen brutal geführter Krieg mit 180000 Toten. Die beabsichtigte Welle des Nationalismus war in ganz Deutschland zumindest so hoch, dass sie anderweitige Bedenken hinwegspülte. Bayern, Württemberg, Baden und Hessen-Darmstadt blieb nichts anderes übrig als der Beitritt zum Norddeutschen Bund. Noch während des Krieges schlossen sich am 15. November 1870 Baden und Hessen-Darmstadt an, Bayern folgte am 23. November und Württemberg zwei Tage später. Der bayerische Landtag stimmte dem Beitritt erst im Januar 1871 mit knapper Mehrheit zu. Einen Verfassungskonvent wie 1648 oder 1815, als es um die Zukunft ganz Deutschlands ging, oder eine Staatenkonferenz wie 1851 und 1863 zur Reform des Deutschen Bundes, gab es 1870/71 nicht. Von einer Volksabstimmung war schon gar nicht die Rede. Bayerische Bemühungen um eine Neugründung des Bundes mit einer neuen, stärker föderalistischen Verfassung blieben ergebnislos, ebenso Forderungen norddeutscher Fürsten nach einer mehr am Deutschen Bund orientierten Verfassung. Die Bismarcksche Konstruktion wurde nahezu unverändert übernommen. Bayern und Württemberg konnten noch einige Sonderrechte beim Militär und im Post- und Eisenbahnwesen heraushandeln, doch das war nur Kosmetik. Das Einlenken Bayerns wurde von Bismarck mit einer beträchtlichen Zuwendung an Ludwig II., den Traumschlösser bauenden »Märchenkönig«, versüßt.

KAPITEL 12

Das deutsche Kaiserreich 1871-1918

Versailles, 18. Januar 1871: Preußen übernimmt das Ruder

Am 18. Januar 1871 wurde im Spiegelsaal des Schlosses von Versailles, dem Denkmal des französischen Absolutismus, ein neuer deutscher Kaiser ausgerufen: König Wilhelm von Preußen. Das Datum war sorgsam gewählt, es war der Jahrestag der ersten preußischen Königkrönung von 1701. Der riesige Raum war schlecht geheizt, aber gut gefüllt. Es wimmelte von Uniformen – vor allem preußischen, aber auch eine bayerische Abordnung war da, was den neuen Kaiser besonders freute (wobei er nicht wusste, dass der anwesende Prinz Otto von Bayern die Veranstaltung als großtuerisch und leer empfand). »Württemberg und Sachsen waren aus Konfusion nicht erschienen«, musste das neue Reichsoberhaupt hernach in einem Brief an seine Frau etwas enttäuscht feststellen. Preußens Kronprinz Friedrich war nach dem Schauspiel zutiefst ergriffen: »Die langjährigen Hoffnungen unserer Voreltern, die Träume deutscher Dichtungen sind erfüllt, und befreit von den Schlacken des heiligen römischen Unsegens steigt ein an Haupt und Gliedern reformiertes Reich unter dem alten Namen und den tausendjährigen Abzeichen aus sechzigjähriger Nacht.« Damit war der Deutsche Bund gemeint. Erfüllt hatte sich freilich vor allem ein Traum der Hohenzollerndynastie. Die Repräsentanten der deutschen Nation, als die sich die anwesenden Vertreter des Norddeutschen Reichstags fühlten, blieben in Versailles völlig im Hintergrund.

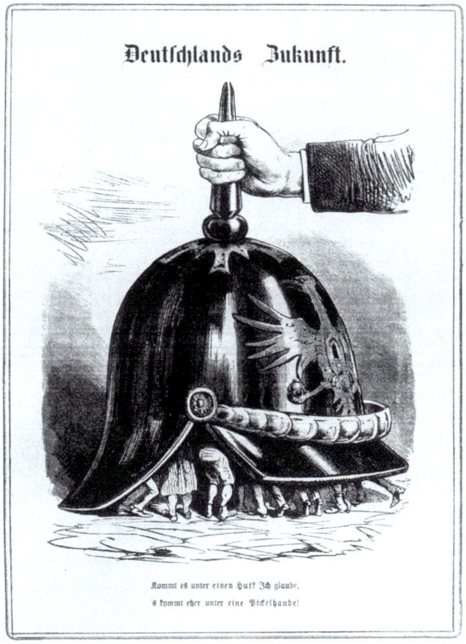

Das Ergebnis von 1870
Die österreichische Zeitschrift »Kikeriki« sah den Rest Deutschlands unter der preußischen Pickelhaube verschwinden. In der Tat drängte die Hegemonialmacht die Mittel- und Kleinstaaten bald an den Rand, Rechtsangleichung und Vereinheitlichung auf vielen Feldern der Politik (nicht zuletzt beim Militär) führten dazu, dass das neue deutsche Kaiserreich eine starke preußisch-blaue Färbung bekam.

Preußen wurde zur Hegemonialmacht, eine Vorstellung, die dem alten Reichsföderalismus zuwiderlief: Denn der hatte ja gerade dazu gedient, eine hegemoniale monarchische Überordnung eines Reichsmitglieds zu verhindern. Der Föderalismus des von Bismarck geschaffenen Reiches war dagegen weniger ein Mittel der Machtteilung und Machtbalance, sondern vor allem Fassade zur Verschleierung dieser Hegemonie. »Eine Politik gegen oder ohne Preußen konnte im Reich bis zuletzt nicht getrieben werden«, urteilte der Verfassungshistoriker Hans Boldt. Doch gerade weil man ihn missbrauchte, wurde der Föderalismus für jene, die Preußens Hegemonie und den Unitarismus der Nationalbewegung ablehnten, zu einem Mittel der Opposition. Nicht zuletzt im Süden gehörte er fortan zum politischen Glaubensbekenntnis fast aller Parteien. Doch gerieten die Föderalisten im Kaiserreich zunehmend in die Defensive: Großpreußischer Anspruch und die vor allem von den Nationalliberalen vorangetriebene Vereinheitlichungspolitik über den Reichstag führte zu einem gewaltigen Unitarisierungsschub. Nun bekam die gesamtstaatliche Ebene erstmals in der deutschen Geschichte das Übergewicht – vor allem, weil diese Ebene vom mächtigsten Bundesstaat kontrolliert wurde. Die »unitarische Wende« im deutschen Föderalismus hatte ihre Ursachen aber auch in den wirtschaftlichen und sozialen Bedingungen der modernen Industriegesellschaft.

Nur formell ein Fürstenbund

Die Verfassung des Norddeutschen Bundes wurde 1871 weitgehend übernommen. Sie diente weiter den vier Bedingungen, die Bismarck 1867 zu seiner eigenwilligen Konstruktion veranlasst hatten: Garantie der preußischen Hegemonie im Gesamtstaat, Sicherung der innerpreußischen Verfassungsverhältnisse, Zugeständnis an die Nationalbewegung, Einbindung der süddeutschen Staaten. Formell war das Reich ein Fürstenbund. Nach der Verfassung schlossen fünf Monarchen einen »ewigen Bund zum Schutze des Bundesgebietes, des innerhalb desselben gültigen Rechtes, sowie zur Pflege der Wohlfahrt des Deutschen Volkes«. Diese fünf Monarchen waren der preußische König für den Norddeutschen Bund, die Könige von Bayern und Württemberg und die Großherzöge von Baden und Hessen. Die Beitrittsverhandlungen hatten allerdings verdeutlicht, dass es kein Bund unter auch nur einigermaßen Gleichen war. Dass der neue Staat ursprünglich wieder Deutscher Bund heißen sollte, deutete jedoch darauf hin, wie sehr der erste Reichskanzler sich am Staatengebilde von 1815 orientierte. Dass er das zentrale Verfassungsorgan, den Bundesrat, stark nach dem Vorbild der Frankfurter Bundesversammlung modellierte, kam nicht von ungefähr. Dessen Mechanismen kannte der einstige Bundestaggesandte Bismarck sehr gut, die Frankfurter Versammlung war seine Schule als Politiker und Diplomat gewesen, und so kopierte er im Bundesrat, was er dort gelernt hatte, nur dass eben jetzt Preußen und nicht mehr Österreich die

Präsidialmacht war. Bismarcks Reden von den »verbündeten Fürsten« war nur Teil seiner Camouflagepolitik. Freilich darf man das Kaiserreich nicht nur als eine Inszenierung zum großpreußischen Zweck verkennen. Auf der Bundesebene dominierte die Hegemonialmacht, aber es gab dort auch Möglichkeiten, im Bundesrat wie im Reichstag, deren Politik einzuhegen und zu konterkarieren. Und der Föderalismus, so sehr er machtstaatlich-unitarisch verbogen wurde – er bot den Ländern immer noch viel Spielraum für eigene Wege und »machte die preußische Hegemonie für Nichtpreußen erträglich« (Heinrich-August Winkler). Wie in allen politischen Systemen galt: Was man aus dem Verfassungstext in der Tagespolitik macht, ist das Entscheidende. Und da erfüllten sich weder alle Träume der Hohenzollern und ihres Majordomus noch jene der Nationalbewegung, aber die schlimmsten Befürchtungen der föderal Gesinnten, der Verfassungstraditionalisten, traten auch nicht ein.

National übertüncht

Die Nationalbewegung sah im Reich den Beginn des Nationalstaats, repräsentiert durch den Reichstag als Vertretung des ganzen Volkes. Und den nutzten die Nationalliberalen, um die schon 1848 erwünschte Rechtseinheit zu schaffen, den Rahmen für einen geschlossenen Nationalstaat zu zimmern. Es war die bewusste Abkehr von der Vorstellung, dass deutsche Einheit auch in Vielfalt möglich sei. Das war aber 1871 kaum die Mehrheitsmeinung der Deutschen. Die Begeisterung über den neuen Staat hielt sich nämlich, den Kriegserfolgen zum Trotz, außerhalb wie innerhalb Preußens durchaus in Grenzen. Ein Indiz dafür sind die ersten Reichstagswahlen vom 3. März 1871, bei denen bereits das gleiche, direkte Männerwahlrecht galt. Die Wahlbeteiligung lag nur bei 51 Prozent, in vielen Wahlkreisen traten Kritiker des neuen Reiches wie die Politiker der süddeutschen Volkspartei gar nicht erst an. Die drei Parteien, welche ohne Wenn und Aber hinter der Reichsgründung standen – vor allem die Nationalliberalen (30,2 %), daneben die Deutsche Reichspartei (8,9 %) und die Liberale Reichspartei (7 %) – hatten dennoch nur eine knappe Reichstagsmehrheit. Von Beginn an gab es ein buntes Gegenlager zum neuen Staat, zu dem die katholische Zentrumspartei ebenso zählte wie die Sozialdemokraten, die Linksliberalen und auch die preußischen Konservativen, die ein Aufgehen ihrs Staates im Reich (und damit einen Verlust ihrer Macht) fürchteten. Freilich war dieses Lager in sich zu heterogen, um politisch auf Dauer gemeinsame Sache machen zu können. Als Nationalstaat empfand man Bismarcks Werk vor allem im protestantischen Bürgertum, und im Norden stärker als im Süden. In Bayern, Württemberg, Baden oder Hessen galt der Föderalismus als eine Sicherung gegen die befürchtete »Verpreußung«. Auch im mehrheitlich katholischen Rheinland und Westfalen hielt man gern auf Distanz zu Berlin. Und in den 1866 annektierten Gebieten, vor allem

Hannover, blieb stets ein antipreußischer Regionalpatriotismus lebendig. Der Föderalismus erfüllte freilich eine integrierende Wirkung, die seine Gegner nicht erkennen wollten: Die Doppelstaatlichkeit schuf Identität auf zwei Ebenen. Vereinfacht gesagt: Wer sich nicht als Nationaldeutscher empfand (und das waren zunächst viele), konnte sich weiter als Bayer oder Sachse fühlen und war als solcher Teil des Ganzen. Das Staatsbürgerrecht war reine Ländersache, alle Deutschen hatten nur eine Landesbürgerschaft, die in allen Ländern als gleichrangig anerkannt wurde (eine allgemeine deutsche Staatsbürgerschaft führten 1934 erst die Nationalsozialisten ein). Von daher lebte auch im neuen Reich das Selbstverständnis einer Nation fort, deren Besonderheit laut Dieter Langewiesche darin lag, »nie staatlich-unitarisch geeint gewesen zu sein. Diese lange historische Tradition einer Vielzahl von Staaten (…) schuf eine föderative Nationalidee, deren Wirkkraft selbst der Unitarisierungsschub in Gestalt des Deutschen Reiches von 1871 nicht gänzlich brechen konnte.« So galt bei aller nationalen Integration in den kommenden Jahrzehnten: »Das partikular-regionale Bewusstsein war und blieb das grundlegende Orientierungssystem im Kaiserreich« (Michael B. Klein).

All jenen, die das neue Reich als einheitlichen Nationalstaat wollten, galt der Föderalismus jedoch wenig, er wurde pauschal als »Partikularismus« verunglimpft. Der Begriff bekam im Kaiserreich eine negative Bedeutung, Föderalismus und Partikularismus wurden absichtsvoll gleichgesetzt, um die Verfassungstradition als Idee von Reichsgegnern zu brandmarken. Doch der Charakter des Kaiserreichs als Nationalstaat war wenig gefestigt, das zeigte sich auch im Fehlen populärer Einheitssymbolik. Die Nationalfarben von 1848, Schwarz-Rot-Gold, kamen nicht zum Zug, später wurden die Farben der Reichsmarine – das preußische Schwarz-Weiß ergänzt um das Rot der Küstenstaaten – zur Reichsflagge erklärt. Einen Nationalfeiertag hatte das Reich nicht. Der Versuch, den 2. September zur Erinnerung an die Schlacht von Sedan 1870 reichsweit als Einheitstag zu etablieren, wurde in katholischen Regionen und im Süden boykottiert.

Borussisch grundiert

Der Nationalismus der Gründerjahre war borussisch und protestantisch grundiert. Der kleindeutsch-nationalistische Historiker Heinrich von Treitschke, ein gebürtiger Sachse, sprach triumphierend vom »preußischen Reich deutscher Nation«, das seiner Ansicht nach nun in die Welt getreten war. Und der spätere Berliner Hofprediger Adolph Stoecker jubelte nach der Kaiserausrufung: »Das heilige evangelische Reich deutscher Nation vollendet sich!« Preußen und seinem Herrscherhaus wurde eine Mission zugeschrieben, die deutsche Einheit herzustellen. Der in jenen Jahren ungemein einflussreiche Treitschke sah in Preußen den »Zwingherrn zur Einheit«, weil die Deutschen »freiwillig den Particularismus nicht aufgeben«. Seine für den norddeutschen Nationalliberalismus durchaus repräsentative Meinung lautete: »Unser

Reich ist in Wahrheit: der die Mehrheit der Nation unmittelbar beherrschende preußisch-deutsche Einheitsstaat mit den Nebenlanden, welch einer Krone in föderativer Form untergeordnet sind, oder kurz: die nationale Monarchie mit bündischen Institutionen.« Unter Preußens Führung sollte auch der Traum von der Weltgeltung Deutschlands wahr werden, der sich für die Nationalbewegung im Deutschen Bund nicht hatte erfüllen können. Bismarcks enger Mitarbeiter Heinrich Abeken brachte diesen Wunsch nach Stärke im Inneren und nach außen ein Jahr nach der Reichsgründung auf den Punkt: »Das verfassungsgemäß geeinte Deutschland soll, auch innerlich organisch, lebendig geeint werden, dass der stramme, feste, energische Geist Preußens auch das übrige Deutschland ... durchdringe und dem lässigen und loddrigen Wesen, das in der Kleinstaaterei herrscht, ein Ende mache«.

Bundespräsidentschaft mit weit reichenden Rechten

Der großpreußische Charakter des Reiches äußerte sich nicht zuletzt in der Übernahme des Bundespräsidiums durch die Hohenzollern. Die daran geknüpften Herrschaftsrechte waren beträchtlich: Der Kaiser bestimmte über die Außenpolitik des Reiches, hatte das Recht zur Kriegserklärung (mit Zustimmung des Bundesrats) und zum Friedensschluss und war Oberkommandierender von Heer und Marine. Diese Herrschaft über das Militär war der parlamentarischen Kontrolle und auch der Mitwirkung durch die »verbündeten Fürsten« weitgehend entzogen. Unter Wilhelm II. bildete sich eine Art »Nebenregierung« im Militärkabinett, das allein dem Kaiser unterstand. Politisch war der preußische Kriegsminister auch für die Reichstruppen verantwortlich. Das Reichsoberhaupt ernannte den Kanzler und die Reichsbeamten und konnte auch jederzeit mit Zustimmung des Bundesrats den Reichstag auflösen. Alle Gesetze über das Militär und vor allem auch über die Steuer- und Finanzpolitik des Reiches unterlagen einem preußischen Vetorecht im Bundesrat. Als Mittel des Bundeszwangs stand es dem Kaiser frei, den Kriegszustand zu erklären und somit das Militär gegen Bundesstaaten einzusetzen, was zwar niemals Wirklichkeit wurde, aber als Drohkulisse durchaus präsent war.

Kaiser und andere Monarchen

Bismarck hatte seinem Herrn, dem preußischen König, zwar zum Amt eines deutschen Kaisers verholfen, damit aber nicht die Erwartung verbunden, dass dieser auch als Kaiser herrsche. Bismarck sah im Kaiseramt vor allem ein »werbendes Element für Einheit und Zentralisation«. Und Wilhelm I., bei Amtsantritt schon weit über 70 Jahre alt, hatte keinen Ehrgeiz über ein Amtskaisertum hinaus. Er hielt sich zurück, spielte die ihm zugedachte Rolle und wahrte den Schein des Fürstenbundes, in dem die nichtpreußischen Staaten ihren föderalen Platz hatten. Das sollte sich gewaltig ändern, nachdem der Enkel 1888 auf dem Reichsthron Platz nahm. Wilhelm II. wollte nicht nur repräsentieren und eine passive Rolle in der Reichspolitik einnehmen, sondern regieren und herrschen. Er hielt sich für den monarchischen Führer aller Deutschen. »Nur einer ist Herr im Reich, keinen anderen dulde ich«, tönte er einmal. Zwar gedieh sein selbstherrlicher Anspruch, ein »persönliches Regiment« zu führen, in der Tagespolitik nicht weit. Aber durch das militärische Oberkommando, das Recht zur Ernennung wichtiger Reichsbeamter und vor allem die Möglichkeit, sowohl den Reichskanzler als auch den preußischen Ministerpräsidenten zu bestimmen, besaß er erhebliche Macht. Dazu kam die beträchtliche Öffentlichkeitswirkung des Amtes. Wilhelm, von einer einflussreichen Hofclique umgeben, hatte kein Gespür für das bundesstaatliche Gefüge. Mal gab er sich als polternder Zentralist, mal spielte er den Erzpreußen. Die Monarchen in den Einzelstaaten bezeichnete er herablassend als »die Onkels«, und einmal schwadronierte er darüber, dass seine 18 Armeekorps genügten, um sich mit den Süddeutschen auseinanderzusetzen. Repräsentanten des Föderalismus waren daher die »Onkels«, die mit dem herrischen Stil des Berliner Oberkommandierenden meist wenig anzufangen wussten. Einige der Landesfürsten sahen sich ganz bewusst in einer Gegenrolle zu Wilhelm. Sie amtierten als »Landespräsidenten« eher zurückhaltend und ohne politischen Gestaltungsanspruch: Beispiele für eine unangestrengte Form präsidialen Monarchentums waren der bayerische Prinzregent Luitpold und vor allem der württembergische »Bürgerkönig« Wilhelm, der gern im Zivilanzug, mit Hut und Hund, durch Stuttgart spazierte. Wilhelm II. und »die Onkels« repräsentierten so im ausgehenden 19. Jahrhundert zwei Nationalstaatsideen: das machtstaatlich-zentralistische und das föderal-ausgleichende. Letzteres hatte überall seine Anhänger, und in Süddeutschland gehörte ohnehin »die Überzeugung, eine höhere politische Kultur zu besitzen, zum föderativen Glaubenskern« (Dieter Langewiesche).

Bundesrat: Föderales Mittel zum großpreußischen Zweck

Das Reich hatte neben dem Kaiser als Reichsoberhaupt drei zentrale Verfassungsorgane: den Bundesrat, den Reichstag und den Reichskanzler. Reichsgesetze bedurften der Mehrheit im Bundesrat und im Reichstag. Die entscheidende Rolle hatte Bismarck dem Bundesrat vorbehalten. Aus ihm heraus sollte das Reich gelenkt werden. Das Wundersame an dieser Konstruktion war, dass es eine eigentliche Reichsregierung – jedenfalls zunächst – gar nicht gab: eine »für einen Großstaat fast unwirklich anmutende Verfassungsidee« (Dietmar Willoweit). Wie schon der Frankfurter Bundestag sollte der Bundesrat Legislative und Exekutive gleichzeitig sein. Bismarck dachte sich das Gremium als Sammelorgan der Landesregierungen, in dem Preußen die entscheidende Rolle spielte. Mit dem Beitritt der süddeutschen Staaten hatte sich die Stimmenzahl gegenüber dem Norddeutschen Bund zwar auf 58 erhöht. Doch es blieb bei 17 preußischen Stimmen. Bayern hatte sechs Stimmen, Sachsen und Württemberg hatten je vier, Baden und Hessen je drei. Bismarck brauchte zur Durchsetzung der preußischen Hegemonie im Plenum zwar etwas mehr Kleinstaaten als im Norddeutschen Bund. Ein Problem war das aber so gut wie nie. Der badische Ministerpräsident Arthur von Brauer beklagte einmal, dass manche Vertreter der Kleinstaaten »vor jedem Stirnrunzeln Preußens alsbald ins Mäuseloch gekrochen« seien. Nur das völlig unbedeutende Reuß (ältere Linie) war dafür bekannt und belächelt, dass es seine Stimme gerne gegen Preußen abgab. Doch ansonsten genügten zwölf Stimmen des »kleinen Gemüses«, um Preußen die Mehrheit zu sichern. Die Mittelstaaten – Bayern, Sachsen, Württemberg, Baden, Hessen, Mecklenburg-Schwerin, Braunschweig und Oldenburg – konnten keine eigene Mehrheit aufstellen, auch nicht in Allianz mit den drei Hansestädten, deren Interessen oft mit denen Preußens schroff kollidierten. Es reichte in dieser Konstellation nur für 28 der 58 Stimmen. Das Veto gegen Verfassungsänderungen wurde auf 14 Stimmen gesenkt, ein Zugeständnis an die drei Königreiche Bayern, Sachsen und Württemberg, aber Preußen allein konnte mit seinen 17 Stimmen schon jede Änderung blockieren.

Preußens geballte Macht

Jedes Land konnte im Bundesrat so viele Bevollmächtigte aufbieten, wie es Stimmen hatte – das sicherte die Vorherrschaft Preußens. Denn durch die geballte Macht von 17 preußischen Bundesratsmitgliedern war dafür gesorgt, dass allein Berlin die gesamte Bandbreite der Politik kompetent abdecken und damit die Geschäfte dominieren konnte. Und als stellvertretende Bevollmächtigte eingeführt wurden, wuchs die Dominanz Preußens noch, weil nun praktisch alle führenden Beamten der preußischen Ministerien im Bundesrat auftreten konnten. Allenfalls Bayern, Sachsen und Württemberg und mit Abstrichen Baden und Hessen konnten einigermaßen mithalten. In allen Ausschüssen des Bundesrats führte Preußen den Vorsitz, nur im außenpolitischen Ausschuss durfte Bayern präsidieren, aber in der Außenpolitik hatte der Bundesrat nichts zu melden, die war Sache des Kaisers und damit Preußens. Die Ausschüsse richteten sich nach den Zuständigkeiten des Reiches: Landheer, Seewesen, Zoll- und Steuerwesen, Handel und Verkehr, Eisenbahnen, Post- und Telegrafenwesen, Rechtsetzung. Artikel 4 der Reichsverfassung listete in einem sehr umfangreichen Katalog auf, auf welchen Politikfeldern das Reich tätig werden konnte – nur solange es darauf verzichtete, durften die Bundesstaaten Regelungen treffen, die aber der Reichsaufsicht unterlagen. Inneres, Justiz und Polizei, Kultur, Schule, Wissenschaft, Kirchen, Gesundheit, Soziales, Landwirtschaft waren Sache der Bundesstaaten oder der Kommunen, aber wie sich zeigte, fand das Reich auch hier Wege zur eigenen Gesetzgebung – das galt nicht zuletzt im Zusammenhang mit der Einführung der ersten Sozialversicherungen. Auch in der Wirtschaftspolitik gewann das Reich schnell an Einfluss. In der Steuerpolitik bestand eine Doppelzuständigkeit. Die traditionelle »exekutivföderale«

Tradition der Ausführung der Reichsgesetze durch die Länder wurde fortgesetzt, doch hatte hier der Bundesrat – und damit Preußen – sowohl ein Aufsichtsrecht als auch die Möglichkeit, über Verordnungen zentral zu lenken.

»Kanzlerdiktatur«: Alle Fäden in einer Hand

Als Vorsitzender des Bundesrats fungierte der Reichskanzler, der vom Kaiser ernannt wurde. Eine echte parlamentarische Verantwortlichkeit bestand nicht, der Reichstag hatte keinerlei Handhabe, den Kanzler zu stürzen. Bismarck machte aus diesem Amt die zentrale Instanz des Verfassungsgefüges, es war für ihn maßgeschneidert. Der badische Liberale Roggenbach sprach daher auch von einer »Kanzlerdiktatur«. Bismarck wollte alle Fäden im Reich wie in Preußen in den Händen

Gruppenbild mit Kanzler

Das am 22. Juli 1889 im Reichstag aufgenommene Foto zeigt Reichskanzler Otto von Bismarck im Kreis der Bundesratsgesandten, die nicht selten seine Launen und seinen Herrschaftswillen zu spüren bekommen hatten. Zu seiner Rechten stehen der bayerische Gesandte Hugo von Lerchenfeld und der badische Vertreter Adolf Marschall von Bieberstein, zu seiner Linken der sächsische Gesandte Wilhelm von Hohenthal und der Staatssekretär im Reichsinnenamt und Vizekanzler Karl Heinrich von Boetticher.

halten und dadurch eine Art Richtlinienkompetenz nach allen Richtungen entfalten. Als Vorsitzender des Bundesrats war der Reichskanzler auch oberster preußischer Bundesratsbevollmächtigter. Bismarck und auch seine Nachfolger hatten zudem fast immer das Amt des preußischen Ministerpräsidenten inne, meist waren sie auch preußischer Außenminister, denn der war direkter Vorgesetzter der preußischen Bundesratsbevollmächtigten und konnte diese instruieren. Bismarck, in Personalunion oberster Reichspolitiker und führender preußischer Staatsmann, stellte damit sicher, dass das Reich keine Politik gegen Preußen machte. Und er konnte darauf achten, dass preußische Interessen wiederum nicht zu sehr mit denen der Bundesgenossen oder des Reichstags kollidierten. Der Kanzler wollte mit allen Bällen jonglieren: Bundesrat, Reichstag, Reichsleitung, preußischer Landtag, preußische Regierung. Der Historiker Johannes Ziekursch hat Bismarcks System schön beschrieben: »Die verschieden gearteten Teile hatte der Baumeister für seine besonderen Zwecke umgebaut; über das Ganze erhob sich beherrschend und die Teile zur Einheit zusammenfassend der Zentralbau, halb preußische Kaserne, halb Cäsarenpalast. Der wahre Gebieter war nicht der Besitzer, sondern sein Diener und Baumeister, der allein sich in dem Gewirr von Gängen und Räumen zurechtfand.« Seinen Nachfolgern hinterließ der »Eiserne Kanzler« ein Regierungssystem, das stark auf den Stil des »Reichsgründers« zugeschnitten war. Und der war autoritär.

Berlin regiert das Reich

Da um den Reichskanzler zunächst keine eigene Reichsregierung entstand, war die preußische Exekutive die eigentliche Regierung des Bundes. Den Bundesrat zu einer echten Reichsregierung zu machen, war schon deshalb nicht das Ziel Bismarcks, weil bei deren Ernennung »die Konkurrenz der uns verbündeten Regierungen nicht ausgeschlossen werden kann«, wie er schon 1867 schrieb. Reichsminister aus Sachsen, Württemberg oder Bayern? Für Bismarck undenkbar. Die Reichspolitik sollte allein von Preußen bestimmt und nicht zu eigenständig werden. Dennoch gab es vor allem vom Reichstag her Versuche, das zu ändern. Eine wichtige Rolle spielte dabei Rudolf Delbrück, von 1871 bis 1876 Leiter des Reichskanzleramtes (der zunächst einzigen Reichsbehörde) und preußischer Bundesratsbevollmächtigter. In dieser Funktion vertrat er in der Regel den Kanzler in den Bundesratssitzungen, denn Bismarck erschien dort nur unregelmäßig. Der den Nationalliberalen nahe stehende Delbrück verstand sein Aufgabe nicht als reine Interessenwahrung im Sinne der preußischen Bürokratie. Bismarck spottete einmal über ihn, es sei schon vorgekommen, dass die preußische Regierung im Bundesratsplenum eine bestimmte Haltung vertreten habe, Delbrück als führender Bevollmächtigter dann aber die 17 Stimmen Preußens gegen diese Position abgegeben habe, weil er die Dinge mehr aus Reichssicht betrachtete. Delbrück trat zurück, nachdem er

SCHWEDEN
DÄNEMARK
NORDSEE
Freie Stadt LÜBECK
Grhzm. MECKLENBURG-SCHWERIN
Schwerin
Grhzm. MECKLENBURG-STRELITZ
Neustrelitz
Bremerhaven zu Bremen
Freie Stadt HAMBURG
Oldenburg
Freie Stadt BREMEN
Grhzm. OLDENBURG
NIEDERLANDE
Berlin
Kgr. PREUSSEN
Bückeburg
Fsm. LIPPE-DETMOLD
Detmold
Braunschweig
Hzm. BRAUNSCHWEIG
Hzm. ANHALT
Dessau
Fsm. WALDECK-PYRMONT
Arolsen
Sondershausen
Thüringische Staaten
Gotha
Weimar
Kgr. SACHSEN
Dresden
Altenburg
Gera
Rudolstadt
Greiz
Schleiz
Meiningen
Coburg
BELGIEN
Grhzm. HESSEN-DARMSTADT
Darmstadt
LUXEMBURG
Kgr. BAYERN (Pfalz)
Reichsland ELSASS-LOTHRINGEN
Straßburg
Karlsruhe
Kgr. WÜRTTEMBERG
Stuttgart
Kgr. BAYERN
München
Österreich-Ungarn
FRANK-REICH
Hohenzollern (PREUSSEN)
Grhzm. BADEN
SCHWEIZ
LIECHTENSTEIN

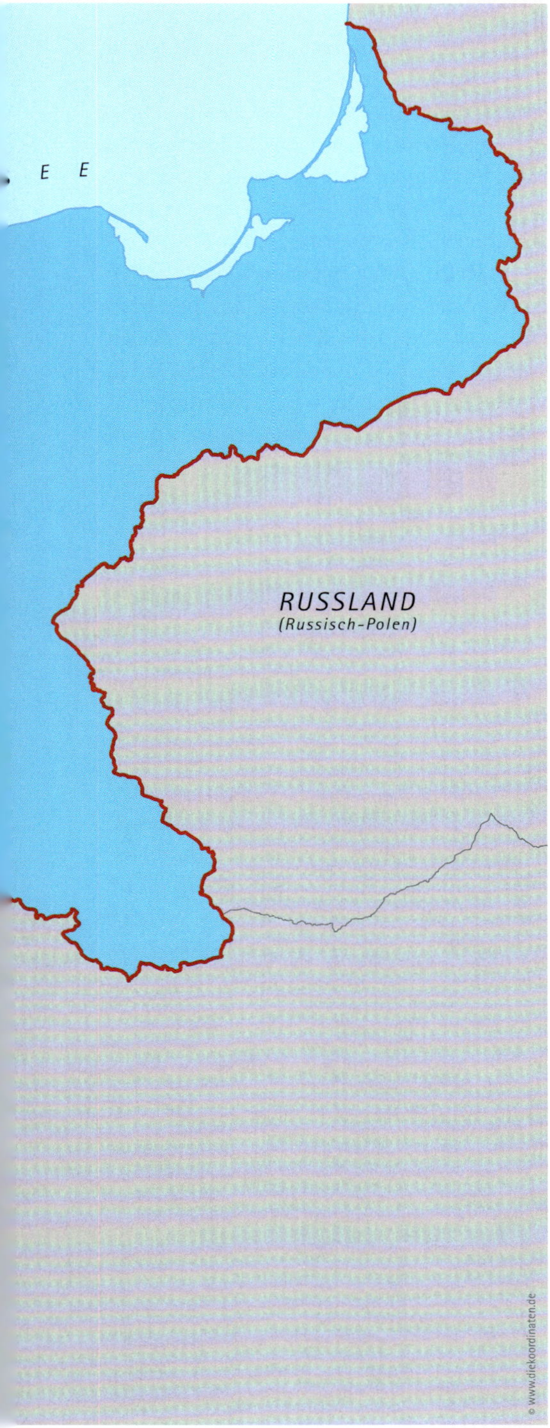

Zahlenkürzel:

Thüringische Staaten

Grhzm. SACHSEN-WEIMAR-EISENACH	1a
Hzm. SACHSEN-MEINIGEN	1c
Hzm. SACHSEN-ALTENBURG	1d
Hzm. SACHSEN-COBURG und Hzm. SACHSEN-GOTHA (in Personalunion)	1e
Fsm. SCHWARZBURG-SONDERSHAUSEN	2a
Fsm. SCHWARZBURG-RUDOLSTADT	2b
Fsm. REUSS ältere Linie	3a
Fsm. REUSS jüngere Linie	3b
Grhzm. MECKLENBURG-STRELITZ	8
Grhzm. OLDENBURG	10
Fsm. WALDECK	15
Fsm. SCHAUMBURG-LIPPE	16
zu HAMBURG (Cuxhaven)	31
Grenze des Deutschen Reiches	

1871
Das Deutsche Reich

Im Krieg gegen Frankreich 1870 wurde der Anschluss der süddeutschen Staaten an den Norddeutschen Bund eingefädelt – das Ergebnis war ein ebenfalls stark von Preußen dominierter Bundesstaat, in der den Teilstaaten freilich erhebliche Eigenständigkeit verblieb. Allerdings wanderten viele Zuständigkeiten in die neue politische Zentrale in Berlin.

bei Bismarck in Misskredit geraten war, weil er »zu viel aus dem Reichskanzleramt gemacht habe«, wie der allmächtige Kanzler meinte. Mit Delbrücks Rücktritt war der Versuch, die Reichsverwaltung von Preußen zu lösen, schon im Ansatz gescheitert. Freilich ließ sich, auch wenn die preußischen Ministerien die eigentlichen Schaltstellen blieben, die Einrichtung von Reichsressorts zur Koordinierung mit den anderen Bundesstaaten und dem Reichstag auf Dauer nicht vermeiden. So entstanden allmählich die so genannten Reichsämter. Das bis heute so bezeichnete Auswärtige Amt ging direkt aus dem preußischen Außenministerium hervor. Das Reichskanzleramt wurde 1878 zum Reichsamt des Inneren aufgewertet, das mit der Zeit umfangreiche Zuständigkeiten auch in der Sozialpolitik bekam. Dazu gab es ein Reichsmarineamt, ein Reichsjustizamt, nach 1880 das Reichsschatzamt und das Reichspostamt (wobei Bayern und Württemberg bis 1918 postalisch eigenständig blieben). Auch ein Reichseisenbahnamt entstand, gewann aber wenig Eigenleben – mehrere Bundesstaaten, voran die im Süden, widersetzten sich Bismarcks Plänen für eine Reichsbahn, die dann auch erst 1920 entstand. Seit 1907 gab es auch ein Reichskolonialamt, im Krieg entstanden 1916/17 die Reichsämter für Ernährung und Wirtschaft. Ein Reichsamt für Vereinswesen und Presse konnte der Bundesrat verhindern, was die liberalere Handhabung der Pressegesetzgebung in den Südstaaten garantierte. Die Finanzkontrolle im Reich übte die preußische Oberrechnungskammer aus.

Reichsminister mit Doppelrolle

Die Ämterchefs hießen Staatssekretäre. Sie waren zunächst dem Reichskanzler untergeordnet, bekamen aber schon 1878 eine gewisse Eigenständigkeit als Leiter ihrer Ressorts. Allerdings achtete Bismarck darauf, dass es zu keinen Kabinettssitzungen kam – eine Reichsregierung sollte das Kollegium der Staatssekretäre nicht sein, der Kanzler verbot diesen Begriff sogar ausdrücklich für den amtlichen Sprachgebrauch. Stattdessen war meist von der »Reichsleitung« die Rede. Die Staatssekretäre waren immer preußische Bundesratsbevollmächtigte und damit weisungsgebunden. Wenn sie im Reichstag redeten, dann stets in dieser Funktion. Die Doppelrolle wurde noch dadurch verstärkt, dass die Staatssekretäre des Reiches als Minister ohne Portefeuille im preußischen Kabinett saßen, wenn sie nicht sogar das ihrem Reichsressort entsprechende preußische Ministerium direkt übernahmen, um eine reibungslosere Koordination zwischen Preußen und Reich zu sichern. Abgerundet wurde dieses System dadurch, dass die Staatssekretäre immer auch ihren Fachausschüssen im Bundesrat vorsaßen und dort die Geschäfte lenken konnten. Unter Bismarck wurden die Reichsgesetze in aller Regel in den preußischen Behörden ausgearbeitet. Erst nach 1890, als den Reichsämtern mehr Aufgaben und größere Apparate zuwuchsen, agierten diese eigenständiger und suchten engeren Kontakt zu den Reichstagsparteien und den Verbänden. Gesetze wurden nun bisweilen auch ohne direktes Zutun der preußischen Ministerialbürokratie vorbereitet, was freilich oft zu Reibereien führte. Dennoch war die Reichsregierung auch in der späteren Phase des Kaiserreichs nicht anderes als ein »preußisches Machtkartell« (Michael Stürmer). Die anderen Bundesstaaten hatten in der Reichsleitung wenig zu melden, ihre Mitregierung im Reich war eine Fiktion. In München, Stuttgart, Dresden, Karlsruhe, Darmstadt und den anderen Landeshauptstädten entwickelte sich eine zunehmende Reichsmüdigkeit. Die verbliebenen Zuständigkeiten wurden daher wie ein Augapfel gehütet, in den Landesverwaltungen und Landtagen der Mittelstaaten entstand eine defensive Haltung gegenüber dem Reich, das man zunehmend als politisches Gegenüber verstand, was durch die die unitarischen Bestrebungen des Reichstags noch verschärft wurde.

Die »heimliche zweite Kammer«: Preußens Landtag

Der einzige Landtag, der nicht an Macht verlor, war der in Berlin. Denn die Doppelrolle der Reichskanzler und Staatssekretäre des Reiches bedeutete, dass die Reichsleitung stets auch auf die Mehrheitsverhältnisse im preußischen Landtag – Abgeordnetenkammer und Herrenhaus – Rücksicht nehmen musste. Damit hatte das preußische Parlament einen beträchtlichen Einfluss auch auf die Reichspolitik. Max Weber hat die Wirkung dieser eigentümlichen Konstruktion so beschrieben: »In der Reichshegemoniepolitik Preußens findet eine gegenseitige Beeinflussung der vom Reichstag her beeinflussten bürokratischen Leitung des Reichs und der vom Landtag her beeinflussten Regierung Preußens sowohl in personaler wie in sachlicher Hinsicht statt. Je nachdem dabei mehr die unter dem Druck des Reichstags stehenden Instanzen der Reichsleitung oder mehr die unter dem Druck des preußischen Landtags stehende Leitung Preußens den Ausschlag gibt, ist der Hegemoniestaat in seiner reichspolitischen Haltung von den Reichsorganen bestimmt oder ist umgekehrt das Reich »großpreußisch« geleitet. Die innere Struktur des Reichs und seiner Einzelstaaten aber sorgt dafür, dass im allgemeinen diese letztere Richtung: der großpreußische Charakter der Reichsleitung, überwiegt.« Weber nannte den preußischen Landtag die »heimliche zweite Kammer« des Reiches. Nun war aber das preußische Abgeordnetenhaus nicht wie der Reichstag nach einem allgemeinen und gleichen Männerwahlrecht zusammengesetzt, sondern wurde über das Dreiklassenwahlrecht bestimmt, das Wohlhabende begünstigte. Daher dominierten im Abgeordnetenhaus stets die Konservativen und Nationalliberalen. Und das Herrenhaus, dessen Mitglieder vom König ernannt wurden, war ohnehin ein mächtiges Bollwerk des preußischen Adels- und Beamtenkonservatismus und damit des preußischen Eigeninteresses. Diese Konstellation barg ein gewaltiges Konfliktpotenzial. Denn das demokratische Männerwahlrecht im Reich nutzte der immer stärker werdenden Sozialdemokratie, die Mehrheitsverhältnisse im Reichstag verschoben sich, die mit dem preußischen Parlament übereinstimmende nationalliberal-konservative Reichstagsmehrheit der Bismarck-Ära schwand dahin. Mit jeder Reichstagswahl nach 1890 wuchs die Diskrepanz zwischen dem nationalen Parlament und dem preußischen Landtag. Dieser Gegensatz stellte nach der Jahrhundertwende die Regierbarkeit des Reiches immer mehr in Frage.

Länderfrust im Bundesrat

Bismarck war sich der Problematik der preußischen Vorherrschaft für die Bundespartner durchaus bewusst. Zumindest am Anfang scheint er auch versucht zu haben, dem Bundesrat den Anstrich föderaler Kollegialität zu geben. Gern hätte er es gesehen, wenn die Regierungschefs der Länder und deren leitende Fachminister möglichst häufig im Bundesrat erschienen wären. Aber dazu kam es nicht, und die lange Bahnanreise aus Karlsruhe, Stuttgart, München oder Oldenburg war noch der geringste Grund. Die führenden Landespolitiker wollten die Rolle, die Bismarck ihnen zugedacht hatte, nicht spielen: als Kollektiv dem Reichstag gegenüber die Exekutivmacht der Bundesstaaten repräsentieren und damit die preußische Hegemonie bemänteln helfen, ohne etwas zu sagen zu haben. Der badische Staatsminister Julius Jolly meinte schon früh, dass der Bundesrat als Institution »gleich Null ist«. Seine Tätigkeit sei »eine Farce, an der sich zu beteiligen die Mühe nicht lohnt«. Zudem missfiel ihm der bürokratische Charakter der Runde: »In einer Versammlung, die nach Instruktion stimmt, ist eine wirkliche Diskussion unmöglich, und sie wird vollends totgeschlagen, wenn ein Vertreter 17 Stimmen hat und alles durchsetzen kann, was er will, sei es, dass er einen besonders hohen, sei es, dass er keinen Wert auf den diskutierten Punkt legt.« Jolly, der Sachse Richard von Friesen und der württembergische Staatsminister Hermann Mittnacht sahen einen Ausweg in der Umgestaltung des Bundesrats zu einer debattierenden Länderkammer statt der im Geheimen wirkenden Gesandtenrunde (der Bundesrat tagte nie öffentlich, denn er sollte keine Wirkung nach außen entfalten). Einige Bundesstaaten strebten einen Bundesrat an, wie er ähnlich dann 1949 entstand. Mittnacht meinte, »ein parlamentarisch organisiertes Staatenhaus würde den wirklichen Partikularinteressen einen weit stärkeren Schutz gewähren als der wesentlich auf Schein hinauslaufende Bundesrat«. Bismarck wollte das nicht. Ein solcher Bundesrat im Sinne einer zweiten Kammer (ob nur mit Regierungsvertretern oder auch, nach dem Modell der Paulskirche, mit Landtagsabgeordneten) hätte den Einfluss des Kanzlers beschnitten, er wäre weniger leicht zu beherrschen gewesen. Bismarcks wollte jedoch – hier in Einklang mit den unitarischen Interessen der Nationalliberalen – über den Bundesrat den Eigenwillen der Mittel- und Kleinstaaten bändigen und kontrollieren. »So weit die dynastischen Interessen uns mit neuer Zersplitterung und Ohnmacht der Nation bedrohen sollten, müssten sie auf ihr richtiges Maß zurückgeführt werden«, meinte er einmal. Der gelegentlich aufmüpfige mecklenburgische Bundesratsbevollmächtigte Karl Oldenburg kritisierte: »Die schöpferische Kraft des Bundesrats, zu welcher man ihn hätte erheben können, hat der Reichskanzler im Keime erstickt.«

Abstimmungsmaschine im Nebenzimmer

Da die ursprünglich anvisierten Ministerkonferenzen selten zu Stande kamen, wurde der Bundesrat zu einem ausgesprochen bürokratischen Gremium, einem bundespolitischen Akklamationsorgan. Er sei zu »einer Stimmmaschine herabgesunken, wie sie im Frankfurter Bundestag nicht schlimmer war«, beklagte Karl Oldenburg. Die Einschätzung des Gremiums im Berliner Politikbetrieb manifestierte sich auch rein baulich – ein eigenes Haus hat der Bundesrat nie bekommen, obwohl er wie der alte Reichstag und der Bundestag »immerwährend« war und auch regelmäßig vom Herbst bis zum späten Frühjahr wöchentlich zusammenkam. Anfangs tagte der Bundesrat bei Bismarck im Reichskanzleramt, später war er Untermieter des Reichstags und belegte dort eigene Räume. Einen eigenen Beamtenapparat hatte er nicht. Die kleinen Staaten waren dem Tagesgeschäft im Bundesrat schon personell nicht gewachsen, meist teilten sie sich einen Bevollmächtigten (der dann bisweilen vier, fünf oder sechs verschiedene Landesmeinungen abzugeben hatte) oder sie ließen sich durch die Mittelstaaten vertreten. Die »Augsburger Abendzeitung« fasste im Sommer 1884 die Lage so zusammen: »Die Minister-Konferenzen zur Einleitung der Bundesratssession finden nicht statt, der Reichskanzler bleibt den Bundesratssitzungen fern, es unterbleibt jede Vereinbarung über das legislatorische Material, und ganz so wie früher wird der Bundesrat von Gesetzesanträgen des Präsidialstaates überrascht, so dass die Vertreter der Bundesstaaten genötigt sind, von ihren Regierungen Informationen einzuholen, weil sie nicht wissen können, wie sich die leitenden Minister zu den legislatorischen Überraschungen stellen.« Für Mittnacht »machten die Beschlüsse des Bundesrats mitunter den Eindruck eines nun einmal verfassungsmäßig notwendigen, möglichst zu beeilenden Schlussakts, des Siegels, mit dem die an den Reichstag zu bringenden Vorlagen versehen sein müssen«. Er forderte eine frühere Einbindung der Länder in die Gesetzgebung und weniger Hetze bei den Beratungen. Doch vergeblich.

»Die Tage des Regensburger Reichstags sind vorbei«

Wenn sich im Bundesrat doch einmal Eigenwilligkeiten regten, wenn sich gar einige Bundesstaaten zusammentaten, um eine preußische Vorlage zu ändern oder zu torpedieren, dann wurde Bismarck bissig. »Er konnte drohen und, falls das nicht half, in fast schulmeisterlicher Art eine Regierung, sagen wir, in die Ecke stellen«, schrieb der langjährige bayerische Gesandte Hugo von und zu Lerchenfeld in seinen Erinnerungen. Je länger er regierte, umso mehr fasste Bismarck Widerstände in den Ländern als persönliche Beleidigung auf. Die preußische Seite erwartete von den Partnern im Bundesrat geschlossenes Auftreten. »Gott sei Dank, die Tage des Regensburger Reichstags sind vorüber, wo jeder auf eigene Faust Politik machte«, herrschte der Kanzler einmal einen bayerischen Bevollmächtigten an. Bismarcks autoritäre Art gründete in der Angst vor dem Verlust der preußischen Vormachtstellung durch ein Zusammengehen von Länderregierungen mit dem Reichstag. In der Tat war das ein Weg für die Bundesstaaten, eigene Vorstellungen an Preußen vorbei Gesetz werden zu lassen. Man versuchte dann, über Reichstagsabgeordnete aus dem eigenen Land bestimmte Anliegen, die im Bundesrat kein Echo gefunden hatten, doch noch durchzusetzen. Eine Rolle spielte dabei, dass Reichstagsabgeordnete nicht selten auch Mitglied in einem Landtag waren. So war der Bundesrat zwar keine parlamentarische Kammer im engeren Sinne, dennoch war er Teil des Parlamentarismus auf Reichsebene. Kooperationen zwischen Bundesrat und Reichstag hat es auch auf offizieller Ebene gegeben: So wurde bei der Einführung der Invaliditäts- und Altersversicherung durch das Reich 1889 eine »freie Kommission« aus Bundesratsbevollmächtigten, Reichstagsabgeordneten und Beamten gebildet, die sich darum kümmern sollte, strittige Fragen zu klären – eine »Vorläuferin des heutigen Vermittlungsausschusses zwischen Bundestag und Bundesrat« (Gerhard A. Ritter). Die Notwendigkeit engerer Koordinierung war das Ergebnis des Übergangs zum Sozial- und Interventionsstaat, das Reich griff nun gesetzgeberisch immer mehr in die Zuständigkeiten von Bundesstaaten und Kommunen ein, bei denen aber der Vollzug der Gesetze verblieb – und auch die Finanzierung solcher Maßnahmen.

Versicherungsanstalt der Bürokratien

Bei aller Kritik aus den Regierungen der Bundesstaaten am großpreußischen Spiel auf Reichsebene darf man jedoch nicht übersehen, dass ihnen Bismarcks Verfassungskonstruktion nicht völlig ungelegen kam. In den süddeutschen Staaten brach die Entwicklung hin zur parlamentarischen Monarchie nach 1871 wieder ab – aus Rücksichtnahme auf die preußische Hegemonie, aber auch, weil es den Landesbürokratien so ganz recht war. Es amtierten Beamtenregierungen, die nicht direkt aus den Landtagen hervorgingen und nicht immer gewillt waren, die Mehrheitsmeinung des Parlaments nachzuvollziehen. Im Bundesrat hatten die Landesregierungen einen Rückhalt, der sich gegen die Landtage ausspielen ließ. Max Weber hat das in aller Schärfe kommentiert: »Für die Höfe sowohl wie für die einzelstaatlichen Bürokratien lag der Gedanke nahe: im Reich vor allem eine Versicherungsanstalt für die eigene Stellung zu sehen.« Die Anlehnung an die Hegemonialmacht Preußen war ein »Rückhalt kontrollfreier Beamtenherrschaft auch in den übrigen Einzelstaaten«. Der ohnehin bürokratische Zug des kaiserzeitlichen Föderalismus verstärkte sich dadurch noch. Die eigenständige Ausführung der Reichsgesetze (die den Regierungen und Landtagen immerhin gewisse Differenzierungsmöglichkeiten gab) konnte jederzeit »von oben« eingeschränkt werden. Dazu kam, dass vor allem die Kleinstaaten, aber auch die Mittelstaaten, preußische Landesgesetzgebung eins zu eins übernahmen – eine Form der freiwilligen Unitarisierung, die auch durch reichsweite Kooperationsformen wie die Vorläuferin der heutigen Kultusministerkonferenz erreicht wurde. Die Entmachtung der Landtage (den preußischen ausgenommen) hat so schon in der Zeit des Kaiserreichs ihren Anfang genommen.

Die Achse Berlin-München

Das System Bismarck zielte – wie schon bei den Beitrittsverhandlungen 1870 – auf eine Entsolidarisierung im Lager der Mittel- und Kleinstaaten. Vor allem Bayern, der zweitgrößte Bundesstaat, spielte dabei eine Rolle. Ein württembergischer Beamter beschrieb das Verhalten der bayerischen Gesandtschaft in Berlin im Jahr 1884 so: »Sie treten behufs der Vorbereitung mit den Vertretern der Reichsregierung und Preußens zusammen, erlangen schon vor dem Beginn der Beratungen Zugeständnisse, und erfahren auch, in welchen Punkten auf einen ganz entschiedenen Widerstand Preußens und des Reichskanzlers gestoßen werden wird.« Der mecklenburgische Bevollmächtigte Oldenburg erregte sich über das »bekannte bayerische Spiel ..., nach welchem Bayern und Preußen sich auf Kosten der übrigen Staaten vorweg einigen«. Und Minister Brauer in Baden klagte 1893 über jene bayerische Politik, »die es für nützlich hält, vor den Beratungen des Bundesrats große Oppositionslust zu zeigen und dabei Alliierte zu werben, um sich alsdann über deren Köpfe hinweg mit Preußen zu verständigen und die Genossen sitzen zu lassen«. Die Regierung in München wusste oft früher Bescheid als andere und konnte eigene Sonderinteressen durchsetzen. »An einem zufriedenen Bayern liegt mir mehr, als an soundsovielen Gesetzesparagraphen«, sagte Bismarck einmal. Die weiß-blaue Staatsbürokratie war eine Stütze der preußischen Hegemonie. So kam es, dass bei der Reichsgesetzgebung und bei Bundesratsbeschlüssen »häufig Bayern profitierte, aber nicht das föderalistische Prinzip« (Karl Möckl). Preußen kam der bayerischen Regierung auch deshalb entgegen, weil in München eine nationalliberal-konservative Beamtenregierung amtierte, obwohl im Landtag die katholische Patriotenpartei seit 1869 fast durchweg die absolute Mehrheit hatte.

Der Reichstag: Motor der Vereinheitlichung

Auch wenn Bismarck den Bundesrat ins Zentrum seines Regierungssystems gestellt hatte – der Reichstag als Kammer des Volkes war alles andere als die machtlose Einrichtung, als die er oft beschrieben wurde. Zwar hatte das nationale Parlament keinen Einfluss auf die personelle Zusammensetzung der Reichsregierung. Aber die

Gebremste Volksvertretung
Das Bild aus dem Jahr 1889 zeigt das gut gefüllte Plenum des Reichstags in Berlin (in seinem ersten Domizil in der Leipziger Straße – der Neubau von Paul Wallot, in dem heute der Bundestag sitzt, wurde erst 1894 bezogen). Da das Kaiserreich nicht parlamentarisch regiert wurde, blieb der Einfluss der Volksvertretung zwar begrenzt, aber nicht wirkungslos. Denn die Reichsregierungen brauchten für ihre Vorhaben die Mehrheit in beiden Kammern, dem Reichstag wie dem Bundesrat.

konnte nicht auf Dauer gegen das Parlament handeln, denn auch der Reichstag besaß das Budget- und Steuerbewilligungsrecht und konnte schon von daher die Regierungspolitik blockieren. Bismarck und seine Nachfolger arbeiteten mit wechselnden Mehrheiten, aber im wichtigen ersten Jahrzehnt gab es eine nationalliberal-konservative Mehrheit, deren Interessen sich weitgehend mit denen der preußischen Regierung deckten. Beide Seiten wollten die Rechtseinheit im neuen einheitlichen Wirtschaftsraum des Reiches, die einen im nationalstaatlichen, die anderen im großpreußischen Sinne. Diese Interessenkongruenz war die Basis für eine Welle von Gesetzen, mit denen neben der Wirtschafteinheit auch die Rechtseinheit eingeführt wurde: Nach dem bereits im Norddeutschen Bund verabschiedeten Handelsrecht brachten das Strafgesetzbuch und das Postgesetz von 1871, das Gerichtsverfassungsgesetz, die Strafprozessordnung, die Zivilprozessordnung und die Konkursordnung (allesamt 1877) in schneller Folge eine reichseinheitliche Rechtsordnung. In kurzer Zeit wurde auch eine umfangreiche Gesetzgebung zur Vereinheitlichung des Wirtschaftslebens auf den Weg gebracht: Markenschutz, Urheberrecht, Patentrecht, Bankwesen. Auch im Gesundheitswesen, eigentlich eine Landesdomäne, mischte das Reich bald mit. Dazu kam die Währungs- und Wirtschaftspolitik, schon Ende der Siebzigerjahre war das Münzwesen vereinheitlicht und eine Reichsbank gegründet. Nachdem die Nationalliberalen 1873 gegen anfängliche Widerstände im Bundesrat durchsetzen konnten, dass auch das Privatrecht durch das Reich bestimmt werden konnte, begannen die Arbeiten zu einem Bürgerlichen Gesetzbuch, das allerdings nach langen Beratungen erst 1900 eingeführt wurde. Schon 1872 erhob der Württemberger Mittnacht Bedenken gegen diese Form der Vereinheitlichungspolitik: »Hierin liegt eine Gefahr, dass die Rechtsanschauungen und die Rechtsbildung eines Staates (...) doch vorzugsweise bestimmt sind, nationales Recht zu werden, und hierin liegt die weitere Gefahr, dass die einzelnen Bundesregierungen schließlich auf den Standpunkt kommen könnten, die rechte Liebe zur Mitwirkung zu verlieren, sei es aus Bequemlichkeit, oder weil sie glauben, dass doch nichts mehr zu erreichen sei, sie am Ende auf Kompetenzstudien sich zurückziehen.« Die Mittelstaaten konnten wegen der preußischen Hegemonie im Bundesrat im Allgemeinen wenig ausrichten, solange Reichsleitung und Reichstagsmehrheit in eine Richtung marschierten. Preußens »Bündnispartner« wurden so trotz ihrer eigenstaatlichen Tradition »zwangsvereinheitlicht«, was die Resignation und die Abneigung »gegen Berlin« noch erhöhte.

Ein Verhandlungssystem

Dass der Föderalismus die Parlamentsherrschaft behindert habe, ja dass beide Prinzipien gar nicht zu verbinden seien, ist eine seit dem Kaiserreich immer wieder gepflegte Meinung – aber sie ist nicht richtig. Das Hindernis auf dem Weg zu einer parlamentarischen Regierungsweise war nicht der Bundesrat an sich, sondern die dort verankerte preußische Hegemonie. Ohne diese hätte sich ein System wie später in der Weimarer Republik oder der Bundesrepublik ergeben. Den Parlamentarismus des Kaiserreichs sollte man daher nicht am klassischen Vorbild Großbritanniens messen, sondern eher das Präsidialsystem der USA heranziehen. Auch in Washington hatten und haben Repräsentantenhaus und Senat ja keinen direkten Einfluss auf die Zusammensetzung der Regierung und deren Willensbildung im Kabinett. Ähnlich war es im hegemonialen System des Kaiserreichs: Die Regierung wurde von der preußischen Herrschaftselite bestimmt, musste sich dann eine

Zustimmung für ihre Politik im Bundesrat suchen (was, wie gesehen, einfach war) und brauchte dann eine Mehrheit im Reichstag. Und so lange die Hegemonialmacht diese Mehrheit bekam, war sie nicht bereit, sich in eine echte Parlamentarisierung des Regierungsgeschäfts nach britischem Vorbild zu fügen. Der Parlamentarismus im Reich war somit nicht vom Gegeneinander zwischen Regierungsmehrheit und Opposition bestimmt, sondern von mal mehr, mal weniger festen Interessenkoalitionen der im Parlament vertretenen Parteien gegenüber der Reichsleitung. Jede Fraktion konnte mal Regierungslager sein, mal Gegenpol. Und je nach Lage der Dinge konnte das der Reichsregierung dienen, mal den Parteien – es war letztlich ein Frage, wie geschickt jede Seite dieses Verhandlungssystem für sich zu nutzen wusste. So hatte das Kaiserreich einen Parlamentarismus ganz eigener Art, der nicht durch feste Mehrheitsverhältnisse im Parlament gekennzeichnet war, sondern durch einen komplexen Konsens- und Kompromissmechanismus mit drei Beteiligten: Reichsleitung, Bundesrat, Reichstag. Eines war dabei aber immer klar: Ohne Zustimmung im Reichstag lief wenig, denn hier konnte sich die preußische Übermacht weniger auswirken als im Bundesrat (der somit eigentlich nicht die stärkere, sondern die schwächere Instanz war). Im Reichstag wiederum drängten auch die Spitzenpolitiker der Parteien gar nicht in die Regierungsverantwortung, weil man dort Kompromisse hätte machen müssen, die so nicht notwendig waren. Der Jurist Georg Jellinek brachte das 1909 auf die Formel: »Die großen deutschen politischen Parteien streben nicht nach der Regierung, sondern nach Macht über die Regierung«. Es ging den Fraktionen um Kontrolle der Exekutive, nicht um deren Besetzung durch eigene Kräfte. Dieser Unwille der Parteien, auf Reichsebene dauerhafte Regierungsverantwortung zu übernehmen, erwies sich ebenfalls als Parlamentarisierungsbremse. Dabei war der Übergang zu einem parlamentarischen Regieren nie ausgeschlossen – als es 1918 so weit war, genügte dafür eine geringfügige Korrektur der Verfassung. Und dass die Parteien sich rundweg verweigert hätten, lässt sich auch nicht sagen: In den süddeutschen Landtagen hatte sich der Übergang zur parlamentarischen Regierungsweise schon seit 1900 angekündigt, weil die Parteien dort darauf drängten.

Das Parteiensystem: Fünf Lager und jede Menge Vielfalt

Im Reichstag bildete sich mit der Zeit ein Fünfparteiensystem: Sozialdemokraten, Linksliberale, katholisches Zentrum, Nationalliberale, Konservative. Doch die Parteien waren im Kaiserreich weit stärker regional aufgefächert als heute und von einzelstaatlichen Besonderheiten geprägt. Auch innerhalb Preußens zeigten die Parteien teils deutliche regionale Unterschiede. Als Grundregel hat der Historiker Thomas Nipperdey festgestellt: »In Süd- und Südwestdeutschland waren die Parteien zumeist liberaler, demokratischer als im Norden.« Mit Blick auf den Föderalismus lässt sich sagen: Nationalliberale und Sozialdemokraten waren stärker unitarisch, Zentrum, Linksliberale und gemäßigte Konservative eher föderalistisch (also abwägend zwischen den Maximalpositionen), altpreußische Konservative und einige Regionalparteien partikularistisch. Und auch hier galt: Im Süden standen die Parteien von links bis rechts der Berliner Vereinheitlichungspolitik skeptisch bis ablehnend gegenüber und waren insgesamt föderalistischer eingestellt.

Partei des Föderalismus: Das katholische Zentrum

Eine Partei des Föderalismus war vor allem das katholische Zentrum. Auf der Gründungsversammlung in Münster 1870 hielten die Delegierten fest: »Wie die Nation reich gegliedert ist (...), so war auch Deutschland nie in zentralisierter Einheitsstaat, sondern ein vielgestaltiges Reich ... Die Uniform des Einheitsstaats und die nivellierende Herrschaft eines alleinregierenden Zentrums widerstrebt dem Volksgeist.« Die Reichstagsfraktion des Zentrums stellte 1871 als ersten Grundsatz auf: »Der Grundcharakter des Reiches als eines Bundesstaates soll gewahrt, demgemäß den Bestrebungen, welche auf eine Änderung des föderativen Charakters der Reichsverfassung abzielen, entgegengewirkt, und von der Selbstbestimmung und Selbsttätigkeit der einzelnen Staaten in allen inneren Angelegenheiten nicht mehr geopfert werden, als die Interessen des Ganzen als unabweislich fordern.« Das föderale Credo des Zentrums – einer nur konfessionell geschlossenen, sozial jedoch heterogenen Volkspartei – konnte sich ganz unterschiedlich äußern: mal in konservativem Sinne gegen die von den Nationalliberalen betriebene, liberalisierende Rechtsvereinheitlichung, mal in eher demokratischem Gewand, wenn das Zentrum für Wahlrechtsreformen etwa in Bayern oder Baden stritt. Vom Föderalismus profitierte das Zentrum ganz direkt: Der »Kulturkampf« – also die antikirchliche und gegen Katholiken im Staatsdienst gerichtete Repressionspolitik, die Bismarck und die Nationalliberalen 1872 begannen – wurde regional ganz unterschiedlich umgesetzt. Er tobte vor allem in Preußen und Baden, während er in Württemberg und Bayern, auch in Sachsen oder Oldenburg, wenig Spuren hinterließ. Unter ihrem Reichstagsfraktionschef Ludwig Windthorst war das Zentrum die stärkste Oppositionskraft gegen Bismarck und das nationale Lager. Zu deren Ärger bezeichneten Zentrumspolitiker die Reichsleitung gern auch als »Bundesregierung«. Nach 1881 war das Zentrum die entscheidende Partei im Reichstag, weil weder die rechten noch die linken Parteien eine Mehrheit hatten und ohne die Katholikenpartei mit ihrer Offenheit nach beiden Seiten selten Mehrheiten möglich waren. Diese Mittlerrolle veränderte die Ausrichtung der Partei, sie agierte später unitarischer als in den Anfangsjahren.

Vielfalt mit später Einheit: Der Linksliberalismus

Recht vielfältig kam der Linksliberalismus daher. Seine Hochburgen waren der Süden und die Hansestädte. Die Einstellung zum Föderalismus unterschied sich von Region zu Region. Anfangs eher partikularistisch gab sich die süddeutsche Volkspartei, die Nachfolgerin der gemäßigten Demokraten von 1848, die vor allem in Württemberg, Baden und Franken stark war. Im Stuttgarter Landtag wurde sie 1895 sogar stärkste Partei. Ihre Parole in den Anfangsjahren lautete: »Im Reich gegen das Reich«. Der Kampf gegen eine »Verpreußung« Deutschlands gehörte stets zum Kernbestand des süddeutsch-linksliberalen Glaubensbekenntnisses, und auch die Gewissheit, dass der Süden verfassungspolitisch dem restlichen Deutschland voraus sei. Etwas unitarischer orientiert waren die Linksliberalen im Norden. Sie sammelten sich zunächst in der Deutschen Fortschrittspartei, die 1884 mit der weiter rechts stehenden Liberalen Vereinigung die Deutsche Freisinnige Partei bildete. Diese Partei spaltete sich 1893 wegen außen- und militärpolitischer Differenzen in die Freisinnige Volkspartei und die Freisinnige Vereinigung. Erst 1910 gelang mit der Fortschrittlichen Volkspartei die gesamtdeutsche Fusion der Linksliberalen. Die Stimme der Linksliberalen war die »Frankfurter Zeitung«.

Die Konservativen: Preußenpartei oder Reichspartei

Regional sehr unterschiedlich geprägt waren die konservativen Parteien, die reine Honoratiorenverbände waren. Die 1876 gegründete Deutsch-Konservative Partei begleitete Bismarcks Politik mit Argwohn, weil sie ein schleichendes Aufgehen Preußens im Reich fürchteten. Die wesentliche Bedingung ihrer Existenz war die Beibehaltung des Dreiklassenwahlrechts in Preußen. Denn über den preußischen Landtag konnten sie die Reichspolitik in ihrem Interesse beeinflussen. Etwas gemäßigter waren die Freikonservativen, die außerhalb Preußens als Deutsche Reichspartei auftraten. Freikonservative und Reichspartei waren für Bismarck eine verlässliche Bank. Der Charakter der Freikonservativen als Regierungspartei brachte mit sich, dass auch viele preußische Politiker und hohe Beamte ihnen nahe standen. Ihr Föderalismusverständnis war vom Hegemonialsystem Bismarcks geprägt: Preußen sollte in Deutschland den Ton angeben.

Einheitspartei: Die Nationalliberalen

Die Nationalliberalen waren in den ersten beiden Jahrzehnten des Kaiserreichs die stärkste Kraft im Reichstag und sahen sich als die eigentliche Reichsgründungspartei, auch wenn ihr Einfluss immer mehr schwand. Besonders stark waren sie im alten Königreich Hannover und in dem von Preußen annektierten Teil Hessens.

Die Nationalliberalen, die Partei des protestantischen Bürgertums, waren unitarisch orientiert, ihr Ziel war der nationale Einheitsstaat, ihr Mittel dazu die umfangreiche Rechtsvereinheitlichung. Dafür waren sie bereit, sich auf Bismarcks autoritären Politikstil einzulassen und die Diffamierungskampagnen gegen Katholiken, Sozialisten und Linksliberale zu unterstützen. Im späten Kaiserreich suchten sie die Nähe zu den Konservativen, deren antidemokratisches Denken sie teilten. Föderalismus lehnten die Nationalliberalen ab, jedenfalls im Norden. Ihr Anführer Rudolf von Bennigsen meinte 1880 mit Blick auf regionale Strömungen in den Parteien in Preußen und im Reich: »Wenn erst zu den älteren politischen Parteien oder an deren Stelle Parteien des Ostens und Nordens gegenüber denen des Südens, des Westens und der Mitte treten, dann sind wir auf dem Weg zu einer Entwicklung, die ein alter fest gefügter Einheitsstaat nur schwer erträgt, die das komplizierte junge Deutsche Reich gar nicht ertragen kann.« Die Nationalliberalen gewannen zwar auch im Süden viele Stimmen, vor allem in Baden. Doch waren die Landesverbände dort eigenständiger, in Württemberg etwa firmierten sie als Deutsche Partei, und die dortigen Nationalliberalen lehnten Föderalismus nicht rundweg ab, sie sahen in ihm zunehmend einen »Schutzzschild gegen ein Maß an Zentralisierung und Homogenisierung, das ihnen in manchen Bereichen zu weit ging« (Dieter Langewiesche).

Die Sozialdemokraten: Gegner und Nutznießer des Föderalismus

Die Sozialdemokraten lehnten in ihrer Mehrheit den Föderalismus ab, obwohl sie eigentlich von ihm profitierten. In der Nachfolge der republikanischen Linken von 1848 sahen weite Teile der Partei im Einheitsstaat die eigentliche demokratische Staatsform, in der auch das zweite große Ziel – der Sozialismus – leichter zu verwirklichen sein würde. Föderalismus galt als Merkmal des monarchischen Staates, ihn wollte man überwinden. Schon der Allgemeine Deutsche Arbeiterverein, eine der Vorläuferorganisationen der SPD, lehnte jede bundesstaatliche Verfassung ab. Der Antiföderalismus der SPD ging auch darauf zurück, dass sie in einigen Bundesstaaten durch das Wahlrecht diskriminiert wurde. Das war vor allem in Preußen und Sachsen der Fall, wo wegen der fortgeschrittenen Industrialisierung der Zuspruch zur SPD am stärksten war, weshalb es die nationalliberalen und konservativen Parteien für klug hielten, eine restriktive Wahlrechtspolitik zu machen. Der Reichstag dagegen wurde nach dem gleichen und allgemeinen Männerwahlrecht gewählt, was der SPD natürlich half – schon 1890 war sie nach Stimmen stärkste Partei im Reich, und nur wegen des Mehrheitswahlrechts, der bürgerlichen Allianzen gegen die SPD und des Wahlkreiszuschnitts dauerte es bis 1912, bis die Sozialdemokraten auch stärkste Fraktion im Reichstag wurden. So war die SPD in ihren Hochburgen Preußen und Sachsen stärker auf die Reichsebene hin orientiert als auf die Landespolitik, was die bis heute fortlebende unitarische Tradition der Partei bestimmt hat. Ähnlich wie im Fall des Zentrums aber half der Föderalismus der SPD durchaus, und er prägte ihre Entwicklung nicht wenig. Denn während in Preußen und Sachsen die gegen die Sozialdemokratie gerichteten Sozialistengesetze konsequent vollzogen wurden, gingen die süddeutschen Staaten liberaler damit um. Das wirkte sich aus. Im Norden hielt die Partei länger an der Vorstellung einer sozialistischen Umgestaltung des Staates und der wirtschaftlichen Verhältnisse fest, während sie im Süden und auch einigen thüringischen Staaten früher auf einen gemäßigt-reformerischen Kurs umschwenkte. Vor allem die bayerische SPD unter ihrem Vorsitzenden Georg von Vollmar setzte darauf. »Königlich bayerische Sozialdemokratie« lautete der Spottname. Vollmar teilte die Vorliebe zum Einheitsstaat vieler SPD-Politiker nicht: Zentralismus schade der Freiheit, meinte er. Sein Credo lautete: »Wir sind Föderalisten, natürlich auf demokratischer Grundlage.« In den süddeutschen Landtagen wurde die SPD schon integriert, als sie im Norden noch bekämpft wurde. In Baden war sie 1906 sogar Teil des »Großblocks«, einer relativ festen Parlamentskoalition mit den liberalen Parteien gegen das Zentrum (mit dem zusammen die SPD kurz zuvor das Wahlrecht demokratisiert hatte).

Zentralstaatliche Sozialpolitik

Nach der Rechtsvereinheitlichungspolitik der Nationalliberalen zwischen 1871 und 1878 brachte der Übergang zum Sozial- und Interventionsstaat den zweiten mächtigen Unitarisierungsschub, der das Reich endgültig zur dominierenden politischen Ebene machte. Der Einstieg in eine »zentralstaatliche Sozialpolitik« (Hans-Peter Ullmann) erfolgte bereits unter Bismarck mit der Reihe von Versicherungsgesetzen, mit denen das Reich über die grundsätzliche Zuständigkeit der Bundesstaaten und Kommunen in der Sozialpolitik hinwegging. Angesichts der »sozialen Frage« – verbreitete existenzielle Unsicherheit und Armut – und um die Arbeiterschaft von der Sozialdemokratie zu trennen, verabschiedete der Reichstag nach 1883 staatliche Kranken-, Unfall-, Invaliditäts- und Altersversicherungen, die zwar durch Landesversicherungsanstalten verwaltet wurden, aber reichseinheitlich waren. Diese Maßnahmen wurden bis zur Reichsversicherungsordnung von 1911 immer weiter ausgebaut – mit dem Ergebnis, dass das Reich die Bundesstaaten auf diesem zukunftsträchtigen Feld in den Schatten stellte.

Organisierter Zentralismus: Die Verbände

Die Industrialisierung und die Vernetzung der lokalen und regionalen Märkte zu einem gesamtdeutschen Wirtschaftsraum zogen zwangsläufig eine stärkere Unitarisierung in Staat und Politik nach sich. Gesellschaft und Wirtschaft begannen sich mehr als zuvor auf nationaler Ebene zu organisieren. Zwar wurde ein aktive Industrie- und Gewerbepolitik vor allem von den Einzelstaaten betrieben, weniger vom Reich, aber die gesetzlichen Rahmenbedingungen wurden meist in Berlin geschaffen, dazu kam die Bündelung der Sozialpolitik beim Reich. Die Gewerkschaften wuchsen seit 1890 zu schlagkräftigen Massenorganisationen heran. Die Arbeitgeber bildeten reichsweite Verbände, um mehr Einfluss auf die Politik nehmen zu können: den Centralverband Deutscher Industrieller, den Bund der Industriellen, 1913 dann die Vereinigung Deutscher Arbeitgeberverbände. Auch im Agrarsektor sammelten sich die Interessen, wobei hier der Bund der Landwirte besonders mächtig war und über die konservativen Parteien zu erheblichem Einfluss gelangte. Daneben entstanden seit 1890 eine Vielzahl von gesellschaftspolitisch aktiven Verbände und politischen Gruppierungen abseits der Parteien, die ihren Einfluss stärker über das Reich als die Bundesstaaten geltend machen wollten. Da waren etwa die vielfältigen liberalen, bürgerstaatlichen Reformgruppierungen, nicht zuletzt die Frauenbewegung. Andererseits wuchsen auch durchschlagskräftige nationalistische Interessengruppen und Agitationsverbände heran, welche die wilhelminische Aufrüstungs- und Kolonialpolitik unterstützten, etwa der im Bürgertum populäre Flottenverein oder der aggressiv auftretende Alldeutsche Verband, der für eine expansionistische Außenpolitik focht. Das Verbandswesen wuchs nach 1890 zu einem innenpolitischen Machtfaktor heran, der den Zug zur Zentralisierung verstärkte. Zwar hatten die Zentralverbände häufig ihre Landesableger (bis heute orientieren sie sich am bundesstaatlichen Aufbau), aber ihre Zielsetzung war überregional, national, unitarisch. Verbände (so sie nicht regionale Anliegen haben) setzen stets auf politischen Zentralismus, weil der ihnen das Geschäft erleichtert.

Platz an der Sonne

Das Aufkommen der aggressiv nationalistischen Verbände war Indikator einer Veränderung der politischen Kultur: Das Einheits- und Machtverlangen, das sich auch im Auftreten des jungdynamischen Kaisers Wilhelm äußerte, zog immer weitere Kreise in der Bevölkerung. Es drängte das föderative Bewusstsein zurück. Partikularismus war endgültig zum Schimpfwort geworden, er galt als Behinderung der Entwicklung des Reiches zur Weltmacht. Ein wirtschaftlicher Koloss war es schon, nun sollte sich endlich auch der Traum von der imperialen Erweiterung erfüllen. Ein typisches Zeitprodukt war das Buch des konservativen Rechtsprofessors Heinrich Triepel mit dem Titel »Unitarismus und Föderalismus im Deutschen Reiche« von 1907. Schon der Titel zeigte an, wie sich die Wahrnehmung verschoben hatte: Einer quasi einheitsstaatlich gedachten Reichsebene stand der Länderföderalismus gegenüber, wobei Triepel die preußische Hegemonie als das notwendige Scharnier betrachtete. Partikularismus war für ihn gleich bedeutend mit der »Zerstörung aller nationalen Einheit«, das »unitarische Element« habe das Übergewicht in der Reichsverfassung. Ein notwendiges Übergewicht mit Blick auf die imperialistischen Ambitionen: »Für den Kampf um den ›Platz an der Sonne‹«, hier zitierte Triepel das berühmte Wort des Reichskanzlers Bülow, »braucht es nicht bloß Soldaten, Kanonen und Schiffe, sondern der Anspannung aller ökonomischen und geistigen Kräfte unter einheitlicher Leitung.« Allerdings war sich Triepel seiner Landsleute nicht ganz sicher, denn er schrieb auch: »Es wird noch einer langen Erziehung durch das Reich bedürfen, um den kleinstaatlichen Spießbürger zum Bewusstsein der Größe und zur Erkenntnis der Machtbedürfnisse seines wahren Vaterlandes zu leiten.« Daraus lässt sich ableiten, dass die Ansicht, im Reich sollte es vielleicht besser nicht zu unitarisch zugehen, nicht gänzlich verschwunden war.

Das Reich als Kostgänger der Länder

Die Finanzverfassung des Kaiserreichs entwickelte sich von einem einfachen System zu einem komplizierten Geflecht. Am Anfang stand die »vollständige und reinliche Trennung der Finanzwirtschaft von Reich und Staaten«, wie der Jurist Paul Laband kommentierte. Nach Artikel 70 der Verfassung sollte das Reich seine Ausgaben aus Zöllen, Posteinnahmen und gemeinschaftlichen Verbrauchssteuern decken. Das waren Steuern auf Bier und Branntwein (wobei die Südstaaten hier ein Eigenrecht behielten), Tabak, Kaffe und Tee, Salz, Zucker, Zündhölzer, Fahrkarten, Beleuchtungskörper und Champagner. Die Bundesstaaten dagegen finanzierten ihre Haushalte vor allem aus direkten Steuern auf Einkommen und Besitz. Die Höhe dieser direkten Steuern schwankte von Land zu Land, einheitliche Steuersätze wie heute gab es nicht. Direkte Reichssteuern waren zunächst nicht vorgesehen, doch war das Reich nicht gehindert, jede Art von Steuer auch für sich zu erheben. Solange das nicht der Fall war, sollten »Beiträge der einzelnen Bundesstaaten nach Maßgabe ihrer Bevölkerung«, die so genannten Matrikularbeiträge, den Reichsetat zur Deckung bringen. Diesen Beiträgen musste der Bundesrat zustimmen. Damit hatten die Bundesstaaten, vor allem Preußen, eine erhebliche Kontrolle über die Reichsfinanzen. Das Reich war »Kostgänger« der Länder. Die Zahlung der Matrikularbeiträge nach Bevölkerungszahl, nicht nach Wirtschaftsleistung, bedeutete allerdings, dass reiche Staaten besser wegkamen als ärmere. Einen Länderfinanzausgleich kannte das Kaiserreich nicht. Daran hatte vor allem Preußen kein Interesse, denn die wirtschaftlich meist schwachen Kleinstaaten im Norden konnten so in Abhängigkeit von Berlin gehalten werden. Mehrere Kleinstaaten mussten in ihrer Finanznot Teile der eigenen Landesverwaltung den preußischen Behörden übertragen.

Finanzverteilung nach der Franckensteinschen Klausel

Als Bismarck 1878 zu einer Schutzzollpolitik überging, mit der die Reichseinnahmen beträchtlich gesteigert werden konnten, wurde das Reich unabhängiger von den Bundesstaaten. Und in gewissem Sinne auch vom Reichstag: Denn die Matrikularbeiträge der Länder wurden jährlich per Reichsgesetz beschlossen, unterlagen also der ständigen Mitbestimmung des Zentralparlaments. Aus diesem Grund kam es vor allem auf Druck der Zentrumspartei zu einer Neuregelung, die die Interessen des Reichstags wie der Bundesstaaten verband – sie hieß, nach ihrem bayerischen Erfinder, »Franckensteinsche Klausel«. Demnach musste das Reich alle Einnahmen aus den verschiedenen Zöllen und der Tabaksteuer, die zusammen über 130 Millionen Mark lagen, an die Länder überweisen, obwohl nach der Verfassung eigentlich Überschüsse beim Reich hätten bleiben müssen. Die Matrikularbeiträge aber blieben bestehen, um hier das Budgetrecht des Reichstags zu wahren. Denn da der größte Teil des Reichsetats, der Militärhaushalt, immer auf sieben Jahre festgelegt wurde, waren die Beiträge der Bundesstaaten einer der großen Posten, die jährlich zu entscheiden und damit für die Etathoheit des Parlaments von Bedeutung waren. Die Rückflüsse vom Reich waren oft höher als die beschlossenen Matrikularbeiträge – die Klausel war somit ein Beispiel dafür, wie sich Interessen von Ländern und Reichstag zusammenfanden.

Das Trennsystem bei den Steuerarten machte das Finanzsystem noch komplizierter. Denn eine Erhöhung der Verbrauchssteuern (also der wesentlichen Steuerquelle des Reiches) war schwierig, weil sie vor allem ärmere Schichten traf. Die liberal-konservativen Parteien fürchteten dadurch ein weiteres Erstarken der Sozialdemokraten, die sich auch regelmäßig gegen solche Steuererhöhungen aussprachen. Die Einführung direkter Reichssteuern auf Einkommen oder Besitz lehnten dagegen sowohl die bürgerlichen Parteien als auch der Bundesrat lange Zeit ab. Die Bundesstaaten hatten dank der Franckensteinschen Klausel einen steten Geldfluss vom Reich, der es ihnen erlaubte, die direkten Steuern für Wohlhabende eher niedrig zu halten, eine Situation, die vor allem von Preußen her vereidigt wurde. Dieses System hielt die Steuern generell niedrig (allerdings begünstigte es eine Hochzollpolitik mit all ihren Nachteilen). Als das Reich nach 1890 jedoch zur Hochrüstungspolitik überging und die Sozialpolitik sich als Kostentreiberin erwies, wurde die Lage prekär. Die Verschuldung des Reiches wuchs, denn die war durch die Verfassung kaum begrenzt. So klangen die Forderungen nach einer Finanzreform immer dringlicher, und eine solche Reform bedeutete zwangsläufig eine Stärkung des Reiches. 1904 wurde die Franckensteinsche Klausel abgeschafft. Die Reichsüberweisungen an die Länder endeten, die Matrikularbeiträge wurden verstetigt, allerdings auf einem niedrigeren Niveau. 1906 führte der Reichstag als erste direkte Reichssteuer eine Erbschaftsteuer ein. Mehrere Versuche zu einer gründlichen Finanzreform folgten, doch durchschlagend waren sie nicht. Ein Grund dafür war die Notwendigkeit zur Rücksichtnahme auf die konservativ-bürgerliche Mehrheit im preußischen Landtag. Aber der Druck nahm zu: Nach dem Urteil des Historikers Peter-Christian Witt gab es am Ende des Kaiserreichs kaum noch politische Parteien oder Interessenverbände, »die voll hinter der Finanzverfassung des Kaiserreichs standen oder sie gar der föderalen Struktur des Reiches für angemessen hielten«. Es konnte kein Zweifel bestehen, dass das Reich mit Blick auf seine Aufgaben unterfinanziert war – wobei die Situation ambivalent war, denn neben der Sozialpolitik stand eben auch die massive Marinerüstung der Vorkriegsjahrzehnte.

Neue Konstellationen

Die sich hinziehende Finanzreformdebatte war ein Symptom der zunehmenden Regierungskrise im Reich, die auch mit dem hegemonialen Föderalismus zusammenhing. Der Kern des Problems war das unterschiedliche Wahlrecht für den Reichstag und den preußischen Landtag. In den ersten Wahlperioden war das unproblematisch gewesen, weil die Sozialdemokratie noch keine starke Kraft war und der nationalliberal-konservative Block in beiden Parlamenten in Berlin in der Regel eine Mehrheit hatte. Nach 1890 aber wurde die SPD auf Reichsebene mit fast jeder Wahl stärker, wodurch die Mehrheitsfindung für die Reichsregierung schwieriger wurde. Das Kartell von Nationalliberalen und Konservativen funktionierte nur noch, dank des Dreiklassenwahlrechts, in Preußen. Im Reichstag dagegen mussten die Kanzler nun noch mehr als Bismarck mit wechselnden Mehrheiten arbeiten. Damit wuchs vor allem die reichspolitische Bedeutung des Zentrums, das jedoch aus Sicht der Reichsleitung nicht so berechenbar war wie die Rechtsparteien und seine starke Stellung nutzte, um seine Interessen durchzusetzen. Die Reichsregierung musste wegen der weiterhin bestehenden Verbindung mit der preußischen Exekutive auf zwei Parlamente Rücksicht nehmen, deren Ansprüche und Interessen immer seltener zu vereinen waren. Die Reichsleitung war daher gezwungen, »sich politisch ein doppeltes Konto einzurichten«, wie Max Weber anmerkte, der auch vom »Odium der erzwungenen Doppelzüngigkeit« sprach. Der Versuch von Bismarcks direktem Nachfolger Leo von Caprivi, durch den Verzicht auf das preußische Ministerpräsidentenamt unabhängiger mit dem Reichstag umgehen zu können, schlug fehl. Nach 1900 probierte es der ehrgeizige Reichskanzler Bernhard von Bülow, ein Günstling Wilhelms II., mit festen Koalitionen – zunächst mit Zentrum und Konservativen, dann im »Bülow-Block« mit beiden liberalen Strömungen und den Konservativen. Doch waren diese Koalitionen brüchig. Bülow betrieb zudem eine expansive Außenpolitik, um so im Volk die Zustimmung zur Reichsregierung zu stärken, was die Rüstungsausgaben des Reiches beträchtlich wachsen ließ und damit auch die Finanzkrise verschärfte. Sein Innenstaatssekretär Arthur von Posadowsky-Wehner versuchte den Reichstag günstig zu stimmen, indem er seine sozialpolitischen Vorhaben zunächst mit dem Parlament

Borussisches Bollwerk
Das preußische Herrenhaus in der Leipziger Straße, 1904 eingeweiht, war der Hort konservativ-preußischer Interessenpolitik, mal im hegemonialen Sinne der Beherrschung des Reiches durch Preußen, mal als Widerstandsfestung gegen zu großen Reichseinfluss auf die Länder. Die Reichsregierungen hatten wegen der politischen Verflechtung mit der preußischen Regierung stets Rücksicht zu nehmen auf die Meinung in dem vom Adel dominierten Herrenhaus. In dem Gebäude sitzt heute der Bundesrat.

und erst dann mit dem Bundesrat abstimmte – eine Umkehrung der bisherigen Gepflogenheiten, welche die Bundesstaaten, aber vor allem die preußischen Eliten vor den Kopf stieß. Immer öfter gelang es den Reichstagspartien, diese ungünstige Situation der Reichsleitung für ihre Interessen zu nutzen. Unter dem Einfluss seines wachsenden Arbeitnehmerflügels tendierte das Zentrum zudem stärker als zuvor nach links und zeigte sich offen für Kooperationen mit den Linksliberalen und der SPD. Jene Koalition, die später die Weimarer Republik gründete, zeichnete sich somit um 1910 bereits ab. Diese drei Parteien wollten zumindest mittelfristig ein parlamentarisches Regierungssystem, also die alleinige Verantwortlichkeit der Reichsregierung gegenüber dem Reichstag, und auch die Reform des Dreiklassenwahlrechts in Preußen, was den Interessen der preußischen Herrschaftselite zuwiderlief.

Eine Renaissance des Föderalismus bahnt sich an

Die preußische Hegemonie geriet nach 1900 nicht nur durch den Reichstag in Bedrängnis, sondern auch von den Ländern her. Der Süden erwachte aus seinem politischen Dämmerschlaf, das eigenstaatliche Bewusstsein meldete sich zurück. »Die Durchsetzung des national-unitarischen Prinzips auf Reichsebene lieferte in Wechselwirkung die Impulse für die Erneuerung des Föderalismus«. (Karl Möckl) In München, Stuttgart und Karlsruhe entdeckten die Verantwortlichen wieder, dass der Bundesstaat Raum ließ für autonome Entwicklung. Auch verfassungspolitischer Art: Baden, Württemberg und Bayern demokratisierten zwischen 1904 und 1907 ihr ohnehin schon sehr offenes Wahlrecht, Oldenburg und Hessen folgten mit Reformen schnell. Auch hatten einige thüringische Kleinstaaten wie Sachsen-Meiningen relativ demokratische Regeln. So etablierte sich wieder eine liberalere Hälfte Deutschlands. In Sachsen wurden die massiven Wahlrechtsbeschränkungen von 1896 bereits 1909 zum Teil wieder zurückgenommen – die Situation war zu grotesk geworden, denn bei der Reichstagswahl von 1903 gewann die SPD 22 der 23 sächsischen Mandate (die Reichstagsitze wurden nach einem Mehrheitswahlrecht vergeben), während im Dresdner Landtag aufgrund des Dreiklassenwahlrechts seit 1901 kein einziger Sozialdemokrat mehr vertreten war, die Konservativen aber eine Zweidrittelmehrheit besaßen.

Ein frischer Zug im Verfassungsleben

Wahlrechtlich (und auch wahlgeographisch) bot das Reich ein recht buntes Bild: »Jede Zeitrichtung ist vertreten«, schrieb ein Beobachter 1914: »das indirekte und das direkte Wahlrecht; das Einstimmen- und das Mehrstimmenwahlrecht; das gleiche und das potenzierte Stimmrecht.« Die Bundesstaaten mauserten sich seit der Jahrhundertwende zu einem wahren Wahlrechtslaboratorium (bis heute ist es dabei geblieben, dass die Wahlrechtsbestimmungen der Länder unterschiedlich sind, sie haben ja im Rahmen des Grundgesetzes Verfassungsautonomie). Die Zielrichtung nach 1900 war deutlich: Man wollte sich in den Mittel- und Kleinstaaten nicht wegen falscher Rücksichtnahme auf die reformunwillige Hegemonialmacht mit ihrem übergeschnappten Kaiser vom westeuropäischen Trend abkoppeln, der auf eine stärkere Demokratisierung und Parlamentarisierung hinauslief. In Berlin jedoch änderte sich nichts. Damit hatte Preußen das rückständigste Wahlrecht in Deutschland, sieht man von einigen Kleinstaaten und vor allem Mecklenburg ab, wo die überkommenen Ständeversammlungen überhaupt nicht gewählt wurden.

Die Südstaaten nahmen nun auch ihre 1870 abgebrochene, aber nie völlig aufgegebene Entwicklung zur parlamentarischen Monarchie wieder auf. Schon länger hatte man in Stuttgart und Karlsruhe nicht mehr gegen die Mehrheit im Landtag regiert, nun kam auch Bayern dazu. Parlamentarisierung und Demokratisierung sollten verknüpft werden, was überall auch zu einer verstärkten Einbindung der Sozialdemokraten und des Zentrums führte. Die Landtage wurden dadurch belebt und trugen zur föderalen Renaissance ihren Teil bei. Landespolitik erlebte einen Aufschwung: »Offenbar erkannten die einzelnen Parteien auf Landesebene auch wesentlich mehr Möglichkeiten zur direkten Gestaltung von Politik als im Reich. Die spezifischen Kompetenzbereiche der Landtage erleichterten es auch der Sozialdemokratie (…), jenseits von rein ideologischen »Statements« eine reformorientierte und kooperationsbereite Politik zu verfolgen.« (Simone Lässig) Landtagspolitik war pragmatischer, bürgernäher, problemorientiert – die programmatischen Streitthemen waren weniger wichtig, um Rüstungspolitik brauchte man sich nicht zu kümmern, und das aufgeregte politische Berlin war weit weg. Der Jurist Friedrich Wilhelm von Rauchhaupt resümierte 1914: »Ein frischer Zug der Neuerungen ist seit dem Beginn dieses Jahrhunderts durch das Verfassungsleben der deutschen Einzelstaaten gegangen.«

Der Süden lebt auf

Vor allem die Südstaaten überwanden die politische Starre, in die ihre nationalliberalen Beamtenregierungen nach der Enttäuschung über die allzu unitarische und von Preußen gelenkte Entwicklung des Reiches gefallen waren. In Baden setzte man sich ab von der Berliner Linie, deren treueste Verfechter der Großherzog und das Kabinett in Karlsruhe lange Zeit gewesen waren. Denn viele Badener wollten nicht mehr als »süddeutsches Hilfsvolk« Preußens gelten. Nirgends ging die Einbindung der SPD so weit wie im Südwesten; die Politik des »Großblocks« wurde in Berlin mit Entsetzen vermerkt, denn deutete sich da nicht auch eine Möglichkeit für den Reichstag an (zumal die stark von industriellen Interessen dominierten Nationalliberalen in Sachsen unter Führung Gustav Stresemanns ebenfalls auf die SPD zugingen)? »Föderale Profilierung auf der Grundlage einer liberal akzentuierten Landeskultur und unter dem Vorzeichen einer sozialliberalen Aufbruchsbewegung musste Badens Image als verlässlichster süddeutscher Partnerstaat schwer, wenn nicht gar irreparabel beschädigen. Umgekehrt wuchs im Südwesten der Ärger über Berlin, das seine Interessen oft mit rücksichtsloser Härte verfolgte.« (Hans-Jürgen Kremer) Auch im benachbarten Württemberg regte sich der alte Eigenwille wieder, seit die linksliberale Volkspartei 1895 wieder zu stärksten Kraft geworden war und sich mit dem Zentrum, das ähnliche soziale Gruppen vertrat, zu einer informellen Landtagskoalition verband. Eine deutliche Wendung nahm auch die Politik in Bayern, wo die Eigenstaatlichkeit (nicht zuletzt vom wittelsbachischen Regentenhaus) seit 1900 wieder stärker herausgestellt wurde, was die preußischen Gesandtschaftsaufpasser mit wachsender Nervosität nach Berlin meldeten. Die 1871 von den süddeutschen Staaten ausgehandelten Reservatrechte – eigene Post und Eisenbahn, einige Ausnahmen vom Reichsrecht, Sonderstellung des Militärs,

Notenbankprivileg, eigene Biersteuer – wurden vor allem von Bayern gegenüber Berlin demonstrativ unterstrichen, während der Reichskanzler von Bülow ausrichten ließ, dass man nun bald einmal damit aufhören müsse. Zur »Betonung eines bayerisch-eigenstaatlichen Selbstbewusstseins (...) gegenüber dem wilhelminischen Hurrah-Patriotismus und offenen wie versteckten Borussifizierungstendenzen« (Hans-Michael Körner) gehörte auch die Anweisung, in der Staatsbürgerkunde an den bayerischen Schulen wieder stärker den föderativen Gehalt der Reichsverfassung herauszustellen. Die rechtsliberale Beamtenregierung, bislang eine Stütze der preußischen Politik im Bundesrat, arrangierte sich nach der Jahrhundertwende häufiger mit der katholisch-patriotischen Mehrheit im Landtag. Zwar ging man noch nicht ganz über zum parlamentarischen Regieren, aber die ersten Schritte dahin wurden gemacht. So konnte die Landtagsmehrheit nach 1900 eine Schulreform in ihrem Sinne durchsetzen. 1912 wurde schließlich der Zentrumspolitiker Georg von Hertling vom Prinzregenten zum bayerischen Ministerpräsidenten ernannt, worin man eine Quasiparlamentarisierung der bayerischen Regierung sehen kann, auch wenn Hertling keine Abgeordneten in sein Kabinett berief.

Es regte sich also wieder etwas mehr Partikularismus im Reich, die Landespolitik blühte auf. Deren Reformeifer verband sich mit Demokratisierung und Parlamentarisierung. Ein aus borussisch-konservativer Sicht gefährlicher Mix. Denn eine solche Entwicklung konnte mittelfristig nicht ohne Auswirkung auf den Bundesrat bleiben – dessen exekutiv-bürokratischer Zuschnitt hätte sich verändert, wenn die Instruktionen von Regierungen gekommen wären, die sich auf feste parlamentarische Mehrheiten stützten, die eher reichskritisch und wenig preußenfreundlich waren. Zudem drohte eine verstärkte Kooperation mit dem Reichstag auf parteipolitischer Basis. Das Aufblühen föderalen Eigenwillens vor allem in Süddeutschland, aber auch in anderen Mittel- und Kleinstaaten wirkte über das Ende des Kaiserreichs hinaus – es war ein Grund dafür, dass sich im Revolutionsjahr 1919 die nunmehr demokratischen Landesregierungen vehement gegen die zentralstaatlichen Tendenzen in Berlin und gegen eine zu unitarische neue Reichsverfassung wehrten und damit die Tradition des Föderalismus am Leben erhielten.

Flucht aus der Krise

Mit einer Parlamentarisierung im Reich und einer Fortentwicklung des Bundesrats in Richtung einer zweiten Kammer wäre das politische System nachhaltig verändert worden – zu Lasten der preußischen Hegemonie. Eine Mitte-Links-Koalition im Reichstag und ein weniger berechenbarer Bundesrat – das waren keineswegs irreale mittelfristige Aussichten für die politische Führung im Reich, zumal die SPD bei den Reichstagswahlen von 1912 den endgültigen Durchbruch schaffte und stärkste Fraktion war. In Preußen aber gelang gegen den konservativen Widerstand nicht einmal eine gemäßigte Reform des Dreiklassenwahlrechts. So trudelte das Reich immer mehr in eine Verfassungs- und Regierungskrise, denn deren Kern – die preußische Hegemonie – geriet gleich von mehreren Seiten her unter Druck. Ein in weltmachtpolitischen Träumen befangenes Reichsoberhaupt, umgeben von einer einflussreichen Clique; ein beharrlich reformresistentes preußisches Parlament; ein Reichstag, der sich durch seinen taktischen Umgang mit der Reichsregierung immer stärker in die Vorhand brachte; eine Reihe selbstbewusster Bundesstaaten, die sich von Rücksichtnahme auf Berlin freizumachen begannen – der seit 1909 amtierende Reichskanzler Theobald von Bethmann Hollweg saß zwischen vielen Stühlen und suchte sich durch eine Politik des Lavierens und Durchwurstelns über die Zeit zu retten. Was blieb, war ein abermaliger Versuch, durch eine aggressivere Außenpolitik die innenpolitische Krise der Reichsregierung zu überdecken. Sie endete im Sommer 1914 mit der Flucht in den Krieg, den die militärische Führung um den Kaiser, die »Kerngruppe« des großpreußischen Regimes, schon länger erwogen hatte und den sie nun wohl auch angesichts der Verfassungskrise des Reiches riskierte. Weder Reichstag noch Bundesrat waren in diese Entscheidung eingebunden.

KAPITEL 13
Die Weimarer Republik 1919-1930

Kriegszentralismus in ungeahntem Ausmaß

Der Erste Weltkrieg, der für das Deutsche Reich am 1. August 1914 mit der Kriegserklärung an Russland und zwei Tage darauf an Frankreich begann, führte zu einer gewaltigen staatlichen und wirtschaftlichen Zentralisierung. Alle Fäden in diesem System eines Kriegssozialismus liefen in Berlin zusammen. Regiert wurde das Reich vier Jahre lang über den Bundesrat, durch Hunderte von Notverordnungen – der Reichstag hatte ihm bei Kriegsbeginn durch ein pauschales Ermächtigungsgesetz die politischen Geschäfte übertragen. Die Kriegführung brachte eine zentrale Lenkung fast aller Lebensbereiche, es entstand eine Reihe neuer Reichsbehörden zur Zwangsbewirtschaftung, etwa das Reichsernährungsamt. Seit 1916 koordinierte das Kriegsamt für die zentrale Leitung der Kriegswirtschaft unter General Wilhelm Groener das gesamte Wirtschafts- und Arbeitsleben. Daneben etablierte sich die Oberste Heeresleitung um den Generalfeldmarschall Paul von Hindenburg und den General Erich Ludendorff als entscheidender Machtfaktor. Das Reich kam zwischenzeitlich einer Militärdiktatur nahe. Da die Reichsführung den Krieg nicht über Steuern (schon gar nicht auf Kriegsgewinne) finanzieren wollte, wurden vor allem Anleihen ausgegeben, man hoffte, nach einem Sieg die Kriegsgegner ausnehmen zu können. Als der Krieg im Herbst 1918 verloren war, hatte das Reich die astronomische Summe von 154 Milliarden Reichsmark an Schulden aufgehäuft – zu Beginn des Krieges waren es noch knapp fünf Milliarden Mark gewesen. Eine grausame Hypothek für die kommende Republik, denn das Reich war vor allem bei seinen eigenen Bürgern verschuldet. Der Kriegszentralismus war gleichsam das Vorzeichen für den künftigen Bundesstaat: Die Weimarer Republik war extrem unitarisch organisiert, fast schon ein Einheitsstaat mit föderalem Beiwerk. Ihr Föderalismus hatte einen hierarchischen Zug, der auch an die Paulskirchenverfassung von 1849 erinnerte.

Die Reichsregierung wird parlamentarisch

Das entscheidende verfassungspolitische Ereignis während des Krieges war die Parlamentarisierung der Reichsregierung. Sie kam durch den Druck der Mehrheit im Reichstag – SPD, Zentrum und Linksliberale – zu Stande, aber auch die militärische Führung hatte am Kriegsende ein Interesse daran: Der Reichstag und eine von dessen Mehrheit getragene Reichsregierung sollten auch nach außen hin mitverantwortlich sein für die Niederlage. Aber auch die Kriegssieger – voran der amerikanische Präsident Woodrow Wilson – wünschten eine Demokratisierung Deutschlands und das Ende des monarchischen Obrigkeitsstaats als Vorleistung für einen Friedensvertrag. Am 28. Oktober 1918 wurde die Reichsverfassung geändert: Der Reichskanzler bedurfte nun »zu seiner Amtsführung des Vertrauens des Reichstags«. Diese Verfassungsänderung war mehr als nur eine kleine Korrektur. Von nun an würde der Reichstag die entscheidende Kammer sein.

Revolution in bundesstaatlichen Bahnen

Die Revolution im Herbst 1918 begann Ende Oktober mit dem Matrosenaufstand in den norddeutschen Hafenstädten und breitete sich in wenigen Tagen über das ganze Reich aus. Es war eine riesige Streikbewegung, die innerhalb weniger Tage die durch die Niederlage und die immensen Opfer an den Fronten und in der Zivilbevölkerung diskreditierte Monarchie stürzte. Arbeiter- und Soldatenräte übernahmen überall im Reich die Macht, in den Hauptstädten der Länder bildeten sich innerhalb weniger Tage neue Revolutionsregierungen, die entweder von den Räten eingesetzt wurden oder sich aus den Landtagen heraus bildeten. Die Fürsten dankten ab. Aber die Länder blieben. Die Revolution richtete sich gegen den Obrigkeitsstaat, nicht gegen den Bundesstaat. Und sie verlief in bundesstaatlichen Bahnen. Berlin spielte dabei zunächst keine führende Rolle, die Ereignisse rollten von den Ländern und Regionen her auf die Hauptstadt zu. Die Ziele der Revolutionäre waren überwiegend gemäßigt. Nur eine Minderheit der Arbeiter- und Soldatenräte zielte auf ein Rätesystem oder forderte eine kommunistische Diktatur errichten wie kurz zuvor die Bolschewiki in Russland. Die Mehrheit, angeführt von der SPD, wollte den Krieg beenden, eine parlamentarische Demokratie errichten, überall ein gleiches Wahlrecht einführen (auch für die Frauen), die Situation der Arbeiter und kleinen Angestellten verbessern und bestimmte Schlüsselindustrien sozialisieren (was durch den »Kriegssozialismus« praktisch schon vorbereitet war, aber dann nicht kommen sollte). Man wollte den demokratischen Sozialstaat.

Moderater Südwesten, unruhiges Berlin

In Württemberg, Baden und Hessen verlief die Revolution moderat, hier hatten die Räte wenig Einfluss. Schnell wurden aus den Parlamenten heraus neue Verfassungen erarbeitet, Baden und Württemberg spielten dabei eine Vorreiterrolle für die anderen Länder. Anderswo ging es etwas turbulenter zu, nicht zuletzt in Bayern. In München rief der Linkssozialist Kurt Eisner von der USPD (einem sozialdemokratischen Spaltprodukt) schon am 7. November die Republik aus, zwei Tage bevor dies der SPD-Politiker Philipp Scheidemann in Berlin für das ganze Reich tat. Vor allem die Reichshauptstadt Berlin erlebte in den Wochen danach unruhige Zeiten, die es der neuen provisorischen Reichsregierung – dem Rat der Volksbeauftragten unter dem SPD-Politiker Friedrich Ebert – nicht leicht machte, die Zügel der Reichsgeschäfte in der Hand zu halten. Mit dem Vollzugsrat der Räte gab es in Berlin eine zweite Machtinstanz, die für sich in Anspruch nahm, das zentrale Lenkungsorgan aller Arbeiter- und Soldatenräte in Deutschland zu sein, sozusagen eine Nebenregierung. Monatelang, bis weit in das Jahr 1919 hinein, waren die Berliner Verhältnisse unklar. Es kam zu blutigen Unruhen und einem Generalstreik, Anfang Januar 1919 dann zum Aufstand der radikalen Linken, den der Rat der Volksbeauftragten zusammen mit der Reichswehr niederschlug. Denn Eberts Regierung war ohne eigene Exekutive, ohne Polizei und Verwaltung, die lag in den Händen der Länder. Die Revolutionsregierung in Berlin war auf diese angewiesen, wollte sie Ruhe und Ordnung im Reich sichern und vor allem die kritische Versorgungslage in den Griff bekommen. Das Funktionieren der Länder war in der Zusammenbruchsphase entscheidend – dort zuallererst mussten die politischen Verhältnisse konsolidiert werden. Es lag eine große Verantwortung bei den sozialdemokratischen, liberalen und zentrumskatholischen Landespolitikern, die man jahrzehntelang vom direkten Regierungsgeschäft ferngehalten hatte. Angesichts der fundamentalen Bedeutung der Landesverwaltungen für die entstehende Republik blieb ausgerechnet der Bundesrat als einziges Verfassungsorgan des Kaiserreichs während der Revolutionswirren bestehen. Berlin brauchte ihn, um Verbindung zu halten zu den neuen Landesregierungen. Erst Ende Januar 1919 löste er sich auf.

Identische Konstellation in Reich und Ländern

Mit den Wahlen zur Nationalversammlung am 19. Januar 1919 war die Revolution praktisch beendet. Jene drei Kräfte, die sich für die parlamentarische und soziale Demokratie einsetzten, hatten die große Mehrheit des Volkes hinter sich: SPD, die Deutsche Demokratische Partei (eine neue liberale Sammlungspartei) und das katholische Zentrum kamen zusammen auf über 76 Prozent und bildeten im Februar 1919 eine Koalition – Weimarer Koalition genannt, weil Nationalversammlung und Regierung wegen der noch immer unruhigen Situation in Berlin in die thüringische Stadt auswichen. In nahezu allen Ländern bildeten sich nach den Wahlen zwischen Dezember 1918 und März 1919 sozialliberale Regierungen aus SPD und DDP oder Weimarer Koalitionen wie im Reich. Zwischen Reichs- und Länderregierungen gab es somit kaum parteipolitische Differenzen – das muss man sich vor Augen halten, wenn man den harten verfassungspolitischen Streit um die bundesstaatliche Ausgestaltung der neuen Republik betrachtet, der bald ausgefochten wurde. Beide Seiten waren demokratisch legitimiert. Auch die Landespolitiker, die im Frühjahr 1919 für einen ausgewogenen Föderalismus plädierten und den unitarischen Kurs der provisorischen Reichsregierung und der Nationalversammlung bekämpften, hatten das Volk in ihren Ländern hinter sich. Die Devise »Los von Berlin« – nicht im Sinne einer Auflösung der Reichseinheit, sondern eines gestärkten Föderalismus – war in jenen Monaten durchaus populär, auch in mehreren preußischen Provinzen. Die Stimmung in der Bevölkerung lief wohl keineswegs geradlinig auf die spätere Lösung hinaus, in der das Reich auf Kosten der Länder gestärkt wurde.

Der Süden will die Vereinigten Staaten

Im Süden war man sich früh einig, wie das künftige Reich aussehen sollte: Kein Großpreußen mehr, sondern ein ausgewogener Bund. Ende 1918 äußerte der führende württembergische Sozialdemokrat Wilhelm Keil den Wunsch, dass sein Land »ein freier Staat im Verein der freien deutschen Bundesstaaten« sein solle. In München forderte Kurt Eisner in seinem Regierungsprogramm im November 1918 die Errichtung der »Vereinigten Staaten von Deutschland«. Der neue Bundesstaat solle eine Gliederung haben, »die ohne jede Vorherrschaft eines einzelnen Staates und ohne Antastung der Freiheit und Selbständigkeit Bayerns auch die notwendigen Maßnahmen vernünftiger Einheit trifft«. Einige süddeutsche Politiker hatten sogar die Vorstellung, das Reich von seinen Ländern her neu zu begründen. Man wollte so reinen Tisch machen, die unselige politische Vergangenheit des Kaiserreichs mit seinem Zwangscharakter beenden, Deutschland von seinen Ländern her erneuern. Vorübergehend scheint man zwischen Karlsruhe und München sogar einen Bund allein der süddeutschen Staaten erwogen zu haben.

In Berlin denkt man an den Einheitsstaat

In Berlin dachten die politisch Verantwortlichen in eine ganz andere Richtung, hier wollte man um jeden Preis eine möglichst zentrale Lenkung des Reiches aufrecht erhalten, auch mit Blick auf die anstehenden Friedens- und Reparationsverhandlungen. Nur ein einiges, zentral regiertes Reich, so glaubte man, nur eine Reichsregierung, die einen geschlossenen Gesamtstaat vertrat, würde von den Siegern einigermaßen akzeptable Bedingungen erhalten. Zentralverantwortung schien auch geboten, um der revolutionären Wirren Herr zu werden. Der Liberale Conrad Haussmann, einer der Weimarer Verfassungsväter, sagte mit Blick auf die süddeutschen Hoffnungen, in der neuen Reichsverfassung zu einem ausgewogenen Föderalismus zu kommen: »Der dynamische Druck der schweren Zeit erlaubt es nicht, die schöne Freiheit individueller Vielgestaltigkeit in den Einzelstaaten so zu üben und geltend zu machen, wie das früher möglich gewesen ist.« Hinter den einheitsstaatlichen Bemühungen in Berlin stand auch eine irrationale, ja bisweilen neurotische Angst, das Reich könne zerbrechen – vor allem bei jenen, die das Ergebnis von 1871 als eine natürliche Entwicklung von der staatlichen Vielfalt zur Einheit betrachteten. Jede Lockerung, jede starke föderale Regung galt als gefährlich. Selbst die Bestrebungen der süddeutschen Landtage, möglichst bald neue Landesverfassungen zu erarbeiten, wurden als Alarmsignal gewertet. »Gefahren für die deutsche Einheit« hieß ein Aufsatz des bekannten liberalen Juristen Erich Kaufmann. Er witterte zentrifugale Tendenzen: »Kräftige partikulare Landtage (…) werden der deutschen Einheit sehr viel gefährlicher sein, als die im Bundesrat zu praktischer Arbeitseinheit zusammengefügten und durch den unitarischen deutschen Reichstag zusammengezwungenen Dynastien je waren.« So dachten viele, nicht nur im liberalen Lager, auch in der SPD auf Reichsebene war die Neigung zum Einheitsstaat groß. Dass die demokratische Revolution auch und gerade auf der Landesebene erfolgreich gewesen war, spielte in den Überlegungen der politisch Führenden in Berlin keine Rolle.

Verfassungsvater
Der liberale Jurist Hugo Preuß war der Schöpfer der Weimarer Reichsverfassung, auch wenn sein Entwurf nicht eins zu eins umgesetzt wurde. Vor allem seine Vorschläge zur Organisation der Bundesstaatlichkeit kamen bei den süddeutschen Regierungen nicht an. Preuß war zwar beileibe kein Antiföderalist, doch seine Vorstellungen waren stark unitarisch geprägt.

Unitarischer Verfassungsvater: Hugo Preuß

Da die SPD keinen eigenen Verfassungsplan in der Schublade hatte, aber eine zügige Verfassungsgebung wünschte, bekam der Berliner Rechtsprofessor und künftige Reichsinnenminister Hugo Preuß (DDP) Anfang November 1918 den Auftrag, schnell einen Entwurf auszuarbeiten. Preuß wollte weg vom Föderalismus. Die Bundesstaaten waren für ihn nur »Zufallsgebilde rein dynastischer Hauspolitik« (was natürlich für viele Staaten in ganz Europa gilt), noch 1915 hatte er beklagt, das deutsche Volk habe nie einen Staat besessen und »musste sich denn mit diesem seltsamen Gewimmel von Staatssurrogaten abfinden«. Preuß dachte gar nicht daran, sich mit den Ländern zu verständigen, in seine Kommission berief er nur einen Hamburger Landespolitiker. Preuß wollte vor allem die kommunale Selbstverwaltung stärken, die Gesetzgebung aber allein beim Reich konzentrieren. Die Bundesstaaten waren als Zwischeninstanzen konzipiert, nach dem Vorbild der preußischen Provinzen oder der französischen Departements. Preuß selbst sprach von »potenzierten Selbstverwaltungskörpern«. Sein Ideal war der dezentralisierte Einheitsstaat. Vor der Nationalversammlung sagte er später einmal, als Minister habe er bisweilen Neid auf seinen französischen Kollegen verspürt, denn der brauche nur einen Knopf zu drücken, »damit gewissermaßen die Präfekten aller Departements die Arme heben. Der Reichsminister des Innern kann auf einen Knopf drücken, aber es erheben sich nicht viele Arme.«

Preußen zerschlagen – und den Föderalismus gleich mit?

Das Bestreben der Verantwortlichen in den süddeutschen Ländern, die Eigenstaatlichkeit zu erhalten, weil man eben nicht von Berlin aus regiert werden wollte – weder zentralisiert noch dezentralisiert –, hat Preuß nicht verstanden oder nicht verstehen wollen. Er hoffte sogar auf süddeutschen Zuspruch für seinen Entwurf, denn der sah die Zerschlagung Preußens vor, eine Maßnahme, die im Süden seit langem als Notwendigkeit für einen ausgewogenen Föderalismus galt. Auch im Rat der Volksbeauftragten hielt man die Auflösung des Hohenzollernstaates zunächst für angebracht. Der Volksbeauftragte Otto Landsberg (SPD) belebte eine alte demokratische Parole wieder: »Wenn Deutschland leben soll, muss Preußen in der bisherigen Gestalt sterben.« Preuß wollte Deutschland von der Hegemonialmacht Preußen befreien, aber auch Bayern, Sachsen, Württemberg, Baden und Hessen sollten entmachtet werden. Den Süddeutschen erschien das widersinnig und absurd. Sie waren dagegen. Denn was sollte man von einem Verfassungsentwurf halten, der aus ihrer föderalistischen Sicht nur die Hegemonie Preußens durch die Hegemonie des Reiches ersetzte? Preuß dagegen glaubte ausdrücklich, dass eine Reichshegemonie den Süddeutschen erträglicher sein werde als die preußische. Darin hat er sich getäuscht. Der liberale badische Minister Hermann Dietrich erklärte: »Die föderalistische Organisation ist das Einzige, was das Deutsche Reich zusammenhält. Wer das Reich unitarisch machen will, jagt es in die Luft.« Schon am 25. November 1918 machten die Vertreter der Bundesstaaten dem Rat der Volksbeauftragten auf einer Konferenz in Berlin klar, dass sie eine Degradierung der Länder und einen Einheitsstaat nicht akzeptieren würden. Ebert und sein provisorisches Kabinett, auf die Verwaltungen der Länder angewiesen, gestanden den Staaten darauf ein Mitspracherecht bei der Verfassungsgebung zu, zumal diese die Forderung nach einer schnellen Wahl der Nationalversammlung unterstützten, um möglichst bald zu geordneten politischen Verhältnissen zu kommen. Ebert erklärte nur immer wieder, »dass die Reichseinheit nur möglich ist auf föderativer Grundlage«. Damit war klar, dass der Ansatz von Preuß ins Leere laufen würde. Dennoch ließ man ihn weiterarbeiten. Damit war der Konflikt programmiert.

Preußen bleibt erhalten

Im Januar 1919 legte Preuß seinen Entwurf vor. Er sah eine umfassende Neugliederung des Reiches vor. Doch wurde dieser Vorschlag von den Volksbeauftragten überraschend abgelehnt, denn an eine Zerschlagung Preußens dachte man plötzlich nicht mehr. Der Meinungsumschwung hatte seinen Grund vor allem in den chaotischen Verhältnissen im ganzen Reich. Die preußische Verwaltung mochte zwar aus dem Obrigkeitsstaat stammen, aber sie funktionierte. Und nichts brauchten die Volksbeauftragten mehr als eine funktionierende Exekutive. Der Versuch, Preußen zügig aufzuteilen, hätte das Chaos verschlimmern können. Zudem wirkten die Separationstendenzen in mehreren preußischen Provinzen abschreckend. In Ostpreußen waren es vor allem konservative Kräfte, die ein selbständiges Land wollten, in Hannover regte sich ein Eigenständigkeitsstreben, in dem auch welfisch-monarchistische Kreise eine Rolle spielten. Im Rheinland, in Westfalen und in Oberschlesien forderten vor allem Zentrumspolitiker die Autonomie für diese katholischen Regionen. Diese aber waren die industrielle Basis des preußischen Staates, ohne die Industriereviere wäre er auf das wirtschaftlich starke Berlin mit einem agrarisch geprägten Hinterland reduziert worden. Die preußische Zentrumspartei distanzierte sich bald von den Separationsideen, auch wenn sie nie ganz aufgegeben wurden. Bei der Rettungsaktion für Preußen im Januar 1919 spielte freilich auch die alte nationalliberale Vorstellung eine Rolle, dass ein starkes, großes Preußen die erste Stufe sein würde für die Schaffung eines gesamtdeutschen Einheitsstaats. Wer Preußen zerschlug, machte diese Basis zunichte. Auch mit Blick auf die anstehenden Verhandlungen mit den Kriegssiegern schien eine Auflösung nicht opportun. Hätte es nicht wie ein Eingeständnis deutscher Kriegschuld gewirkt, wenn man ausgerechnet den führenden Hegemonialstaat, der mit seinem Militarismus als treibende Kraft hin zum Krieg galt, zerschlagen hätte? Preußens Ministerpräsident Paul Hirsch (SPD) machte schon bald deutlich, dass eine Aufteilung nicht in Frage komme: »So lange die süddeutschen Staaten selbständige Gliedstaaten bilden, so lange muss auch Preußen als einheitlicher Gliedstaat bestehen bleiben.« Das alte Hegemonialdenken, nach dem allein Preußen in der Lage war, Deutschland zusammenzuhalten, meldete sich ebenfalls wieder. »Es ist sehr die Frage, ob ohne ein starkes Preußen die so sehr verschiedenen Teile Deutschlands zentripetale Kraft genug besitzen, um der Versuchung zu widerstehen, mit außerdeutschen Nachbarstaaten in Verbindung zu treten«, räsonierte der preußische Kriegsminister Walter Reinhardt. So blieb Preußen ganz. Den anderen Bundesstaaten war es recht, auch wenn nur Baden und Württemberg sich im Januar 1919 ausdrücklich für den Erhalt des norddeutschen Großstaates aussprachen. Aber angesichts der unitarischen Bestrebungen auf Reichsebene schien es den Ländervertretern doch günstiger zu sein, Preußen bliebe erhalten: lieber ein Föderalismus mit der alten Unwucht als gar kein Föderalismus.

Tragisches Ende der Neugliederungsidee

Damit war der Grundansatz von Preuß, das Reich neu zu gliedern, dahin. Ganz falsch war er dennoch nicht. Er hätte zu einem Föderalismus gleichgewichtiger Staaten geführt, in dem die preußische Eroberungs- und Ausdehnungspolitik des 19. Jahrhunderts revidiert worden wäre. Zwei Kernprobleme des Weimarer Bundesstaats – der Dualismus von Reich und Preußen und das Fortleben der norddeutschen Kleinstaaten – hätten sich dadurch vermeiden lassen. Preuß' Gliederungsvorschlag stand durchaus in der Tradition der Reichskreisidee, die von den Demokraten von 1848 aufgenommen worden war. Und er wies auf die Gliederung der Bundesrepublik nach 1945 voraus. Preuß wollte das künftige Reich in die Länder Preußen (im Osten), Brandenburg, Schlesien, Obersachsen, Niedersachsen (mit Schleswig-Holstein), Westfalen, Rheinland, Hessen, Thüringen, Baden, Württemberg und Bayern gliedern, zudem fasste er die drei Hansestädte Bremen, Hamburg und Lübeck zu einem Verbund zusammen. Berlin sollte eine eigene Verwaltung haben. Preuß sah auch noch Österreich und Wien vor, die Vereinigung wurde Anfang 1919 in allen politischen Lagern gewünscht, aber die Kriegssieger wollten das nicht akzeptieren. Der tragische Fehler von Preuß war es, den Bundesstaaten die Eigenstaatlichkeit nehmen zu wollen und damit die Doppelstaatlichkeit – die Grundlage des Föderalismus – aufzugeben. Preuß hatte nicht mit dem harten Widerstand im Süden (und dann auch in Preußen) gerechnet. Max Weber, der Preuß beriet, schätzte die Lage realistischer ein. Er plädierte dafür, das Weiterbestehen der Bundesstaaten zu akzeptieren, also von der bestehenden Verfassung auszugehen, und nur dafür zu sorgen, dass der Reichstag die entscheidende Instanz sein würde. Der reichspolitische Einfluss der Länder und vor allem Preußens solle hingegen beschnitten werden. Dabei erkannte Weber an, dass den Bundesstaaten eine Mitregierung auf Reichsebene eingeräumt werden musste. Webers Ansatz lautete: »Es muss so viel Unitarismus als möglich in eine föderalistische Verfassung aufgenommen.« Preuß dagegen wollte so wenig Föderalismus wie möglich in einer tendenziell einheitsstaatlichen Verfassung.

Kein Staatenhaus

Auch ein zweiter Vorschlag von Preuß scheiterte. Er wollte den bürokratischen Obrigkeitsstaat überwinden, indem er neben Preußen auch dessen Machtinstrument, den Bundesrat, beseitigte. Aber sein Vorschlag, den Bundesrat durch ein Staatenhaus zu ersetzen, dessen Mitglieder von den Landtagen gewählt werden sollten, kam nicht gut an. Es wäre eine zweite Parteienkammer gewesen – und daher war es aus Ländersicht überflüssig. Der bayerische Gesandte beim Reich, Konrad Ritter von Preger, schrieb in seiner Stellungnahme zum Preuß-Entwurf: »Da in die einzelstaatlichen Parlamente nach demselben Wahlrecht gewählt wird wie in den Reichstag, so werden voraussichtlich die Parteien im Staatenhaus in ungefähr derselben Zusammensetzung und Stärke vertreten sein wie im Reichstag, und es wird daher die Abstimmung im Staatenhaus in der Regel nur ein Abklatsch der Abstimmung im Volkshaus sein. Damit verliert das Staatenhaus seine innere Berechtigung.« In der Nationalversammlung wurde der Staatenhaus-Vorschlag nur noch von der SPD unterstützt. Die Länder aber wollten weiterhin eine Vertretung in der Nachfolge des Bundesrats.

»Auch fernerhin ein Bund«

Ende Januar 1919 machten die Landesregierungen Druck auf die Reichsregierung, durch ein vorläufiges Reichsgrundgesetz die bundesstaatliche Ordnung schon vor Zusammentreten der Nationalversammlung abzusichern. Die Länderregierungen verständigten sich auf einer Konferenz in Berlin am 25. Januar auf einen entsprechenden Entwurf des bayerischen Innenminister Erhard Auer (SPD). Dort hieß es unmissverständlich: »Die Vereinigten Republiken Deutschlands bilden auch fernerhin einen Bund«. Auer argumentierte, mit der Revolution habe der Träger der Souveränität in den Bundesstaaten gewechselt, von den Fürsten auf das Volk, es bestehe daher keine Notwendigkeit, diese Staaten dem Reich unterzuordnen. Der württembergische DDP-Politiker Wilhelm von Blume, der die Landesverfassung entworfen hatte, sagte: »Die süddeutschen Staaten bestehen noch, und die vorläufige Verfassung kann nicht über ihre Köpfe hinweg beschlossen werden.« Wenn schon keine bundesstaatliche Neugründung des Reiches von den Ländern her möglich war, sollte es zumindest eine Neugründung mit den Ländern sein.

Der Staatenausschuss

Die Länder forderten einen Staatenausschuss, der die Verfassungsberatungen begleiten sollte. Ebert und seine Kollegen gaben nach. Am 10. Februar trat das Gesetz über die vorläufige Reichsgewalt in Kraft. Mit ihm wurde den Ländern ein Mitwirkungsrecht bei der Verfassungsgebung eingeräumt. Verabschiedet werden sollte die künftige Verfassung aber allein von der Nationalversammlung. In der normalen Gesetzgebung, die bis zur Verabschiedung der Verfassung notwendig war, wirkten die Länder über ihren Staatenausschuss (mit Regierungsvertretern) wie ehedem im Bundesrat mit und hatten ein Vetorecht. Der Entwurf für die Verfassung, den die Reichsregierung Ende Februar in die Nationalversammlung einbrachte, wurde daher bereits im Staatenausschuss vorberaten. Die Länder konnten so erreichen, dass ein Reichsrat als ihr Vertretungsorgan in den Entwurf aufgenommen wurde. Damit war eine Vorentscheidung gefallen. Die Nationalversammlung war hiermit praktisch gebunden. Einer Zerstückelung Preußens wurde der Riegel

Staatsgründung im Theater
Wegen der politischen Turbulenzen in Berlin wich die verfassunggebende Nationalversammlung nach Weimar aus, wo sie im Nationaltheater tagte. Am 6. Februar 1919 eröffnete der amtierende Reichskanzler Friedrich Ebert die Beratungen, die sich – wie schon 1848 und später dann 1948/49 – nicht zuletzt um die Machtverteilung zwischen Bundesebene und Ländern drehten.

vorgeschoben, indem man im Gesetz über die vorläufige Reichsgewalt bestimmte, dass der Gebietsstand nur mit Zustimmung der betroffenen Länder verändert werden könne. Die Länder hatten sich durchgesetzt. Die Republik, die in Weimar aus der Taufe gehoben werden sollte, würde ein Bundesstaat sein.

Entföderalisierung: Die Nationalversammlung geht ihren eigenen Weg

Aber die Nationalversammlung in Weimar war sehr unitarisch gestimmt. In keiner Fraktion hatte die süddeutsch-partikulare Richtung eine Mehrheit. Einen Bund deutscher Freistaaten würde es mit ihr nicht geben, das Ziel der Mehrheit in der

Nationalversammlung war der unitarische Bundesstaat, der nicht mehr von den Ländern her gedacht war, sondern vom Reich. »Der Föderalismus wurde von einem staatsgründenden Prinzip zu einem bloßen Prinzip innerstaatlicher Gliederung zurückgenommen.« (Ernst-Wolfgang Böckenförde) Aus dem hegemonialen Föderalismus des Kaiserreichs wurde ein hierarchischer Föderalismus. Um trotz der formalen Vorentscheidung für den Bundesstaat möglichst viel Einheitsstaat zu bekommen, wurde in der neuen Verfassung die Eigenstaatlichkeit der Länder ausgehöhlt. Die Idee war, »im Wege der Gesetzgebung das Reich dem Typus eines Einheitsstaats anzunähern«, wie der spätere Reichsinnenminister Erich Koch-Weser (DDP) es ausdrückte. Der Verfassungsausschuss der Nationalversammlung ging daher daran, den mit den Ländern abgestimmten Entwurf der Reichsregierung zu »entföderalisieren«. Laut Koch-Weser kam es darauf an, dass »auf allen Gebieten die oberste Schicht gesetzgeberischer und verwaltungstechnischer Anordnungen Angelegenheit des Reiches ist, während im Interesse einer gesunden Dezentralisation den Ländern die Unterschichten verbleiben müssen«. Punkt für Punkt wurde im Frühjahr 1919 der Verfassungsentwurf von der Nationalversammlung im Sinne einer stärkeren Unitarisierung verändert. Reichszuständigkeiten wurden erweitert, die Reichsaufsicht ausgedehnt, das Finanzsystem zu Gunsten des Reiches gestaltet. Nur in der Frage der möglichen Neugliederung setzten sich die Länder mit ihrem Protest noch durch. Als die Nationalversammlung im August 1919 der Verfassung zustimmte, war Deutschland zwar noch ein Bundesstaat, »allerdings mit bedeutender Machtverschiebung zugunsten der Zentralgewalt« (Wolfgang Benz). Dass in allen Ländern demokratisch legitimierte Parlamente entstanden waren, schien die Verfassungskonstrukteure in Weimar nicht weiter zu interessieren. Der Gedanke, dass auch in einer demokratischen Republik die gewaltenteilige, Macht kontrollierende Funktion des Föderalismus nötig sein könnte, kam gar nicht auf.

Eine Machtzuwachsordnung für das Reich

Dass das Reich ein Bundesstaat sei, stand am Ende nicht einmal in der Verfassung. Man konnte das nur der Überschrift des ersten Abschnitts (»Reich und Länder«) entnehmen sowie der Formulierung, dass das Reichsgebiet aus den Gebieten der Länder bestehe und der Tatsache, dass es einen Reichsrat gab, der die Länder vertrat. Bei der Gesetzgebung konnte sich das Reich breit bedienen. Ausschließlich ihm kamen Staatsangehörigkeitsrecht, Migrationspolitik, Wehrverfassung, Münz- und Zollwesen und auch das Postwesen zu. Im Artikel 7 der Verfassung wurde ein breiter Katalog von Materien genannt, bei denen das Reich nicht die ausschließliche Gesetzgebung hatte, sondern auch die Länder Gesetze machen durften – freilich nur so lange, wie das Reich nicht von seinem Recht Gebrauch machte. Man nannte das konkurrierende Gesetzgebung. Sie lieferte dem Reich »ein Reservoir beträchtlicher Möglichkeiten, seine Macht allmählich zu verstärken« (Gerhard

Schulz). Es war eine Rutschbahn hin zum Zentralismus. Die Länder konnten sich damit ihrer legislativen Gestaltungsfähigkeit nie sicher sein. Zudem behielt sich das Reich das Recht vor, Einspruch gegen Landesgesetze einlegen zu können, sollte das Wohl der Gesamtheit im Reich berührt sein. Und man legte fest: »Reichsrecht bricht Landsrecht.« Bei Steuern und Abgaben konnte sich das Reich nehmen, was es wollte – zog es Landessteuern ans sich, musste es bei der Kompensation nur auf die »Lebensfähigkeit« der Länder achten. Das Reich konnte sogar den Ländern Vorschriften bei den Landesabgaben machen. In den traditionell von den Ländern betreuten Feldern wie öffentliche Wohlfahrt oder Schule und Kultur durfte das Reich ebenfalls eingreifen über eine so genannte Bedürfnis- und Grundsatzgesetzgebung, wobei man hier in der Praxis dann zurückhaltend blieb. So bedeutete diese Zuständigkeitsordnung, dass die Landtage weitgehend entmachtet werden konnten. Den Ländern blieb nur ein »recht dürftiger Rest«, wie der Jurist Hans Nawiasky beklagte. Auch die Absicht, durch ein starkes Reich das starke Preußen in Schach halten zu können, spielte eine Rolle. Was blieb, war die traditionelle Länderzuständigkeit für die Ausführung der Reichsgesetze. Doch auch hier konnte das Reich anders entscheiden und Verwaltungsaufgaben an sich ziehen. Das geschah schon bald bei der Finanz- und Steuerverwaltung und 1927 mit der Schaffung der Reichsanstalt für die Arbeitslosenversicherung und Arbeitsvermittlung. Eine Grund für die Unitarisierung war auch, dass man in Berlin befürchtete, in den Ländern könnte es zu antirepublikanischen Bestrebungen kommen, die einerseits auf ein Rätesystem zielten, andererseits auf eine Rückkehr zur Monarchie. Daher blieb das Recht zur Verstaatlichung von Unternehmen dem Reich vorbehalten. Und den Ländern wurden »freistaatliche«, also republikanisch-demokratische Verfassungen vorgeschrieben.

Nicht ganz ohne Einfluss: Der Reichsrat

Als »Vertretung der Länder bei der Gesetzgebung und Verwaltung des Reiches« wurde der Reichsrat eingerichtet. In ihm saßen Vertreter der Landesregierungen. Jedes Land – 18 an der Zahl nach der Bildung Thüringens 1920 – hatte mindestens eine Stimme, ansonsten je eine weitere Stimme für 700000 Einwohner. Kein Land durfte mehr als zwei Fünftel der Stimmen haben. Als »Restertrag« des Vorhabens, Preußen zu zerschlagen, wurden die 22 preußischen Stimmen geteilt: die Hälfte entfiel auf Vertreter der preußischen Provinzen. »Ein Ausnahmegesetz gegen Preußen« klagte Ministerpräsident Hirsch. Wie schon der Bundesrat wurde der Reichsrat zu einem Gremium hoher Beamter, dem ein Mitglied der Reichsregierung vorsaß. Die schon im Kaiserreich zu beobachtende Kooperation der Reichs- und Landesbürokratien zur Aushebelung von Reichstags- und Landtagswünschen konnte so in der Weimarer Republik fortgesetzt werden. Hugo Preuß gehörte zu jenen, die das durchaus akzeptabel fanden. Der Hintergedanke war, den Reichsrat so eng an die Reichsverwaltung anzulehnen, dass auch er letztlich einen unitarischen Einschlag bekommen würde. Allerdings zeigte dann die Erfahrung, dass unter den Bedingungen der neuen Parteiendemokratie eben nicht nur bürokratische, sondern auch Parteien- und Koalitionsgesichtspunkte eine wesentliche Rolle spielten. Der Reichsrat erfuhr dadurch »einen dem Senatsprinzip entsprechenden Einschlag« (Theodor Eschenburg). Zudem agierten die Reichsratsmitglieder bisweilen recht eigenständig: »Oft spiegelten Abstimmungen mehr die politischen Ansichten der Bevollmächtigten als ihrer Regierungen wider«, erinnerte sich der preußische Bevollmächtigte Arnold Brecht. Nicht zuletzt die preußischen Provinzialvertreter waren eigenwillig, sie stimmten häufig nicht mit der Berliner Landesregierung. Der Reichsrat stand im Schatten des Reichstags – obwohl er im Gegensatz zum Bundesrat des Kaiserreichs öffentlich beriet, wurde davon kaum Notiz genommen. Ein eigenes Gebäude hatte er nicht, er tagte im ehemaligen Bundesratssaal im Reichstag. Auch der Reichsrat war »immerwährend«, man kannte keine Wahlperioden und tagte in der Regel jede Woche am Donnerstagnachmittag.

Ein Initiativrecht bei der Gesetzgebung hatte der Reichsrat nicht mehr – eine ganz entscheidende Beschränkung seiner Rolle. Hatte er Einwände gegen Gesetzesvorlagen der Reichsregierung, konnte diese den Entwurf dennoch dem Reichstag zuleiten – sie musste nur die Kritikpunkte des Reichsrats beifügen. Gegen die vom Reichstag beschlossenen Gesetze konnte der Reichsrat dann Einspruch erheben. Das Gesetz ging darauf nochmals in den Reichstag, der den Einspruch überstimmen konnte – allerdings nur mit Zweidrittelmehrheit. Schaffte der Reichstag das nicht, kam der Reichspräsident ins Spiel: Er konnte zum »Gegenstand der Meinungsverschiedenheit« einen Volksentscheid anordnen, tat er das nicht, kam das Gesetz nicht zu Stande. In der Praxis führte dies dazu, dass sich die Reichsregierungen vor der Einbringung eines Gesetzentwurfs in den Reichstag mit den Ländern verständigten, denn Zweidrittelmehrheiten gegen den Reichsrat waren schwer zu organisieren. Die Länderregierungen waren damit eng in die Reichspolitik eingebunden. Freilich dämpfte die Aussicht auf eine Volksabstimmung ihre Widerspenstigkeit im Reichsrat. So hatte der Reichsrat von der Verfassung her einen Zuschnitt bekommen, der ihn vor allem auf das Negieren festlegte. Allerdings fiel ihm in den ersten Jahren, als der Reichstag sein Legislativrecht durch mehrere Ermächtigungsgesetze pauschal abgetreten hatte, »regelmäßig die Rolle der gesetzgebenden Körperschaft neben der Reichsregierung« zu, wie der sächsische Bevollmächtigte Fritz Poetzsch-Heffter schrieb. Das hob seine Bedeutung in der Praxis. Die Konstellation war insgesamt nicht ungünstig für die Länder. Der Einfluss des Reichsrats sollte am Ende in aller Stille weit größer sein als man bei der Verabschiedung der Verfassung geglaubt hatte. Er konnte so den Autonomieverlust der Länder zumindest ein wenig ausgleichen und bremsen.

Die unitarische Ebene: Reichstag, Kanzler, Präsident

Für die Regierung des Reiches schuf die Nationalversammlung eine recht eigenwillige Mischform von Präsidialsystem und parlamentarischer Demokratie, mit dem Ergebnis, dass der Reichskanzler zwischen Präsident und Reichstag quasi eingeklemmt war. Beide waren demokratisch legitimiert: Der Reichstag als Abgeordnetenvertretung des Volkes durch gewählte Abgeordnete, der Reichspräsident als direkt gewähltes Staatsoberhaupt. Beide hatten Gesetzgebungsbefugnis. Vorrang hatte natürlich der Reichstag. Aber man stellte der Volksrepräsentation mit ihren Parteigegensätzen ein Einheitssymbol in Person eines Ersatzkaisers gegenüber, der im Notfall sagen konnte, er kenne keine Parteien mehr. Diese Konstruktion sollte dazu führen, dass regiert werden konnte, auch wenn ein Parlament in sich zerstritten war. Misstrauen gegen die Parteien kam hier zum Ausdruck. Freilich bedeutete das auch, dass im Reichstag der Zwang zur Einigung und Regierungsunterstützung fehlte. Die Reichskanzler waren nicht unbedingt auf eine stetige Mehrheit angewiesen, man konnte sich auf den Reichspräsidenten stützen. Dessen außerordentliches Diktaturrecht wurde schon unter Friederich Ebert zum häufigen Regierungsinstrument. »Der Reichspräsident kann«, hieß es im Artikel 48, »wenn im Deutschen Reich die öffentliche Sicherheit und Ordnung erheblich gestört oder gefährdet wird, die zur Wiederherstellung der öffentliche Sicherheit und Ordnung nötigen Maßnahmen treffen, erforderlichenfalls mit Hilfe der bewaffneten Macht einschreiten.« Das Notverordnungsrecht war an die Mitwirkung des Reichskanzlers gebunden, auch konnte der Reichstag fordern, dass Notmaßnahmen außer Kraft gesetzt werden. Der Präsident erschien aber dennoch als »autoritäre Alternative zum Parlament« (Dietmar Willoweit). Freilich konnte damit auch der Reichsrat umgangen werden, denn gegen Notverordnungen des Präsidenten hatte er kein Einspruchsrecht. Damit wurde der Artikel 48 auch ein Werkzeug, mit dem sich der Föderalismus aushebeln ließ. Die Länder haben das früh angeprangert. Die parlamentarisch-präsidiale Mischkonstruktion auf Reichsebene hatte fatale Folgen: Sie führte dazu, dass der Reichstag seine Aufgabe der Mehrheitsbildung vernachlässigte, die Parteien dort waren nicht gezwungen, ihre programmatischen Differenzen zu einem pragmatischen Konsens zusammenzuführen. Das zeigte sich schon in den sechs Ermächtigungsgesetzen zwischen 1919 und 1924, mit denen das Parlament der Reichsregierung eine zeitlich befristete legislative Pauschalvollmacht ausstellte. Der Parlamentarismus auf der Reichsebene funktionierte nicht wirklich, er war über die längste Zeit hin instabil. Die meisten Reichsregierungen nach 1920 waren Minderheitskabinette.

Relativ stabil: Parlamentarismus in den Ländern

Der Länderparlamentarismus hingegen war insgesamt stabiler, jedenfalls vor 1930. Die Länder der Weimarer Republik waren strikt parlamentarisch organisiert, die Regierungsfähigkeit musste allein im Landtag hergestellt werden: Es herrschte der Zwang zum Konsens. Es gab jedoch in der Weimarer Republik eine verbreitete Abneigung gegen die Landtage. Eine zweite demokratische Ebene galt als überflüssig – den einen, weil sie Demokratie mit Volkseinheit und damit Einheitsstaat gleichsetzten und im Reichstag den einzig legitimen Ort der Volksvertretung sahen, den anderen, weil sie Parlamentarismus insgesamt ablehnten. Der nationalliberale Historiker Friedrich Meinecke etwa sah in den Landtagen nur eine »künstliche Veranstaltung zur Erzeugung kleinster Ehrgeize, schädlichster Hahnenkämpfe und kostspieliger Machenschaften«. Solche Abfälligkeiten waren nicht selten. Die Regionalparlamente waren den Anhängern des Einheitsstaats schon deshalb ein Dorn im Auge, weil auch der Föderalismus nun demokratisch geworden war und die Landesregierungen ihren Anspruch auf Mitbestimmung und auf eigene Zuständigkeiten durch ihre demokratische Legitimation rechtfertigen konnten. Und während alle Reichstage vorzeitig aufgelöst wurden, hielten die meisten Landtage über die gesamte Wahlperiode. Das galt vor allem für die Südstaaten mit ihrer stärker gefestigten parlamentarischen Tradition. Politisch am stabilsten war Hessen: Hier gab es von 1919 bis 1933 keinen Regierungswechsel, die Weimarer Koalition besaß immer eine Mehrheit unter nur zwei Ministerpräsidenten, Karl Ulrich und Bernhard Adelung (beide SPD). In Bayern hatten bis 1932 Regierungen unter Führung der Bayerischen Volkspartei (BVP) stets eine Mehrheit. Gleiches galt für die Koalition von Zentrum und SPD in Baden, wo bis 1929 auch die DDP beteiligt war. In Württemberg regierte bis 1924 eine Weimarer Koalition, danach eine Minderheitsregierung von Zentrum und Rechtsparteien (obwohl bis 1932 eine Weimarer Koalition möglich gewesen wäre, aber die SPD hatte sich ausgeklinkt). Und auch Preußen war stabil. Hier regierte bis zum Putsch der Reichsregierung 1932 stets die Weimarer Koalition, zwischen 1924 und 1928 unterstützt von der DVP. Freilich schlich sich Instabilität durch unklare Mehrheitsverhältnisse auch auf der Länderebene ein. Kritisch sah es vor allem in den Ländern Mittel- und Norddeutschlands aus. Dort kamen auch früh schon Nationalsozialisten in Ministerämter, 1930 bereits in Thüringen und Braunschweig, 1932 auch in Mecklenburg-Schwerin und Oldenburg. Gerade die Kleinstaaten fanden nicht zu jener Stabilität, die Preußen und die Mittelstaaten auszeichnete.

Doppelstaatlichkeit – falsch genutzt

Insgesamt ergab sich eine paradoxe Situation: Die unitarische Weimarer Verfassung hatte die Gesetzgebungskompetenzen auf der Reichsebene gebündelt, wo der Parlamentarismus weniger gut funktionierte als jedenfalls in den größeren Ländern. Der Entscheidungsfülle beim Reich stand nicht nur eine Exekutionsschwäche gegenüber, sondern auch eine Schwäche der vor allem zur Entscheidung berufenen Instanz, des Reichstags. Die Landtage dagegen hatten wenig zu entscheiden, obwohl viele von ihnen entscheidungsfähiger gewesen wären. Der Reichstag war überfordert, die Landtage waren unterfordert. Eine ausgewogene Balance, eine bessere Nutzung der Doppelstaatlichkeit, eine klügere legislative Arbeitsteilung zwischen Reich und Ländern hätte vielleicht dazu geführt, dass die politische Dauerkrise der Weimarer Republik – die im Kern eine Überlastungskrise der Reichsebene war – weniger fatale Folgen gehabt hätte. Aber das ist eine Spekulation. Sicher ist, dass der Vorteil des Föderalismus, nicht nur Macht, sondern eben auch Verantwortung zu teilen, in Weimar nicht genutzt wurde. Seine Vorzüge für die Demokratie wurden verkannt.

Keine Neugliederung – auch will Preußen blockiert

Die Neugliederung des Reichsgebiets wurde in der Verfassung vorgesehen – eigentlich ein Unding für einen Bundesstaat, der als Bund eigenständiger Staaten oder Länder gedacht ist. Aber man hoffte dadurch vor allem, die kleinstaatlichen Verhältnisse in Mittel- und Norddeutschland verändern zu können – sozusagen eine zweite »Reichsflurbereinigung« auf den Weg zu bringen. Die Regelung war nicht ganz einfach, Artikel 18 ist einer der längsten der Weimarer Verfassung. Mit einfachem Reichsgesetz konnte eine Neugliederung erfolgen, wenn die betroffenen Länder zustimmten. Dies war aber auch möglich, wenn ein betroffenes Land nicht zustimmte, eine Gebietsänderung oder Neubildung aber durch die Bevölkerung gefordert wurde »und ein überwiegendes Reichsinteresse sie erheischt«. Das war eine Idee vor allem der Zentrumspartei. Die mehrheitlich katholischen Provinzen Rheinland, Westfalen und Oberschlesien hätten damit aus Preußen austreten können, wenn ein Drittel der dortigen Wahlberechtigten es verlangt hätte und dann in einer Volksabstimmung 60 Prozent der Stimmen, mindestens aber 50 Prozent der Wahlberechtigten zugestimmt hätten. Doch kam es dazu nicht, der Wunsch nach einem selbständigen Rheinland – oder Rheinland-Westfalen – blieb unerfüllt (auch der damalige Kölner Oberbürgermeister Konrad Adenauer hegte ihn). Abstimmungen über die Abtrennung der Provinzen Oberschlesien (im Jahr 1922) und Hannover (zwei Jahre darauf) endeten mit der Bestätigung des Status quo. Der Neugliederungsartikel blieb somit für Preußen folgenlos. Immerhin kam über Artikel 18 der Verfassung 1920 das Land Thüringen zu Stande (nur Coburg entschied sich für Bayern). Was blieb, war eine Reihe von verstreuten Ministaaten im Norden. Ihnen blieb praktisch nur der Anschluss an Preußen, denn die andere Möglichkeit – dass Preußen Gebiete abgetreten hätte – war völlig aussichtslos. Aber in Schaumburg-Lippe lehnte die Mehrheit der Bevölkerung 1926 die Angliederung an Preußen ab. In den größeren Kleinstaaten gab es erst gar keine Abstimmungen. So kam es nur dazu, dass 1929 das kleine Waldeck an Preußen angeschlossen wurde, das freilich bereits seit 1868 von Preußen mitverwaltet worden war. Zwar wurde 1920 eine »Zentralstelle für die Gliederung des Reiches« eingerichtet, ein Gremium, das sich Gedanken machen sollte, ob der Zuschnitt des Reichs der »wirtschaftlichen und kulturellen Höchstleistung des Volkes« diente, wie es in der Verfassung verlangt war. Aber diese Einrichtung hatte keinen Einfluss, sie wurde 1929 aufgelöst. Vor allem die preußische Regierung verhielt sich obstruktiv. Sie war nicht einmal bereit, die dringend nötige Erweiterung Hamburgs und dessen für die gesamtdeutsche Wirtschaft bedeutsamen Hafen durch Abtretung von Gebiet möglich zu machen, das preußische Kleingebilde um Erfurt an das neue Land Thüringen abzutreten oder einer Angliederung von Hohenzollern an Württemberg – eine regionalpolitische Notwendigkeit – zuzustimmen. Freilich gelang im Südwesten auch der heftig und breit diskutierte Zusammenschluss von Württemberg und Baden nicht. »Großschwaben«, wie es in Erinnerung an das Stammesherzogtum und den Reichskreis genannt wurde, blieb eine Zukunftsvorstellung. Auch der Plan, ein »Großhessen« aus dem selbständigen Land und der preußischen Provinz zu bilden, kam nicht voran. So änderte sich die Gliederung des Reiches nach 1920 kaum noch.

Erzbergers Finanzreform entmachtet die Länder

»Die Durchführung der reichseigenen Steuerorganisation wird den größten Schritt zum Ausbau des deutschen nationalen Einheitsstaats darstellen.« Mit diesen Worten warb der Reichsfinanzminister Matthias Erzberger, ein Mann des linken Zentrumsflügels aus Württemberg, im August 1919 für sein Reformwerk: die komplette Zentralisierung des Finanz- und Steuerwesens beim Reich, also die völlige Umkehr des bisherigen Systems. Erzbergers Ansatz war nachvollziehbar: Angesichts der gewaltigen Kriegsfolgelasten, der absehbaren Reparationsforderungen der Kriegsgewinner und des nicht allzu effizienten Steuersystems der Vorkriegszeit sollte nun die Zentralisierung beim Reich Abhilfe schaffen. Und die Weimarer Reichsverfassung gab Erzberger die Mittel dafür in die Hand: Das Reich hatte die alleinige Gesetzgebung über alle Zölle und Verbrauchsteuern und konnte zudem alle Landes- und Kommunalsteuern an sich ziehen. Das waren nicht zuletzt die Steuern auf Einkommen und Vermögen. Das gab dem Reich die Möglichkeit, Besserverdienende stärker am Abtragen der Reichsschulden zu beteiligen, ein wichtiger Grund für die Reform. SPD und Zentrum hatten auch vor, den Sozialstaat auszubauen,

SCHWEDEN
DÄNEMARK
NORDSEE
Cuxhaven zu Hamburg
Bremerhaven zu Bremen
LÜBECK
MECKLENBURG-SCHWERIN
Schwerin
HAMBURG
MECKLENBURG-STRELITZ
Neustrelitz
Oldenburg
BREMEN
OLDENBURG
SCHAUMBURG-LIPPE
Bückeburg
NIEDERLANDE
Berlin
LIPPE-DETMOLD
Detmold
Braunschweig
BRAUNSCHWEIG
PREUSSEN
ANHALT
Dessau
WALDECK
Arolsen
SACHSEN
Dresden
Weimar
THÜRINGEN
HESSEN
BELGIEN
Darmstadt
LUXEMBURG
SAAR-GEBIET
BAYERN (Pfalz)
Karlsruhe
FRANKREICH
WÜRTTEMBERG
Stuttgart
BAYERN
Straßburg
Hohenzollern (PREUSSEN)
BADEN
München
SCHWEIZ
LIECHTENSTEIN
© www.diekoordinaten.de

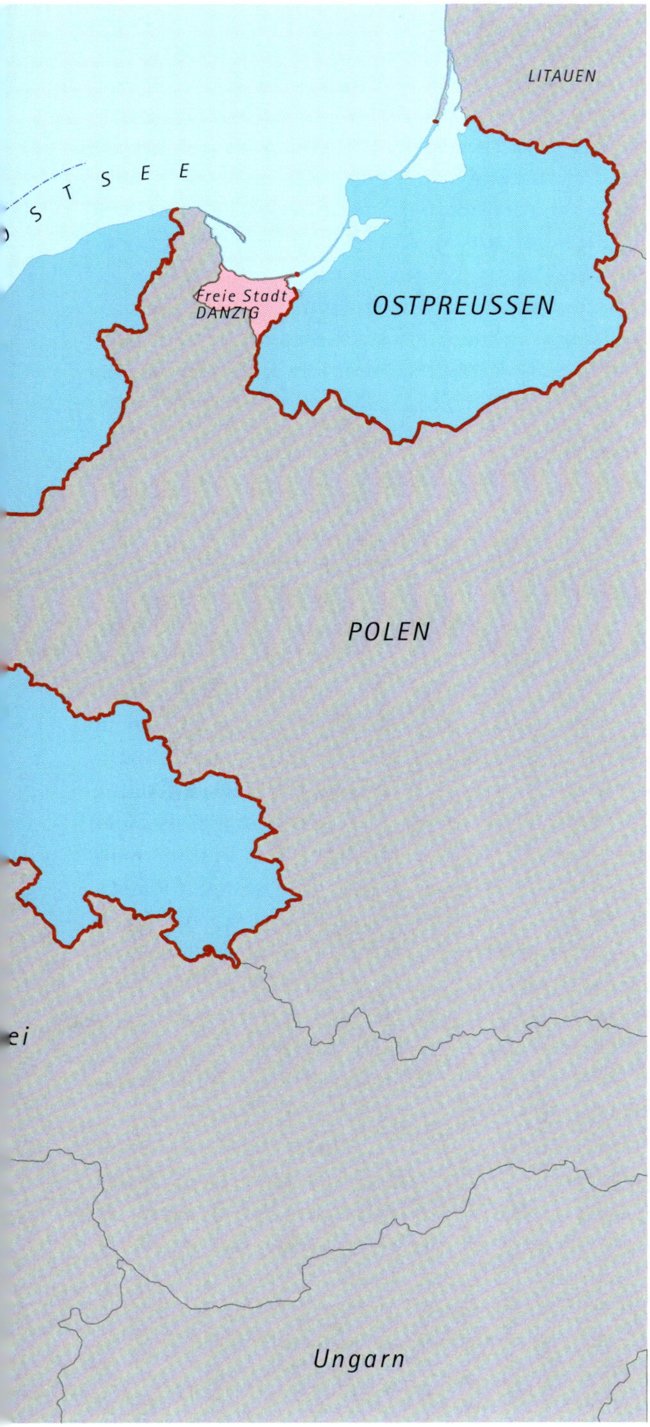

1923
Die Weimarer Republik
Mit der Revolution 1918/19 verwandelte sich das Deutsche Reich zur demokratischen Republik, blieb aber ein Bundesstaat, allerdings mit einer extremen unitarischen Schlagseite. In der Mitte Deutschlands entstand nun durch die Verbindung vieler Kleinstaaten der neue Freistaat Thüringen. Im Osten wurden als Ergebnis des verlorenen Krieges Teile Preußens dem neu entstandenen polnischen Staat zugeteilt.

weshalb die Bündelung der Steuern beim Reich von Vorteil war. Erzberger schuf auch eine Reichsfinanzverwaltung, in der die Länderverwaltungen aufgingen. Die Südländer konnten zwar durchsetzen, dass ihre Landesfinanzminister an die Spitze der neuen regionalen Reichsbehörden traten, womit ein gewisser Einfluss gewahrt blieb. Dennoch war die finanz- und steuerpolitische Entmachtung der Länder damit perfekt. Sie waren zu »Kostgängern des Reiches« geworden und hatten praktisch keine Steuerhoheit mehr. Die Finanzierung der Landeshaushalte übernahm zum Großteil das Reich, durch Überweisung von Anteilen an der Einkommen- und Umsatzsteuer. Basis war allerdings nicht die Bevölkerungszahl, sondern die regionale Steuerkraft. Daher sah Erzbergers Landessteuergesetz von 1920 erstmals einen Finanzausgleich zugunsten der schwachen Länder vor. Der wurde aber nicht zwischen den Ländern untereinander organisiert, sondern ebenfalls vom Reich übernommen – mittels Sonderzuweisungen.

Am Zügel des Reiches

Damit hatte das Reich die schwächeren Länder eng am Zügel: Unter ihnen war auch das agrarisch geprägte Bayern. Die Etats der Schwachen wurden jedoch nur auf 80 Prozent des Durchschnittsniveaus angehoben. Das traf nicht zuletzt die norddeutschen Kleinstaaten – man hoffte in Berlin wohl, die Lebensfähigkeit des »kleinen Gemüses« so zu unterminieren. Damit aber gerieten diese Länder in eine schlimme Krise. Es war vielleicht kein Zufall, dass die NSDAP ausgerechnet in schwachen Ländern wie Braunschweig oder Mecklenburg-Strelitz ihren Durchbruch auf Länderebene schaffte. Die ursprüngliche Verteilung der Steuern genügte den tatsächlichen Anforderungen von Beginn an nicht, schon 1923 musste das Reich die Überweisungen an die Länder deutlich erhöhen: bei der Einkommensteuer wuchs deren Anteil von 66,6 auf 75 Prozent, bei der Umsatzsteuer von 15 auf 25 Prozent. 1926 übernahm das Reich die Erwerbslosenfürsorge, weil Länder und Kommunen diese nicht mehr tragen konnten. Der Finanzausgleich missriet zudem immer mehr zu einem unübersichtlichen System, weil das Reich dazu überging, neben den allgemeinen Zuweisungen dem einen oder anderen Land auch noch Extramittel zuzuschieben, um einen bestimmten Missstand zu beseitigen. Das schuf wieder Konflikte mit anderen Ländern. Und mit Geld aus Sonderfonds für Aufgaben wie Bildung und Regionalförderung regierte das Reich zusätzlich in die Länder hinein. Die Finanzpolitik des Reiches kam aus einem »Stadium permanenter Improvisationen« (Gerhard Schulz) nicht heraus. Auch nach 1925, in der ruhigen Phase der Republik, gelang es nicht, das Finanzsystem in Ordnung zu bringen. Die Schuld für das Durcheinander wurde dem Föderalismus zugeschoben. Seine Gegner setzten die These vom »billigen Einheitsstaat« in die Welt, ein bis heute beliebtes Argument. Aber schon damals erbrachte eine Untersuchung der wirtschaftlichen Spitzenverbände, dass nicht die föderale Struktur Ursache für Probleme sei, sondern vor allem die Art und Weise, wie ein Land seine Verwaltung organisierte. Manche schnitten gut ab, einige schlecht.

Getrennte Verantwortlichkeiten

Das Kernproblem war die Trennung der politischen Verantwortlichkeit: »Die Verantwortung für Ausgaben und Einnahmen liegt zum großen Teil nicht mehr in der gleichen Hand, weder bei den Regierungen noch bei den Parlamenten, weder im Reich noch bei den Ländern«, konstatierte 1928 der preußische Staatssekretär Arnold Brecht. Das Reich kontrollierte und verteilte die Einnahmen, es hatte aber keine Kontrolle über die Ausgaben der anderen staatlichen Ebenen. Die Länder dagegen hatten keine Möglichkeit, zu eigenen Einnahmen zu kommen. Da den Ländern und vor allem den Kommunen, auch wegen umfangreicher sozialpolitischer Programme etwa im Wohnungsbau, das Geld vom Reich selten reichte, suchten sie den Ausweg in der Verschuldung. Die nahm immer mehr zu. Denn beim Schuldenmachen waren die Länder und Kommunen autonom, und die Geldgeber vertrauten darauf, dass im Ernstfall das Reich einspringen würde. Selbst der überzeugte Unitarist Koch-Weser gestand schon 1924 ein, dass die Finanzreform wohl ein Fehler gewesen sei. Sie habe den Ländern das Verantwortungsgefühl für ihre Ausgaben genommen. »Das Zuschusssysystem macht die Minister der Länder und die Oberbürgermeister aus selbständig Handelnden zu Berichtsschreibern und Taschengeldempfängern.« Ende 1927 waren auch die Gläubiger Deutschlands alarmiert, man glaubte, dass das Reich diese Politik dulde, um sich der Reparationsverpflichtungen zu entledigen. Der Reparationsagent Parker Gilbert warf der Reichsregierung vor, sie sei nicht in der Lage, »die Länder und Kommunen dazu zu bewegen, ihre Etats in Ordnung zu bringen«. Dabei hatte das Reich gerade durch eine Erhöhung der Beamtenbesoldung die Probleme der Länder, die ja die Verwaltung trugen, noch verschärft. Preußens Ministerpräsident Otto Braun (SPD) klagte 1927 angesichts der häufigen Übung des Reiches, Gesetze zu Lasten der Länderkassen zu machen: »Wo die Länder, denen die Steuerhoheit genommen ist, die Mittel hernehmen sollen, darüber zerbrechen sich die Reichsgesetzgeber nicht allzu sehr den Kopf.« Und der Reichstag selbst galt ebenfalls als ausgabenfreudig. Die Stützungs- und Hilfszusagen waren breit gestreut, und als 1929 die wirtschaftliche Krise ausbrach, wurden dem Weimarer Staat »aus sämtlichen Richtungen die Rechnungen überreicht« (Hagen Schulze). Das Finanzsystem der Weimarer Republik kam der organisierten Verantwortungslosigkeit recht nahe. Als es aus den Nähten zu platzen drohte, blieben nur Sparmaßnahmen und Entlassungen im öffentlichen Dienst. Das verschärfte noch die Krise nach 1929. Auch die zentralisierte Finanzverwaltung funktionierte nicht allzu effizient. Es zeigte sich, vor allem in Krisensituationen, dass sie – eine stete Gefahr bei Zentralbehörden – zu unflexibel arbeitete und unfähig war, auf regionale und lokale Sonderprobleme einzugehen.

Nicht zuletzt in der Inflationszeit versagte sie. »Das einzige, wozu sich die zentrale Bürokratie im Reichsfinanzministerium aufraffen konnte, bestand darin, immer perfektionistischer erdachte und immer zahlreichere Erlasse an die nachgeordneten Behörden ergehen zu lassen und darauf zu hoffen, dass sich der Erfolg schon einstellen würde.« (Peter Christian Witt) Das unflexibel durchexerzierte Vorhaben einer einheitlichen Steuerveranlagung und -erhebung war ein einziger Misserfolg auf Kosten der Bürger.

Bayern will seinen eigenen Weg gehen

Bayern machte 1919 eine schwere Zeit durch. In keinem Land kam es nach der Revolution zu solch gewalttätigen und dauerhaften Auseinandersetzungen. In München riefen Arbeiter- und Soldatenräte im Frühjahr zweimal die Räterepublik aus. Dagegen sammelten sich rechtsgerichtete Gruppen und Truppen, die in Bayern bald stärker waren als in anderen Ländern. Der Unitarismus der Reichsverfassung stieß in Bayern auf breite Ablehnung. Erzbergers Finanzreform brachte das Fass zum Überlaufen. Aus Münchner Sicht hatte die Republik mit Föderalismus nichts mehr zu tun. Das bayerische Verständnis des Bundesstaats brachte der liberale Jurist Gerhard Anschütz auf den Punkt, als er 1924 (freilich missbilligend) meinte: »Bayern war stets und ist noch heute das Hauptverbreitungsgebiet einer Reichsansicht, für die das Verhältnis zum Reich kein Unterordnungsverhältnis, sondern ein Bundesverhältnis unter Gleichen bedeutet.« Für Anschütz und die große Mehrheit der Staatsrechtsprofessoren der Weimarer Zeit war Eigenständigkeit der Länder aber nicht das Maß der Dinge: »Gerade von diesem bayerischen Föderalismus, der zu mindestens fünfzig Prozent Partikularismus ist, gilt: er dient nicht gemeinsamen Interessen aller oder vieler Länder, vielmehr Sonderinteressen.« Dass die Durchsetzung von Eigeninteressen der Länder in einem Bundesstaat legitim ist, zumal diese Interessen von demokratisch gewählten Parlamenten artikuliert wurden oder von demokratisch legitimierten Regierungen, war kein Argument: Man setzte ein Einheitsinteresse voraus, dem sich die Länder zu beugen hatten. Der hierarchische Föderalismus der Weimarer Republik stieß in der Juristenzunft auf wenig Kritik, weil er dem halbautoritären Grundzug entsprach, der damals die Politik von links bis rechts prägte.

Als Hauptvertreterin von Sonderinteressen empfand sich die Bayerische Volkspartei (BVP). Sie wollte mehr Föderalismus, mehr Eigenstaatlichkeit für Bayern, und hatte dabei die Volksmeinung hinter sich. Revision der Weimarer Verfassung wurde zum Schlagwort der Partei. Einer ihrer Führer, der als »Bauerndoktor« bekannte Georg Heim, skizzierte die Bundesstaatsidee der BVP so: »Es gibt einen herrlichen Weg, den auch viele akzeptieren können, und das ist die Brechung der Vormachtstellung Preußens durch ein streng föderalistisch gegliedertes Deutschland mit zentralisierter Außenpolitik, gemeinschaftlicher Wirtschaftspolitik,

Rechtspflege, Heer und Milizsystem, aber mit Kommandogewalt bei den Ländern und in allem übrigen, besonders in den Beamten-, Personal- und Kulturfragen, weitgehender Selbständigkeit und Selbstverwaltung.« Das Programm der BVP forderte einen gleichberechtigten Reichsrat, Verfassungsautonomie für die Länder (das zielte auf die Einführung der parlamentarischen Monarchie), Steuerhoheit für die Länder. Das Problem war, dass rechts von der BVP antirepublikanische Kräfte gegen die Weimarer Verfassung polemisierten und der Unterschied zwischen dem Wunsch nach Verfassungsrevision bei der BVP und der völligen Ablehnung der Weimarer Republik auf der äußersten Rechten verschwamm. Es mischte sich ein gefährliches Gebräu im Freistaat zusammen. Föderalisten und Antidemokraten fanden taktisch zueinander, und wenig hat der Sache des Föderalismus mehr geschadet als die vorübergehende Allianz von Weiß-Blau und Schwarz-Weiß-Rot gegen Schwarz-Rot-Gold. Bayern wurde zum Problem der Republik. Und Bayerns Bundespolitik wurde destruktiv.

Probleme mit Bayern, Sachsen und Thüringen

Die Regierungen unter führender Beteiligung der BVP wähnten den Freistaat in den turbulenten Jahren von 1920 bis 1923 als »Ordnungszelle« des Reiches, im Kampf gegen »linke« Bestrebungen aller Art. Auslöser des Dauerkonflikts mit Berlin war die Weigerung der Regierung unter Gustav Ritter von Kahr, dem Reichsgesetz zur Auflösung der paramilitärischen Einwohnerwehren nachzukommen. Nach der Ermordung Erzbergers durch Rechtsradikale im August 1921 verhängte Reichspräsident Ebert den Ausnahmezustand über das Reich, dem Bayern nicht folgen wollte. Und als im Juli 1922 nach der Ermordung des Außenministers Walther Rathenau (DDP) ein Republikschutzgesetz erlassen wurde, das einige in Bayern starke antirepublikanische Vereinigungen verbot, verweigerte Bayern die Anerkennung – wegen Eingriffs in seine Justizhoheit. Im September 1923 antwortete die Regierung unter Eugen Ritter von Knilling in München auf die Beendigung des passiven Widerstands gegen die französische Besatzung des Ruhrgebiets durch das Reich mit einem einseitig verkündeten Ausnahmezustand in Bayern mit Kahr als Generalkommissar, ein klarer Affront gegen Berlin, das nun den Ausnahmezustand über das ganze Reich verhängte. Auf die Spitze getrieben wurde der Konflikt im Oktober 1923, als die bayerische Regierung das vom Reich verfügte Verbot des »Völkischen Beobachters«, des Hetzblatts der Nationalsozialistischen Deutschen Arbeiterpartei (NSDAP) um Adolf Hitler, zurückwies. Kahr ergriff nun das Kommando über die Reichswehrtruppen im Land und nahm sie feierlich für Bayern in die Pflicht, »der schlichte Hochverrat« (Hagen Schulze). Am 8. November marschierte Hitler mit seinen Schergen zur Feldherrnhalle in München und erklärte sich zum Reichskanzler. Dieser Putschversuch, ein selbst für die damaligen Verhältnisse im Reich einmalig bizarrer Vorgang, schien die Verantwortlichen in München zur Vernunft zu bringen. Man schlug den Aufstand schnell nieder. Bayern war jedoch nicht das einzige Land, das dem Reich in jenen Tagen Probleme bereitete. Auch in Sachsen und Thüringen wurde Politik gegen Berlin betrieben, allerdings von links. Im Oktober 1923 bildeten sich aus den Landtagen heraus SPD/KPD-Regierungen, um eine »großkapitalistische Militärdiktatur« abzuwehren (denn der Ausnahmezustand im Reich wurde von der Reichswehr überwacht, da die Polizeihoheit bei den Ländern lag). Diese Kabinette waren zwar verfassungsgemäß ins Amt gekommen, aber nach einem Aufruf der KPD-Minister zu einem reichsweiten Aufstand der Arbeiterschaft sah sich Reichskanzler Gustav Stresemann (Deutsche Volkspartei) gezwungen, eine Reichsexekution zunächst gegen Sachsen einzuleiten. Nach der schnellen Absetzung der Landesregierung in Dresden durch die Reichswehr lenkte auch Thüringen ein. Der Herbst 1923 markierte den Gipfel der direkten Konflikte zwischen dem Reich und einzelnen Ländern, deren Regierungen an den Verfassungsfundamenten rüttelten und die Republik damit einer Zerreißprobe aussetzten.

Verfassungspolitik statt Verfassungskonflikt

Schon vor der Zuspitzung der Situation waren die Regierungen von Baden, Württemberg und Hessen in Berlin vorstellig geworden. Sie forderten im Oktober 1923 Stresemann auf, die Reichsregierung möge ihre extrem unitarische Auslegung der Reichsverfassung beenden und mit den Ländern anders umgehen. Stresemann gestand ein, dass das Reich den Bogen überspannt hatte. Man vereinbarte, das Verhältnis von Reich und Ländern neu zu gestalten. Das gab der bayerischen Regierung unter dem neuen, gemäßigten Ministerpräsidenten Heinrich Held (BVP) die Möglichkeit, sich in die konstruktive Politik der anderen Südländer einzuklinken. Mit zwei Denkschriften versuchte sie, die Berliner Politik zu einer Verfassungsreform zu bewegen. Die erste Denkschrift vom Januar 1924 stellte fest, die Länder seien »zu einem Mittelding zwischen Staat und gehobenen Selbstverwaltungskörpern degradiert worden. Den Ländern ist zwar ihr politischer Apparat – Regierung und Landtag – geblieben, aber dieser Apparat kann nicht mehr leisten, was das Staatsvolk von ihm erwartet.« Nicht zuletzt eine Reform der Finanzverfassung wurde gefordert: »Die Bundesstaaten müssen wieder in den Stand gesetzt werden, ihren Finanzbedarf und den ihrer Gemeinden durch eigene Steuerquellen und durch Zuschläge zu den Reichssteuern zu decken.« Die zweite Denkschrift vom Januar 1926 forderte, »die fortschreitende Aushöhlung der Eigenstaatlichkeit der Länder« zu beenden. Man zeigte auf, wie durch die Regierungspraxis des Reichs der ohnehin schon unitarische Charakter der Verfassung immer mehr in Richtung Einheitsstaat und Zentralismus getrieben wurde. Diese Denkschrift deutete bereits die Furcht vor einer Präsidialdiktatur im Reich an und wies in einigen Vorschlägen schon auf den Föderalismus der späteren Bundesrepublik voraus. Bayern forderte zum Beispiel eine

Bundesstaatsgarantie in der Reichsverfassung, um das Fortbestehen der Länder zu sichern (das wurde im Artikel 20 des Grundgesetzes 1949 umgesetzt). Auch sollte der Reichsrat bei Verfassungsänderungen mehr zu sagen haben. Ein in der Verfassung abgesicherter und nicht von Berlin willkürlich gehandhabter Finanzausgleich sollte für mehr Ordnung im Reich-Länder-Verhältnis sorgen. Zudem wollte Bayern die Zuständigkeitsverteilung zu Gunsten der Länder verändern und die in die Bildungs- und Beamtenpolitik der Länder eingreifende Grundsatzgesetzgebung des Reiches abschaffen. Beide Denkschriften hatten keine direkten Konsequenzen. Aber die umfangreicher werdenden Klagen aus den Ländern und eine seit 1924 intensiver geführte Debatte innerhalb der Rechts- und Staatswissenschaften über die Notwendigkeit einer Reichsreform brachte Bewegung in die Politik.

Preußen und das Reich

Nicht zuletzt das im Vergleich mit Bayern nicht minder eigenwillige Preußen stand im Mittelpunkt solcher Reformüberlegungen. Der Historiker Gerhard Schulz ist mit Blick auf dessen Rolle in der Weimarer Republik zu dem Urteil gekommen: »Preußen, das sich in den ersten Jahren der Republik jeder inneren Veränderung abweisend entgegenstellte, bildete im Grunde das Kernproblem des Verfassungssystems der Republik. Die heimlichen oder auch offenkundigen Bestrebungen von preußischer Seite einerseits, die Hegemonie wiederzuerlangen und das Reich zu beherrschen, von Seiten verschiedener oberster Reichsbehörden anderseits, den preußischen Staat an die Kette des Reiches zu legen, sind nie für längere Zeit unterbrochen worden oder gar abgerissen.« Es war ein vielschichtiges Problem. Mit der Entscheidung, Preußen als Ganzes am Leben zu erhalten, war die Republik in ein Dilemma geraten. Preußen stellte drei Fünftel der Reichsbevölkerung und des Reichsgebiets und machte mit seinen Industriegebieten an der Ruhr, in Mitteldeutschland und Schlesien den Großteil der deutschen Wirtschaftskraft aus. Als ein Land unter Ländern war es daher nicht zu behandeln, der politische Wille Preußens war immer so stark, dass jede Reichsregierung ihn einzukalkulieren hatte. Zumal die Verwaltung, die Finanzen ausgenommen, Ländersache war, und die Länder vor allem die Polizeihoheit hatten. Das bedeutete erhöhten Abstimmungsbedarf zwischen der Reichsregierung und der preußischen Regierung. Die Reichsminister behandelten die preußischen Ressortminister daher oft wie gleichgestellte Kollegen. Es ging darum, das schon früh beklagte »Missverhältnis zwischen Zuständigkeitsfülle und Exekutionsschwäche im Reich« auszugleichen. Das war schon nicht leicht, wenn auf beiden Seiten der Berliner Wilhelmstraße – hier die Reichsministerien, dort die preußischen Verwaltungen – die gleichen Parteien das Sagen hatten, wie vor 1923 und zwischen 1928 und 1930. Zur besseren Koordinierung nahmen in dieser Zeit immer Vertreter der jeweils anderen Seite an den Kabinettssitzungen teil. Als zwischen 1924 und 1928 aber im Reich ein Block der bürgerlichen Parteien von Zentrum bis zur DNVP die Regierung stützte, während in Preußen eine Weimarer Koalition unter SPD-Führung regierte, steigerten sich die Reibereien noch. Aus Sicht der Föderalisten war dies eine ungute Situation: Denn jedes Zugeständnis an die Länder, jede Dezentralisierung bedeutete vor allem eine Verschiebung von Gewichten vom Reich zum Land Preußen. Und das wollte keine Reichsregierung. So stand Preußen im Grunde einer Reform im Sinne eines ausgewogenen Föderalismus im Weg.

Kern des erwünschten Einheitsstaats

Dazu kam der Anspruch sowohl der preußischen Regierung als auch der preußischen Parteien, dass das größte Land auch eine besondere Rolle spielen müsse. 1921 meinte der preußische Ministerpräsident Braun, dass sich Preußen und das preußische Volk »ungeachtet der Verfassungsvorschriften« stets die Geltung verschaffen würden, die ihnen durch die Größe und Stellung des Landes gebührten. Schon im Dezember 1919 hatte der preußische Landtag einen Beschluss gefasst, der die Errichtung eines deutschen Einheitsstaats forderte. Preußen war bereit, im Reich aufzugehen, wenn das auch die süddeutschen Staaten machten. Die aber wollten nicht. Der württembergische Ministerpräsident Wilhelm Blos (SPD) nannte den Beschluss »politischen Dilettantismus«. Die alte Furcht, hinter dem deutschen Einheitsstaat versteckten sich letztlich doch nur großpreußische Vorstellungen, blieb immer wach. Und sie wurde von Braun und anderen preußischen Politikern genährt. Sie standen im Grunde in der geistigen Nachfolge Bismarcks und der Nationalliberalen, von Preußen her den Einheitsstaat zu schaffen. Im Mai 1927 sagte Braun mit Blick auf das komplexe Verhältnis von Reich und Preußen: »Für Bismarck war es natürlich leicht, die Synthese zwischen dem Reich und Preußen zu finden. Als Kanzler und Ministerpräsident war er ja die personifizierte Synthese.« Braun hat in der Rückschau seine Vorstellung zur Reichsreform so zusammengefasst: »Personalunion der leitenden Regierungsstellen im Reich und in Preußen, reichisch-preußische Verwaltungsgemeinschaften auf allen wichtigen Gebieten mit ihrer aufsaugenden Wirkung auf die vornehmlich durch Reichssubsidien selbständig erhaltenen Kleinstaaten und später allmähliche organische Eingliederung der noch abseits gebliebenen Länder in dem so aufgebauten einheitlichen Verwaltungs- und Wirtschaftskörper bis zur zweckmäßig organisch gegliederten Reichseinheit.«

Das demokratische Bollwerk

Preußen war vor 1918 das Bollwerk des Obrigkeitsstaats, nun war es mit seiner relativ stabilen Weimarer Koalition von SPD, Zentrum und DDP ein Bollwerk der

Demokratie, auch wenn natürlich das alte preußische Herrschaftsdenken, die alten obrigkeitlichen Traditionen nicht überall in Politik und Verwaltung verschwanden. Doch demokratischer als andere Länder war es auch nicht. Für die Kräfte der Republik, voran die SPD, war die Herrschaft in Preußen aber aufgrund der Größe und des Einflusses der einstigen Hegemonialmacht immer so wichtig wie die im Reich – wenn nicht wichtiger. Denn auch in der Republik galt die alte kaiserzeitliche Devise: Wer Preußen hat, hat das Reich. Damit aber begann das Problem: Man musste, wenn man Preußen hatte, nicht unbedingt im Reich mit von der Partie sein. Einfluss auf Reichsebene zu haben, ohne direkte Verantwortung auf Reichsebene übernehmen zu müssen – das war verführerisch, aber auch gefährlich. Denn das führte dazu, dass die demokratischen Parteien, allen voran ihre stärkste Kraft, die SPD, sich auf der Reichsebene leichter aus der Verantwortung nehmen konnten, als für die Republik gut war. Schon 1920 stellte der SPD-Politiker Adolf Bartels fest, als sich die Partei nach der Wahlniederlage der Weimarer Koalition zurückzog: »Den Austritt aus der Reichsregierung können wir uns gestatten, weil wir Braun und Severing in Preußen haben.« (Carl Severing war langjähriger preußischer Innenminister). Auch 1923 und 1930 erleichterte diese Gewissheit, auf der anderen Seite der Wilhelmstraße weiter an der Macht zu sein, den Gang der SPD in die Opposition. Freilich hatten auch die antirepublikanischen Kräfte Preußen stets im Blick. Der Reichswehrchef Hans von Seeckt etwa betonte, dass es Preußens Aufgabe in Deutschland sei, dem Reich das Rückgrat zu sein. Oder wie er sagte: »der Reichsgewalt die Hausmacht zu geben«. Seeckt glaubte aber, dass unter demokratischen Verhältnissen Preußen in dieser Aufgabe gehemmt sei. Er dachte in den obrigkeitsstaatlichen Kategorien der Zeit vor 1918. Auf der Rechten verband man mit dem Staat Preußen die Sehnsucht nach hegemonialer Ordnung in einem monarchischen Staat. Als die letzte große Koalition im Reich mit SPD, Zentrum, DDP

Preußischer Sturkopf
Otto Braun, der preußische Ministerpräsident, war einer der führenden Sozialdemokraten der Weimarer Republik (das SPD-Plakat zeigt ihn links zusammen mit dem preußischen Innenminister Carl Severing). Braun achtete darauf, dass Preußens Einfluss (und damit auch der der dort regierenden SPD) auf Reichsebene stark blieb. Pläne zur Zerschlagung Preußens wehrte er ab.

und DVP 1930 zerbrach, wurde der Weg frei für Präsidialregierungen, die sich auf das Notverordnungsregime des Artikels 48 stützten. Auch für diese Regierungen galt, dass das Reich nur hatte, wer auch Preußen besaß. Ihnen kam entgegen, dass Preußen mit der Entscheidung für den hierarchischen und unitarischen Bundesstaat wie alle anderen Länder auch geschwächt worden war – das demokratische Bollwerk konnte durch das Reich demontiert werden, es war daher in gewisser Weise ein Scheinriese.

Die Reichsreform scheitert an den Gegensätzen

Im Januar 1928 führte das Reformverlangen aus den Ländern, das Problem Reich-Preußen und die mittlerweile desolate Finanzsituation der norddeutschen Kleinstaaten dazu, dass sich Reich und Länder an einen Tisch setzten. Reichskanzler Wilhelm Marx (Zentrum) gab als Ziel aus, den dezentralisierten Einheitsstaat zu schaffen. Das war auch der Wunsch der SPD. Auch sie peilte im Grunde eine Verfassungsrevision an. Kurt Schumacher, nach 1945 SPD-Chef und damals Abgeordneter im Stuttgarter Landtag, machte das in einer programmatischen Rede schon 1927 deutlich: »Auch Weimar war nichts weiter als eine neue Etappe zum Unitarismus, dessen erste große Etappe das Bismärckische Werk ist. Weimar kam, weil wir auf der ersten Etappe nicht stehen bleiben konnten. Da wir zum Ziele müssen, wollen wir über das Werk von Weimar hinaus!« Um öffentlichen Druck aufzubauen, bildete sich um den früheren Reichskanzler Hans Luther der Reichsbund für die Erneuerung Deutschlands. Er sammelte die einheitsstaatlichen Kräfte. Politiker aller Parteien waren vertreten, darunter der preußische Finanzminister Hermann Höpker-Aschoff (DDP), der später auch das Grundgesetz mitprägte. Aber in den Ländern blieb man skeptisch. Vor allem Bayern vertrat vehement die Sache des Föderalismus. Die Gespräche dauerten über zwei Jahre. Sie brachten Mitte 1930 auch ein Ergebnis. Die »differenzierte Gesamtlösung« sah vor, Bayern, Sachsen, Württemberg und Baden bestehen zu lassen, allerdings sollten ihre Verwaltungen vereinheitlicht werden. Preußen sollte in 13 »Länder neuer Art« geteilt werden, mit denen dann alle anderen norddeutschen Länder verschmolzen werden sollten. Die 13 »Neuländer« waren als Selbstverwaltungsprovinzen eines auf Norddeutschland begrenzten dezentralisierten Einheitsstaats konzipiert, während vier »Länder alten Rechts« föderal angebunden sein sollten. Man hat diesen »offenkundig unsinnigen Plan« (Klaus-Jürgen Matz) freilich nie umgesetzt, dennoch war er bezeichnend für die Föderalismusdebatte jener Zeit. Und er markierte eine Wegscheide. Der in bayerischen Diensten stehende Hans Nawiasky (der später am Grundgesetz mitarbeitete) kommentierte: »Entweder wird das süddeutsche Regime der Selbstbestimmung auch auf die norddeutschen ›Länder‹ übertragen, oder die süddeutschen Länder unterliegen der Allgewalt der Reichszentrale und sinken auf den Stand provinzieller Selbstverwaltungskörper mit einer freundlicheren Schauseite herab.« In

München wusste man, dass die »differenzierte« Lösung am Ende zum Einheitsstaat führen sollte. Bayern lehnte den Vorschlag ab. Und Preußen am Ende ebenfalls. Die Haltung der Berliner Landesregierung, die eigentlich ja doch den Einheitsstaat immer wollte, hatte sich verfestigt: Jede Möglichkeit, durch eine Auflockerung oder Zergliederung des preußischen Staates zu einer Reform zu kommen, wies man jetzt zurück. Allein Preußens Einheit, so die Devise, konnte als Basis für Deutschlands Einheit dienen. Der Reichstag übernahm den Plan zwar und beschloss im Juni 1930, auf der Grundlage der »differenzierten Gesamtlösung« zu einer Reichsreform zu kommen. Aber angesichts der Wirtschaftskrise, die Ende 1929 eingesetzt hatte, gab es vorerst Wichtigeres zu tun. Der Reichstagsbeschluss zeigte jedoch, wohin die Reise um 1930 gehen sollte. Die zentralistische Zuspitzung des hierarchischen Weimarer Föderalismus durch die Präsidialregierungen unter Heinrich Brüning und Franz von Papen und die Abschaffung des Bundesstaats durch das Hitler-Regime waren mit der »differenzierten Gesamtlösung« gewissermaßen schon vorgedacht worden.

KAPITEL 14

Präsidialregierungen und Drittes Reich 1930-1945

Autorität, Führerschaft, Durchgreifen

Die Wirtschaftskrise in Deutschland nahm seit Mitte 1930 immer dramatischere Ausmaße an und wuchs sich im Verlauf der nächsten drei Jahre zu einer Staatskrise aus, die das Ende der Republik einleitete. Die Zahl der Arbeitslosen stieg auf über sechs Millionen, die Finanzlage von Reich und Ländern verschlechterte sich weiter, die radikalen Kräfte auf der Rechten und der Linken bekamen Auftrieb. Die letzte Regierung mit parlamentarischer Mehrheit unter Reichskanzler Hermann Müller (SPD) platzte Ende März 1930 wegen eines eher marginalen Streits um die Höhe des Arbeitslosenbeitrags, die Sozialdemokraten gingen in die Opposition. Seit dem 30. März regierte Heinrich Brüning (Zentrum) als Kanzler mit einem Minderheitskabinett, das sich allein auf die Regierungs- und Gesetzgebungsgewalt des Reichspräsidenten und des Artikels 48 stützen sollte. Der Föderalismus hatte zu jener Zeit nicht mehr viele Verteidiger. Auf allen Seiten drängte man hin zu mehr Einheit und Machtballung. »Ein Meinungsklima breitete sich aus, in dem Autorität, Führerschaft, klare Verhältnisse, entschiedenes Durchgreifen die populären Forderungen waren.« (Hagen Schulze) Brüning, ein technokratischer Politiker vom rechten Zentrumsflügel, sah im Föderalismus nur einen »wirklichkeitsfremden historischen Romantizismus«. Er war ins Amt gekommen, weil das konservative Umfeld des Reichspräsidenten Paul von Hindenburg ein Präsidialsystem ansteuerte, das unabhängig sein sollte von den Mehrheitsverhältnissen im Reichstag. Diese Pläne kamen Brünings kurzfristigen

Umstrittener Kanzler
Heinrich Brünings Rolle als Reichskanzler im Übergang zu den autoritären Präsidialregierungen am Ende der Weimarer Republik liefert bis heute Diskussionsstoff. Nicht zu bestreiten ist allerdings, dass er gezielt darauf setzte, den ohnehin bescheidenen Einfluss der Länder weiter zu schwächen, um unabhängig von ihnen agieren zu können.

Zielen entgegen, denn er wollte durch ein hartes Sparprogramm die Finanzlage des Reiches in den Griff bekommen und die Wirtschaft ankurbeln. Dafür brauchte er die »Diktaturgewalt« des Artikels 48 und das Recht des Präsidenten zur Reichstagsauflösung. Die erste Notverordnung unter Brüning wurde im Reichstag abgelehnt, worauf Hindenburg das Parlament auflöste – mit fatalen Folgen, denn die Wahlen vom 14. September 1930 machten die NSDAP zur starken Kraft, ihre Fraktion wuchs von 12 auf 107 Sitze. Die demokratischen Parteien waren gezwungen, Brünings und Hindenburgs Regime zu tolerieren.

»Länder an die Kandare«

Brüning – »der erste Kanzler im Prozess der Auflösung der deutschen Demokratie« (Karl-Dietrich Bracher) – nutzte die schlimmer werdende Finanzlage der Länder, um deren verbliebene Eigenständigkeit weiter einzuschränken. Sie sollten finanziell vom Reich noch abhängiger sein. »So konnten die Länder, wenn sie aufsässig wurden, dauernd an die Kandare genommen werden«, schrieb Brüning in seinen Memoiren. Er dehnte das Notverordnungsregime daher auf die Finanzgesetzgebung aus, was verfassungsrechtlich umstritten war. Er hebelte damit das Budgetrecht der Landtage aus, also das erste Grundrecht eines jeden Parlaments, und übertrug es auf die Landesregierungen. Diese wiederum zwang Brüning zu einem eisernen Sparkurs, wobei ihm entgegenkam, dass mehrere Landeskabinette nur noch kommissarisch im Amt waren. Denn wegen der Erfolge von NSDAP und KPD waren nun auch einige Landtage nicht mehr mehrheitsfähig. Selbst Preußen geriet in eine Haushaltsnotlage, konnte Ende 1931 seine Beamten ohne Reichshilfe nicht mehr bezahlen und musste die Stützungshilfen für das agrarische Ostpreußen dem Reich überlassen. Brüning verband mit seiner Zwangspolitik die Absicht, die bislang fehlgeschlagene Reichsreform doch noch umzusetzen und die Regierungen von Reich und Preußen zu vereinigen. Anfang 1932 erhielt Preußen einen Reichskredit nur, weil es sich verpflichtete, mit dem Reich über eine solche Reform zu verhandeln. Zwar bewegten sich Brünings Vorstellungen noch nicht gänzlich in den autoritären Kategorien seiner Nachfolger, aber sie wiesen bereits in diese Richtung. Das Urteil, dass Brüning »jedenfalls auf staatsfinanziellem Gebiet die nationalsozialistische Gleichschaltung vorwegnahm« (Peter-Christian Witt), ist durchaus berechtigt. Vergeblich warnte der badische Regierungschef Josef Schmitt (Zentrum) bei einer Besprechung mit Brüning laut Protokoll im Herbst 1931: »Gingen die Länder an ihren Finanzen zugrunde, dann sei zu befürchten, dass auch diese Säulen bersten, die immer noch für die deutsche Republik von größter Bedeutung sind.«

Das Bollwerk wankt

Brüning musste allerdings am 30. Mai 1932 zurücktreten, da er nicht mehr die Unterstützung Hindenburgs und der im Hintergrund wirkenden konservativen Kreise hatte, in denen der umtriebige Reichswehrgeneral Kurt von Schleicher die zentrale Rolle spielte. Kurz zuvor hatte die Weimarer Koalition am 24. April 1932 bei den Landtagswahlen in Preußen die Mehrheit verloren, ein entscheidendes Datum. NSDAP (jetzt mit Abstand stärkste Kraft in Preußen) und KPD konnten dank ihrer Zugewinne eine Mehrheitsbildung der anderen Parteien verhindern. Das demokratische Bollwerk Preußen war – durch eine Wahlentscheidung – gefallen. Jetzt konnte es geschleift werden. Zum Nachfolger Brünings berief Hindenburg den westfälischen Adeligen Franz von Papen, der ein »Kabinett der Barone« bildete, das praktisch keinen Rückhalt in den Fraktionen des Reichstags hatte. Papen, Schleicher und der DNVP-Vorsitzende Alfred Hugenberg arbeiteten auf eine autoritäre »Regierung der nationalen Konzentration« hin, die sich der NSDAP als Massenbasis bedienen wollte. Da Papens Kabinett von Beginn an Gefahr lief, durch ein Misstrauensvotum des Reichstags gestürzt zu werden, ließ der neue Kanzler den Reichstag durch Hindenburg auflösen, weil dessen Zusammensetzung nicht mehr »dem politischen Willen des deutschen Volkes« entspreche. Begründet wurde dies mit den Landtagswahlen in Preußen und mehreren Ländern, bei denen allesamt die Nationalsozialisten die größten Gewinne verbucht hatten.

Der »Preußenschlag« am 20. Juli 1932

Die autoritären Kräfte wollten das Reich haben, daher brauchten sie Preußen. Am 20. Juli 1932 schritten sie zur Tat. Die geschäftsführende preußische Regierung um Otto Braun wurde durch eine Notverordnung des Amtes enthoben und Papen als Reichskommissar für Preußen eingesetzt. Als unmittelbarer Anlass diente eine der mittlerweile häufigen Straßenschlachten zwischen Nazis und Kommunisten, der Altonaer Blutsonntag am 17. Juli – man warf der preußischen Regierung vor, nicht gegen kommunistische Unruhen vorgegangen zu sein (von den nationalsozialistischen war nicht die Rede) und damit die Sicherheit des Reiches zu gefährden. Außerdem dienten angebliche Kontakte der Regierung mit KPD-Politikern als Grund. Mit diesem staatsstreichartigen Vorgehen, das als »Preußenschlag« in die Geschichte eingegangen ist, hatte die Reichsregierung die preußische Verwaltung und vor allem die preußische Polizei in ihrer Hand. Formal wurde das Vorgehen, das durch die Reichswehr unterstützt wurde, als Reichsexekution ausgegeben, um die öffentliche Sicherheit und Ordnung wiederherzustellen. Die hatte die Regierung Papen freilich kurz vorher selbst untergraben, als man – gegen die Bedenken der meisten Länder – das Verbot von SA und SS (der halbmilitärischen NS-Organisationen) aufhob und damit die Bürgerkriegssituation in den Städten noch schürte.

Die Länder wehren sich

Die zwangsweise des Amtes enthobene Regierung Braun legte umgehend Beschwerde beim Staatsgerichtshof ein, unterstützt von Bayern und Baden. Der württembergische Regierungschef Eugen Bolz (Zentrum) und Hessens Ministerpräsident Bernhard Adelung (SPD) verwahrten sich in Schreiben an Hindenburg gegen das Vorgehen des Reiches und zweifelten die Verfassungsmäßigkeit der Reichsexekution an. Am 23 Juli protestierte eine Mehrheit der Länderregierungschefs bei einem Treffen mit Papen gegen die Reichsexekution. Man befürchtete vor allem in den Südstaaten, dass sich dies in anderen Ländern wiederholen könnte. Immerhin regierten in Baden, Hessen und Hamburg noch SPD-geführte Regierungen, in Bayern und Württemberg Mitte-Rechts-Kabinette, die republiktreu waren. Dagegen war in Thüringen, Braunschweig, Anhalt, Mecklenburg-Schwerin und Oldenburg die NSDAP allein oder in Rechtskoalitionen bereits an der Macht. Die Vertreter der Südländer warnten die Reichsregierung vor einer Reichsreform, die auf die Abschaffung des Föderalismus ziele. Bayerns Ministerpräsident Held warf Papen vor, zu einem »generellen Angriff auf die Rechtsgrundlagen der Länder übergegangen zu sein«. Bolz warnte die Reichsregierung eindringlich vor einer Zentralisierung, bei der die Länder nichts mehr zu sagen hätten. »Wenn der Wind einmal von einer anderen Seite wehen werde, dann werde die Reichsregierung erst sehen, wie sie fehlgegangen sei«, wurde Bolz im Protokoll der Besprechung zitiert. Der deutschnationale Reichsinnenminister Wilhelm von Gayl entgegnete, über eine Zusammenlegung der Exekutiven des Reichs und Preußens hinaus werde nichts geschehen. Ein billige Zusage: Mehr war vorerst auch nicht mehr nötig, um die Republik zu unterminieren und eine neue Ordnung zu schaffen. Papens und Gayls Bekenntnis zum Föderalismus wurde in den Ländern denn auch als schale Verlautbarung empfunden. Der »Neue Staat« auf »präsidial-autoritativer Grundlage«, den die Reichsregierung anstrebte, sah Gewaltenteilung nicht mehr vor und damit auch keine bundesstaatliche Ordnung.

Fatale Passivität

Der »Preußenschlag« wurde von der SPD und auch den Gewerkschaften weitgehend passiv hingenommen. Ihre Führungen glaubten nicht, dass angesichts von mittlerweile sechs Millionen Arbeitslosen ein Generalstreik Wirkung haben würde. Und man fürchtete, durch Widerstandsaktionen die bürgerkriegsähnlichen Unruhen nur zu verschlimmern. Stattdessen ging man den Weg über die Klage beim Staatsgerichtshof in Leipzig. Die Passivität hatte freilich auch einen verfassungspolitischen Grund. Große Teile auch des demokratischen Lagers hatten das Ergebnis des »Preußenschlags«, die enge Verknüpfung von Reich und Preußen als weiteren Schritt zum Einheitsstaat, ja immer gewünscht. In einem Brief an seinen Vertrauten Arnold Brecht schrieb Otto Braun Ende August, er habe »innere Hemmungen«, sich im Rechtsstreit gegen das Reich einzusetzen, weil »der Zustand, wie er jetzt geschaffen ist, meiner Grundidee entspricht, freilich nicht in der Art des Zustandekommens und noch weniger in dem geschaffenen Zerrbild, meine Billigung findet«. Und der spätere Mitverfasser des Grundgesetzes, der Liberale Hermann Höpker-Aschoff, meinte: »Einerlei, ob parteipolitische Beweggründe am 20. Juli eine Rolle gespielt haben, die Zusammenfassung der Regierungsgewalt des Reiches und Preußens ist eine von der Parteipolitik unabhängige Notwendigkeit.« Der verbreitete Wille zum Einheitsstaat hatte in der Sozialdemokratie, beim Zentrum und der mittlerweile auf einen politischen Zwergenstatus geschrumpften DDP den Widerstand gegen jene geschwächt, die mit dem Bundesstaat auch die Demokratie und den Rechtsstaat abschaffen wollten.

»Proklamation des Machtstaats«

Das Urteil des Leipziger Staatsgerichtshofs vom 25. Oktober 1932 entschied nichts, die Richter entzogen sich einer eindeutigen Klärung. Man teilte die preußische Staatsgewalt: Das Kabinett Braun blieb formal im Amt und durfte Preußen auch im Reichsrat vertreten, aber hatte praktisch nichts mehr zu sagen, da auch der Reichskommissar (das war nun der frühere Essener Oberbürgermeister Franz Bracht) bleiben durfte. Bracht beeilte sich, wichtige Beamten- und Polizeiführerstellen in Preußen mit antirepublikanischen Leuten zu besetzen. Allerdings verhinderte das Urteil auch, dass Papen bei seiner Reichsreform weiter voranschreiten und die geplante Fusion der Exekutiven auf den Weg bringen konnte. Der badische Reichsratsgesandte Hermann Fecht berichtete aus Leipzig nach Karlsruhe, dass angesichts der Äußerungen der Berliner Vertreter die Länderregierungen jeden Grund hätten, »der Reichsregierung und ihren Plänen zur Verfassungsreform mit äußerstem Misstrauen gegenüberzustehen. Was hier vorgetragen wurde, hatte mit Föderalismus kaum mehr etwas zu tun.« Vor allem die Ausführungen des Prozessvertreters der Reichsregierung, des Juristen Carl Schmitt, seien »nichts anderes als die Proklamation des Machtstaates« gewesen, »der den Ländern nur dann ›Freiheit‹ lässt, wenn sie sich jeder eigenen Willensmeinung begeben«. Mit der Reichsexekution vom 20. Juli und dem Urteil des Staatsgerichtshofs war die Geschichte Preußens als eigenständiger Staat zu Ende, eingeleitet von Konservativen, die zwar an Preußen hingen, aber zurückwollten zu jener autoritären Militärmonarchie, die sich einst Deutschland untergeordnet hatte.

Hitler kommt ins Kanzleramt

Papens Präsidialregime fand jedoch ein schnelles Ende. Nachdem die Wahl am 31. Juli 1932 sowohl NSDAP als auch KPD nochmals gestärkt hatte, lehnte der Reichstag Papens erste Notverordnung im September ab, worauf Hindenburg die Abgeordneten erneut nach Hause schickte und Neuwahlen ansetzte. Am 6. November verloren die Nationalsozialisten zwar leicht, aber die antirepublikanischen Parteien hatten weiter eine Verhinderungsmehrheit, der Reichstag war nicht arbeitsfähig. Papens Kabinett trat zurück, Schleicher folgte im Kanzleramt nach, musste aber nach einigen Wochen ebenfalls demissionieren, weil Hindenburg ihm das Vertrauen entzog. Im Hintergrund hatten Papen und Hugenberg den Reichspräsidenten davon überzeugt, Adolf Hitler zum Kanzler zu ernennen. Am 30. Januar 1933 war der Führer der Nationalsozialisten am Ziel. Dass er dieses konsequent auch über die Machtbeteiligung der Nationalsozialisten in den Ländern erreicht habe, als geplante Vorstufe zur Machtübernahme im Reich, dass also der föderale Reichsaufbau sich für die NSDAP günstig auswirkte, gehört zu den historischen Legenden. Die Partei kam nur dort in die Regierungen, wo das parlamentarische System

Der Lügen-Diktator
Der am 30. Januar 1933 zum Reichskanzler ernannte NS-Führer Adolf Hitler hielt schon am 2. Februar 1933 eine Antrittsrede im Reichsrat, in der er versprach, die Integrität der Länder zu achten. Das war bald darauf vergessen, denn das Fortleben der potenziell autonomen politischen Ebene der Länder war mit der nationalsozialistischen Diktatur nicht zu vereinen.

schon vor 1930 nicht mehr richtig funktionierte. Und es waren eher unbedeutende Länder – Thüringen, Oldenburg, Braunschweig. Weder in Preußen noch in den Mittelstaaten, weder in Bayern, Sachsen, Württemberg, Baden und Hessen, auch nicht in den Stadtstaaten, kamen Nationalsozialisten in die Kabinette. Hier klappte der Widerstand noch immer. Zudem schien die Welle der nationalsozialistischen Erfolge in den Ländern bereits 1931 auszulaufen. Was der Hitler-Partei wieder Rückenwind brachte, war der Übergang zum autoritären Regieren auf Reichsebene. Der Durchbruch der NSDAP seit Mitte 1932 wurde im Wesentlichen von Berlin aus ermöglicht, auch durch Eingriffe der Reichsregierungen gegen SA- und Uniformverbote in den Ländern. Daher kam Karsten Rudolph zu dem Schluss: »Die tiefere Ursache für den Aufstieg des Nationalsozialismus in den Ländern lag nicht im Föderalismus«.

Von Preußen her

Kaum an der Macht, setzte Hitler eine weitere Auflösung des Reichstags durch, was ihm für einige Wochen Luft verschaffte, um seine Diktatur durch Terror und Verfolgung politischer Gegner vorbereiten zu können. Da die Verwaltung und Polizei Preußens in die Hände des Reiches geraten waren, hatten die Nationalsozialisten von Beginn an das wichtigste Mittel zu ihrer Machtkonsolidierung in der Hand. Reichskommissar für Preußen wurde Hermann Göring, der auch das preußische Innenministerium übernahm und dort zügig NS-Leute an die Schaltstellen setzte (wenn sie nicht schon da saßen). Die Durchsetzung des NS-Regimes begann damit vor allem von Preußen her. In den anderen Ländern sollten nach dem Vorbild des »Preußenschlags« weitere Reichsexekutionen folgen, um das NS-Regime zu etablieren. Den Reichstagsbrand am 27. Februar 1933 nutzte Hitler, um durch eine Notverordnung »Zum Schutze von Volk und Staat« den Ausnahmezustand herzustellen. Der Terror gegen andere Parteien, vor allem die Kommunisten und Sozialdemokraten, wurde verschärft. Die nicht mehr regulären Wahlen vom 5. März brachten Hitlers Partei zwar keine eigene Mehrheit, aber mit den Stimmen der bisherigen Partnerin DNVP hätte sie nun parlamentarisch regieren können. Was Hitler freilich nie wollte: Ihm ging es darum, Demokratie und Parlamentarismus abzuschaffen. Und natürlich den Bundesstaat.

»Historische Bausteine«

Vor seinem Antrittsbesuch im Reichsrat am 2. Februar schien Hitler noch Kreide geschluckt zu haben. »Wir wollen nicht in den Fehler verfallen, zu reglementieren und zu zentralisieren, was man nur reglementieren und zentralisieren kann, sondern wir wollen uns immer vor Augen führen, dass einheitlich das gemacht werden muss, was unbedingt erforderlich ist«, sagte er und warb um »Mithilfe der Länder, die er »die historischen Bausteine der deutschen Nation des Deutschen Reiches« nannte. Deren Lebensfähigkeit solle erhalten bleiben, versprach er. Die Versammelten (der Reichsratssaal war erstmals in seiner Geschichte überfüllt) dürfte das wenig beeindruckt haben. Hitlers Abneigung gegen den Föderalismus war bekannt. Auch er sah die Länder vornehmlich als Relikte dynastischer Vergangenheit. Hitler und die NSDAP propagierten die Volksgemeinschaft, die ihren Ausdruck in einem zentralisierten Einheitsstaat finden müsse. Für Hitler hatten die Länder keine eigenstaatliche Berechtigung, nur als Kulturregionen konnte er sie sich weiterhin vorstellen. Der Nationalsozialismus habe das Recht, formulierte er in »Mein Kampf«, »der gesamten deutschen Nation ohne Rücksicht auf bisherige bundesstaatliche Grenzen seine Prinzipien aufzuzwingen«. Die NS-Lehre diene nicht den »politischen Interessen einzelner Bundesstaaten, sondern soll dereinst Herrin der deutschen Nation werden«. Gleich am 5. März begannen die Nationalsozialisten, die Länder aufzurollen. Durch Demonstrationen und provozierte Gewaltaktionen schufen sie einen Vorwand, um die noch nicht von der NSDAP gestellten Landesregierungen abzusetzen und nationalsozialistische Reichskommissare zu benennen. Nacheinander kamen Hessen, Bayern, Sachsen, Württemberg, Schaumburg-Lippe, Baden und die drei Hansestädte unter NS-Kontrolle. Mit dem Ermächtigungsgesetz vom 24. März verschaffte sich Hitler das alleinige Gesetzgebungsrecht für die Reichsregierung, die dabei nicht mehr an die Weimarer Verfassung gebunden sein sollte. Hitler sagte in seiner Rede zu dem Gesetz, es gebe keine Absicht, die Länder abzuschaffen.

Die Gleichschaltung beginnt

Eine Woche später war diese Aussage Schall und Rauch. Denn die »Monopolisierung der Macht wäre mit dem im Ermächtigungsgesetz vorgesehenen Fortleben der Länder nicht möglich gewesen« (Dietmar Willoweit). Mit dem ersten »Gesetz zur Gleichschaltung der Länder mit dem Reich« wurde am 31. März dekretiert, dass sich alle Landtage und auch Kommunalparlamente so zusammensetzen müssten wie der Reichstag, also mit einer Mehrheit von NSDAP und DNVP. Mit der Auflösung oder dem Verbot aller Parteien bis auf die nunmehrige Staatspartei NSDAP im Sommer 1933 waren sämtliche Parlamente in Deutschland schon bald reine Einparteienkammern. Mit dem zweiten Gleichschaltungsgesetz vom 7. April wurden so genannte Reichsstatthalter eingesetzt, die in den Ländern dafür zu sorgen hatten, dass Hitlers Direktiven umgesetzt wurden. Die Reichsstatthalter sollten die Regierungschefs ernennen und durften auch direkt in die Verwaltung eingreifen. Mit der Aufgabe betraute Hitler vor allem seine NS-Gauleiter. Somit wurde neben der weiter bestehenden Verwaltungsstruktur eine Parteikommandoebene aufgebaut, der Beginn der Parallelherrschaft von Staatsbürokratie und NS-Parteiherrschaft, die typisch war für das Dritte Reich. Die Reichsstatthalterschaft in Preußen übernahm

Hitler selbst, delegierte sie aber an den preußischen Ministerpräsidenten und Innenminister Hermann Göring, der zudem noch Reichstagspräsident war. Göring hatte jedoch bald darauf schon keine vollständige Landesregierung mehr, denn die preußische wurde jetzt mit der Reichsregierung zusammengelegt. Hintergrund war wohl, den eigenwilligen Göring zu entmachten. Das hinderte diesen freilich nicht daran, regelmäßig seine preußischen Ämter zu nutzen, um seinen Machtanspruch als zweiter Mann hinter Hitler zu dokumentieren. Noch längere Zeit sprach er immer wieder über die nötige »Reichserneuerung von Preußen her«.

Chaotische Debatten – und kein Neuaufbau

Wie sein »Drittes Reich« als Staatsgebilde aussehen sollte, davon hatte Hitler keine allzu konkreten Vorstellungen. Der Konservative Ulrich von Hassell, der sich in den Dienst des Regimes stellte, später aber zum Widerstand gehörte und hingerichtet wurde, notierte 1939 in seinem Tagebuch, die NS-Machthaber wüssten »im Grunde gar nicht, was ein Staat ist«. Die nach der Machtübernahme aufbrechende Debatte innerhalb der NS-Führung über die künftige Gestalt des Reiches nahm so chaotische Formen an, dass Hitler jede weiter Diskussion über die »Reichsreform« im November 1933 vorläufig untersagen ließ. Am 30. Januar 1934 legte Reichsinnenminister Walter Frick zum ersten Jahrstag der Kanzlerschaft Hitlers das »Gesetz über den Neuaufbau des Reiches vor«. Es stellte fest, dass das deutsche Volk zu einer »unlöslichen Einheit verschmolzen« sei und bestätigte nochmals, was schon Tatsache war: die Aufhebung der Landtage, den Übergang der Hoheitsrechte der Länder auf das Reich, die Unterordnung der Landesregierungen. Von Neuaufbau war jedoch nicht die Rede. Frick erläuterte in der letzten Sitzung des Reichsrats (er wurde am 14.2.1934 aufgelöst) den versammelten Gesandten: Die Bedeutung des Gesetzes liege darin, dass das Ermächtigungsgesetz erweitert werde, »ohne dass allerdings sachlich etwas über den Neuaufbau des Reichs schon gesagt wird«. Frick betonte nur, damit sei ein Schlussstrich gezogen »unter die Entwicklung von tausend Jahren« – gemeint war die Eigenstaatlichkeit der Länder. Nun komme der »Führerstaat« mit der »geballten Kraft des deutschen Volkes in der einen Hand«. Einige Tage später verkündete der Reichsinnenminister, die »historische Aufgabe unserer Zeit« sei die »Schaffung des kraftvollen nationalen Einheitsstaats an Stelle des bisherigen Bundesstaats«.

Die Länder als Fassade

Aber wer nun geglaubt hatte, das Reich werde einer straffen zentralistischen Neuorganisation und Neugliederung unterworfen, der irrte. Man ließ nämlich die Länder in ihren alten Grenzen bestehen, freilich als reine Verwaltungseinheiten, und dele-

Die Arme hoch
Nicht nur die Länder wurden entmachtet, auch der Reichstag verkam zu einem reinen Akklamationsorgan, in dem allein nationalsozialistische Abgeordnete ihrer Parteiführung huldigten – wie hier in einer Sitzung am 19. Juli 1940.

gierte die eben erst auf das Reich verlagerten Hoheitsrechte am 2. Februar per Verordnung wieder an die Länder zurück. Sieht man von der Zusammenlegung der beiden Mecklenburg 1937 und der Schaffung von Groß-Hamburg 1938 ab, blieb die Weimarer Länderstruktur als Grundlage der Reichsverwaltung im Wesentlichen bis 1945 bestehen. Seit 1935 war jedes Debattieren über eine Reichsreform endgültig verboten. Hitler scheute davor zurück, sein Drittes Reich entsprechend der NSDAP-Parteigaue zu gliedern. Er fürchtete wohl, damit die Gauleiter noch zusätzlich zu stärken. Zwar tönte er auf dem Nürnberger »Reichsparteitag des Sieges« am 1. September 1933 noch, seine Bewegung sei »nicht der Konservator der Länder der Vergangenheit, sondern ihr Liquidator zugunsten des Reiches der Zukunft«. Liquidiert wurde viel im Reich, aber am Ende nicht die Länderstruktur, weil Hitler möglicherweise Angst hatte, dadurch das traditionelle Landesbewusstsein gegen die NS-Herrschaft aufzubringen. So dienten die Länder ihm als willkommene »Fassade der Brauchtümelei« (Michael Ruck), um die Absicht der autokratischen Herrschaftszentralisierung zu verschleiern. Den von Hitlers Politik Überzeugten sprach das Vorgehen der NS-Bewegung, so inkonsequent es letztlich war, aber aus der Volksseele – denn hatte nicht die halbe deutsche Geschichtswissenschaft seit Jahrzehnten gelehrt, der Föderalismus habe Deutschland schwach gemacht? Hatte man das nicht in der Schule gelernt? Der Historiker Fritz Rörig schrieb 1937, Hitlers Regierung habe es geschafft, »das alte deutsche Problem des staatlichen Partikularismus« zu beenden, um »den deutschen Menschen in die gänzlich unproblematische, endlich spannungslose Einheit von Reich und Volk hineinwachsen« zu lassen. Die Volksgemeinschaft war geschaffen, die Zersplitterung beseitigt. Es konnte voran gehen – nach allen Richtungen.

Reich ohne Ordnung

Dabei war Zersplitterung durchaus noch vorhanden, und zwar im NS-Machtapparat selbst. Die Länderstruktur wurde nach 1933 nur lose verknüpft mit der oft undurchsichtigen, stark auf persönlichen Verbindungen beruhenden NS-Parteiherrschaft. Während die staatliche Verwaltung straff auf Berlin ausgerichtet wurde (was der Kriegsvorbereitung diente), herrschte in der NS-Hierarchie wenig Ordnung. Mal waren die Gauleiter in den Ländern nur Reichsstatthalter, mal auch Leiter der Verwaltung in Personalunion. In Thüringen war Reichsstatthalter Fritz Sauckel gleichzeitig auch Innenminister und damit dem Ministerpräsidenten Willy Marschler sowohl übergeordnet und als auch unterstellt. Diesen Wirrwarr nutzte Heinrich Himmler, um in den meisten Ländern den Posten eines »politischen Polizeikommandeurs« für sich zu ergattern und so am Ende die Position des Chefs der Deutschen Polizei, wobei er als »Reichsführer SS« bereits die militärischen Verbände und die Geheimpolizei der NS-Bewegung führte. Unter Himmler war die Polizei erstmals auf Reichsebene organisiert. Erstmals wurde im Dritten Reich auch die Schul- und Kulturpolitik zur gesamtstaatlichen Aufgabe erklärt und ein Reichserziehungsministerium geschaffen. Die NS-Schulpolitik zielte gemäß der Volksgemeinschaftsideologie auf eine möglichst große Vereinheitlichung der Schulbildung in ganz Deutschland. Auch eine Reichskulturkammer trat ins Leben, ein Instrument von Propagandaminister Joseph Goebbels zur Gleichschaltung allen kulturellen Lebens. Da Hitler und die NS-Größen der Staatsverwaltung misstrauten, schufen sie immer wieder neue Zentralinstanzen. So wurde ein »Generalbevollmächtigter für die Wirtschaft« eingesetzt, das Reichsministerium für Bewaffnung und Munition geschaffen oder ein »Beauftragter für den totalen Kriegseinsatz« ernannt, noch ein Amt für Goebbels. Die Parallelherrschaft von Staats- und Parteiinstanzen nahm so im Krieg noch zu und damit auch das Durcheinander. Das Dritte Reich war in gewisser Weise nur die Mimikry einer Staatsordnung, in der ein zentralistischer Anspruch sich in der Praxis mit einer »polykratischen Kompetenzanarchie« (Michael Ruck) verband. Eine klare Herrschaftsordnung hat es im Führerstaat Hitlers und der Nationalsozialisten nie gegeben.

KAPITEL 15
Nachkriegszeit und Staatsgründung 1945-1949

Ein neues Deutschland – aber wie?

Am 8. Mai 1945 endete der Zweite Weltkrieg, den das Dritte Reich begonnen hatte. Der von den Nationalsozialisten propagierte totale Krieg hatte in die totale Niederlage geführt. Die Wehrmacht kapitulierte bedingungslos, Deutschland wurde von den Kriegssiegern besetzt. Bis 1949 sollte es unter ihrer direkten Herrschaft sein, und als sie endete, gab es zwei deutsche Staaten, Ergebnis des Kalten Krieges zwischen dem liberaldemokratischen Westen und dem kommunistischen Osten. Die Vorstellungen der Alliierten, welche Form Deutschland künftig haben sollte, liefen während des Krieges vor allem auf eine Zerstückelung hinaus. Da gab es Pläne in Washington und Moskau, drei bis fünf deutsche Staaten zu bilden. Der britische Premier Winston Churchill dachte an eine Donauföderation der süddeutschen Länder mit Österreich und einen norddeutschen Staat, ein Zurück in die Zeit vor 1871. Charles de Gaulle malte sich einen neuen Deutschen Bund aus, eine lockere Föderation, von der man in Paris glaubte, dass sie dem Sicherheitsinteresse Frankreichs dienen würde. Von einem deutschen Nationalstaat mit starker Zentralregierung wollte niemand etwas wissen, auch die meisten Verfassungsentwürfe deutscher Exilpolitiker liefen auf mehr Föderalismus hinaus. Auf der Konferenz im Potsdamer Schloss Cecilienhof vom 17. Juli bis 2. August 1945 einigten sich die drei Siegermächte USA, UdSSR und Großbritannien jedoch darauf, in Deutschland als Ganzem gemeinsam die oberste Gewalt auszuüben. Man vereinbarte, Deutschland als wirtschaftliche Einheit zu behandeln. Allerdings war es ein verkleinertes Land: Die östlich der Oder und der Görlitzer Neiße gelegenen Teile des besiegten Reiches (allesamt preußisches Staatsgebiet) wurden abgetrennt und Polen und der Sowjetunion zugeschlagen. Im Kommuniqué der Potsdamer Konferenz klang die Rückkehr zu einem föderalen Staatsaufbau bereits an: »Die Verwaltung Deutschlands muss in Richtung auf eine Dezentralisation der politischen Struktur … durchgeführt werden.« Schon zuvor war das besiegte Reich in Besatzungszonen aufgeteilt worden. Die Sowjetunion übernahm in Ostdeutschland das Kommando, die Briten hatten Nordwestdeutschland unter ihre Kontrolle, die Amerikaner die Mitte und den Südosten, Frankreich bekam Gebiete im Süden und in der Pfalz, die an dessen eigenes Staatsgebiet grenzten. Das Saarland wurde als autonomes Gebiet zunächst an Frankreich angeschlossen, erst 1957 wurde es ein Land der Bundesrepublik. Die Hauptstadt Berlin wurde von allen vier Siegermächten regiert. Zur Koordinierung der Zonenverwaltung richteten sie den Alliierten Kontrollrat ein,

1947 Neugründung der Länder

In den Jahren 1946 und 1947 entstanden im besetzten Deutschland (das im Osten nochmals erhebliche Teile verlor) die Länder, die allerdings in den meisten Fällen an frühere politische Einheiten anknüpften. Das zuvor autonome, wirtschaftlich eng an Frankreich gebundene Saarland trat der neuen Bundesrepublik erst 1957 bei.

der seine Aufgabe aber nur ansatzweise erfüllte – schon früh zeigten sich Differenzen zwischen den Besatzungsmächten in der Frage, wie man mit Deutschland verfahren sollte. Die Absicht, das besetzte Land wirtschaftlich als Einheit zu betrachten, wurde bald wieder aufgegeben. Zu einer Zentralverwaltung über den Zonen kam es nicht.

Länder entstehen

Der Neuanfang gestaltete sich daher betont dezentral. In den Besatzungszonen entstanden alte und neue Länder, von denen her Deutschland neu aufgebaut werden sollte und in denen die Deutschen wieder politische Verantwortung bekamen. Den Anfang machten die Amerikaner schon Ende Mai 1945, als sie in Bayern den früheren BVP-Politiker Fritz Schäffer zum Ministerpräsidenten ernannten. Bald darauf genehmigte die Sowjetische Militäradministration in Deutschland (SMAD) die Gründung von fünf Länderverwaltungen in Sachsen, Thüringen, Mecklenburg und den vormaligen preußischen Provinzen Brandenburg und Sachsen (der Anhalt angeschlossen wurde). In der amerikanischen Zone wurden zudem die Länder Württemberg-Baden und Hessen gebildet. Die Franzosen schufen Rheinland-Pfalz, Baden (der Südteil des alten Landes) und Württemberg-Hohenzollern. In der britischen Zone wurden Niedersachsen, Nordrhein-Westfalen und Schleswig-Holstein gegründet. In den Hansestädten Hamburg und Bremen amtierten schon seit dem Sommer 1945 neue demokratische Bürgermeister. In allen Ländern wurden Ministerpräsidenten eingesetzt. Diese Männer der ersten Stunde hatten zwar vor allem alliierte Direktiven umzusetzen, sie konnten nicht souverän entscheiden. Doch achteten vor allem Amerikaner und Briten darauf, dass sie nicht als reine Marionetten der Besatzer erschienen. Nach den ersten Landtagswahlen im Dezember 1946 waren die Länderregierungschefs und ihre Kabinette demokratisch und parlamentarisch legitimiert. Zu dieser Riege gehörten Politiker, die später auch in der Bundesrepublik eine wichtige Rolle spielten: Reinhold Maier (FDP) etwa, später der erste Ministerpräsident von Baden-Württemberg, Carlo Schmid von der SPD, dessen Karriere in Württemberg-Hohenzollern begann, Wilhelm Hoegner (SPD) und Hans Ehard (CSU) in Bayern. Wilhelm Kaisen (SPD) in Bremen, Max Brauer (SPD) in Hamburg, Hinrich Wilhelm Kopf (SPD) in Niedersachsen und Peter Altmeier (CDU) in Rheinland-Pfalz blieben sogar bis in die Sechzigerjahre in ihren Ländern an führender Stelle. Der Politikwissenschaftler Theodor Eschenburg hat diese poli-tischen »Trümmermänner« der ersten Stunde als »starke, führungsbegabte, ihre Möglichkeiten real einschätzende Persönlichkeiten mit ausgeprägter, aber in der Form reservierter Zivilcourage« bezeichnet.

Neu, aber nicht künstlich

Mit der Ländergliederung von 1945/46 hatte wieder einmal eine Flurbereinigung stattgefunden. Dass die Länder aber völlige Neuschöpfungen ohne historische Bezüge waren, künstliche Gebilde, von den Kriegssiegern willkürlich geschaffen, ist nicht richtig – auch wenn der spätere Bundespräsident Theodor Heuss (FDP), ein eher unitarischer Kopf, den Zuschnitt »weniger originär als originell« bezeichnete. Dass neue Grenzen gezogen wurden, dass jetzt die norddeutschen Kleinstaaten und die vielen noch bestehenden Exklaven und Enklaven verschwanden, dass die preußischen Provinzen zu Ländern wurden, war nichts anderes als der späte Vollzug der in der Weimarer Republik gescheiterten Neugliederung. Allenfalls im Südwesten waren die neuen Grenzen recht willkürlich – man orientierte sich zwischen der amerikanischen und französischen Besatzungszone etwa an der Autobahn Karlsruhe-Stuttgart-Ulm. Freilich war früh klar, dass die Lösung »aus zwei mach drei« im Falle Badens und Württembergs ein Provisorium für die Zeit der Besatzung sein würde. Die Frage lautete nur, ob wieder die alten Länder Baden und Württemberg (mit Hohenzollern) entstehen würden oder ob sich die »Großschwaben-Idee« aus der Weimarer Republik, also das Land Baden-Württemberg, realisieren ließe. Um eine Südweststaatsgründung zu erleichtern, wurde im Grundgesetz später ein eigener Artikel geschaffen. Eine Neukreation war Rheinland-Pfalz, gebildet aus dem Südteil der preußischen Rheinprovinz, der vormals bayerischen Pfalz und Teilen von Hessen-Nassau. Aber die Pfalz als Kerngebiet hatte immer eine gewisse Eigenständigkeit besessen und war seit dem frühen 19. Jahrhundert auch als linksrheinischer Teil Bayerns ein Eigengewächs geblieben. Ansonsten aber wurde wenig wirklich Neues geschaffen. Bayern blieb Bayern. Sachsen wurde etwas erweitert um einen Zipfel Niederschlesiens, der westlich der Neisse lag. Thüringen wuchs um einige ehemals preußische Gebiete, womit nun endlich eine vollends geschlossene Landesfläche entstand. Der preußischen Provinz Sachsen wurde das Land Anhalt angegliedert, das ohnehin von dieser Provinz umschlossen war, und ein kleines braunschweigisches Gebiet. Brandenburg verlor sein Territorium östlich der Oder. Der westlich der Oder gelegene Teil der Provinz Pommern kam weitgehend zu Mecklenburg, das nun Mecklenburg-Vorpommern hieß. Schleswig-Holstein wurde zu einem eigenständigen Land, ebenso das frühere Hannover (ebenfalls 1866 von Preußen annektiert), das um Oldenburg, den größten Teil Braunschweigs und Schaumburg-Lippe zum Land Niedersachsen erweitert wurde (der Name war nichts Neues, er kam schon im alten Reichskreis vor). Hessen war das Ergebnis der Umsetzung der »Großhessen-Pläne« der Weimarer Republik, man verband das selbständige Land mit der preußischen Provinz – hier kam zusammen, was schon länger zusammenkommen wollte. Nordrhein-Westfalen wiederum war das Ergebnis der Verknüpfung der preußischen Provinz Westfalen (samt dem Kleinstaat Lippe) und des Nordteils der Rheinprovinz. Beide Regionen, katholisch geprägt, hatten innerhalb Preußens immer ein Eigenbewusstsein gepflegt, Oppositionsgeist gegen Berlin gezeigt und – vor allem im Rheinland – von der Eigenständigkeit geträumt. Auch hier gab es mit dem Niederrheinisch-Westfälischen Reichskreis eine Art historisches Vorbild. Unhistorische Gebilde waren und sind die Länder jedenfalls nicht.

Ein später Sieg des Dritten Deutschlands

Die Alliierten gaben bereits 1948 den Ministerpräsidenten den Auftrag, eine andere Lösung vorzuschlagen, falls diese Ländergliederung nicht die Erwartungen der Deutschen erfüllte. Anliegen der Alliierten war es, eine einigermaßen ausgewogene Ländergliederung zu bekommen, die sich an traditionellen Grenzen orientierte. Aber die Länderchefs kamen dem Wunsch nicht nach, weil sie das nicht als ihre Aufgabe betrachteten. Im Grundgesetz wurde daher später der Artikel 29 eingefügt, nach dem das Bundesgebiet neu zu gliedern war. Er hatte keinerlei Auswirkung. In den Siebzigerjahren wurde er abgeschwächt, auch nach 1990 blieb er folgenlos. Die Ländergliederung von 1945/46 war (bis auf den Südwesten) eben nicht so künstlich, als dass die Bevölkerung den dringenden Wunsch gehabt hätte, sie zu ändern. Mit der nun auch formellen Auflösung Preußens durch das Kontrollratsgesetz Nr. 46 wurde am 25. Februar 1947 schließlich vollzogen, was bereits 1848 die demokratische Linke gefordert hatte, was Hugo Preuß und die süddeutschen Staaten mit je eigener Zielsetzung am liebsten schon 1919 umgesetzt hätten, was in der Weimarer Reichsreformdebatte anvisiert wurde und was faktisch schon 1932/33 eingetreten war. Nach 1947 hat es keinen ernsthaften Versuch mehr gegeben, Preußen wiederzubeleben. Mit der Gliederung nach dem Krieg ist eine insgesamt sehr erfolgreiche Länderstruktur geschaffen worden. Es gab keine Hegemonialmacht in Deutschland mehr, und die Größenunterschiede zwischen den größeren und den kleineren Ländern waren geringer als die unter den nordamerikanischen Bundesstaaten. Der Zuschnitt von 1945/46 war ein später Sieg des Dritten Deutschlands, denn als ein Bund von Mittelstaaten (mit den Einsprengseln der Stadtstaaten) stand die alte Bundesrepublik und steht das wiedervereinigte Deutschland seit 1990 eindeutig in dessen Tradition. Dieser Bund ist weitaus homogener als all die bundesstaatlichen Vorläufer seit dem Mittelalter. Von seiner Territorialstruktur her ist Deutschland seither vergleichsweise gut aufgestellt.

Die Parteien und der Föderalismus

Eine Art Flurbereinigung gab es auch im Parteiensystem. Es war nicht so zersplittert wie am Ende der Weimarer Republik. SPD und KPD hatten sich im Exil erhalten und formierten sich wieder. Die KPD war strikt zentralistisch ausgerichtet, die Sozialdemokraten waren so heterogen wie vor 1933. Die Parteien der Sowjetzone wurden schnell in einem antifaschistischen Block zusammengefügt, um eine Lenkung durch die Sowjets und die KPD zu erleichtern. Im April 1946 schlossen sich KPD und SPD zur Sozialistischen Einheitspartei Deutschlands (SED) zusammen, eine Zwangsfusion gegen die Mehrheitsmeinung in der ostdeutschen Sozialdemokratie. Die SPD war damit in der Sowjetzone als politische Kraft ausgeschaltet. Alle ostzonalen Parteiverbände nahmen unter dem Einfluss der zentralistischen Staatsauffassung der Sowjets bald eine einheitsstaatliche Haltung ein.

In den Westzonen waren die Einstellungen differenziert. Unter Kurt Schumachers Führung zeigte sich ein Großteil der SPD einem föderalen Staatsaufbau eher abgeneigt; der spätere SPD-Chef nahm von Hannover aus auf die Landesverbände starken Einfluss, den vor allem Hoegner in Bayern zu spüren bekam. »Wir müssen mit dem Föderalismus Ernst machen«, forderte der, während Schumacher ihn wie schon zu Weimarer Zeiten vehement ablehnte. Dem kantigen und sehr national gesinnten SPD-Chef galt jeder Föderalist als »partikularismusverdächtig« (im negativen, kaiserzeitlichen Sinn) und damit als potenzieller Feind deutscher Einheit. In einem künftigen Bundesstaat sollte nach der Mehrheitsvorstellung in der SPD die Machtverteilung zugunsten der Bundesebene erfolgen. Sie war vom Ideal des dezentralisierten Einheitsstaats geprägt, doch gab es auch bei den Sozialdemokraten außerhalb Bayerns viele Föderalisten. Als liberale Sammlungspartei entstand die FDP (in der Sowjetzone nannte sie sich LDP). Auch sie war eher unitarisch gesinnt, wobei sowohl ideologische Restbestände des Nationalliberalismus als auch modernere Vorstellungen marktwirtschaftlicher Ordnungspolitik eine Rolle spielten. Mit der CDU entstand eine Volkspartei auf christlicher Grundlage, in der sich große Teile des Zentrums, Politiker aus den eher protestantisch geprägten Weimarer Kleinparteien und dem rechtskonservativen Lager zusammenfanden. Die CDU war sehr heterogen und stark von den Landesverbänden geprägt – ihr von einem in der schwäbischen Kleinstadt Ellwangen tagenden Kreis entworfenes Bundesstaatsprogramm war daher föderalistischer und sah deutlich mehr Landeskompetenzen vor als das der SPD und FDP. Hier spielte nicht zuletzt das von Katholiken hochgehaltene Subsidiaritätsprinzip eine Rolle. Allerdings hatten viele Christdemokraten in den Nachfolgeländen Preußens eine stärker unitarische Neigung als die Süddeutschen. Bayern blieb wieder außen vor: Dort entstanden die katholische Bayernpartei und die überkonfessionelle CSU, die beide an die BVP-Tradition anknüpften – die CSU setzte sich erst nach mehrjährigen Kämpfen als stärkere Kraft durch. Beide Parteien standen in einer partikularischen Tradition und wollten die Länder – sprich Bayern – stärker machen als den projektierten Gesamtstaat. Die bayerische SPD war nicht weit davon entfernt. Regional bedeutsam war auch die Deutsche Partei in Niedersachsen, die in der Tradition der Hannoverschen Landespartei föderalistische Positionen vertrat und bis 1961 auch Abgeordnete im Bundestag hatte.

Die Macht im Blick: Adenauer und Schumacher

Die Parteiführungen traten bald in Konkurrenz zu den Ministerpräsidenten und wollten deren Rolle als »nationale Repräsentanten« nicht akzeptieren – allen voran Schumacher bei der SPD und Konrad Adenauer in der CDU. Sie waren zum einen der Meinung, die Parteien seien die wahren Vertreter des Volkes. Zum anderen sahen sich Adenauer und Schumacher schon früh als die möglichen Kandidaten ihrer Parteien für das Amt des künftigen deutschen Kanzlers. Von daher hatten sie natürlich ein Interesse an einer möglichst starken Bundesebene, denn beide waren, was politische Macht betraf, keine Kostverächter. »In den Zentralisierungstendenzen bestanden zwischen Adenauer und Schumacher beachtliche graduelle, aber wenig prinzipielle Unterschiede.« (Theodor Eschenburg) Dass nun Landespolitiker am Zug waren, behagte ihnen nicht, weil sie eine im Vergleich zur Weimarer Verfassung stärkere Rolle der Länder fürchteten. Die Ministerpräsidenten dagegen waren eher pragmatisch orientiert und gingen in ihrer Regierungsaufgabe auf – sie schwebten, um noch einmal den Zeitzeugen Eschenburg zu zitieren, über den Parteien und empfanden diese »mit ihrer Eigengesetzlichkeit, ihren taktischen Interessen und mit ihrem Hang zur Profilierung in unterschiedlichem Maß als hemmend und störend«. Zwischen Landespolitikern und Parteiführungen bestand daher eine nicht geringe Spannung. Während die Ministerpräsidenten parteiübergreifend dazu neigten, den künftigen deutschen Staat von den Ländern her zu denken, waren die Parteibosse mit Blick auf eine Gesamtstaatsbildung unitarisch orientiert.

Verfassungsgebung in den Ländern

Vor allem der amerikanische Militärgouverneur Lucius D. Clay setzte früh darauf, das politische Leben in Deutschland durch die Verfassungsgebung in den Ländern zu beleben. Im Februar 1946 bekamen die Ministerpräsidenten der US-Zone den Auftrag, Landesverfassungen ausarbeiten zu lassen. Ende Juni wurden Landesversammlungen zur Verfassungsberatung eingesetzt, im November und Dezember 1946 die ersten Landtagswahlen abgehalten, bei denen auch über die neuen Verfassungen abgestimmt wurde. Die Franzosen zogen bald nach, die Briten erst mit Verzögerung – in deren Zone gab es zunächst nur Organisationsstatute für die Länder. Die Alliierten mischten sich kaum ein, am ehesten noch die Amerikaner mit ihrem Veto gegen die Verstaatlichungsbestimmungen in den bayerischen und hessischen Entwürfen. Die amerikanische Politik setzte auch auf die Schaffung föderaler Instanzen. Schon im November 1945 kam in Stuttgart der Länderrat der US-Zone zusammen, ein Koordinierungsgremium der drei Landesregierungen, Kern einer künftigen Zentralregierung. Ähnlich gingen die Briten vor, wobei sie den länderübergreifenden Einrichtungen mehr Gestaltungsmacht gaben. Bayern hatte im Prozess der Verfassungsgestaltung eine Art Vorreiterrolle inne, auch später bei der Debatte über das Grundgesetz war es das Land, das den stärksten Einfluss ausübte. Die am 2. Dezember 1946 verabschiedete bayerische Verfassung, stark geprägt von Hoegner, ging von der bereits 1919 erhofften Gründung des neuen Gesamtstaats durch die Länder aus. In Artikel 178 hieß es: »Bayern wird einem künftigen deutschen demokratischen Bundesstaat beitreten. Er soll auf einem freiwilligen Zusammenschluss der deutschen Einzelstaaten beruhen, deren staatsrechtliches Eigenleben zu sichern ist.« In Württemberg-Baden saß Wilhelm Keil dem Verfassungsausschuss vor, also jener SPD-Politiker, der schon 1919 eine Neugründung des Reiches von den Ländern her, die »Vereinigten Staaten«, gefordert hatte. Die Verfassungsgebung in den Ländern war auch ein Experimentierfeld für das künftige Grundgesetz. Von den 65 Mitgliedern des Parlamentarischen Rates, der später die westdeutsche Verfassung ausarbeitete, waren 51 auch an der Verfassungsgebung in den Ländern beteiligt. In München, Stuttgart und Wiesbaden konzipierte man die Landesverfassungen gezielt als Vorbilder für einen gesamtdeutschen Staat. Dreh- und Angelpunkt der Beratungen war, die Fehler von Weimar zu vermeiden, zu mehr politischer Stabilität zu kommen. So wurde das konstruktive Misstrauensvotum gegen Regierungschefs (also die Bindung an die gleichzeitige Wahl eines anderen Regierungschefs) zuerst in Württemberg-Baden eingeführt. Eine Sperrklausel bei Wahlen, welche die Zersplitterung des Parteiensystems verhindern soll, stand zuerst in der bayerischen Verfassung.

Die Länderchefs formieren sich

Die entscheidende Rolle auf deutscher Seite, zu einem neuen Gesamtstaat zu kommen, spielten die Ministerpräsidenten. Der Prozess begann in der amerikanischen und britischen Zone. Die Regierungschefs der dortigen Länder trafen sich mehrmals, um über »bizonale« Kooperationen zu reden. Für Anfang Oktober 1946 lud Senatspräsident Kaisen die Ministerpräsidenten aller Länder zu einer Konferenz nach Bremen ein, um über eine Zonenverschmelzung zumindest in wirtschaftlicher Hinsicht zu reden. Doch erlaubten weder Sowjets noch Franzosen »ihren« Ministerpräsidenten, nach Bremen zu fahren. Die Versammlung empfahl dennoch, einen Länderrat der Ministerpräsidenten zu gründen, der von einem Volksrat kontrolliert werden sollte, den Mitglieder der Landtage bilden sollten. In der sowjetischen Zone stieß der Beschluss bei der SED und den anderen Parteien auf Ablehnung. Der CDU-Politiker Jakob Kaiser schlug ein Parteiführertreffen vor, um auf dieser Ebene über einen künftigen deutschen Staat zu sprechen. Das SED-Organ »Neues Deutschland« nannte das Bremer Treffen abfällig einen »Föderalistenkongress«, während der »Tagesspiegel« im Westteil Berlins forderte, nach der Gründung der Länder sei nun deren »Zusammenfassung im Rahmen einer deutschen Bundesrepublik vorzubereiten«. Vorerst aber wurde daraus nichts. Die Alliierten waren uneins über Deutschlands Zukunft. Der amerikanische Außenminister

James F. Byrnes hatte schon am 6. September 1946 in seiner berühmten Stuttgarter Rede deutlich gemacht, dass die USA eine bundesstaatliche Lösung anstrebten. Auch die Labour-Regierung in London ging in diese Richtung, Labour-Außenminister Ernest Bevin sagte, es dürfe weder zu dem Extrem eines losen Staatenbundes kommen (ein Signal gegen Frankreich) noch zu einem zentralistischen Einheitsstaat (eine Ablehnung der sowjetischen Überlegungen). Am 22. März 1947 erklärte der sowjetische Außenminister Molotow jedoch, Moskau werde sich gegen jede »Zwangsföderalisierung« Deutschlands stemmen – eine polemische Spitze gegen die Westmächte, die außer Acht ließ, dass man die Deutschen wohl kaum dazu zwingen musste, zu ihrer Verfassungstradition zurückzukehren.

Die Münchner Ministerpräsidentenkonferenz 1947

Die nächste Etappe zur Staatsgründung von den Ländern her wurde im Frühjahr 1947 eingeleitet. Der neue bayerische Ministerpräsident Hans Ehard (CSU), der Hoegner abgelöst hatte, wollte die Rolle der Regierungschefs aufwerten. »Solange es keine Repräsentanz für Gesamtdeutschland gibt, müssen sich die Regierungschefs der deutschen Länder und Städte als vorläufige Treuhänder des deutschen Volkes betrachten.« Ehard lud alle Ministerpräsidenten für den 6. Juni 1947 nach München ein. Auf einem zweitägigen Treffen sollte das Gremium der Ministerpräsidentenkonferenz institutionalisiert werden, als eine Art Kristallisationskern eines künftigen Bundesstaats. Man wollte einen Anfang machen für eine überzonale Verbindung der deutschen Politik. Laut Einladung sollte es um Fragen der wirtschaftlichen Einheit und der künftigen politischen Zusammenfassung der Länder gehen. Den drei Teilnehmern aus der französischen Zone war allerdings durch ihre Besatzungsmacht verboten worden, allgemeine politische Fragen zu erörtern. Auch die (norddeutschen) SPD-Ministerpräsidenten hatten vereinbart, die Frage der politischen Zukunft nicht anzuschneiden. Ein Grund dafür war, dass Schumacher befürchtete, die Ministerpräsidentenkonferenz könne als jene »nationale Repräsentation« erscheinen, die er den Parteien vorbehalten wollte. Außerdem wollte die SPD-Führung keine Vorfestlegung der künftigen Staatsform. Die Ministerpräsidenten der Sowjetzone erschienen mit einer von der SED festgelegten Marschroute. Sie forderten einen Tagesordnungspunkt mit dem Titel »Bildung einer deutschen Zentralverwaltung durch Verständigung der demokratischen deutschen Parteien und Gewerkschaften zur Schaffung eines deutschen Einheitsstaats«. Die Forderung war natürlich auf eine Sprengung der Ministerpräsidentenkonferenz angelegt und sollte auch die SPD vorführen. Die Vertreter der Westzonen sperrten sich gegen das Anliegen, weshalb die ostdeutsche Delegation, die nur ein Spektakel inszenieren wollte, umgehend wieder abreiste. Dennoch war die Konferenz ein »voller Erfolg«, wie Hoegner (als bayerischer Justizminister ebenfalls anwesend) kommentierte. »Für Westdeutschland trug die Münchner Konferenz zur Schaffung

Auf dem Weg zur Bundesrepublik
Die Ministerpräsidentenkonferenz am 6. Juni 1947 in München sollte den Weg zur Gründung eines neuen Bundesstaats bahnen. Die ostdeutschen Ministerpräsidenten reisten jedoch schnell wieder ab, aus der gesamtdeutschen wurde eine westdeutsche Versammlung. Das Bild zeigt den bayerischen Ministerpräsidenten Hans Ehard (CSU) bei der Eröffnungsansprache. Ehard spielte eine ganz wesentliche Rolle bei der Gründung der Bundesrepublik von den Ländern her.

einer Atmosphäre bei, aus der jene zunehmende Zusammenarbeit der Länder erwachsen konnte, die die Gründung der Bundesrepublik ermöglichte« (Elmar Krautkrämer). Theodor Eschenburg schrieb später, die Ministerpräsidenten »hatten erreicht, was sie wollten, nämlich die Formierung der westdeutschen Regierungschefs«. Die Ministerpräsidentenkonferenz »war nunmehr der selbstverständliche Verhandlungspartner der westlichen Besatzungsmächte«. In München wurde klar, dass es vorerst keinen gesamtdeutschen Staat geben würde. Die Ablehnung des SED-Vorstoßes bedeutete auch, dass eine Staatsgründung durch einen Parteienkongress unrealistisch geworden war. Die Bundesrepublik wurde von den Ländern her vorbereitet und gegründet. Zwar gab es vorerst keine weiteren Treffen aller Ministerpräsidenten, doch die politischen Gremien der amerikanisch-britischen »Bizone« (der später auch die französische Zone beitrat, weshalb man von »Trizonesien« sprach) schufen hierfür schnell Ersatz. Im Exekutivrat saßen Vertreter der Länderregierungen, ein Wirtschaftsrat fungierte als Vertretungsorgan der Landtage und ein Direktorium mit den Spitzen der Zonenverwaltungen war eine Art überzonaler Regierung.

Auf dem Weg zum Weststaat

Angesichts der sowjetischen Politik der Abgrenzung (gipfelnd in der Berlin-Blockade seit Juni 1948) verständigten sich Amerikaner und Briten darauf, einen westdeutschen Teilbundesstaat zu gründen. Die Franzosen schwenkten auf diese Linie ein, obwohl sie damit endgültig ihre Vorstellung einer sehr lockeren Föderation deutscher Länder begraben mussten. Die Meinung, nur ein zersplittertes Deutschland sei ein guter Nachbar, hatte freilich in Frankreich bereits an Boden verloren. Leon Blum, der große alte Mann der französischen Sozialisten, erklärte seinen Landsleuten schon im Januar 1948, dass der kommende deutsche Bundesstaat zwar von »allen Rückständen autoritärer Zentralisation nach preußischem Muster und hitlerschem Totalitarismus« befreit werden, aber dennoch »zentrale Gewalten« haben müsse. »Auch ein Bundesstaat ist immer ein Staat«, befand Blum. Und dieser Staat sollte nicht schwach sein. In Washington und London wollte man einen Bund mit einer starken Zentrale. Da der Weststaat in das europäische Wiederaufbauprogramm, den Marshall-Plan, eingebunden werden sollte, bedurfte es einer wirtschaftspolitisch handlungsfähigen Bundesregierung. Freilich sollte nach den Erfahrungen mit dem NS-Staat eine zu große Machtkonzentration an der Spitze des Staates ausgeschlossen sein. Die Gründung eines solchen Bundesstaates wurde im Frühjahr 1948 auf der Sechsmächtekonferenz im London beschlossen, an der neben den USA, Großbritannien und Frankreich auch die drei Beneluxstaaten als Nachbarn Deutschlands teilnahmen. Durch eine Währungsreform in den Westzonen im Juni 1948, die Gründung der »Bank deutscher Länder« und die Einführung der sozialen Marktwirtschaft durch ein Gesetz des Frankfurter Wirtschaftsrats wurde die Staatsgründung wirtschaftspolitisch vorbereitet.

Die Frankfurter Dokumente

Die Ministerpräsidenten sahen sich in jenen Jahren als »Sprachrohr der Deutschen«, wie Reinhold Maier sagte, aber genauso als »Sachwalter ihrer demokratisch organisierten Länder«, deren Interesse ihnen am Herzen lag. Im Sommer 1948 schlug nun ihre Stunde. Sie sollten für den verfassungspolitischen Teil der Weststaatsgründung verantwortlich sein. Am 1. Juli 1948 legten ihnen die drei westlichen Militärgouverneure die »Frankfurter Dokumente« vor, in denen die Empfehlungen der Sechsmächtekonferenz für eine künftige westdeutsche Verfassung niedergelegt waren. Die Ministerpräsidenten sollten demnach bis spätestens 1. September eine verfassunggebende Versammlung mit Abgeordneten aus allen elf Westländern einberufen. Und weiter hieß es: »Die verfassunggebende Versammlung wird eine demokratische Verfassung ausarbeiten, die für die beteiligten Länder eine Regierungsform des föderalistischen Typs schafft, die am besten geeignet ist, die gegenwärtig zerrissene deutsche Einheit schließlich wieder herzustellen, die Rechte der beteiligten Länder schützt, eine angemessene Zentralinstanz schafft, und Garantien der individuellen Rechte und Freiheiten enthält.« Es sollte also eine Staatsgründung von den Ländern her sein, mit dem Ziel, dass die Länder der Sowjetzone diesem Staat später beitreten könnten. Die Verfassung sollte durch das Volk gebilligt werden, durch Referenden in den Ländern. In Frankfurt hatten sich elf Ministerpräsidenten versammelt: Karl Arnold (Nordrhein-Westfalen), Hans Ehard (Bayern), Hinrich Wilhelm Kopf (Niedersachsen), Reinhold Maier (Württemberg-Baden), Christian Stock (Hessen), Peter Altmeier (Rheinland-Pfalz), Hermann Lüdemann (Schleswig-Holstein), Lorenz Bock (Württemberg-Hohenzollern), Leo Wohleb (Baden), Max Brauer (Hamburg) und Wilhelm Kaisen (Bremen). Sie hatten nun die Verantwortung. Von einer Zwangsauflage der Kriegssieger konnte keine Rede sein, der Föderalismus wurde nicht aufgezwungen, wie noch heute oft zu lesen und zu hören ist. Denn die Empfehlungen standen in Einklang mit dem, was auch ohne alliierte Einflussnahme zu erwarten war: die Rückkehr zu einem Bundesstaat gemäß der Verfassungstradition. Es ging 1948 (wie schon 1848, 1870 und 1919) nicht um die Alternative Einheitsstaat oder Bundesstaat, sondern allein darum, wie der Bundesstaat ausgestaltet würde. Die Ministerpräsidenten hatten keine inhaltlichen Schwierigkeiten mit den alliierten Wünschen, sie alle wollten den Bundesstaat, aber sie hegten Bedenken hinsichtlich der Konsequenzen einer Teilstaatsgründung. Sie würde die deutsche Teilung vorerst besiegeln. Daher zierte sich die Ministerpräsidentenkonferenz noch einige Zeit. In der SPD gab es die Vorstellung, statt einer echten Verfassung nur ein Organisationsstatut für die drei Westzonen auszuarbeiten. Der Weststaat sollte als ein Provisorium erscheinen bis zur Wiederbegründung eines gesamtdeutschen Staats. Auf Unionsseite und auch beim einzigen FDP-Ministerpräsidenten Maier überwog dagegen die Haltung, nun zügig politische Verantwortung wieder in deutsche Hände zu bekommen. Man akzeptierte, »was zur Zeit schon geschehen ist, nämlich die Teilung Deutschlands«, wie Lorenz Bock sagte. In der Tat war die Vorstellung, in absehbarer Zeit einen gesamtdeutschen Staat zu bekommen, Mitte 1948 eine Illusion.

Vom Provisorium zum »Kernstaat«

Die Mehrheit der Ministerpräsidenten sah die alliierten Vorgaben als Chance. Ehard meinte: »Wir können damit wieder zum Sprecher werden und uns allmählich an den Anfang eines souveränen Staates hinarbeiten.« Auf ihrer Konferenz im

Berghotel »Rittersturz« bei Koblenz kamen die Ministerpräsidenten am 10. Juli 1948 überein, den Auftrag anzunehmen. Bundespräsident Roman Herzog lobte zum 50. Jahrestag der Konferenz den Mut der Ministerpräsidenten, sich der Aufgabe zu stellen. Die Entscheidung sei eine »Sternstunde des Föderalismus« gewesen. Aber die Ministerpräsidenten wollten bei den Alliierten doch einige Vorbehalte anmelden, um den künftigen Weststaat als ein Provisorium erscheinen zu lassen. Daher sollte die Verfassung »Grundgesetz« heißen (ein Vorschlag Brauers), sie sollte durch einen »Parlamentarischen Rat« vereinbart werden, nicht durch eine »verfassunggebende Versammlung«, und man wollte keine Volksabstimmungen, sondern nur eine Zustimmung der Landtage, um so den provisorischen Charakter dieses Grundgesetzes herauszustreichen. Zwar kam es wegen der Vorschläge zu Missverständnissen und Misshelligkeiten zwischen den Militärgouverneuren und der Ministerpräsidentenkonferenz. Doch am Ende stimmten die Alliierten zu, weil von Seiten der Deutschen klargestellt wurde, dass die Teilstaatsgründung ernsthaft angegangen werden sollte. Der spätere Regierende Bürgermeister von Berlin, Ernst Reuter (SPD), spielte dabei eine wichtige Rolle. Er fordert die westdeutschen Politiker zu einer Vereinigung der Westzonen auf, um so zu einem deutschen »Kernstaat« zu kommen, dem sich dann die Länder der sowjetischen Zone anschließen konnten. »Wir sind der Meinung«, sagte Reuter auch im Namen der West-Berliner Christdemokraten und Liberalen, »dass die politische und ökonomische Konsolidierung des Westens eine elementare Voraussetzung für die Gesundung auch unserer Verhältnisse und für die Rückkehr des Ostens zum gemeinsamen Mutterland ist.«

Der Verfassungskonvent von Herrenchiemsee

Den Ministerpräsidenten war bewusst, wohin die Reise mit dem Parlamentarischen Rat gehen würde: In ihm würden die ungeduldig wartenden Parteiführungen endlich in die Vorhand kommen. »Sind die Zaunkönige denn noch nicht fertig?«, lautete Adenauers berühmte Frage angesichts einer der Debatten in der Ministerpräsidentenkonferenz, vor deren Tür er bleiben musste. Und das SPD-Vorstandsmitglied Erich Ollenhauer verspottete die Runde der Länderchefs als »Gemeindetag von Posemuckel«. Aber der hatte vorerst das Sagen, zum Ärger Ollenhauers und der anderen Parteioberen, und kampflos lenkten die führenden Landespolitiker nicht ein. Sie griffen einen Vorschlag des hessischen Ministerpräsidenten Stock auf, einen Verfassungssauschuss der Ministerpräsidentenkonferenz einzurichten. Dieser sollte dem Parlamentarischen Rat eine Arbeitsgrundlage schaffen. Das war das Ziel des Verfassungskonvents von Herrenchiemsee, der vom 10. bis 23 August 1948 auf Einladung der bayerischen Regierung im dortigen Alten Schloss tagte. Dort trafen sich die Verfassungsexperten der Länder, zu den prominenteren unter ihnen zählten die Sozialdemokraten Carlo Schmid und Her-

Vorgaben für das Grundgesetz
Der Verfassungskonvent von Herrenchiemsee, auf Einladung der bayerischen Regierung beschickt von allen elf West-Ländern, schuf im Juli 1948 die Grundlage für die Beratungen im Parlamentarischen Rat. Die Experten der Länder einigten sich auf einen Verfassungsentwurf, der im Gegensatz zur Weimarer Republik auf einen ausgewogenen Föderalismus zielte.

mann Brill und der bayerische Staatsminister Anton Pfeiffer (CSU). Mehrere Teilnehmer hatten bereits an den Reformbemühungen in der Weimarer Republik mitgewirkt. Der etwas abgeschiedene Tagungsort war ideal, es gab auch nur zwei Telefonapparate, was den Einfluss von Störenfrieden begrenzte. Die Auseinandersetzung mit den Fehlern der Weimarer Verfassung – in der Organisation der Reichsebene wie auch des Verhältnisses von Reich und Ländern – stand im Mittelpunkt der Herrenchiemseer Tagung. Im Konvent ergab sich parteiübergreifend eine Mehrheit von Anhängern eines ausgewogenen Föderalismus mit starken Ländern. In nur zwei Wochen gelang es, einen 149 Artikel umfassenden, bis in Details ausformulierten Verfassungsentwurf zu erarbeiten, mit Mehrheits- und Minderheitsvarianten in einigen strittigen Punkten. Der bayerischen Regierung war es zwar nicht gelungen, im Verein mit anderen süddeutschen Vertretern ihre Vorstellung eines »Bundes deutscher Länder« durchzusetzen, in dem die Gesamtstaatsebene weniger Gewicht gehabt hätte. Dennoch trug das Ergebnis von Herrenchiemsee die Handschrift engagierter Föderalisten. Der Entwurf wurde zur entscheidenden Grundlage der Beratungen im Parlamentarischen Rat, auch wenn die Parteigrößen ihn herunterzuspielen versuchten. Denn die ebenfalls im Sommer 1948 ausgearbeiteten Parteientwürfe spielten in Bonn keine Rolle. Die Hoffnung der Ministerpräsidenten, durch einen Länderentwurf die Bonner Gespräche vorzuprägen, ging in Erfüllung. Nicht wenige Artikel des Grundgesetzes gehen wörtlich oder sinngemäß auf diese Vorlage zurück, nicht zuletzt die Passagen zum Bundesrat. Das neue Deutschland sollte nicht die labile Ordnung der Weimarer Republik mit ihren ganzen Verfassungsproblemen bekommen, sondern zur wehrhaften Demokratie werden. Deswegen sollte es auch ein richtiger Bundesstaat sein. Für den Historiker Wolfgang Benz war der Konvent daher eine entscheidende Wegmarke: »Der Parlamentarische Rat folgte dem Entwurf von Herrenchiemsee, der damit – allen Beschwichtigungen und Abwehrversuchen zum Trotz – den Rang eines Regierungsentwurfs nicht nur für die freiheitlich demokratische Grundordnung der Bonner Republik, sondern, mehr als vier Jahrzehnet später, auch für das vereinigte Deutschland erhielt.«

Der Parlamentarische Rat

Der Parlamentarische Rat kam am 1. September 1948 in Bonn zusammen, Tagungsort war die Pädagogische Akademie, in der später der Bundesrat seinen Sitz fand. Von den 65 von den Landtagen gewählten Abgeordneten waren einige auch in Herrenchiemsee mit von der Partie gewesen, allen voran die Fraktionschefs der großen Parteien, Anton Pfeiffer für die CDU/CSU und Carlo Schmid bei der SPD. Zum Präsidenten des Rates wurde Konrad Adenauer gewählt, der sich dadurch für höhere Aufgaben empfehlen wollte. Fast alle Landesregierungen hatten ein Kabinettsmitglied im Rat. Union und SPD stellten je 27 Mitglieder, die FDP deren fünf, von der Deutschen Partei, dem Zentrum und der KPD kamen jeweils zwei Abgeordnete. In vielen Punkten gab es einen breiten Konsens im Parlamentarischen Rat, was die Lehren aus Weimar sein sollten. So schuf man nun ein rein parlamentarisches System auf Bundesebene, das Präsidentenamt wurde weitgehend auf eine Repräsentationsrolle beschränkt. Zudem achteten die 61 Verfassungsväter und vier Verfassungsmütter darauf, dass es im künftigen Bundestag zu stabilen Mehrheiten kommen konnte. Der Kanzler sollte nur dann gestürzt werden können, wenn gleichzeitig ein Nachfolger bestimmt wurde – man übernahm also das konstruktive Misstrauensvotum, das eine regierungswillige Opposition im Parlament voraussetzt. Zu den Hauptstreitpunkten gehörte die konkrete Ausgestaltung des Föderalismus. Hier gab es keine einmütige Lehre aus der Weimarer Katastrophe: Manche meinten, die politische Aushöhlung der Länder habe dem Nationalsozialismus zur Macht verholfen, andere glaubten, nur ein Mehr an Zentralismus hätte Hitler verhindert. Im Kern ging es um drei Probleme: Zuständigkeitsverteilung, Finanzverfassung und das institutionelle Verhältnis von Bund und Ländern. Der Parlamentarische Rat tendierte am Ende wieder zu einer eher unitarischen Lösung im Vergleich zum Entwurf von Herrenchiemsee, allerdings waren die Interessen der Länder dank der soliden Vorbereitung deutlich besser gesichert als in der Weimarer Verfassung. Der Föderalismus von 1949 war weit weniger hierarchisch als der von 1919. Denn von Beginn an war klar, dass ein stärker zentralisierter Staat gegen die Opposition auch nur einer starken Minderheit der Länder keine Aussicht auf Erfolg hatte. Denn wegen der Zweidrittelbindung bei der Zustimmung hätte schon das Nein von vier der elf Landtage ausgereicht, um den Grundgesetzentwurf zu kippen.

Wie viel Macht beim Bund?

Bei der Verteilung der Zuständigkeiten in der Gesetzgebung, dem »Kernproblem jeder bundesstaatlichen Ordnung« (Hans Boldt), bekam der Bund den Vorrang. Das war im Grundsatz wenig umstritten. Einerseits war das durch den Föderalismus nach 1871 vorgeprägt. Zudem trugen die Anhänger des Unitarismus wie 1918 erneut das Argument vor, der Zusammenbruch und das Chaos der Nachkriegszeit machten möglichst zentrale, einheitliche Lösungen notwendig. Die Not nach der Niederlage sei »der große Zentralisator des deutschen Schicksals«, äußerte Theodor Heuss. Das bis 1994 geltende Verfassungspostulat von der »Einheitlichkeit der Lebensverhältnisse« war vor allem in den von Zone zu Zone, von Region zu Region sehr unterschiedlichen wirtschaftlichen und sozialen Nachkriegsbedingungen begründet. Ein zweiter wesentlicher Punkt für die Bündelung vieler Kompetenzen beim Bund war der Wille der Parteiführungen, möglichst viele Hebel zentral bedienen zu können. Der Interventionsstaat war 1948 schon das Normalmodell, eine intensivere staatliche Lenkung von Gesellschaft und Wirtschaft wurde von allen Parteien gefordert. Die einen orientierten sich an der Vorstellung des demokratischen Sozialismus (den die Labour Party in Großbritannien in jenen Tagen in die Tat umsetzte), die anderen an der Idee einer sozialen Marktwirtschaft, wie sie von der Freiburger Schule der Nationalökonomie entwickelt worden war, wieder andere hingen der Lehre des liberalen Ökonomen John Maynard Keynes an, und auch christliche Soziallehren spielten eine Rolle. Alle liefen auf eine stärkere Rolle des Staates hinaus, und jede Form der Lenkung bedurfte einer starken zentralen Ebene. Die verbreitete Ansicht, eine dynamische Industriegesellschaft führe zwangsläufig zu mehr Zentralismus, wurde durch Dutzende von Interessengruppen von den Arbeitgebern und Gewerkschaften bis hin zu den Beamten und den Jagdverbänden nur zu gern unterstützt, denn Verbände neigen zu einheitlichen Lösungen.

Rutschbahn ins Einheitliche

Der Vorrang der Rechts- und Wirtschaftseinheit blieb ein Bekenntnis, das aufgrund des umfassenden Gestaltungsanspruchs des Gesamtstaats kaum angezweifelt wurde. Zwar stellt der Artikel 70 des Grundgesetzes fest, dass grundsätzlich zuerst die Länder das Recht der Gesetzgebung haben – aber eben nur soweit die Befugnisse nicht an den Bund verliehen werden. Der Grundsatz wurde später durch eine Vielzahl von Einschränkungen quasi in sein Gegenteil verkehrt. Eine Nennung von Landeskompetenzen fehlte, dagegen wurde der Umfang der ausschließlichen Gesetzgebung des Bundes detailliert aufgeführt. Dazu kam ein umfangreicher Katalog für eine konkurrierende Gesetzgebung, bei der es freilich nicht um Konkurrenz ging und geht, denn die Länder haben nach Artikel 72 auf den genannten Feldern nur eine Gesetzgebungsbefugnis, »solange und soweit der Bund« von seiner Befugnis keinen Gebrauch macht. Es war die aus unitarischer Sicht bewährte Rutschbahn hin zu mehr zentraler Lenkung. Dank des angefügten Artikels 125 wurde zudem alles fortgeltende Recht aus der Zeit vor 1945 automatisch zu Bundesrecht – darunter nicht wenige Gesetze, die nach 1933 erlassen wurden und damit unter demokratischen Prämissen fragwürdig waren, auch wenn sie nicht explizit nationalsozialistischem Gedankengut verpflichtet waren, denn solche Gesetze waren bereits annulliert. Mit diesem Schritt war eine eigenständige Gesetzgebung der Länder von Anfang an eingeschränkt. Zudem wurde die Möglichkeit geschaffen, über Rahmengesetze in traditionelle Länderzuständigkeiten einzugreifen, vor allem in der Umweltpolitik und im Presserecht. Als Angelegenheit der Länder blieben die Bildungs- und Kulturpolitik, die Polizei und das Kommunalrecht. Eine Subsidiaritätsklausel suchte man vergebens. Die Anhänger des Föderalismus setzten daher vor allem darauf, die Bundesgesetzgebung von den Ländern her mitzubestimmen und sie weiterhin eigenständig umsetzen zu können. Denn die Verwaltungshoheit blieb gemäß der Tradition bei den Ländern, jedenfalls dem Grundsatz nach. »Die Ausübung der staatlichen Befugnisse und die Erfüllung der staatlichen Aufgaben ist Sache der Länder«, so steht es seit 1949 im Artikel 30, aber mit dem Zusatz »soweit dieses Grundgesetz keine andere Regelung trifft« – und andere Regelungen wurden natürlich getroffen, um die Eigenständigkeit der Länder wieder einzugrenzen.

Einspruch der Alliierten

Die Alliierten, die sich vorbehalten hatten, die Beschlüsse des Parlamentarischen Rates zu prüfen, bemängelten die Hintanstellung der Länder. Sie forderten eine wirksame Beschränkung für die konkurrierende Gesetzgebung. Doch die Mehrheit der Bonner Versammlung blieb hartnäckig. Sie machte zwar das Zugeständnis, dass für eine Bundesgesetzgebung auch ein Bedürfnis vorliegen müsse und der Bund nicht völlig willkürlich handeln könne – doch wurde das wieder entschärft durch eine dehnbare Bedürfnisklausel, in der von der »Herstellung der Rechts- und Wirtschaftseinheit« und der »Wahrung der Einheitlichkeit der Lebensverhältnisse im Bundesgebiet« die Rede war. (In den USA, das sei hier angemerkt, gibt es kein solch großes Maß an Rechtseinheit, und das Land zerfällt trotzdem nicht.) Auch die Passage zur Ausführung der Bundesgesetze wurde unitarisch zugespitzt. Zwar war sie grundsätzlich Sache der Länder als »eigene Angelegenheit«, aber fast im Widerspruch dazu wurde bestimmt, dass der Bund sowohl die Einrichtung der Behörden als auch das Verwaltungsverfahren regeln darf. Außerdem wurde dem Bund wie 1919 zugestanden, eigene Verwaltungen zu organisieren, wenn ihm die Gesetzgebung zustand. Auch hier hatten die Alliierten Bedenken, die sich aber nicht vollständig durchsetzten.

Bundesrat oder Senat?

Ein weiterer Streitpunkt im Parlamentarischen Rat war die Frage, ob ein Bundesrat entstehen sollte, also eine Ländervertretung durch die Regierungen gemäß der Tradition, oder ein Senat mit direkt gewählten Vertretern. Auf Herrenchiemsee hatte es dazu keine Einigung gegeben, der Konvent schlug aber als dritte Variante ein »abgeschwächtes« Bundesratsmodell vor – hier sollte die Länderkammer nicht gleichberechtigt mit dem Bundestag sein. Den Bundesrat wollte eine Mehrheit in der Union (Adenauer blieb skeptisch), einen Senat mit gewählten Mitgliedern favorisierte die SPD, die FDP wollte eine Mischung aus Bundesrat und Senat analog zur Paulskirchenverfassung, also mit der Benennung der Mitglieder je zur Hälfte durch die Landtage und die Landesregierungen. Es ging im Kern darum, ob die Landesregierungen einen Einfluss auf die Bundesgesetzgebung haben sollten oder nicht. Die Anhänger des Senats pochten darauf, dass eine gewählte Kammer demokratischer sei. Freilich hatte die Idee einen Haken: Sie war der US-Verfassung abgeschaut. Die USA haben jedoch ein Präsidialsystem, an der Spitze der Bundesexekutive steht ein direkt gewähltes Staatsoberhaupt, der sich mit den beiden ebenfalls direkt gewählten Kammern verständigen muss. Für die Bundesrepublik war jedoch ein parlamentarisches Regierungssystem vorgesehen, in dem der Kanzler als Spitze der Exekutive vom Bundestag gewählt wird. In einem parlamentarischen System ist es allerdings kaum möglich, mit zwei gleichberechtigten Kammern zu arbeiten (weshalb das britische Oberhaus sukzessive entmachtet wurde). Unter den Bedingungen einer Parteiendemokratie ist ein direkt gewählter Senat aber immer eine Parteienkammer. Was also wäre bei entgegengesetzten Mehrheiten in Bundestag und Senat, die ja nicht auszuschließen sind? Es wären nur noch große Koalitionen oder gar Allparteienregierungen möglich, während das parlamentarische System ja gerade vom Parteienwettbewerb und dem daraus entstehenden Wechsel der Regierungen lebt. Sinnvoll wäre daher nur ein nachrangiger Senat gewesen, dessen

Entscheidungen die des Bundestages nicht verhindern können. Aber welche Rechtfertigung hätte eine solche direkt gewählte Kammer dann gehabt? Sie wäre ein machtloses »Placebo« gewesen.

Ein Kontrollinstrument

Die Logik des Bundesratsmodells liegt dagegen darin, Länderinteressen auf Bundesebene in stärkerem Maß einbringen zu können, was sich aus der deutschen Erfahrung der Verflechtung der staatlichen Ebenen ergibt. Den Anhängern des Bundesratsmodells wurde 1948/49 entgegengehalten, dass dadurch aber der Einfluss der Länderbürokratien wachse und das Gewaltenteilungsprinzip verletzt werde, weil die Länderexekutiven in die Legislative des Bundes eingebunden seien (was allerdings verkennt, dass eine pragmatische Gewaltenteilungslehre nicht auf eine strikte Trennung zielen sollte, sondern auf eine sinnvolle Verschränkung, also auf die Verteilung der staatlichen Gewalt). Die Befürworter des Bundesrats betonten dagegen, dass die Beteiligung der Länder auf eine zusätzliche Machtkontrolle hinauslaufe, eine vertikale Gewaltenteilung zwischen Bund und Ländern. Vor allem Ehard sah in der Einbindung der Länderexekutiven einen Vorteil: Nur die Beamtenschaft der Länder sei wirklich in der Lage, die Bundesbürokratie wirksam zu kontrollieren, meinte er. So gesehen war der Bundesrat eine Vorkehrung gegen die zu weitgehende Einmischung in die Verwaltungshoheit der Länder und in deren legislative Restzuständigkeiten. Bei einer Gleichberechtigung von Bundestag und Bundesrat ergibt sich freilich das gleiche Problem wie bei einem gleichberechtigten Senat: Eine andere Mehrheit in der Länderkammer stört das parlamentarische Regieren im Bundestag. Die abgeschwächte Bundesratslösung dagegen gab dem Bundstag die erste Rolle – dass die Länderkammer später doch einflussreicher sein sollte als gedacht, lag nicht zuletzt an der Politik von Bundestag und Bundesregierung selbst.

Kein Bundesrat der Beamten

Trotz Ehards Betonung der bürokratischen Seite des Bund-Länder-Verhältnisses sollte der neue Bundesrat keine Vertretung vor allem weisungsgebundener Gesandter wie der Bundesrat des Kaiserreichs und auch noch der Weimarer Reichsrat sein. Ihm war von seinen Befürwortern ein etwas anderer Charakter zugedacht. Josef Schwalber, ein CSU-Mitglied im Parlamentarischen Rat, machte dies deutlich: »Dieser Bundesrat, wie er in Chiemsee vor allem vertreten wurde, ist nicht die üble, verstaubte bürokratische Erscheinung, wie sie so gern von den Gegnern geschildert werden möchte. Es handelt sich hier nicht um bürokratische Vertreter, sondern gerade um die politischen Vertreter erster Garnitur, die die Vertreter des Senats für ihre Körperschaft sonst immer fordern. Es sind keine weisungsgebundenen Regierungsvertreter, die wir in den Bundesrat schicken wollen, sondern Angehörige der Länderkabinette, also politische Persönlichkeiten.« Die Bundesratsmitglieder seien parlamentarisch legitimiert und demokratisch verankert, fügte Schwalber hinzu.

Somit hatte sich das Bild des Bundesrats deutlich gewandelt: Es sollte eine eher parlamentarische Kammer sein, eine selbständige Vertretung der Landespolitik, wie sie sich vor allem die Süddeutschen schon nach 1871 vorgestellt hatten. Die »erste Garnitur« der Landespolitiker würde aber immer auch parteipolitisch orientiert sein, insofern war der Unterschied zu einem Senat gar nicht so gravierend. In einem berühmt gewordenen Abendessen im Bonner Hotel »Königshof« am 26. Oktober 1948 gelang es Ehard, den führenden SPD-Verfassungspolitiker Walter Menzel, ehemaliger Finanzrat in preußischen Diensten und nun Innenminister von Nordrhein-Westfalen, auf seine Seite zu ziehen. Dieses Treffen sei die Geburtsstunde des Bundesrats gewesen, urteilte Theodor Heuss im Rückblick. Mit seinem Spott allerdings sollte er daneben liegen: »Der weiß-blaue Staatsmann und der rheinische Sozialist trafen sich bei Bismarck«, meinte der spätere Bundespräsident. Aber Bismarcks Bundesrat war die neue Konstruktion eben nicht, jedenfalls nicht eins zu eins. Es ging nicht um die Absicherung einer preußischen Hegemonie, sondern um die Mitwirkung der Länder. Zum Zusammenwirken von Bund und Ländern nach den Erfahrungen der Weimarer Republik sagte Ehard im November 1948 in einem Rundfunkinterview: »Wenn man einen bundesstaatlichen Aufbau will, dann muss man die Länder, das heißt, die Glieder des Bundes, die Bundesstaaten, auch entscheidend an den Dingen des Bundes mitwirken lassen.« Es gebe, betonte Ehard, »kein Ding im Bund, an dem die Länder nicht ein ganz entscheidendes Interesse haben, weil sie eben Teile, weil sie Glieder des Bundes sind und weil nur durch ein organisches Zusammenspiel zwischen den Ländern und dem Bund und zwischen dem Bund und den Ländern auch ein Ganzes zustande kommt, das gut und reibungslos wirkt und das die Spannungen beseitigt, die bisher immer zwischen den Ländern und zwischen dem Reich bestanden haben. Sehr zum Unglück des Ganzen.« Dieser Ausgleich zwischen den staatlichen Ebenen, diese Verflechtung war aus der Sicht Ehards vor 1933 völlig aus dem Lot geraten.

Der föderalistische Clou

Menzel jedenfalls schien überzeugt von den Überlegungen des bayerischen Ministerpräsidenten, wohl wegen der gegenüber dem Reichsrat stärker parlamentarisch-parteipolitischen Ausrichtung des künftigen Bundesratsmodells. Denn führende Landespolitiker waren keine instruierten Bürokraten, die stets die Rücksprache suchen mussten, sondern sie waren in der Lage, selbst Kabinettsentscheidungen im Zweifelsfall zu übergehen. Menzel stimmte der Bundesratslösung zu, Ehard verzichtete auf die von ihm geforderte Gleichberechtigung des Bundesrats mit dem

Bundestag, die ohnehin nicht mehrheitsfähig war. Der bayerische Ministerpräsident schwenkte auf das – in Herrenchiemsee vorbereitete – »abgeschwächte« Bundesratsmodell mit einem suspensiven Vetorecht ein. Im weiteren Verlauf der Beratungen gelang es den Bundesratsanhängern freilich, diese Abschwächung im Sinne der Länder wieder etwas auszugleichen: Der Bundesrat sollte keine reine Vetokammer wie der Reichsrat sein, keine Versammlung, der »bloß die Rolle eines Meckerers, eines Neinsagers, zugewiesen wird«, wie Schwalber sagte. Die Länderkammer bekam daher auch wieder ein Initiativrecht in der Bundesgesetzgebung. Zudem wurde zwischen Zustimmungs- und Einspruchsgesetzen unterschieden. Was der Zustimmung und damit dem Veto des Bundesrats unterliegen sollte, wurde im Grundgesetz etwas unübersichtlich über die Verfassungsartikel verteilt. Darunter fielen alle Verfassungsänderungen, die Steuergesetzgebung und vor allem die Verwaltungsregelungen. Auf allen anderen Feldern war nur ein Einspruch möglich, den der Bundestag überstimmen konnte (wobei ein Einspruch des Bundesrats mit Zweidrittelmehrheit auch eine solche Rückweisungsmehrheit im Bundestag braucht). 1948 glaubte man, dass die Zahl der Zustimmungsgesetze deutlich geringer sein werde als die der Einspruchgesetze – eine Täuschung, wie sich zeigen sollte. Um bei Konflikten zwischen den beiden Kammern eine Konsensstiftung und Kompromissfindung zu ermöglichen, wurde der Vermittlungsausschuss von Bundestag und Bundesrat geschaffen.

Diese ganz Konstruktion war im Grunde der föderalistische Clou des Grundgesetzes: Je mehr der Bund in der konkurrierenden Gesetzgebung an sich zog, je mehr Vorschriften er für die Umsetzung der Gesetze und für die Verwaltung machte, umso größer würde der bundespolitische Einfluss der Länder über den Bundesrat werden. Ob das als »Unitarisierungsbremse« gedacht war oder als Einfallstor der Länder in die Bundespolitik, sei dahingestellt – in jedem Fall lag es nicht zuletzt an Bundestag und Bundesregierung selbst, wie stark sie sich an eine Zustimmung der Länder im Bundesrat binden wollten. Gegen wirkliche Länderinteressen aber würde sich in der Bundesrepublik keine Politik machen lassen. Von Beginn an war jedoch auch die Blockademöglichkeit im parteipolitischen Interesse gegeben.

Finanzverfassung mit unitarischen Zügen

Deutlich wurde die unitarische Tendenz des Parlamentarischen Rates vor allem in der Finanzverfassung. Sie wies im ursprünglichen Entwurf so zentralstaatliche Züge auf, dass vor allem die Amerikaner am Föderalismusverständnis der Deutschen zweifelten. Ein Trennsystem, nach dem die Steuern (und auch die entsprechende Gesetzgebung) klar verteilt waren, wurde auf Herrenchiemsee diskutiert. Sollte nun aber der Bund die Einkommensteuer haben, oder doch besser die Länder? Man fand zu keiner Lösung. Auch die Idee, den Ländern bei der Einkommensteuer die Möglichkeit zu geben, sie durch Zuschläge und Abschläge zu variieren, blieb erfolglos. Im Parlamentarischen Rat war es nicht zuletzt der ehemalige preußische Finanzminister Hermann Höpker-Aschoff (FDP), der vehement auf eine Stärkung des Bundes drängte. Er wollte vor allem eine zentrale wirtschaftspolitische Lenkung ermöglichen, zudem hielt er eine einheitliche Steuergesetzgebung für wirtschaftsfreundlicher. Die SPD wiederum dachte vor allem an den Ausbau des Sozialstaats durch den Bund und die für eine Verteilungspolitik nötige Finanzmasse. Carlo Schmid war zudem der Ansicht, dass die zu zahlenden Kriegsschulden nur von einem finanzpolitisch gestärkten Bund zu bewältigen sein würden. Die Union war hier gespalten: Ein Teil der CDU war auf der Seite von SPD und FDP und befürwortete ebenfalls eine Stärkung des Bundes. Vor allem die süddeutschen Abgeordneten, voran die der CSU, setzten dagegen die föderalistische Grundüberzeugung, dass ein Staat (und die Länder besaßen die Eigenstaatlichkeit) ohne Steuerautonomie nicht denkbar sei. Zudem befürchteten sie – das galt auch für die Föderalisten in anderen Parteien – eine zu starke Abhängigkeit der Länder vom Bund und die Gefahr, dass sie ohne eigene Steuerautonomie ihre Aufgaben nicht würden erfüllen können. Höpker-Aschoff setzte zunächst ein Modell durch, nach dem die Steuergesetzgebung praktisch allein Sache des Bundes war und in dem die großen Steuerarten (Umsatz-, Einkommen- und Körperschaftsteuer) Bund und Ländern gemeinsam zustanden, wobei die Verteilung wiederum allein vom Bund geregelt wurde. Damit war die Einführung eines Finanzausgleichs verbunden.

Zentralverwaltung als Mittel des Bundeszwangs?

Im Verein mit der SPD und einem Teil der CDU versuchte Höpker-Aschoff auch durchzudrücken, dass das gesamte Steuerwesen vom Bund verwaltet werden sollte. Walter Menzel hatte aus unitarischer Sicht bereits zum Auftakt der Beratungen einen wesentlichen Grund für eine zentrale Finanzverwaltung genannt: Ein Bund könne nicht allein dadurch zusammengehalten werden, dass die Länder durch Urteile des Verfassungsgerichts zur »Bundestreue« gezwungen werden. »Der Bund muss ein Mittel für einen Bundeszwang haben«, forderte Menzel. »Die Weimarer Verfassung hatte den Bundeszwang des Artikels 48 durch die Wehrmacht (...). Wir kannten aber auch damals bereits den Reichszwang durch die völlige oder teilweise Einbehaltung der Finanzzuweisungen.« Wenn der Bund also schon keine Armee hatte, die er aufmarschieren lassen konnte, dann sollte man zumindest den Geldhahn zudrehen dürfen. Hinter solchen – heute irritierend autoritär klingenden – Äußerungen stand ein noch stark hegemonial-hierarchisch gefärbtes Föderalismusverständnis. Der Bund als Überstaat, dem sich die Bundesglieder unterzuordnen haben – das war die Logik hinter der Zentralverwaltung und dem Verweigern von Steuerautonomie, eine extrem unitarische Logik. Aber die Väter und Mütter des Grundgesetzes waren eben auch Kinder des späten Kaiserreichs und des frühen 20.

Jahrhunderts, als der Einheitsnationalismus seine hohe Zeit erlebte. Viele von ihnen hingen daher auch, quer durch die Parteien, der Idee der unteilbaren Volkseinheit an. Zum Föderalismus, auch zum demokratischen, passte das nicht. Hans-Christoph Seebohm, der spätere Bundesverkehrsminister, der für die Deutsche Partei im Parlamentarischen Rat saß, erklärte Menzel denn auch, eine Bundesexekution sei immer gleichbedeutend mit dem »Selbstmord des Bundes«. Der zentralistische Plan wurde von den Westalliierten rundweg abgelehnt. Man wollte keine Wiederkehr des Weimarer Systems, in dem die Länder Kostgänger des Reiches waren. Das korrespondierte mit den süddeutschen Vorstellungen. Auch das komplizierte Umverteilungssystem unter den Ländern mit Einschaltung des Bundes beim Finanzausgleich akzeptierten die Alliierten nicht. Sie waren hier eher für das einfachere Modell der USA, wo schwache Bundesstaaten direkte Hilfszuschüsse aus Washington bekommen können. Am Ende stand ein Kompromiss, der jedoch näher bei den Vorstellungen der Mehrheit des Parlamentarischen Rates lag: Steuergesetzgebung war vor allem Bundessache, aber die Verteilung der Steuerarten wurde getrennt – die Umsatzsteuer ging an den Bund, die Einkommen- und Körperschaftsteuer bekamen die Länder, wobei aber dem Bund die Möglichkeit gegeben wurde, sich einen Teil davon zu sichern. Es war sozusagen ein abgeschwächtes Trennsystem, das – und somit entspricht es der Systematik des Grundgesetzes – mit Zustimmung des Bundesrates unitarisch ausgestaltet werden konnte. Es war ein Teilerfolg für die Länder, die damit im Gegensatz zur Weimarer Republik über ihre Einnahmen entscheidend mitbestimmen konnten. Die Bundessteuerverwaltung scheiterte, hier hatten die Alliierten die Länder fast geschlossen hinter sich.

Demokratischer und sozialer Bundesstaat

Das Grundgesetz wurde am 8. Mai 1949, vier Jahre nach der Kapitulation des Deutschen Reiches, mit 53 gegen 12 Stimmen im Parlamentarischen Rat angenommen. In der Woche darauf stimmten auch die Landtage zu – mit Ausnahme des bayerischen, den Abgeordneten der CSU und der Bayernpartei war die Verfassung am Ende nicht föderalistisch genug, wobei hier auch parteitaktische Konkurrenz in der Frage, wer die bayerischste aller bayerischen Parteien sei, eine Rolle spielte. Entscheidend war es ohnehin nicht: Mit der Annahme in allen anderen Landtagen war Bayern automatisch ein Staat im neuen Bundesstaat, denn für die Gültigkeit des Grundgesetzes reichte die Zustimmung von zwei Dritteln der Länderparlamente. Aber selbst Bayern konnte mit dem Föderalismus des Grundgesetzes zufrieden sein.

»Die Bundesrepublik Deutschland ist ein demokratischer und sozialer Bundesstaat«, hieß es nun im Artikel 20 der Verfassung. Erstmals wurde klipp und klar der Föderalismus als Staatsprinzip verankert. Und er wurde mit einer Bestandsgarantie versehen: Nach Artikel 79 des Grundgesetzes ist jede Änderung der Verfassung,

Gründung der Bundesrepublik
Die konstituierende Sitzung des Parlamentarischen Rates fand am 2. September 1948 in der Pädagogischen Akademie in Bonn statt. Von Beginn an saß der frühere Kölner Oberbürgermeister Konrad Adenauer in der ersten Reihe, denn der CDU-Politiker wollte in dem neuen Staat eine führende Rolle spielen. Die Ministerpräsidenten der Länder mussten in der Auftaktsitzung am Rande Platz nehmen; vorne rechts der nordrhein-westfälische Regierungschef Karl Arnold (CDU), ein hartnäckiger Gegenspieler Adenauers.

welche das Bundesstaatsprinzip, die Gliederung in Länder und die Mitwirkung der Länder an der Gesetzgebung berührt, untersagt. Der Föderalismus des Grundgesetzes mag eine unitarische Schlagseite haben, aber er ist nicht mehr hierarchisch wie zu Weimarer Zeiten. Im Mai 1949 wurde ein Schlussstrich unter jene Phase gezogen, die Mitte des 19. Jahrhunderts begonnen hatte. Insofern haben die Länder damals gewonnen. Vor allem die starke Position des Bundesrats bedeutete eine potenzielle Sicherung gegen eine zentralisierende Politik.

KAPITEL 16

Die Bundesrepublik 1949-1989

Starker Kanzler, starker Bundesratspräsident?

Das Grundgesetz hatte dem Föderalismus der jungen Bundesrepublik nur einen Rahmen gesetzt. In der täglichen Politik musste sich nun zeigen, was Bund und Länder konkret daraus machen würden, wie sie ihr Verhältnis zueinander gestalteten, wie die Machtverteilung ausschauen würde. Das erste Jahrzehnt nach 1949, nicht zuletzt die erste Legislaturperiode von 1949 bis 1953, war daher eine entscheidende Findungsphase. Die Konstellation war klar: Im Bund gab ein selbstbewusster Kanzler den Ton an, der vor allem die unitarischen Züge der Verfassung für sich und seine Partei nutzen wollte. Konrad Adenauer war zwar kein erklärter Antiföderalist, aber die Kanzlerdemokratie, die er anvisierte, sah weder einen starken Bundesrat noch eine herausgehobene Rolle für den Bundespräsidenten vor. Adenauer wollte selber präsidial amtieren. Andererseits waren die Ministerpräsidenten der ersten Jahre keineswegs gewillt, Adenauer viel Raum zu geben für seine Ambitionen. Ihren Anspruch auf Mitgestaltung der Bundespolitik unterstrichen sie schon dadurch, dass sie die erste Sitzung des Bundesrats auf den Tag der ersten Sitzung des Bundestags legten: den 7. September 1949. Zudem beschlossen sie, einen Bundesratspräsidenten aus ihren Reihen zu wählen, der den Vorsitz in der Länderkammer innehaben sollte. Die Geschäfte im Bundesrat sollte nicht mehr wie zu Weimarer Zeiten ein Mitglied der Bundesregierung führen und lenken. Erster Bundesratspräsident wurde der Düsseldorfer Regierungschef Karl Arnold (CDU), ein innerparteilicher Widersacher Adenauers, der als ein Mann der Zukunft in der CDU galt. Das Amt sollte zunächst nicht befristet sein, und damit hätte es dem Inhaber erhebliche Möglichkeiten geboten, sich bundespolitisch neben dem Bundeskanzler zu profilieren. Adenauer hat das auch gefürchtet. Von einem längere Zeit amtierenden Bundesratspräsidenten erwartete er »erhebliche Schwierigkeiten«, sagte er.

Rotation im Vorsitz

Allerdings beschlossen die Ministerpräsidenten schon im August 1950, auf dem Posten zu rotieren: Seither wird jedes Jahr ein neuer Bundesratspräsident bestimmt. Eine herausgehobene bundespolitische Machtstellung ist deshalb mit dem Vorsitz in der Länderkammer nicht verbunden, obwohl der Bundesratspräsident offiziell den Bundespräsidenten vertritt, sollte der verhindert sein. Die Rotation zeigte aber, dass die Länderchefs ihr Bundesorgan vor allem als föderales Kollektivgremium verstanden, das in erster Linie über den bundesstaatlichen Charakter der neuen Republik wachen und weniger für parteipolitische Spiele genutzt werden sollte. Daher wurde für die Rotation auch ein festes Verfahren gewählt: Der Bundesratspräsident wird seither im Herbst jeden Jahres nicht nach den aktuellen Parteienverhältnissen bestimmt, sondern es geht hübsch der Reihe nach – gemäß der Größe der Länder. Somit sind Konflikte ausgeschlossen. Der kooperative Charakter des Föderalismus auf Länderebene wurde 1954 auch dadurch unterstrichen, dass die Ministerpräsidentenkonferenz zu einer dauerhaften Einrichtung gemacht wurde, ebenfalls mit jährlich wechselndem Vorsitz und einer jährlichen Tagung, auf der wichtige Themen, welche die Länder insgesamt betreffen, beraten werden. Zudem treffen sich die Ministerpräsidenten zweimal im Jahr mit dem Kanzler (jedenfalls seit Adenauers Rücktritt, denn der »Alte von Rhöndorf« hielt nichts von regelmäßigen Zusammenkünften mit den »Zaunkönigen«)

Eigener Beamtenapparat

Dass der Bundesrat im Vergleich zu Kaiserreich und Weimar ein anderes Profil haben sollte, machten die Ministerpräsidenten auch mit der Entscheidung deutlich, ihrem Bundesorgan einen eigenen, wenn auch nicht sehr großen Beamtenapparat zu geben. Den hatte es zwischen 1871 und 1933 nicht gegeben. Der Bundesrat bekam auch einen festen Sitz in der früheren Pädagogischen Akademie in Bonn (und später, nach dem Umzug nach Berlin, im ehemaligen preußischen Herrenhaus). Es war das erste Eigenheim seit 1866. Natürlich steckte auch hinter der Entscheidung für eigene Bundesratsbeamte der Anspruch, bundespolitisch kräftiger mitzureden. Zwar hatten vor allem die süddeutschen Regierungen und die Stadtstaaten leichte Bedenken, weil sie fürchteten, hier könne sich eine Nebenbürokratie »mit zentralistischer Tendenz« entwickeln, wie Bayerns Ministerpräsident Ehard sagte. Doch setzte sich die Mehrheit durch. Im Kanzleramt war man alarmiert, man erwartete eine »bedenkliche Gegenbürokratie gegen die Ministerien«.

»Nebenregierung« und »Instrument der Parteipolitik«?

Für Adenauer war der Bundesrat stets eine unliebsame Konkurrenz. Den Ministerpräsidenten warf er im Januar 1950 vor, eine »Art Nebenregierung« entwickeln zu wollen, zudem sah er im Bundesrat ein »Instrument der Parteipolitik«. Adenauer, der gewiefte Parteipolitiker, wusste, wovon er sprach. Denn von der ersten Sitzung an war der Bundesrat immer auch von Parteiinteressen bestimmt – wie sollte es in einer Parteiendemokratie auch anders sein. So forderte der SPD-Politiker Erwin

Schoettle angesichts der verlorenen ersten Bundestagswahl schon Ende 1949, dass seine Partei »in den Länderregierungen durch eine sozialdemokratische Politik die Bundesratspolitik beeinflussen müsse«. Gerade die Sozialdemokraten, die den Bundesrat ursprünglich abgelehnt hatten, sahen in ihm nun ein nützliches Korrektur- und Mitwirkungsorgan. Und so dachten mit der Zeit alle Parteien, denn dank der Länderkammer war die Opposition im Bund stets auch mit eingebunden, was der politischen Stabilität durchaus förderlich war (allerdings auch dazu verleiten konnte, durch zu viel Konsenspolitik den nötigen oppositionellen Biss zu verlieren). Der ersten Bundesregierung missfiel dies natürlich (wie den meisten anderen seither auch), zumal der Bundesrat in den ersten Jahren der Republik nicht selten anderer Meinung war. Bundesjustizminister Thomas Dehler (FDP) sah sich daher veranlasst, in einem von Adenauer angeforderten Vermerk festzustellen: »Der Bundesrat ist kein Parlament und hat keine Zuständigkeit auf dem Gebiet der allgemeinen Politik.« Er dürfe sich daher nicht allgemein zur Regierungspolitik äußern und sie auch nicht öffentlich diskutieren oder gar Erklärungen dazu veröffentlichen. Freilich gelangte auch Dehler später zu der Einsicht, dass »Länderregierungen nach parteipolitischen Gesichtspunkten gebildet« würden und daher »bei den Beratungen im Bundesrat auch Argumente vorbringen, die auf die Anschauungen der politischen Parteien zu bestimmten Fragen zurückgehen«. Näher am Grundgesetz und der Realität war die Einschätzung von Adenauers Bundesratsminister Heinrich Peter Hellwege (Deutsche Partei), der in einer Expertise dem Bundesrat im Jahr 1950 ein Mitspracherecht in der Bundespolitik einräumte. Hellwege war später Ministerpräsident in Niedersachsen.

Viele Zustimmungsgesetze von Anfang an

Dieses Mitspracherecht nahm die Länderkammer von Beginn an wahr. Schnell zeigte sich, dass die Zahl der Zustimmungsgesetze weit höher lag, als man im Parlamentarischen Rat wohl angenommen hatte. Schon in der ersten Legislaturperiode waren 42 Prozent der Bundesgesetze im Bundesrat zustimmungspflichtig, später nahm die Zahl noch deutlich zu. Auch der Vermittlungsausschuss, das »Kompromissgremium« von Bundestag und Bundesrat, hat schon damals häufig getagt, um ein Scheitern von Bundesgesetzen im Bundesrat zu verhindern. Zwischen 1949 und 1961 wurden im Schnitt 12 Prozent der Gesetze erst nach Vermittlungsverfahren umgesetzt, mehr als in den Jahren danach. Gekippt hat die Länderkammer Vorhaben von Bundesregierung und Bundestag allerdings kaum, Ziel war in aller Regel der Kompromiss durch Verhandlungen. Von den 7074 Gesetzen, die der Bundestag zwischen 1949 und 2009 beschloss, hat der Bundesrat nur 184 die Zustimmung verweigert, und davon konnten 100 in einem Vermittlungsverfahren doch noch »gerettet« werden. Und von den nur 74 endgültigen Einsprüchen des Bundesrats hat der Bundestag 62 überstimmt. Unter den letztlich gescheiterten

Gesetzen waren zweifellos wichtige Vorhaben wie etwa die Steuerreform von 1997, aber der Anteil von gut einem Prozent am Gesamtvolumen spricht nicht dafür, dass das Mitwirkungsrecht der Länder exzessiv in eine Blockadepolitik umgemünzt worden wäre. Der Vermittlungsausschuss wurde von 1949 bis 2009 in insgesamt 851 Gesetzesverfahren angerufen, meist vom Bundesrat.

Konflikte und Reibereien

Der härteste politische Konflikt jener frühen Jahre entzündete sich im Frühjahr 1953 am Streit um die Ratifizierung der Europäischen Verteidigungsgemeinschaft, bei der sich der Bundesrat querstellte, was Adenauer und sein Kabinett in Rage brachte. Die Regierung entfachte eine auch in der Öffentlichkeit heftig geführte Debatte über den Bundesrat, gipfelnd in Forderungen nach dessen Abschaffung oder Umbildung. Der Bundesrat gab nach, hatte aber deutlich gemacht, dass er sich auch in europapolitischen Fragen (die ersten Schritte zur europäischen Integration wurden damals gemacht) für zuständig hielt.

Eher im Stillen vollzog sich von Beginn an die »bürokratische Amtshilfe« der Länderverwaltungen für die Bundesgesetzgebung. »Es waren nicht nur die größeren, weil älteren Verwaltungserfahrungen der Länder, die besonders in den ersten Jahren der Bundesrepublik zu vielen Änderungen und Ergänzungen der Gesetzesvorlagen führten, sondern auch die (…) nicht immer ausreichende Reife der gesetzgeberischen Vorlagen, die Korrekturen notwendig erschienen ließen«, urteilte der frühere Bundesratsdirektor Albert Pfitzer in einer Rückschau. Die Länder konnten die relativ starke Beteiligung an der Bundespolitik, die ihnen das Grundgesetz einräumte, so von Beginn an behaupten. »Im Verlauf der ersten Legislaturperiode ist es dem Bundesrat gelungen, seine Rechtsstellung gegenüber der Bundesregierung zu festigen und seine Mitwirkungsmöglichkeiten (…) beträchtlich zu vermehren.« (Udo Wengst) In diesen Zusammenhang gehörten auch die Landesvertretungen, die bald in Bonn entstanden und von festen Bevollmächtigten geleitet wurden, die seither als eine Art föderalistische »Kerntruppe« der Länder beim Bund fungieren.

Gar nicht selten: Andere Mehrheiten

In den ersten Jahren der Bonner Republik kam es im Bundesrat zu keiner eindeutigen Lagerbildung, die Regierung Adenauer hatte aber auch keine sichere Mehrheit. In den Ländern herrschte eine bunte Koalitionsvielfalt, Alleinregierungen waren selten – Union und SPD hatten ihre dominierende Position als Volksparteien noch nicht erreicht, und neben der FDP gab es auch andere Kleinparteien, die mitmischten. Das bedeutete, dass Adenauer zur Unterstützung seiner Politik

1957 Die Bundesrepublik Deutschland

Nach der Fusion der drei südwestdeutschen Länder zum neuen Land Baden-Württemberg bestand die 1949 gegründete Bundesrepublik Deutschland aus elf Ländern, darunter die drei Stadtstaaten. West-Berlin hatte allerdings einen von den Alliierten festgelegten Sonderstatus. Regierungssitz mit Bundestag und Bundesrat war Bonn.

im Bundesrat immer auch auf Landesregierungen mit SPD-Beteiligung Rücksicht nehmen musste. Erst ab 1955 ergab sich erstmals für kurze Zeit eine Mehrheit im Bundesrat, die eindeutig hinter der Bundesregierung (CDU, FDP, Deutsche Partei) stand, und erst ab 1960 hatten die von der Union geführten Regierungen unter den Kanzlern Adenauer und Ludwig Erhard sichere eigene Bundesratsmehrheiten. Die große Koalition von Union und SPD hatte zwischen 1966 und 1969 zwangsläufig eine Mehrheit im Bundesrat, während die SPD/FDP-Regierungen unter den Kanzlern Willy Brandt und Helmut Schmidt zwischen 1969 und 1982 zu keiner Zeit eine rot-gelbe Bundesratsmehrheit hinter sich wussten. Von 1982 bis 1991 konnte die von Kanzler Helmut Kohl (CDU) geführte schwarz-gelbe Bundesregierung mit einem »freundlichen« Bundesrat rechnen, danach ging die Mehrheit verloren. Das rot-grüne Kabinett unter Gerhard Schröder (SPD) konnte sich nur von 1997 bis 1999 auf Unterstützung des Bundesrats verlassen, zwischen 2005 und 2008 galt das wieder für die zweite große Koalition unter der ersten Bundeskanzlerin Angela Merkel. Merkels schwarz-gelbe Koalition ab Oktober 2009 hatte zunächst ebenfalls eine gleichfarbige Mehrheit in der Länderkammer, verlor sie aber im Juli 2010. In der Mehrzahl der Jahre seit 1949 konnten die Bundesregierungen somit nicht mit sicheren, dauerhaften Mehrheiten im Bundesrat rechnen. Häufig regierte die Opposition über die Länderkammer quasi mit.

Kein Schaden für politische Stabilität

Der politischen Stabilität der Bundesrepublik hat das allerdings wenig Abbruch getan. Gegenläufige Mehrheiten in Bundestag und Bundesrat gab es vor allem in jenen Jahren, in denen die Politik vor größeren Herausforderungen stand: in den Aufbaujahren nach 1949, in der Zeit der ersten großen Wirtschaftskrise nach 1973, nach der Wiedervereinigung seit 1991. In diesen Jahren hat die Einbindung der jeweiligen Opposition dazu beigetragen, Gegensätze abzumildern und parteipolitische Gräben nicht zu tief werden zu lassen. Doch bedeuteten gleichfarbige Mehrheiten in Bundestag und Bundesrat nicht zwangsläufig, dass das Regierungsgeschäft für den jeweiligen Kanzler und sein Kabinett leichter geworden wäre. Die große Koalition unter Kurt Georg Kiesinger sah sich nach 1966 einem durchaus hartnäckigen Bundesrat gegenüber, und Helmut Kohl hatte mit den selbstbewussten Unions-Ministerpräsidenten der Achtzigerjahre seine Mühe. Doch galt insgesamt die Regel, dass bei identischen Mehrheiten Probleme und Gegensätze stärker in Parteigremien behandelt wurden und Streitigkeiten daher gar nicht erst das Vermittlungsverfahren erreichten.

Arbeitsparlament mit Profilierungsplenum

Seine Kontrollfunktion nimmt der Bundesrat vor allem in den Ausschüssen wahr, hier wirkt er in der alten Reichstags- und Bundesratstradition wie ein »Arbeitsparlament«, das sich mit der Bundesgesetzgebung befasst und sie mit Blick auf die Umsetzung durch die Länder prüft. Das Plenum des Bundesrats dagegen ist die öffentliche Bühne, hier wird die Länderkammer zum »Redeparlament«, in dem die unterschiedlichen Meinungen gegenüber der Bundesregierung oder unter den Ländern artikuliert werden und Ministerpräsidenten und Landesminister auch die Gelegenheit zur Profilierung nach außen nutzen (auch wenn die öffentliche Aufmerksamkeit für Bundesratsdebatten selten einmal groß ist). Die Ministerpräsidenten als die zentralen Figuren im Bundesrat und in den Ländern vereinigen die beiden Funktionen, die sich in den USA Gouverneure und Senatoren teilen. Die Gouverneure sind die gewählten Oberhäupter der Exekutive in den Einzelstaaten, die Senatoren haben die Aufgabe, Interessen ihres Bundesstaats in Washington zu vertreten. Freilich sind die Senatoren immer auch Parteipolitiker und bestimmen als solche die Bundespolitik mit – entweder mit dem Präsidenten oder gegen ihn. Die deutschen Ministerpräsidenten spielen beide Rollen. Im Übrigen dienen sie wie die Gouverneure und Senatoren in Nordamerika als Führungsreserve auf Bundesebene. Mehrere Bundeskanzler (Kurt-Georg Kiesinger, Willy Brandt, Helmut Kohl, Gerhard Schröder) waren zuvor Ministerpräsidenten, ebenso amtierte eine ganze Reihe erfolgloser Kanzlerkandidaten (Franz-Josef Strauß, Johannes Rau, Oskar Lafontaine, Rudolf Scharping, Edmund Stoiber) zum Zeitpunkt der jeweiligen Bundestagswahl als Landesregierungschef. Nicht zu Unrecht hat der Politikwissenschaftler Winfried Steffani von der »Republik der Landesfürsten« gesprochen – und die ist im Grundgesetz ebenso angelegt wie die »Kanzlerdemokratie« oder die »Parteiendemokratie«.

Einfluss durch Verwaltungsauftrag

Für den erheblichen Einfluss des Bundesrats auf die Bundesgesetzgebung – über die hohe Zahl der Zustimmungsgesetze – ist vor allem der Artikel 84 des Grundgesetzes verantwortlich. Den Ländern gelang es früh, ihre Auffassung durchzusetzen, dass ein Gesetz schon dann der Zustimmung des Bundesrats bedarf, wenn – vereinfacht gesagt – der Bund den Ländern Regeln vorgibt, wie sie es umsetzen sollen. Dies wurde als Eingriff in die Verwaltungsautonomie der Länder gesehen, der nicht ohne ihre Zustimmung geschehen durfte. Damit wurden aber viele Gesetze zustimmungspflichtig, bei denen die Länder der eigentlichen Sache nach gar kein Mitspracherecht gehabt hätten. Die Haltung der Länder wurde bereits 1958 vom Bundesverfassungsgericht bestätigt. Freilich hatten Bundesregierung und Bundestag es stets in der Hand, die Ausweitung der Zahl der Zustimmungsgesetze einzudämmen: Sie konnten auch darauf verzichten, den Ländern konkrete Verwaltungsvorschriften zu machen. Eine weitere Ursache für die Stärkung des Bundesrats war die starke Neigung von Bundesregierung und Bundestag, die Möglichkeiten der konkurrierenden Gesetzgebung zu nutzen, um weite Bereiche der Politik an sich zu ziehen. Die vom Grundgesetz zur Verfügung gestellten Generalklauseln – »Herstellung der Rechts- und Wirtschafteinheit« und »Wahrung der Einheitlichkeit der Lebensverhältnisse« – waren sehr dehnbar und rechtfertigten praktisch jeden Anspruch des Bundes. Ob öffentliche Fürsorge, Arbeitsrecht, Betriebsverfassungsrecht, Förderung der Landwirtschaft, die Angelegenheiten der Vertriebenen – der Bund nahm sich der Sache an, ohne sich lange mit der Frage aufzuhalten, ob nicht nach dem Subsidiaritätsprinzip die Sache besser bei den Ländern verbleiben sollte. Nicht zuletzt die Aufarbeitung der Kriegsfolgen und die Notwendigkeit zu einem Wiederaufbau ließ es der Bundesregierung geraten erscheinen, zentrale Lösungen zu suchen. Damit aber wuchs automatisch auch der Einfluss der Länderkammer. Der Bundesrat wehrte sich bisweilen, das Einlenken wurde erleichtert, weil die Länder ein Zustimmungsrecht behielten – was freilich eher den Landesregierungen nutzte als den Landtagen. Wie schon nach dem Ersten Weltkrieg wurde auch in den Fünfzigerjahren zur Rechtfertigung zentralstaatlichen Vorgehens die Vorstellung geweckt, die Deutschen seien eine Schicksalsgemeinschaft, die eng zusammenstehen müsse. Bundestagspräsident Eugen Gerstenmaier (CDU) etwa meinte 1958, als die CDU im Bund allein regierte: »Schon die innere und äußere Bewältigung dessen, was die Deutschen gemeinsam erlebt und erlitten haben, zwingt in Schleswig-Holstein wie in Bayern vor dieselben Fragestellungen und Lösungen. Für die Entscheidungs- und Bewegungshoheit der Länder bleibt damit gerade in den vitalen gesellschaftspolitischen und allgemeinpolitischen Lebensfragen wenig oder kein Spielraum mehr.« Die vitalen Lebensfragen, das Volksganze – die politische Sprache der Bundesrepublik befreite sich nur langsam von der einheitsnationalistischen Terminologie.

Der Bund greift bei den Finanzen zu

Aber nicht nur bei der Sachgesetzgebung, auch bei der Finanzverteilung nutzte der Bund die Möglichkeiten des Grundgesetzes schnell zu seinen Gunsten aus. Schon 1951 schnitt er sich aus dem großen Kuchen der Einkommen- und Körperschaftsteuer, der zunächst allein für die Länder vorgesehen war, ein großes Stück heraus. 27 Prozent des Steuervolumens flossen nun in die Bundeskasse, 1955 waren es bereits 38 Prozent. Das sollte nun verstetigt werden, denn der Bund wollte nicht jedes Jahr aufs Neue mit den Ländern seinen Anteil verhandeln. Nicht zuletzt der Aufbau der Bundeswehr spielte dabei eine Rolle, aber auch die umfangreichen Kriegsfolgelasten und die Wiedergutmachungsleistungen. Ein weiterer Schritt war der Finanzausgleich, wie er 1955 beschlossen wurde. Bis dahin war die Finanzkraft

Sachliche Atmosphäre
Im Gegensatz zu seinen Vorgängern war der Bundesrat seit 1949 keine reine Gesandten- und Beamtenveranstaltung mehr, sondern versammelte alle paar Wochen die Ministerpräsidenten und Landesminister im Plenum. Die Länderkammer war parlamentarischer geworden. Was blieb war die weitgehend sachliche Debattenatmosphäre. Im Bundesrat sind laute Töne bis heute selten geblieben. Ganz rechts ist in der Berliner Regierungsbank der damalige Regierende Bürgermeister Willy Brandt zu erkennen.

der schwächeren Länder auf nur 75 Prozent des Länderschnitts angehoben worden. Nun stieg er auf knapp 89 Prozent. Ein Hauptgrund dafür war die gewachsene Gesetzesmacht des Bundes, der darauf pochte, dass Bundesgesetze auch einheitlich umgesetzt wurden – dafür musste wiederum die Finanzausstattung der Länder angenähert werden. Der eigentliche Vorteil der eigenständigen Ausführung der Bundesgesetze durch die Länder ging dadurch zum Teil verloren: dass nämlich die Länder mit Rücksicht auf ihre Etats die Bundesgesetze möglichst kostengünstig umsetzen. Die Länder, jedenfalls die stärkeren, wehrten sich heftig gegen die Finanzreform von 1955, es gab drei Vermittlungsverfahren. Am Ende aber mussten sie nachgeben. Die Politik des »goldenen Zügels« wurde in den Fünfzigerjahren konsequent ausgeweitet, denn die Bundesregierung ging auch bald zu jener Politik der Weimarer Reichskabinette über, sich durch direkte Zuwendungen in die Politik der Länder einzumischen. Man nahm den Ländern deren Mittel weg, um sie ihnen wieder zuzuschieben – eine seltsame Logik. Die Finanzspritzen gingen schon bald in die Milliarden. »Das Füllhorn des Bundes wurde ausgeschüttet über eine Unzahl von Bereichen, die Landwirtschaft wie die Wasserwirtschaft, über den Wohnungsbau und die Wissenschaft, den Sport und vieles andere mehr – wobei die Dotationen in der Regel mit inhaltlichen und Mitfinanzierungs-Auflagen verbunden waren, die den Ländern eine bestimmte Politik unter Rückstellung eigener Prioritäten aufzwangen, wollten sie auf die angebotenen Bundesmittel nicht verzichten.« (Hans Boldt) Die Gestaltungsautonomie der Landtage wurde dabei völlig ignoriert, der Bund »regierte in schwer erträglicher Weise in die Länder und deren Haushalte hinein und steuerte damit die Landespolitik« (Wolfgang Renzsch). Aber die finanzschwachen Länder wurden durch diese Zuwendungen entlastet und wehrten sich nicht gegen die Aushöhlung ihrer Eigenständigkeit.

Die Länder koordinieren sich selbst

Vereinheitlichungspolitik betrieben die Länder aber auch untereinander – durch eine vermehrte Selbstkoordination. Neben die Ministerpräsidentenkonferenz traten die Fachministerkonferenzen, die darüber berieten, ob und wie weit die Regelungen in den einzelnen Ländern angepasst werden sollten. Von 1949 bis 1960 schlossen die Länder untereinander 339 Staatsverträge und Verwaltungsabkommen. Das betraf nicht zuletzt die Schul- und Hochschulpolitik, in der man mehr Homogenität zwischen den Ländern schaffen wollte. Die bereits 1948 etablierte Kultusministerkonferenz (sie hatte Vorläufer bis zurück ins Kaiserreich) bekam dadurch eine lenkende Funktion für diesen Politikbereich. Die Macht der Kultus- und Wissenschaftsbürokratie im Verein mit den beteiligten Verbänden wuchs beträchtlich – auch hier auf Kosten der Landtage. Denn vorbereitet wurden die Entscheidungen der Ministerkonferenzen immer in länderübergreifenden Beamtengremien. Diese Form des »Exekutivföderalismus« griff immer weiter um sich. Die Koordinierungsrunden waren wieder eine »Versicherung auf Gegenseitigkeit« der Bürokratien, die dadurch den Einfluss der Volksvertreter zwar nicht beseitigen, aber doch schwächen konnten. Denn Entscheidungen, die in diesen Beamtenrunden getroffen wurden, stellten die Landtage (und oft auch die Landeskabinette) vor die Wahl, die nach bisweilen langen Verhandlungen einmütig getroffenen Entscheidungen entweder platzen zu lassen oder ohne Veränderung durchzuwinken. Das hatte Folgen: »Je enger die Kooperation und Koordination der Länder untereinander wurde, desto geringer wurde ihre Bedeutung als politische Experimentierfelder, also Orte, an denen sich alternative Politikentwürfe entwickeln und testen lassen. Das Prinzip der Vielfalt politischer Handlungsmodelle, das auch im Prozess demokratischer Willensbildung wesentlich ist, wurde auf diese Weise merklich abgeschwächt.« (Gabriele Metzler)

Alle entscheiden, was alle betrifft

Freilich hat die Selbstkoordinierung der Länder auch ihre positiven Seiten. Da in den Ministerkonferenzen grundsätzlich das Einstimmigkeitsprinzip gilt, kann eine Minderheit nicht überstimmt werden. Das klassische Prinzip, dass alle mitentscheiden müssen, was alle betrifft, kommt hier zum Zug. Insofern ist die Selbstkoordinierung ein geeignetes Mittel, zwischen Einheit und Vielfalt abzuwägen. Die Frage ist nur, wie weit man es damit treibt. Hier gehen die Meinungen auseinander. Manche Beobachter betonen, dass diese Form der Kooperation durchaus sinnvoll ist, weil sie nur ein Mindestmaß an Vereinheitlichung bringt und damit einem Grundanliegen des Föderalismus entspricht. Aus Sicht der Länder hat die Selbstkoordinierung den Vorteil, dass ihr autonomer Gestaltungsanspruch weit weniger leidet als bei der Koordinierung durch Bundesgesetzgebung. Daher neigen die Länder dazu, gerade bei ihrem »Hausgut« – also Kultur, Bildung und Polizei – die Selbstkoordinierung zu suchen. Andererseits stellt sich die Frage, ob das Verhältnis zwischen Aufwand und Ertrag vernünftig ist – bei 16 Ländern und Dutzenden Gremien in allen denkbaren Politikfeldern darf man von erheblichem Leerlauf und Bürokratismus ausgehen.

Karlsruhe und der Föderalismus

Eine wichtige Rolle bei der Machtverteilung zwischen Bund und Ländern spielte von Anfang an das Bundesverfassungsgericht. Zwar hat das Karlsruher Gericht schon in seinem ersten Urteil klargestellt, dass die Länder als »Staaten mit eigener – wenn auch gegenständlich beschränkter – nicht vom Bund abgeleiteter, sondern von ihm anerkannter staatlicher Hoheitsmacht« zu betrachten seien. Aber in den Fünfzigerjahren neigten die Richter dazu, den Bund zu stärken. So lehnten sie es ab, darüber zu entscheiden, ob bei der konkurrierenden Gesetzgebung das vom Bund für seinen Zugriff behauptete Bedürfnis in Wirklichkeit auch gegeben war. Das sei Sache der Politik, befand das Gericht. Es wollte sich nicht in die Rolle des »Subsidiaritätswächters« begeben. Der Grundtenor der Richter in jener Zeit war unitarisch, an der Spitze des Gerichts stand der Liberale Höpker-Aschoff, der zu Weimarer Zeiten wie auch als Mitglied des Parlamentarischen Rates eher dem Modell des dezentralisierten Einheitsstaats zugeneigt hatte. Das Bundesstaatsprinzip, in der Sicht des Gerichts ohnehin dem Sozialstaatsprinzip untergeordnet, wurde zudem noch hierarchisch interpretiert. Man ging von einer Pflicht der Länder zur »Einordnung in das Gesamtgefüge« aus, wie es in einer Entscheidung von

1952 hieß. Doch hatten die Länder in Karlsruhe einen Verbündeten, sobald es um die ureigenen Länderbelange ging: Kultur und Bildung. Die Kulturhoheit galt dem Gericht stets als Kernstück der Eigenstaatlichkeit der Länder. In zwei wichtigen Urteilen wies Karlsruhe den Bund deutlich in seine Schranken. Im ersten Fall, dem Urteil zum Konkordat der Bundesrepublik mit der katholischen Kirche, betonte es 1957 den Vorrang der Länder in der Schulpolitik. Und im so genannten Fernsehurteil unterband es 1961 den Versuch Adenauers, durch die Gründung eines zweiten Fernsehsenders durch den Bund quasi einen Regierungssender zu installieren. Die Vergabe von Rundfunkrechten ist Ländersache, und Medienpolitik hat sich immer mehr zu wirtschaftlicher Standortpolitik entwickelt. In dem Urteil von 1961 schrieb das Verfassungsgericht dem Bund auch einen Merksatz ins Stammbuch, der viel über die in der Ära Adenauer (aber auch später) gepflegte Politik des Bundes den Ländern gegenüber aussagt: »Wo immer der Bund sich in einer Frage des Verfassungslebens, an der alle Länder interessiert und beteiligt sind, um eine verfassungsrechtlich relevante Vereinbarung bemüht, verbietet ihm jene Pflicht zu bundesfreundlichem Verhalten, nach dem Grundsatz divide et impera zu handeln, d.h. auf die Spaltung der Länder auszugehen, nur mit einigen eine Verständigung zu suchen und die anderen vor den Zwang des Beitritts zu stellen.« Der Bund soll nicht »teilen und herrschen«, weil das der Bundestreue widerspricht – dieses Prinzip wurde nun als gegenseitige Verpflichtung betrachtet, nicht mehr nur als alleinige Pflicht der Länder gegenüber dem Bund.

Der »unitarische Bundesstaat«

Im Jahr 1962 fasste der Staatsrechtler Konrad Hesse die Entwicklung seit 1949 in einer Analyse zusammen: Er bezeichnete die Bundesrepublik als einen »unitarischen Bundesstaat«, dessen Föderalismus nicht historisch zu rechtfertigen war. Die Länder waren für ihn ohne Individualität, und damit konnten sie auch keine Autonomie beanspruchen. Für Hesse waren sie nur noch Verwaltungsprovinzen. Viele Wissenschaftler jener Zeit gingen von einer zwangsläufigen Entwicklung hin zum Zentralstaat aus (ein offenbar periodisch wiederkehrendes Phänomen). Die Aufgaben, die von den Ländern erledigt werden könnten, seien immer mehr zusammengeschmolzen, meinte Hesse. »Das steigende Gewicht von Technik, Wirtschaft und Verkehr, die gewachsenen Verflechtungen und Interdependenzen des wirtschaftlichen und sozialen Lebens wie die gestiegenen Planungs-, Lenkungs- und Verteilungsaufgaben, welche dadurch hervorgerufen worden sind, kurz: die Entwicklung zum sozialen Rechtsstaat verlangt nach Einheitlichkeit und Gleichmäßigkeit.« Damit trat der Sozialstaat für Hesse »in Widerspruch zu der Aufgabe des überkommenen Bundesstaats, regionale Vielfalt zu bewahren«. Und dieser Sozialstaat »verlangt gebieterisch eine weitgehende sachliche Unitarisierung«. Die viel beachtete Interpretation des späteren Bundesverfassungsrichter brachte die Föderalismusdebatte wieder in jene Bahn, in der sie vor 1930 verlaufen war, nur eben nicht nationalistisch zugespitzt, sondern sozialstaatlich-technokratisch. Aber war nicht der Sozialstaat samt Wirtschaftswunderglaube zum neuen Nationalkitt der (West-) Deutschen nach 1945 geworden? Dieser Sozialstaat hatte zur Mitte des 20. Jahrhunderts gewaltige Dimensionen angenommen. Gerade erst hatte die Regierung Adenauer mit der Rentenreform von 1957 ein neues kollektives Sicherungssystem für das Alter geschaffen. In Nürnberg wuchs die Bundesanstalt für Arbeit zu einer Mammutbehörde für die Arbeitslosenversicherung und immer mehr auch für eine aktive Arbeitsmarktpolitik heran. Nach Ansicht vieler Wissenschaftler mussten die entscheidenden Hebel im modernen Sozial- und Interventionsstaat zentral bedient werden. Da Landespolitik dabei nur noch wenig gefragt war, lag die Zukunft des Bundesrats für Hesse allein in seiner bürokratischen Funktion. Die Fachkompetenz der Landesverwaltungen sollte auf Bundesebene als Kontrollfaktor gegenüber der Bundesbürokratie in Stellung gebracht werden – damit wurde die gewaltenteilige Funktion des Föderalismus in einem Staat hervorgehoben, in dem die Verwaltungsbehörden und die Beamtenschaft die wesentliche Rolle spielten. Hesse schrieb dem Bund »das Grundsätzliche und Richtunggebende« zu, die Aufgabe der Länder sei dagegen »mehr auf die sachgemäße Ausgestaltung und das Konkrete« gerichtet. Hesses Bundesstaatslehre war sehr einflussreich, aber auch verhängnisvoll. Zwar war die Kontrolle der Bürokratie durch die Bürokratie seit 1871 Teil des Exekutivföderalismus, und das Bundesratsmodell kam 1949 auch deshalb ins Grundgesetz, weil die politische Arbeit der Parlamentarier und Kabinette angesichts der oft komplizierten Zusammenhänge ohne eine enge Verzahnung mit dem Sachverstand von Beamten nicht möglich ist. Doch funktioniert dieses System nur, wenn die bürokratische Kontrolle auch stattfindet und nicht in jene »Gegenseitigkeitsversicherung« von Bürokratien umschlägt, die schon Max Weber als Fluch des Föderalismus im Kaiserreich beschrieben hatte. Der »unitarische Bundesstaat« jedenfalls ging in die Richtung des dezentralisierten Einheitsstaats und nicht des ausgewogenen Föderalismus, wie er nach dem Grundgesetz auch möglich war.

Unendlich viele Hände

In den Sechzigerjahren des vorigen Jahrhunderts glaubten viele Gesellschafts- und Wirtschaftswissenschaftler, dass der moderne Sozial- und Interventionsstaat eine ganz neue Form des Regierens brauche, zu der die hergebrachten Föderalismusvorstellungen nicht passten. Und die Politik glaubte es bald auch. Der Politologe Wilhelm Hennis meinte, »die gewaltig angewachsenen Staatsaufgaben können, je mehr sie wachsen, um so weniger eine neben der anderen, sauber nach Ressorts aufgeteilt, bewältigt werden, sondern bedürfen mehr und mehr der Koordination, der obersten Zusammenfassung an einem Ort. Bei den unendlich vielen Händen, die sich der moderne Staat zugelegt hat, muss jede wissen, was die andere tut, denn alles ist in einer vorher unbekannten Weise miteinander verzahnt und verkoppelt.« Der technokratisch-bürokratische Staat verlangte also nicht nur zentrale Lenkung, sondern auch mehr Zusammenarbeit über alle staatlichen Ebenen hinweg. Alles hing mit allem zusammen: Wirtschafts-, Sozial-, Finanz-, Umwelt- und Bildungspolitik mussten als Ganzes gesehen werden. Autonomes Handeln in Bund und Ländern hatte in diesem Denken keinen Platz, Bündelung war angesagt. Globalsteuerung war der neue Zauberbegriff. Möglichst hohe Effizienz war das Kernziel, Zukunftsgestaltung ein Anspruch, den jetzt alle Parteien auf ihre Wahlplakate schrieben. Politik, Wissenschaft und Verwaltung waren von einer Planungseuphorie erfasst, man hielt es für möglich, die wirtschaftliche und soziale Entwicklung vorausberechnen und daher auch beherrschen zu können. Permanentes Wirtschaftswachstum schien erreichbar – verbunden mit dem Traum, bald in einem verteilungspolitischen Schlaraffenland leben zu können. Selbst vorausschauende Arbeitsmarktpolitik hielt man für möglich, mit dem Endziel der Vollbeschäftigung. In den Ministerien wurden Planungsstäbe gegründet.

Alle Macht dem Bund?

Den Ministerpräsidenten war nicht ganz wohl angesichts dieser Entwicklung, der alle Macht beim Bund konzentrierte, auch wenn es den Bundesrat stärkte. Denn das Mitreden auf Bundesebene war letztlich doch kein adäquater Ersatz für die Eigenständigkeit im Land. Im Juni 1963 forderten sie »eine klare Abgrenzung von Bundesaufgaben, Länderaufgaben und gemeinschaftlichen Aufgaben«, zumal den stärkeren Ländern das ständige Eingreifen des Bundes über »wilde« Finanzierungsprogramme lästig wurde. Die »unsystematische Förderung der verschiedensten Aufgaben« sollte beendet werden. Im Frühjahr 1964 setzten Bund und Länder daher eine Sachverständigenkommission unter Leitung von Heinrich Troeger, einem SPD-Finanzpolitiker und Vizepräsidenten der Bundesbank, ein. Die Experten sollten sich Gedanken zu einer Reform machen. Das Ergebnis, das die Troeger-Kommission Anfang 1966 vorlegte, lag ganz im Trend der Zeit, nach der die bundesstaatliche Ordnung nicht rational genug, nicht modern genug, nicht zentralisiert genug war. Die Schlussfolgerung lautete, dass »entscheidend wichtige Probleme mit der überkommenen Form des Föderalismus nicht mehr befriedigend gelöst werden können«. Nötig sei ein stärkeres Zusammenspiel zwischen Bund und Ländern auch auf jenen Feldern, auf denen die Länder bislang noch selbst entschieden. Der entscheidende Satz lautete: »Der Föderalismus unserer Zeit kann nur ein kooperativer Föderalismus sein.« Diese Kooperation – die letztlich auf eine zentrale Koordinierung durch den Bund hinauslief – sollte vor allem über »Gemeinschaftsaufgaben« ins Werk gesetzt werden. Die Länder, die das nicht ablehnten, hatten dabei ursprünglich nur einige Bereiche im Sinn, die damals ausgebaut wurden und daher die Landesetats stark belasteten: Hochschulbau, regionale Wirtschaftsförderung, Agrarsubventionen, Küstenschutz, Städtebau. In den Landeshauptstädten zielte man auf Bundesmittel, nicht auf Bundeslenkung. Die Troeger-Kommission dagegen forderte quasi eine Generalermächtigung für die vom Bund gesteuerte Kooperation bei allen Länderaufgaben, wenn diese »für die Gesamtheit bedeutsam sind und einer langfristigen, gemeinsamen Planung bedürfen«. Zudem sollte der Bund Einfluss bekommen auf die Etatgestaltung der Länder, denn Basis des Troeger-Gutachtens war die Ansicht, der Staat müsse zu einer konjunkturpolitischen Steuerung übergehen. Mit diesen Vorschlägen wäre dem Bund »ein praktisch unbeschränktes Feld von Eingriffsmöglichkeiten in Länderkompetenzen und an Aufsichtsrechten bei der Ausführung der gemeinschaftlichen Planungsvorhaben« (Hans Boldt) eröffnet worden, auch wenn der Bundesrat immer sein Plazet hätte geben müssen.

Kooperativer Föderalismus

Durchgesetzt hat den »kooperativen Föderalismus« die große Koalition von Union und SPD, die sich im Dezember 1966 unter dem neuen Bundeskanzler Kurt-Georg Kiesinger zusammenfand. Durch deren ungefährdete Zweidrittelmehrheit in Bundestag und Bundesrat war die notwendige Verfassungsänderung kein Problem – die Parteiräson siegte über die (durchaus hartnäckigen) Länderbedenken, und die führenden Parteipolitiker saßen im Bonner Kabinett. Die große Koalition orientierte sich bei ihrer Föderalismusreform an den Vorschlägen der Troeger-Kommission. Die Finanzverfassung wurde völlig umgeformt: Das Steuersystem mit seiner bisweilen unklaren Verteilungswirkung wurde zu einem großen Bund-Länder-Verbund umgestaltet, das etwas willkürliche Dotationswesen des Bundes durch die neuen Gemeinschaftsaufgaben ersetzt, der Finanzausgleich bekam eine neue Gestalt. Der »kooperative Bundesstaat«, der dadurch geschaffen wurde, war zwar für beide Seiten kalkulierbarer und überschaubarer als das eher unkoordinierte Bund-Länder-Verhältnis der Adenauer-Ära, aber er war auch unitarischer. Dieses neue System der »Politikverflechtung« bedeutete, dass Entscheidungen in hohem Maße einen allseitigen Konsens von Bund und Ländern voraussetzten, der Föderalismus wurde noch verhandlungsintensiver. Im engen »Verbundföderalismus« – ein weiterer Begriff zur Umschreibung der neuen Verhältnisse – ging Flexibilität auf Kosten von angeblicher Berechenbarkeit verloren. Er brachte mehr Bürokratie und mehr Abstimmungsbedarf.

Die neuen Gemeinschaftsaufgaben

Allerdings konnten die Länder eine Generalermächtigung verhindern, die neuen Gemeinschaftsaufgaben wurden einzeln ins Grundgesetz geschrieben und damit begrenzt: Von nun an redete der Bund beim Hochschulbau, der »Verbesserung der regionalen Wirtschaftsstruktur« und der »Verbesserung der Agrarstruktur und des Küstenschutzes« mit. Vor allem die Gemeinschaftsaufgabe der Wirtschaftsförderung gab dem Bund erhebliche Möglichkeiten. Im Gegensatz zu den Koordinierungsgremien der Länder kannten die nun eingesetzten neuen Bund-Länder-Ausschüsse kein Einstimmigkeitsprinzip: Die Bundesregierung verfügte über die Hälfte der Stimmen, jedes Land nur über eine. Für den Bund war es daher einfach, vor allem mit den schwächeren Ländern die für Entscheidungen nötige Dreiviertelmehrheit zu erreichen und damit die starken Länder auszuhebeln. Das erinnerte nicht wenig an den Mechanismus der preußischen Hegemonie im Bundesrat des Kaiserreichs. Selbst in die Kulturhoheit der Länder durfte der Bund sich nun einmischen: Zur Bildungsplanung und Forschungsförderung wurden gemeinsame Vereinbarungen von Bund und Ländern ermöglicht. Die Kosten bei den Gemeinschaftsaufgaben trugen Bund und Länder je zur Hälfte. Das bedeutete, dass die Etathoheit von Bundestag und Landtagen beschränkt wurde, denn diese Mischfinanzierungen wurden in den Bund-Länder-Ausschüssen festgeklopft, bevor sie die Parlamente erreichten.

Der große Steuertopf

Das zweite große Reformprojekt der großen Koalition – eine Gemeinschaftsarbeit des Finanzministers Franz Josef Strauß (CSU) und des Wirtschaftsministers Karl Schiller (SPD) – war die Neuordnung der Finanzverfassung, die im Zeichen des kooperativen Föderalismus nun Bund und Länder in einen engen Verbund brachte. Die weitgehende Steuertrennung war nicht unproblematisch gewesen: Die Einkommen- und Körperschaftsteuer, die grundsätzlich den Ländern zustand, war konjunkturanfälliger als die Umsatzsteuer, die der Bund vereinnahmte. Damit hatten die Länder die weniger sichere Steuerart, obwohl gerade ihre Haushalte wegen der hohen Fixkosten für Personal und Verwaltung weniger flexibel waren als der Bundesetat. Nun wurde ein großer Steuerverbund geschaffen: Die großen Steuerarten wurden zu Gemeinschaftssteuern, die sich Bund und Länder teilten. Die jeweiligen Anteile wurden seither immer wieder verändert und angepasst, es ist ein dauerhafter Streitgegenstand zwischen Bund und Ländern.

Finanzausgleich mit größerer Verteilwirkung

Der Finanzausgleich wurde ebenfalls reformiert: Das Ausgleichsniveau zu Gunsten der schwächeren Länder stieg nun auf 95 Prozent. Zudem wurden so genannte Bundesergänzungszuweisungen geschaffen, mit denen der Bund die schwächeren Länder noch zusätzlich unterstützen – und damit steuern – konnte. Die Summe dieser Zuweisungen stieg von 100 Millionen Mark (1970) auf 2,7 Milliarden Mark im Jahr 1989. Der eigentliche Länderfinanzausgleich – also die Verschiebungen zwischen den Ländern – nahm in dem Zeitraum von 1,2 auf 3,5 Milliarden Mark zu. Das Ziel, über das höhere Ausgleichsniveau zu geringeren originären Finanzkraftunterschieden zwischen den Ländern zu kommen, erfüllte sich jedoch nicht. Die meisten finanzschwachen Länder blieben schwach. Allerdings konnte mit der Ausweitung des Ausgleichs auch verhindert werden, dass die schwachen Regionen den Anschluss verloren. Mit der Finanzreform von 1969 wurden zudem Finanzhilfen des Bundes an die Länder ermöglicht – für »besonders bedeutsame Investitionen«, die der »Abwehr einer Störung des gesamtwirtschaftlichen Gleichgewichts« dienen konnten, der »Förderung des wirtschaftlichen Wachstums« oder dem Ausgleich unterschiedlicher Wirtschaftskraft. Mit diesen dehnbaren Kriterien konnten Hilfen jeder Art begründet werden – die zwar der Zustimmung des Bundesrats bedurften, in dem jedoch die schwächeren Länder die Mehrheit hatten. Dass ausgerechnet Strauß, damals schon CSU-Chef (und damit Vorsitzender einer föderalistischen Partei), für den Zentralisierungsschub von 1969 mitverantwortlich zeichnete, hatte zweifellos auch damit zu tun, dass Bayern noch ein Empfängerland im Finanzausgleich war. Mehr Mittel vom Bund waren daher lukrativ – immerhin gelang es Bayern auch dadurch, in den Achtzigerjahren in den Kreis der Zahlerländer vorzustoßen. Der bayerische Erfolg war jedoch der Ausnahmefall.

Als Bonner Finanzminister hatte der bundespolitisch ehrgeizige Strauß aber auch den Gesamtstaat im Blick, und aus seiner damaligen Sicht war der Föderalismus in Richtung Vereinheitlichung zu reformieren. »Eine trennscharfe Abgrenzung der Aufgabenbereiche von Bund und Ländern ist in dem gesellschaftlichen und wirtschaftlichen Leben unserer Zeit mit seinen vielfältigen und sich vermehrenden überregionalen Verflechtungen nicht mehr auf allen Gebieten möglich«, sagte er 1968 im Bundestag und fügte hinzu: »Die dynamische Kraft des staatlichen und gesellschaftlichen Lebens darf nicht durch das Festhalten an unzeitgemäß werdenden Formen zum Schaden des Ganzen gehemmt werden.« Föderalismus war – wie oft in Zeiten großer Reform- und Aufbruchphasen – Ende der Sechzigerjahre ziemlich »out«. Seine vor allem machthemmende Funktion erschien angesichts der sehr weit reichenden technokratischen Machbarkeitsvorstellungen als Hindernis. Als Ministerpräsident von Bayern war Strauß später allerdings nicht immer glücklich über sein Werk in der großen Koalition zwischen 1966 und 1969.

Plisch und Plum
Zwei Hauptkonstrukteure der Bundesstaatsreform der ersten großen Koalition waren Finanzminister Franz Josef Strauß (CSU) und Wirtschaftsminister Karl Schiller (SPD). Ihre Politik war stark von dem technokratischen Machbarkeitsoptimismus jener Jahre beeinflusst. In der Öffentlichkeit wurden die beiden Politiker auch Plisch und Plum genannt, nach zwei Figuren von Wilhelm Busch.

Haushaltssteuerung à la Plisch und Plum

Schon zwei Jahre vor der großen Finanzreform hatten Strauß und Schiller (die nach einer Bildergeschichte von Wilhelm Busch auch »Plisch und Plum« genannt wurden) mit einer Grundgesetzänderung und dem nachfolgenden Stabilitäts- und Wachstumsgesetz erhebliche Einschnitte in den Föderalismus vorgenommen. Bis 1967 waren Bund und Länder »in ihrer Haushaltswirtschaft selbständig und voneinander unabhängig«, wie es im Artikel 109 des Grundgesetzes hieß. Nun aber wurde der Artikel ergänzt, um jene finanzpolitische Lenkung zu ermöglichen, mittels derer man glaubte, die wirtschaftlichen Konjunkturveränderungen in den Griff zu bekommen. Schiller verkündete optimistisch, Rezessionen werde es hinfort nicht mehr geben. Die Etats von Bund und Ländern mussten nun einem »gesamtwirtschaftlichen Gleichgewicht« Rechnung tragen, das vier Ziele hatte: stabile Preise, wenig Arbeitslosigkeit, außenwirtschaftliches Gleichgewicht, stetiges Wirtschaftswachstum. Um dieses »magische Viereck« zu erreichen, konnten mit Zustimmung des Bundesrats für Bund und Länder »gemeinsam geltende Grundsätze für das Haushaltsrecht, für eine konjunkturgerechte Haushaltswirtschaft und für eine mehrjährige Finanzplanung« aufgestellt werden. Damit war die Autonomie der Länder stark eingeschränkt, die Bundesregierung schwang sich zum wirtschafts- und finanzpolitischen Kapitän auf, der die Richtung vorgab. Ein Grund dafür war, dass zum neuen Ansatz der Konjunkturpolitik auch eine aktive staatliche Investitionslenkung gehörte – doch gebot der Bund nur über gut 20 Prozent der öffentlichen Investitionen. Daher musste sich der Bund den Zugriff auf die Länderetats sichern. Zur Koordinierung wurden ein Konjunkturrat und ein Finanzplanungsrat ins Leben gerufen. »Deren Intention war, die Haushaltspolitik der Länder an die des Bundes anzubinden (wobei offenbar unterstellt wurde, dass der Bund im Gegensatz zu den Ländern stets eine konjunkturpolitisch vernünftige Fiskalpolitik betreibe)« (Heidrun Abromeit). Zwar dauerte der Versuch der zentralen Etatkoordinierung nur einige Jahre, aber der damals geschnürte enge Finanzverbund von Bund und Ländern erwies sich als dauerhaft, wenn auch ungeliebt in den stärkeren Ländern. Natürlich bedeuteten auch diese Entscheidungen eine beträchtliche Aufwertung der Bürokratie.

Kooperation auch bei Bildung und Beamten

Der kooperative Föderalismus erfasste auch die ausschließlichen Länderaufgaben. Der Bund regelte bald die Ausbildungsbeihilfen (Bafög) und wurde für die Sicherung der Krankenhäuser zuständig. Noch gravierender war die Möglichkeit, dass der Bund »die allgemeinen Grundsätze des Hochschulwesens« bestimmen durfte, eine Generalklausel, die zu ausgedehnten Eingriffen in diesen klassischen Länderbezirk geradezu einlud. Schon 1957 war von Bund und Ländern der Wissenschaftsrat zur Gesamtplanung der Wissenschaftsförderung gegründet worden. Neu eingeführt wurde 1965 eine gemeinsame Bildungsplanung von Bund und Ländern – »Bildungskatastrophe« war ein Schlagwort jener Jahre. Die Gefahren, die dem Föderalismus aus der Überbetonung von Kooperation in einem bürokratischen System entstehen können, machte der Politologe Heinz Laufer deutlich, als er Mitte der Siebzigerjahre schrieb: »Die Parlamente der Länder werden völlig resignieren und endgültig zu reinen Akklamationsorganen herabsinken. Die Parteien geben ihre Innovationsfunktion im bildungspolitischen Bereich auf, da ja künftig alles Heil von der Bund-Länder-Kommission zu erwarten ist. So wird deren Existenz und Tätigkeit dazu führen, dass Wettbewerb, Eigeninitiative, Risikofreudigkeit, Experimente, Selbstverantwortung im Gesamtbildungsbereich völlig verschwinden.« Doch Bund und Länder machten auch bei der Bildung noch nicht Halt. Seit 1969 wurde die Beamtenbesoldung bundeseinheitlich geregelt, was allerdings auf den Wunsch der Länder zurückging, die eine einheitliche Bezahlung der Staatsdiener als vorteilhaft empfanden. Dieser Verzicht erwies sich jedoch als langfristig sehr teuer, denn die Tarifabschlüsse auf Bundesebene (an denen sich die per Gesetz erlassenen Besoldungserhöhungen orientieren) waren oft etwas üppig – mit der Föderalismusreform 2005 musste der Schritt angesichts mittlerweile überbordender Pensionsverpflichtungen rückgängig gemacht werden. 1971 wurde zudem das gesamte Beamtenrecht zur Vereinheitlichung freigegeben – die Länder konnten damit bei ihrem eigenen Personal jahrzehntelang nur noch über den Bundesrat mitreden, ein seltsames Verständnis von Autonomie und Etathoheit.

Neugliederung als Ausweg?

Die sozialliberale Koalition wollte das bundesstaatliche Reformkarussell nach 1969 erst richtig in Schwung bringen. 1970 wurden gleich drei Kommissionen eingesetzt, die sich weitere Veränderungen des Föderalismus ausdenken sollten: eine Enquetekommission des Bundestags zur Generalrevision des Grundgesetzes, eine Sachverständigenrunde unter Leitung des ehemaligen Staatssekretärs Werner Ernst, die eine Neugliederung der Länder vorschlagen sollte, und eine Kommission der Länder, die ebenfalls föderale Fragen beriet. Die Bundestags- und die Länderkommission brachten keine nennenswerten Ergebnisse. Die Ernst-Kommission dagegen sehr wohl: Sie empfahl eine neue Flurbereinigung. Die Ländergliederung sollte sich vor allem nach »Leistungsfähigkeit« und »wirtschaftlicher Zweckmäßigkeit« richten, also nach reinen Effizienzkriterien. Die Länder wurden in diesen Plänen zu beliebig festlegbaren Wirtschaftsregionen, die man ähnlich wie Wahlkreise neu zuschneiden konnte. Die Kommission bot der Politik vier Modelle an, in denen nur Nordrhein-Westfalen und Bayern durchweg Bestand hatten. Ansonsten sollte im Norden ein Land »Nord« entstehen, oder auch zwei Länder »Nordost« und »Nordwest«, weiter südlich war auch von Ländern wie »Mittelwest C« oder »Südwest D« die Rede. Je nach Kombination hätte die Bundesrepublik dann fünf oder sechs Länder gehabt. Die zwölf Professoren in der Kommission verbanden damit allerdings auch die Hoffnung, dass leistungsstärkere Länder wieder zu mehr eigenständigem Handeln fähig sein würden. Bundesinnenminister Werner Maihofer (FDP) betonte im Gegensatz dazu jedoch, durch eine Neugliederung dürfe »der Prozess einer notwendigen Konzentration von Gesetzgebungszuständigkeiten beim Bund nicht aufgehalten oder Kompetenzen vom Bund auf die Länder zurück übertragen werden.« Das Gutachten blieb folgenlos, wie Dutzende offizielle oder halbamtliche Vorschläge zuvor. Auch in der Bevölkerung gab es keinen Widerhall, eine umfassende Länderneugliederung wird bis heute mehrheitlich abgelehnt. 1976 zog die Politik daraus die Konsequenz: Sie änderte den Artikel 29 des Grundgesetzes, der ursprüngliche Verfassungsauftrag zur Neugliederung wurde ersetzt durch eine Formulierung, nach der eine Neugliederung erfolgen kann, aber nicht muss.

Der Sieger ist – die Bürokratie

Ende der Siebzigerjahre kehrte Ernüchterung ein, die Reformeuphorie verflog, die hohen Erwartungen an politische Planung, wirtschaftliche Steuerung und gesellschaftliche Lenkung waren bald enttäuscht worden. Der »Ölpreisschock« von 1973 saß tief, die Konjunkturpolitik erwies sich nicht als die erhoffte Wunderwaffe. »Die in den späten sechziger Jahren vorherrschende Vorstellung, am Ende aller Krisen zu sein, erwies sich als Illusion.« (Gabriele Metzler) Was freilich blieb, war das im Zusammenhang mit dieser Illusion geschaffene Modell des kooperativen Föderalismus, das Bund und Länder durch Gemeinschafstaufgaben und Mischfinanzierungen eng aneinander band, aber die hochgespannten Erwartungen nicht erfüllte. Die enge Politikverflechtung hatte eigentlich nur einen Sieger: die Bürokratie in Bund und Ländern, die sich auf Kosten der Parlamente einen kräftigen Machtzuwachs verschafft hatte. »Gleichgesinnte Seelen« (Hans Boldt), »Fachbruderschaften« in den Bundes- und Landesministerien, vereint in »Ressortkumpanei« (Frido Wegener), machten sich eifrig daran, umfangreiche Gemeinschaftsprogramme aufzulegen, auf die weder Bundestag noch Landtage großen inhaltlichen Einfluss hatten. Über die Jahre hinweg hat es dafür wohl mehrere hundert feste Bund-Länder-Gremien und bei der Selbstkoordinierung der Länder vermutlich an die tausend dauerhafte Beamtenrunden gegeben. Auch in den Fachgremien des Bundesrats, wenn auch nicht im Plenum, herrschte ein korporativer Geist. Noch in den Neunzigerjahren sah sich der damalige Bundesratsdirektor Georg-Berndt Oschatz zu dem Verdikt veranlasst: »Die Vertraulichkeit der Ausschusssitzungen des Bundesrats hindert mich daran, Ihnen Beispiele zu geben, mit welch hanebüchenen Argumenten die diversen Fachbruderschaften die Überlebensnotwendigkeit der bundeseinheitlichen Regelung entlegenster Rechtsmaterien darlegten, zum großen Teil mit Erfolg.« Die »Generalisten« in den Staatskanzleien und Finanzministerien, auch im Kanzleramt kamen dagegen oft nicht an, während die Fachminister sich in schöner Regelmäßigkeit die Meinung ihrer Fachbeamten zum Programm machten. Die Parlamente waren vor die Alternative gestellt, die durch Kooperation aller Beteiligten auf der Exekutivebene entwickelten Vorschläge entweder pauschal abzulehnen oder eben durchzuwinken und das Geld dafür zu bewilligen, denn Änderungswünsche eines Parlaments konnten stets mit dem Verweis auf den »Paketcharakter« des Vorhabens abgewiesen werden – jedes Aufschnüren hätte zu einer Neuverhandlung des politischen Kunstwerks führen müssen. So hat Gunter Kisker schon 1971 deutliche Bedenken gegen diese Form von Föderalismus erhoben: »Überzogene Kooperation gefährdet nicht nur das föderalistische Balancesystem, sondern tendiert zugleich dahin, den demokratischen in einen oligarchischen Bundesstaat zu überführen.« Die Bund-Länder-Kommissionen nannte er »verschwiegene Zentralbehörden«, deren Zweck die »Entmachtung der Parlamente zugunsten der Koordinatoren« sei. Gerade in den finanzschwächern Ländern konnten die Landtage mit der Aussicht auf eine Bundesbeteiligung von 50 Prozent gelockt werden, weshalb der kooperative Föderalismus häufig auf eine Interessengemeinschaft des Bundes mit den Schwachen gegen die stärkeren Länder hinauslief, die lieber auf Bundesmittel verzichtet und statt dessen wirklich autonom entschieden hätten. Der Historiker Kurt Düwell sprach angesichts der Schlagseite dieser Form von Bundesstaat davon, dass auch der »Föderalismus ohne Preußen« nach 1949 »zumindest der Tendenz nach als eine neue Form eines hegemonialen Föderalismus, nämlich als Hegemonie der Exekutive, gesehen werden kann«. Schon 1979, also zur Blütezeit dieses Systems, merkte der damalige Landesminister Roman Herzog zum Einflussverlust der Parlamente ironisch an: »Der Streit geht im allgemeinen nur noch darum, ob die jeweilige Landesregierung den jeweils örtlichen Abgeordneten ihrer Partei den Erfolg eher mitteilen darf als die Bundesregierung den Abgeordneten ihrer Partei.«

Gemischte Bilanz und enttäuschte Erwartungen

Die Bilanz des kooperativen Föderalismus ist gemischt. Gescheitert ist vor allem die gemeinsame Bildungsplanung. Hier waren die Meinungsunterschiede zwischen den Parteien und auch unter den Ländern zu groß, als dass eine koordinierte Politik Aussicht auf Erfolg hätte haben können. Die wichtigste Voraussetzung für einen kooperativen Föderalismus – ein breiter Grundkonsens über die Ziele und die Mittel – war hier nicht gegeben. 1982 wurde die gemeinsame Bildungsplanung sang- und klanglos eingestellt, ohne dass sie größere Ergebnisse geliefert hätte. Dennoch lastet seither ein größerer Unitarisierungsdruck auf der Bildungspolitik. Die Kultusministerkonferenz übernahm wie zuvor die Aufgabe, nötige oder gewünschte Vereinheitlichungen zwischen den Ländern herbeizuführen. In nahezu allen bildungspolitischen Debatten, zuletzt in der Diskussion um den »Pisa-Schock« Anfang des neuen Jahrtausends, mussten sich die Länder aber gegen das Argument wehren, allein durch größere Vereinheitlichung und mehr Bundeskompetenzen ließen sich bildungspolitische Probleme lösen. Die anderen Gemeinschaftsaufgaben – Agrar- und Regionalförderung, Hochschulbau, Wohnungsbau – konnten eher umgesetzt werden, weil sie weniger konfliktträchtig waren. Allerdings zeigte sich, dass die vom Bund gewünschte Lenkungsfunktion häufig an der Solidarität der Länder scheiterte, die zwar an Bundesmitteln interessiert waren, nicht aber an detaillierter Steuerung. Zur Ernüchterung trug auch bei, dass das bürokratische Verfahren der Gemeinschaftsaufgaben und Mischfinanzierungen für den Bund ein teures Geschäft wurde. Der Anteil im Bundesetat für die »GA-Mittel« wuchs in den Siebzigerjahren beträchtlich. Am Ende waren alle Seiten unzufrieden: »Die Politikverflechtung verkam aus Sicht des Bundes immer mehr zur Mitfinanzierungspflicht für Länder-Vorhaben ohne gleichwertige Mitspracherechte.« (Fritz W. Scharpf). Den Ländern dagegen missfiel der hohe bürokratische Aufwand, den die Koordination mit sich brachte. Bundeskanzler Schmidt kündigte 1980 an, dass der Bund sich aus dem Planungs- und Finanzierungsverbund mit den Ländern zurückziehen wolle – doch die Fachressorts in Bund und Ländern und auch viele Interessenverbände, denen diese bürokratische Form des Föderalismus nützlich ist, wehrten sich dagegen. Es kam nur zu einem Rückbau. Zu den positiven Seiten gehörte zweifellos, dass der kooperative Föderalismus zu einer sehr hohen regionalen Verteilungswirkung und Homogenisierung führte – wer die integrative Wirkung des Föderalismus betont, wird darin einen Pluspunkt sehen. Die alte Bundesrepublik hatte eine sehr ausgewogene Infrastruktur, ausgewogener als viele Einheitsstaaten. Allerdings lässt sich im Rückblick fragen, ob dies nicht auch mit geringeren politisch-bürokratischen Kosten und einem Mehr an Demokratie hätte erreicht werden können.

Gegenmehrheit im Bundesrat

Den mit den Reformen bis 1969 geschaffenen Machtzuwachs des Bundesrats bekam die sozialliberale Koalition deutlich zu spüren. Denn sie hatte von Beginn an keine eigene Mehrheit in der Länderkammer, und seit Mai 1972 sogar (mit einer kurzen Unterbrechung 1977/78) eine Unionsmehrheit gegen sich. Der ehemalige Kanzler Kiesinger drohte schon nach der Wahl 1969 damit, dass der Bundesrat »ein wichtiges Instrument der Opposition« sein werde. Damit regierte in den Siebzigerjahren informell eine Allparteienkoalition von Union, SPD und FDP – andere Parteien spielten damals keine Rolle. Die Bundesregierung war gezwungen, ihre Gesetzgebungsvorhaben immer wieder an Wünsche von CDU und CSU anzupassen. Eine offene Blockadepolitik betrieb die Union nicht. Ihr Ziel war vor allem die Veränderung der Bundesgesetze über den Verhandlungsweg. Das geschah meist im Vermittlungsausschuss von Bundestag und Bundesrat – bei jedem fünften Gesetz war zwischen 1972 und 1980 ein solches Vermittlungsverfahren nötig. Der FDP kam in jenen Jahren die Aufgabe zu, zwischen den Volksparteien gegebenenfalls zu vermitteln – in den Ländern koalierte sie sowohl mit der CDU als auch der SPD. Ganz problemlos war diese Konstellation nicht: Denn der Wettbewerb zwischen den Parteien verlangt die Betonung der Gegensätze, im tagespolitischen Geschäft war aber Kooperation die Regel. Damit lief entweder der Parteienwettbewerb leer, »oder aber er blockiert das Funktionieren der bundesstaatlichen Institutionen«, konstatierte der Politikwissenschaftler Gerhard Lehmbruch. Das Ergebnis des Konflikts ging zu Lasten der Parteienprofilierung – es hat aber möglicherweise gerade in jenen schwierigen Jahren auch zur politischen Stabilität Deutschlands beigetragen, das die weltweite Wirtschaftskrise jener Jahre besser meisterte als andere Industriestaaten.

Opposition regiert mit
Bundeskanzler Helmut Schmidt (SPD) hatte mehr mit dem seit 1969 mächtiger gewordenen Bundesrat zu tun, als ihm lieb war. Denn seine sozialliberale Koalition hatte in der Länderkammer keine Mehrheit. Die lag bei den Ländern mit Regierungen unter Führung der im Bundestag oppositionellen Union, die so über den Bundesrat mitregierte. Das Bild zeigt Schmidt in der Bundesratssitzung am 8. November 1974.

In der Politikverflechtungsfalle

Der Politikwissenschaftler Fritz W. Scharpf konstatierte Mitte der Achtzigerjahre, dass die Bundesrepublik in einer »Politikverflechtungsfalle« gefangen sei, deren charakteristische Gefahr »der Immobilismus in Krisensituationen« sei. »Dem kooperativen Föderalismus fehlte die Fähigkeit zur raschen und problemgerechten Reaktion auf krisenhafte Veränderungen der wirtschaftlichen Lage.« Das war zugespitzt, denn das System kam bald darauf, wie sich zeigen sollte, mit den Problemen der deutschen Vereinigung durchaus klar. Aber natürlich stimmte Scharpfs Analyse, durch die Politikverflechtung habe sich eine »geradezu paradoxe Spielart des Föderalismus entwickelt«: Die Länder besaßen zwar nur noch wenig Autonomie, dafür aber beträchtlichen Einfluss auf die gesamtstaatlichen Entscheidungen. Das war zwar im Grundgesetz so angelegt, aber mittlerweile hatte es einen Grad erreicht, der vielen als nicht mehr akzeptabel erschien. Der kooperative Föderalismus hatte in eine Sackgasse geführt und war reformbedürftig. »Die Verantwortlichkeit der Ebenen im Bundesstaat erschien kaum mehr nachvollziehbar und die Selbständigkeit der Länder wurde ebenso eingeschränkt wie die Handlungsfähigkeit des Bundes.« (Ursula Münch) Die drei Kernprobleme des kooperativen Verflechtungssystems lagen offen zutage: »Ineffizienz (da keine der beteiligten Ebenen die vollen Kosten ihrer Entscheidung zu tragen hat, fallen Vorhaben typischerweise zu groß aus), mangelnde Flexibilität (die Länder können nicht nach eigenen Kriterien verfahren; der Bund kann nicht in regional-spezifischer Weise handeln, sondern muss schematisch verfahren; eigentlich erledigte Programme werden fortgeschrieben, so lange noch irgendwer an ihnen festhalten will), Verletzung demokratischer Prinzipien (es ist unklar, wer welche Verantwortung trägt und dementsprechend von den Wählern haftbar gemacht werden kann.« (Reinhard Zintl) Zudem gab es Anzeichen, dass die Staatsverschuldung durch die Politikverflechtung eher angetrieben als gebremst wurde; Bund und Länder einigten sich auf ihre Programme zu Lasten künftiger Generationen. Die Landtage waren die großen Verlierer und auf dem Tiefpunkt ihrer langen Geschichte angelangt. Das Pendel war bis zum Anschlag in Richtung Unitarismus geschwungen und dort hängengeblieben. Doch wie sollte es wieder freikommen? Die Antwort war einfach: Die Länder mussten wieder mehr Eigenständigkeit bekommen, was auch zu weniger Vetomöglichkeiten im Bundesrat führen würde. Der Weg der Reform war die Entflechtung, soweit das im kooperativen Föderalismus möglich und wünschenswert war.

Wettbewerbsföderalismus

Nicht von ungefähr kam in den Achtzigerjahren ein Begriff auf, der Rettung versprach. Die Forderung nach einem »Wettbewerbsföderalismus« fand immer mehr Anhänger und galt als ein möglicher Weg aus der »Politikverflechtungsfalle«. Diese Vorstellung von Föderalismus hatte zwei Seiten. Zum einen lag ihr die Meinung zu Grunde, dass wirtschaftliche Standortkonkurrenz von Regionen die Normalität sei und diese Regionen daher nicht gefesselt werden dürften, sollten sie nicht Nachteile erleiden. Zum anderen aber stand hinter dem Konzept auch die Meinung, dass ein verstärkter Wettbewerb um die beste Lösung zwischen den Ländern (ob in der Sozial- oder Bildungs- oder Technologiepolitik) auch dem Gesamtstaat Vorteile bringe. Eine große Rolle beim verfassungspolitischen Umdenken spielte die Entwicklung in Europa. In den Achtzigerjahre begann die Weiterentwicklung der Europäischen Gemeinschaft zur engeren Union, wie sie dann durch den Vertrag von Maastricht 1992 entstand. In einem europäischen Binnenmarkt (er kam 1993) würde die nationalstaatliche Wirtschaftspolitik nicht mehr so entscheidend sein wie zuvor, sondern auf Brüssel übergehen – und auf die Länder. Denn die Brüsseler Förderpolitik war und ist weniger auf die Nationalstaaten ausgerichtet als auf die Regionen. Mehr Eigenständigkeit der Länder, so das Kalkül, würde Deutschland fit machen für diesen regionalen Standortwettbewerb. In jener Zeit begannen die Länder auch, sich in Brüssel eigene Vertretungen einzurichten. Die Idee von einem »Europa der Regionen« war gerade in den Achtzigerjahren besonders populär. Selbst der klassische Zentralstaat Frankreich änderte 1982 seine Verfassung, um mehr Dezentralisierung zu ermöglichen – in Großbritannien und Spanien ging man den gleichen Weg.

Kritik am Finanzausgleich

Die stärkeren Länder begannen sich nun am Länderfinanzausgleich im engeren Sinne, also den Ausgleichszahlungen untereinander, zu reiben. Ganz im Gegensatz zum Wortsinn des Begriffs wird auch dieser Ausgleich durch Bundesgesetz festgelegt, nicht durch Vereinbarung der Länder. Sein Volumen war zwar im Jahr 1988 mit etwa 3,4 Milliarden Mark nicht exorbitant hoch, hatte sich aber seit 1970 verdreifacht und nahm den stärkeren Ländern jene Mittel, die sie angesichts immer knapper werdender Kassenlage lieber für eigene Projekte eingesetzt hätten. Zudem zeigte sich nun auch ein Gewichtungsproblem: Hatten nach 1970 zunächst vier Länder in den Ausgleich eingezahlt (Baden-Württemberg, Hessen, Nordrein-Westfalen und Hamburg), waren es 1988 nur noch Hessen und Baden-Württemberg – bei steigendem Volumen –, wobei NRW und der Aufsteiger Bayern nur unwesentliche Zuflüsse aus dem Ausgleich hatten. Damit standen sechs Hauptprofiteure zwei Zahlerländern gegenüber, deren Zuneigung zu dem System des Finanzausgleichs erheblich gelitten hatte (Berlin war außen vor). In Stuttgart und Wiesbaden wurde mit wachsender Verärgerung registriert, dass die eigene Wirtschaftspolitik quasi bestraft wurde, weil jede zusätzliche Steuermark in den Ausgleich floss, während die meisten anderen nicht etwa aufholten, sondern zurückblieben.

Wille zu mehr Länderautonomie lebt auf

Ein Grund für das wieder erwachte Autonomiestreben einiger Länder war nicht zuletzt die wirtschaftliche Entwicklung seit der Rezession von 1973. Seither hatte sich der Niedergang der Kohle- und Stahlindustrien noch beschleunigt, die deutsche Textilindustrie war international immer weniger konkurrenzfähig, neue Technologie für neue Industrien war ebenso gefragt wie das Umsteuern in eine Dienstleistungsgesellschaft. Vor allem Nordrhein-Westfalen und Niedersachsen gerieten in jenen Jahren durch den Niedergang ihrer Kernbranchen in erhebliche Schwierigkeiten, dagegen holte das frühere Agrarland Bayern mächtig auf, Baden-Württemberg mauserte sich zum führenden Hightech-Land. Die strukturellen Unterschiede zwischen den Ländern wuchsen. Die Riege der selbstbewussten Ministerpräsidenten in den größeren Ländern – Franz Josef Strauß, Lothar Späth, Ernst Albrecht, Johannes Rau – wollte daher mehr Eigenständigkeit und suchte nach einem Ausweg aus dem immobilen System des kooperativen Föderalismus. Mehr Autonomie für wirtschafts- und sozialpolitische Landesprogramme war das Ziel. So zog Rau 1982 in seiner Antrittsrede als Bundesratspräsident die Wirksamkeit der Gemeinschaftsaufgaben und Investitionshilfen in Zweifel und stellte die Frage, »ob wir mit diesen Zweckzuwendungen die regional und branchenbezogen größtmögliche Effizienz erreichen«. Er forderte, die Länder müssten »in den Stand versetzt werden, tatsächlich eigenverantwortlich zu handeln«. Der kooperative Föderalismus, das zeigte sich nun, war ein Instrument für Schönwetterperioden, in denen ein solides Wirtschaftswachstum und eine gleichmäßigere regionale Wohlstandsverteilung Unterschiede verwischten. Nun war eigenständige Standortpolitik als Mittel der Selbsthilfe angesagt. Dabei erwies sich die Zuständigkeit der Länder für Bildung und Wissenschaft als Vorteil, denn gerade in der Vernetzung von Hochschulen und Unternehmen zur Forschungs- und Technologieförderung sahen die Landespolitiker eine Zukunftschance. Baden-Württemberg zum Beispiel schuf sich damals ein ganz eigenes, flexibles und vielgestaltiges Bildungssystem, das auf die besondere Wirtschaftsstruktur des Landes zugeschnitten war. Allerdings ging der Drang der Länder zu mehr wirtschafts- und industriepolitischer Eigenständigkeit nicht mit einer Neuverteilung der Zuständigkeiten einher, die dafür nötige Machtverlagerung vom Bund auf die Länder unterblieb. Die Entflechtung im kooperativen Föderalismus wurde nicht angegangen. Das war die Situation, als im Herbst 1989 die Berliner Mauer fiel und die deutsche Einheit mit einem Schlag auf der Tagesordnung stand. Für den deutschen Föderalismus bahnte sich eine riesenhafte Bewährungsprobe an – während ihm gleichzeitig von allen Seiten bescheinigt wurde, dass er reformbedürftig sei.

KAPITEL 17

Die DDR: Länder am Anfang, Länder am Ende

»Streng gleichmäßig«

Die Geschichte der Deutschen Demokratischen Republik begann mit Ländern – und so endete sie auch. Sachsen, Thüringen, Sachsen-Anhalt, Brandenburg und Mecklenburg-Vorpommern kehrten 1990 wieder, nachdem sie 1952 abgeschafft worden waren, um einem zentralistischen System Platz zu machen. Freilich war der Föderalismus in der Sowjetzone nach 1945 eine Fassade. Moskau und die SED stellten sich nur so lange in die bundesstaatliche Tradition, wie sie nicht sicher sein konnten, dass die deutsche Teilung Wirklichkeit werden würde. Schon 1947 zeigte sich bei der fehlgeschlagenen Ministerpräsidentenkonferenz in München, dass die Ost-Regierungschefs keine Prokura hatten, einen gesamtdeutschen Bundesstaat anzustreben. In der SBZ sollte der Staatsaufbau nicht von den Ländern ausgehen, sondern von den Parteien, genauer gesagt: der einen Partei. Und die SED, in der die Kommunisten bald nach dem Zusammenschluss mit der SPD das Kommando übernahmen, war zentralistisch eingestellt. »Einheit bedeutet Aufstieg, Föderalismus bedeutet Niedergang«, lautete ein fast schon Orwellscher SED-Slogan von 1946. Dies floss in die Erarbeitung der Länderverfassungen im Sommer 1946 ein, deren Linien für alle fünf Länder von der SED-Führung vorgegeben wurden. »Ein einheitlicher politischer Wille hat bewirkt, dass der Verfassungs- und Verwaltungsaufbau in allen fünf Ländern der Zone streng gleichmäßig ist«, kommentierte der Jurist Werner Weber. Eigenstaatlichkeit war für die SBZ-Länder nicht vorgesehen. Zwar ähnelten die ostdeutschen Landesverfassungen wie später auch die erste DDR-Verfassung von 1949 formal dem Weimarer Vorbild, doch fehlte das für

Wie unwahr
»Einheit bedeutet Aufstieg, Föderalismus bedeutet Niedergang.« Mit diesem Slogan warb die SED Ende der 40er Jahre für ihre Politik. Als die Einheitssozialisten ihre DDR heruntergewirtschaftet hatten, blühte der Föderalismus neu auf, die ostdeutschen Länder entstanden wieder.

eine liberale Demokratie entscheidende Prinzip der Gewaltenteilung. Nach dem Prinzip des »demokratischen Zentralismus« wurden die Länderverwaltungen und Landtage schon bald vom Berliner SED-Apparat gelenkt.

Alles Wesentliche zentral

Die erste DDR-Verfassung wurde im Oktober 1948 als Antwort auf den Parlamentarischen Rat konzipiert und vom Deutschen Volksrat, dem Vorläufer der Volkskammer, verabschiedet. Im ersten Artikel wird Deutschland (auch die DDR-Verfassung postulierte einen gesamtdeutschen Anspruch) als »eine unteilbare demokratische Republik bezeichnet«, gleichzeitig wurde festgestellt: »Sie baut sich auf den deutschen Ländern auf.« Zur Zuständigkeitsverteilung hieß es lapidar: »Die Republik entscheidet alle Angelegenheiten, die für den Bestand und die Entwicklung des deutschen Volkes in seiner Gesamtheit wesentlich sind; alle übrigen Angelegenheiten werden von den Ländern selbständig entschieden.« Also alles Unwesentliche. Immerhin blieb auch die DDR-Verfassung an einem Punkt an der Tradition orientiert: »Die Entscheidungen der Republik werden grundsätzlich von den Ländern ausgeführt.« Die »Vertretung der Länder« sollte eine Länderkammer übernehmen, deren Abgeordnete von den Landtagen gewählt wurden und die »in der Regel« auch Landtagsmitglieder sein sollten. Diese waren an den Willen der Landtage gebunden, in denen wiederum durch die Parteienblockpolitik für SED-konforme Entscheidungen gesorgt war.

Die Umgestaltung von 1952: Bezirke statt Länder

Nach nur drei Jahren wurde der Scheinföderalismus der DDR beendet. Im Juli 1952 beschloss die II. Parteikonferenz der SED, die fünf Länder aufzulösen. Sie waren ohnehin nur Hüllen ohne politischen Eigenwert. Ministerpräsident Otto Grotewohl erklärte am 23. Juli 1952 in der Volkskammer, die Gliederung in Länder behindere die »Lösung der Staatsaufgaben«, vor allem die Erfüllung des Fünfjahresplans. »Gegenüber dieser Aufgabe hat sich der staatliche Apparat in den Ländern mit ihren Parlamenten und Regierungen als hemmend erwiesen, als eine Quelle bürokratischer Erschwerungen, ja Verfälschungen bei der Verwirklichung unserer fortschrittlichen Ziele«, fügte er hinzu. Mit dem irreführend betitelten »Gesetz über die weitere Demokratisierung des Aufbaues und der Arbeitsweise der staatlichen Organe in den Ländern der DDR« wurden vierzehn Bezirke geschaffen, auf die nun die Verwaltungsaufgaben übertragen wurden. Föderalismus passte nicht zum neuen Staatsprinzip des »demokratischen Zentralismus«. Es sollte nur einen Weg geben, den von Berlin bestimmten, keinen sächsischen, thüringischen, brandenburgischen. Der Theologe Richard Schröder hat 1999, in seiner Rede zum

1952 Die Deutsche Demokratische Republik
In der 1949 gegründeten Deutschen Demokratischen Republik wurden die Länder (und der nur als Verfassungsfassade etablierte Föderalismus) 1952 abgeschafft. Es entstanden als neue Verwaltungseinheiten die 14 Bezirke. Ost-Berlin wurde zur Hauptstadt erklärt. Mit der Revolution 1989/90 wurden die Bezirke wieder aufgelöst, nach dem Willen des Volkes lebten die alten Länder von 1947 wieder auf.

50. Jahrestag des Bundesrats, angemerkt, die Abschaffung der DDR-Länder habe »den bewussten Bruch mit der Geschichte« bedeutet. Die Bezirke waren reine Vollzugsorgane in diesem System. Die 1949 geschaffene Länderkammer blieb noch bis 1958 bestehen. In der letzten Sitzung des bedeutungslosen Gremiums sagte sein Präsident August Bach (CDU): »Der Föderalismus, der noch in der Weimarer Republik unser Staatsleben beherrschte, ist durch den demokratischen Zentralismus abgelöst worden.« Man wolle den »Leidensweg der Weimarer Republik« aber jetzt verhindern und »jedes Moment ausschalten, das einer zentralen Staatsgewalt hindernd im Wege stehen würde. Auch die deutschen Länder hatten ihre historische Mission. Sie ist nach unserer Auffassung erfüllt.« Und der Staatsrechtler Karl Polak erklärte der Volkskammer, es sei nur gesetzmäßig, »wenn wir die letzten Überreste der deutschen Zersplitterung beseitigen«. Die DDR-Führung schaltete nun auch den Aufbau der Partei- und Staatsverwaltung gleich. Die Bezirke entwickelten dadurch wenig politisches Eigenleben. Dennoch zeigte sich innerhalb der Grenzen, die von der SED-Führung zugelassen wurden, gewisse Eigenwilligkeiten und Besonderheiten. Mancher Regionalfürst der SED konnte seine Position nutzen, um Berliner Vorgaben im eigenen Sinne zu gestalten. Hier ist nicht zuletzt der Bezirk Dresden zu nennen, wo der SED-Chef Hans Modrow in den Achtzigerjahren als Mann der reformwilligen Moskauer Garde um den Staats- und Parteichef Michail Gorbatschow galt. Völlig monolithisch ist die DDR nicht gewesen. Dabei spielte auch eine Rolle, dass die evangelische Kirche ihre Gliederung in Landeskirchen beibehielt, was die Erinnerung an das föderale Erbe bewahren half.

Zentralismus als Staatsideologie

Obwohl sie nach nur drei Jahren durch das »Gesetz über die weitere Demokratisierung« völlig durchlöchert war, galt die erste DDR-Verfassung bis 1968. Sie hat die wahren Verhältnisse nie ausgedrückt. Nach dem Bau der Berliner Mauer und der Errichtung von Zäunen und Barrieren entlang der innerdeutschen Grenze seit August 1961 gingen die SED-Verantwortlichen daran, das sozialistische System zu verfestigen. Die Verfassung von 1968 bezeichnete die DDR als »sozialistischen Staat deutscher Nation« und als »politische Organisation der Werktätigen in Stadt und Land, die gemeinsam unter Führung der Arbeiterklasse und ihrer marxistisch-leninistischen Partei den Sozialismus verwirklichen«. Seit 1974 war vom »sozialistischen Staat der Arbeiter und Bauern« die Rede. Demokratischer Zentralismus bedeutete die Unterordnung des gesamten politischen, wirtschaftlichen und gesellschaftlichen Lebens unter die Maximen der herrschenden Partei. Allerdings zeigte sich bald, dass die Planwirtschaft die Erwartungen nicht erfüllen konnte. Durch die ökonomischen Schwierigkeiten wuchs die Staatsverschuldung, die DDR konnte ihr sozialistisches Gesellschaftsmodell letztlich nicht aus eigener Kraft finanzieren. Das starre Leitungs- und Planungssystem stieß immer mehr an seine

Grenzen. In den Achtzigerjahren wurde die Situation kritisch, der Unmut in der Bevölkerung wuchs, die SED-Herrschaft geriet unter Druck, zumal sich die DDR-Führung unter Staats- und Parteichef Erich Honecker der von Gorbatschow in der Sowjetunion eingeleiteten Reformpolitik nicht anschloss. Und von Polen grenzte man sich ab, seit dort die Bürgerbewegung Solidarnosc mächtig wurde. Stattdessen stellte die zunehmend legitimationsarme DDR-Führung sich und ihren Staat ausgerechnet in die Tradition der preußischen Militärmonarchie, selbst das Denkmal für Friedrich II. wurde Unter den Linden wieder aufgestellt.

Konföderationspläne zwischen Ost und West

In der Deutschlandpolitik während des Kalten Krieges spielte der Föderalismus eine ganz eigentümliche Rolle. Schon früh gab es nämlich in Ost wie West die Vorstellung einer staatenbündischen Lösung der deutschen Frage. In Bonn gehörte Anfang der Fünfzigerjahre Bundesfinanzminister Fritz Schäffer (CSU) zu jenen, die sich eine engere Bindung der beiden deutschen Staaten durch eine Konföderation vorstellen konnten. Doch überwog in der Bundesrepublik die Skepsis. SED-Chef Walter Ulbricht übernahm 1956 die Idee. Allerdings ging es Ulbricht mit Rückendeckung aus Moskau weniger um eine staatliche Vereinigung als um die Anerkennung der DDR als Staat. Denn eine Konföderation – also einen Staatenbund im strikten Sinne – können nur vollgültige Staaten bilden, und die DDR war damals allein im sozialistischen Lager anerkannt. Freie Wahlen waren nach Ulbrichts Plan für den Gesamtdeutschen Rat als zentraler Instanz der Konföderation nicht vorgesehen. Die Sozialdemokraten hegten Ende der Fünfzigerjahre ebenfalls Konföderationspläne, ihr Deutschlandplan von 1959 lief auf eine verfassunggebende Versammlung für ganz Deutschland hinaus. Die Konföderationspläne wurden von der DDR-Führung mit wechselnder Akzentsetzung noch bis 1966 vorgetragen, dann verschwanden sie von der Tagesordnung. Mit der Ostpolitik, die in der Großen Koalition nach 1966 sachte begann und durch die Regierung Brandt dann mit Macht forciert wurde, änderte sich das Verhältnis der beiden deutschen Staaten. Mit dem Grundlagenvertrag, 1972 von der sozialliberalen Bundesregierung mit der Ost-Berliner Führung geschlossen, kam es zu einer Teilanerkennung der DDR durch die Bundesrepublik, die bis Ende der Sechzigerjahre einen Alleinvertretungsanspruch für Gesamtdeutschland erhoben hatte. Aber auch hier spielte der Staatenbundgedanke im Hintergrund eine Rolle, jedenfalls für das Bundesverfassungsgericht, das den Vertrag im Juli 1973 für grundgesetzkonform erklärte. Der Grundlagenvertrag könne ein erster Schritt sein »in einem längeren Prozess, der zunächst in einer der dem Völkerrecht bekannten verschiedenen Varianten einer Konföderation endet, also ein Schritt in Richtung auf Verwirklichung der Wiedervereinigung des deutschen Volkes in einem Staat«.

Herbst 1989

Im Sommer 1989 ließ sich der Protest gegen die wirtschaftliche und staatliche Misere der DDR nicht mehr kanalisieren und unterdrücken. Die vor allem von Sachsen ausgehende Demonstrationsbewegung für Reformen wuchs, die Ausreisebereitschaft nahm zu, Tausende DDR-Bürger flüchteten in die Botschaften der Bundesrepublik in Prag, Budapest und Warschau und in die Ständige Vertretung in Ost-Berlin. Als Ungarn am 11. September 1989 die Grenze nach Österreich öffnete, war es praktisch um die SED-Herrschaft geschehen, die »friedliche Revolution« begann ihren Siegeszug. Am 9. November öffnete sich die Berliner Mauer. Zwar bemühte sich schon bald ein Runder Tisch mit Vertretern der SED und von Oppositionsgruppen um eine Reform der DDR, aber dieses Vorhaben wurde von Beginn an überlagert von dem massiven Wunsch vieler Ostdeutscher nach einer Vereinigung mit der Bundesrepublik. Der Verfassungsentwurf des Runden Tisches blieb Makulatur; aber auch nach diesem Plan sollte die DDR zu einem Bundesstaat

Herbst 1989
Freie Wahlen, baldige Vereinigung, aber auch die Wiedererstehung der Länder von 1947 – das waren Forderungen bei den Demonstrationen in der DDR im Herbst 1948. Neben der Deutschlandfahne wurden schon früh auch die Landesfarben geschwungen, am stärksten wohl Grün-Weiß in Sachsen.

werden, sich also in die Verfassungstradition einfügen. Im Entwurf hieß es: »Die Deutsche Demokratische Republik ist ein rechtsstaatlich verfasster demokratischer Bundesstaat und besteht aus den Ländern.«

Ein neuer Deutscher Bund?

In der Frage der staatlichen Vereinigung dachten die Regierungen in Bonn und Ost-Berlin daran, die alte Konföderationsidee zu beleben. Der seit dem 13. November amtierende neue DDR-Ministerratsvorsitzende Modrow schlug allerdings nur eine lose Vertragsgemeinschaft vor, während Bundeskanzler Helmut Kohl (CDU) einen Zehn-Punkte-Plan vorlegte, der einen Staatenbund vorsah als ersten Schritt zu einer staatlichen Einheit. Am 1. Februar 1990 schwenkte Modrow darauf ein, doch kurz darauf erreichten Kohl und Bundesaußenminister Hans-Dietrich Genscher (FDP) bei Gorbatschow eine wohlwollende Haltung Moskaus bei ihrem Vorhaben einer schnellen staatlichen Vereinigung. Damit war Modrows Politik einer eigenständigen Entwicklung der DDR an der Seite der Bundesrepublik, die auch von Teilen des Runden Tisches unterstützt wurde, der Boden entzogen. Nach dem klaren Sieg der Befürworter der zügigen Einheit bei den ersten demokratischen Volkskammerwahlen am 18. März 1990 plädierte der neue Ministerpräsident Lothar de Maizière (CDU) dafür, die Einheit »so schnell wie möglich, aber so gut wie nötig« vorzubereiten. Der erste Schritt dahin war der Abschluss einer Währungs-, Wirtschafts- und Sozialunion am 18. Mai 1990, also eine föderative Teillösung zur Vorbereitung der staatlichen Einheit.

Beitritt zur Bundesrepublik

Doch wie sollte diese Einheit konkret erreicht werden? Das Grundgesetz stellte dafür zwei Wege bereit. Nach Artikel 146 war es möglich, eine völlig neue gesamtdeutsche Verfassung zu erarbeiten, die dann vom gesamten Volk beschlossen werden sollte. Das Grundgesetz hätte dann seine Gültigkeit verloren. Nicht wenige plädierten in dem ereignisreichen Frühjahr 1990 für diesen Weg, der jedoch eine längere Verfassungsberatung bedeutet hätte (mit, so darf man vermuten, einem Ergebnis, das sich vom Grundgesetz nicht wesentlich unterschieden hätte). Die andere Möglichkeit war der Beitritt nach Artikel 23. Demnach galt das Grundgesetz seit 1949 in den westdeutschen Ländern, »in anderen Teilen Deutschlands ist es nach deren Beitritt in Kraft zu setzen«. Dieser Weg setzte sich schnell durch, er wurde im Einigungsvertrag zwischen den Regierungen in Bonn und Ost-Berlin am 31. August 1990 vereinbart. Die Beitrittserklärung hatte die Volkskammer bereits am 23. August beschlossen.

Die Länder sind wieder da

Für den Beitritt in den Bundesstaat hatte sich die DDR zuvor eine föderale Struktur gegeben. Mit dem »Verfassungsgesetz zur Bildung von Ländern in der Deutschen Demokratischen Republik«, auch Ländereinführungsgesetz genannt, wurden am 22. Juli fünf neue Länder geschaffen, die fünf alte Länder waren: Mecklenburg-Vorpommern, Brandenburg, Sachsen-Anhalt, Sachsen und Thüringen. Auch Ost-Berlin bekam vorübergehend den Landesstatus, bis zum endgültigen Zusammenschluss der getrennten Stadt, die im Einigungsvertrag auch zur Hauptstadt des neuen Gesamtstaats gemacht wurde (wobei über die Frage von Parlaments- und Regierungssitz später entschieden wurde – ebenfalls zu Gunsten Berlins). Man legte jene Bezirke wieder zusammen, in die im Jahr 1952 die Länder der DDR aufgegliedert worden waren (wobei es einige, im Gesetz aufgelistete Grenzkorrekturen gab). Dass die Länder wiedererstehen würden, war allenfalls für jene eine Überraschung, die die Verfassungstradition vergessen oder sich unitarisch zurechtgebogen hatten. Schon früh wurden bei den Herbstdemonstrationen neben den schwarz-rot-goldenen Fahnen auch die alten Landesflaggen geschwenkt, vor allem in Sachsen war das Grün-Weiß nicht zu übersehen. Viele Ostdeutsche wollten als Sachsen, Thüringer, Brandenburger, Mecklenburger, Sachsen-Anhalter in den gesamtdeutschen Staat eintreten. »Der Zentralismus der DDR hatte das Landesbewusstsein nicht ersticken können« (Dietmar Willoweit). An dieses Landesbewusstsein, das man schlecht verbieten konnte, hatten sich zu DDR-Zeiten Hoffnungen auf eine andere politische Zukunft geknüpft. Föderalismus als Verfassungstradition fand so im Jahr 1990 eine verblüffend deutliche Bestätigung.

Alt, nicht neu

Freilich war die Neuauflage der alten DDR-Länderstruktur nicht unumstritten. Fachleute aus allen Disziplinen präsentierten Alternativlösungen, auch später noch, die oft nur zwei oder drei ostdeutsche Länder vorsahen. Dafür wurden vielerlei ökonomische, geographische, historische oder politische Begründungen vorgelegt. Am Ende siegte der demokratische Wille, denn vor allem in Sachsen, Thüringen und Mecklenburg war alles andere als die Wiederherstellung der mehr oder weniger alten Landesstaatlichkeit für die meisten nicht denkbar. Der für regionale Angelegenheiten zuständige Minister Manfred Preiß (FDP) meinte daher: »Es gibt eben in der Politik manchmal eine höhere Vernunft als die allein wirtschaftlich begründete. Jede andere Lösung hätte in der Bevölkerung keine mehrheitliche Zustimmung gefunden.« Die höhere war die demokratische Vernunft. Am 22. Juli schuf die Volkskammer mit dem Ländereinführungsgesetz die neuen Länder, die eigentlich alte Länder sind – 1947 zur gleichen Zeit wie die westdeutschen gegründet und wie diese mehr oder weniger tief in der deutschen Geschichte verankert.

Allerdings verlief der Prozess der Länderbildung für föderative Verhältnisse doch etwas »von oben herab«, was zweifellos der hektischen Situation nach der Entscheidung für den schnellen Beitritt zur Bundesrepublik geschuldet war. Bei vielen Entscheidungen, die den künftigen Status der fünf ostdeutschen Länder betraf, hatten sie in diesen Monaten keinerlei Einfluss – es gab sie ja offiziell noch nicht, die am 3. August benannten Landessprecher waren mit der inneren Vorbereitung belastet und in den Prozess der vertraglichen Einheitsgestaltung nicht eingebunden. Aber sie hätten auch wenig beizutragen gehabt – es gab keine Landesverwaltungen, die hätten mitwirken können, und keine Landtage für eine demokratische Mitbestimmung. Den Prozess der Vereinigung leiteten vor allem die Zentralregierungen in Bonn und Ost-Berlin ein. Die West-Länder versuchten dabei so gut es ging, ihre eigenen Interessen einzubringen – am Ende recht erfolgreich, was später auch den ostdeutschen Ländern nützte. Deren Landesregierungen gewannen seit Ende 1990 relativ schnell Terrain, und der paternalistische Zentralismus der Bundesregierung ließ in dem Maße nach wie die Erkenntnis wuchs, dass es so schnell nichts werden würde mit den »blühenden Landschaften«.

KAPITEL 18

Einheit, Europa, Reform: Föderalismus seit 1990

»Wir Deutsche sind Föderalisten«

»Wir Deutsche sind von Haus aus Föderalisten. Aus der Vielfalt der regionalen Verwurzelung haben wir in unserer Geschichte oft unsere besten Kräfte bezogen. So wollen wir es auch im vereinten Deutschland halten.« Das waren die Worte von Bundespräsident Richard von Weizsäcker in seiner Weihnachtsansprache 1990. Das Staatsoberhaupt betonte die Verfassungstradition nicht umsonst, denn es ging in den nächsten Jahren darum, den neuen gesamtdeutschen Staat zu integrieren – mit all den hochgespannten Erwartungen im Osten und den Befürchtungen im Westen. Es war ja nicht mehr die alte Bundesrepublik mit ihrem Wohlstand und ihrer vergleichsweise hohen sozialen und wirtschaftlichen Homogenität, sondern ein Deutschland, das wieder größere regionale Unterschiede zeigte. Denn das Jahr 1990 brachte nicht einfach eine Erweiterung der westdeutschen Republik – in den Verfassungsanzug schlüpfte nun ein neues Staatswesen, das bald feststellen musste, dass die alte föderale Jacke zu eng und die Ärmel zu kurz waren. Die hergebrachten bundesstaatlichen Praktiken, die Einheitlichkeitsgebote und kooperativen Politikmuster, taugten nicht mehr für ein Deutschland, das heterogener geworden war. Natürlich war der erste Reflex, enger zusammenzurücken und das Heil wieder in Unitarisierung und Zentralisierung zu suchen. Doch zeigte sich bald, dass mehr Differenzierung wohl die bessere Antwort sein würde – sieht man einmal vom Problem der Finanzierung der Einheit (und der DDR-Altlasten) ab, das natürlich nur gesamtstaatlich zu bewältigen war.

Die beiden Jahrzehnte seit 1990 brachten eine dreifache Herausforderung für den Föderalismus. Er hatte erstens die Bewährungsprobe der Einheit zu bestehen, für die es kein Drehbuch gab. Er musste sich zweitens dem neuen System der Europäischen Union anpassen, die 1992 mit dem Maastricht-Vertrag beschlossen worden war und mit der endgültigen Schaffung des Binnenmarkts 1993, der neuen Euro-Währung, der Osterweiterung und dem Verfassungsvertrag von Lissabon 2007 in kurzer Zeit weitere Schritte in der europäischen Integration brachte. Und drittens war angesichts der offenkundigen Defizite des kooperativen Föderalismus klar, dass Reformen nötig sein würden. Zwar konnten diese nicht nach dem Muster eines ausgeprägten Wettbewerbsföderalismus verlaufen, wie er vor 1990 konzipiert worden war, denn dafür waren die wirtschaftlichen Zustände im Osten zu desolat. Es konnte vorerst nur um bundesstaatliche Solidarität gehen. Da aber auch die ostdeutschen Länder ein Interesse daran hatten, mehr Freiräume zu bekommen, war – abgesehen von den Finanzen – der Weg zu einer Reform nicht verbaut. Sie würde nur nicht so tief in das Gestrüpp der Politikverflechtung einschneiden können, wie man es sich in den stärkeren Ländern wünschte.

Wieder in München: Eine gesamtdeutsche Ministerpräsidentenkonferenz

Als Mittel zur Integration war der Föderalismus bestens geeignet, denn er machte diesen Balanceakt zwischen gesamtstaatlicher Problemlösung und regionaler Selbstbestimmung im »Beitrittsgebiet« möglich. Dank des Föderalismus hatten die Ostdeutschen mit ihren Ländern ihre eigene Ebene, auf der sie bestimmen konnten, auf der sie nicht Teil des Westens waren, sondern bei sich selbst. Der Berliner Theologe Richard Schröder, 1990 Fraktionschef der SPD in der demokratischen Volkskammer, betonte zehn Jahre nach dem Fall der Mauer diese Funktion des Föderalismus als einen wesentlichen Faktor für die Stabilität der politischen Verhältnisse: »Die Wiedereinrichtung der östlichen Länder hat die deutsche Einigung erleichtert. Als das Dach »DDR« abgerissen war, waren darunter fünf neue Dächer. Noch immer fühlen sich manche Ostdeutsche im vereinigten Deutschland unbehaust, aber doch in ihrem Land zu Hause.« Am 14. Oktober 1990 wurden in Sachsen, Thüringen, Brandenburg, Sachsen-Anhalt und Mecklenburg-Vorpommern Landtage gewählt, am 2. Dezember ein Abgeordnetenhaus für Gesamt-Berlin. Landesregierungen bildeten sich, mit Ministerpräsidenten an der Spitze, die nun als die herausgehobenen Repräsentanten der ostdeutschen Bevölkerung auftraten, denn in Bonn spielten Ostdeutsche zunächst keine große Rolle. Vor allem der sächsische Ministerpräsident Kurt Biedenkopf (CDU), ein erfahrener Westpolitiker und ehemaliger CDU-Generalsekretär, und sein brandenburgischer Kollege Manfred Stolpe (SPD) konnten sich auf der bundespolitischen Bühne schnell Einfluss und Mitsprache sichern.

Ein Symbol föderaler Solidarität zwischen den Ländern war die erste Ministerpräsidentenkonferenz mit ostdeutscher Beteiligung, die auf Einladung des bayerischen Regierungschefs Max Streibl (CSU) am 20./21. Dezember 1990 in München stattfand – in Erinnerung an die bis dahin letzte gesamtdeutsche Zusammenkunft der Länderchefs im Jahr 1947. Der amtierende MPK-Vorsitzende Gerhard Schröder (SPD) aus Niedersachsen betonte aus diesem Anlass die Gemeinsamkeiten und freute sich, dass »es niemand gelungen ist, die 16 Ministerpräsidenten auseinanderzudividieren«. Gemeint waren die Versuche der Bundesregierung, Länderrechte im Prozess der Einheit zu beschneiden. Dazu gehörte auch der Plan für ein Bundesaufbauministerium, das zu einer zentralen Lenkung des Aufbaus Ost geführt und die ostdeutschen Länder an die Gängelleine des Bundes gelegt hätte.

Stattdessen kam es zunächst zur Aufbauhilfe durch Partnerschaften zwischen ostdeutschen und westdeutschen Ländern; wenn diesen damals (und oft bis heute) Egoismus bei der finanziellen Unterstützung für die am Zerfall der DDR leidenden

43 Jahre später
Am 21. Dezember 1990 fand erstmals seit 1947 eine gesamtdeutsche Ministerpräsidentenkonferenz statt. Tagungsort war wieder München, eingeladen hatte der bayerische Ministerpräsident Max Streibl. Vorsitzender der Ministerpräsidentenkonferenz war der spätere Bundeskanzler Gerhard Schröder, damals Regierungschef in Niedersachsen. Mit der Konferenz waren die ostdeutschen Regierungen offiziell in den Länderreigen integriert.

»neuen« Länder unterstellt wurde, dann sollte man diese doch sehr umfangreiche Verwaltungshilfe durch Beamte auf Landesebene und in den Kommunen nicht vergessen – bei aller Aufregung um »Buschprämien« und ähnliche Absonderlichkeiten der Übergangszeit. Die Aufbauhelfer hatten oft aus den Fehlern der bundesrepublikanischen Vergangenheit gelernt, die sich dann im Osten nicht wiederholten: Die Kreis- und Gemeindereformen nach 1990 verliefen insgesamt weniger konfliktreich, weil sie nicht wie im Westen in den Siebzigerjahren vor allem nach technokratischen Kriterien von oben herab verordnet wurden.

Ländergremien als Aufbauhelfer

Die Selbstkoordinierungsgremien der Länder – nicht zuletzt die Konferenzen der Kultus- und Innenminister – trugen in den ersten Jahren nach der Einheit erheblich zur Integration der neuen Länder in den Politikbetrieb bei. Hier hatten alle

Länder das gleiche Stimmrecht, hier konnten die ostdeutschen Ressortchefs dank des Einstimmigkeitsprinzips nicht übergangen werden. Zudem schufen sie sich eine eigene »Ost-Konferenz« für alle jene Themen, die sie bilateral mit dem Bund zu besprechen hatten. Das stärkte den Einfluss der ostdeutschen Länder. Die Mitwirkungsmöglichkeiten im Bundesrat und in den Landesministerkonferenzen nutzten ihnen mindesten so sehr wie der Einfluss ihrer Abgeordneten im Bundestag – wenn nicht mehr. Auch für die aus der DDR stammenden Minister (die Mehrzahl der Landesressorts war von Beginn an mit Ostdeutschen besetzt) boten diese Ländergremien eine gute Einführungspraxis. Hier erwies sich, zumindest in institutioneller Hinsicht, der kooperative Föderalismus als ein Vorteil. Es war übrigens der Bundesrat, der als erstes Verfassungsorgan einen Ostdeutschen an seiner Spitze hatte – im November 1991 wurde der Ministerpräsident von Mecklenburg-Vorpommern, Alfred Gomolka (CDU), turnusgemäß zum Bundesratspräsidenten gewählt und war damit gemäß Artikel 57 des Grundgesetzes Stellvertreter des Bundespräsidenten.

Integration durch Landespolitik

Doch fanden die ostdeutschen Politiker quer durch die Parteien vor allem über die Landtagspolitik in die gesamtstaatliche Politik hinein. Alle Ost-Länder gaben sich zwischen 1992 und 1994 eigene Verfassungen, und die Diskussionen darüber (vor allem über die Möglichkeit, eigene Akzente zu setzen), waren eine Schule der Demokratie, die auch weit in die Öffentlichkeit ausstrahlte. Vor allem aber musste das gesamte Landesrecht geschaffen werden, das wegen der Politikverflechtung auch eng mit Bundesrecht und Bundespolitik zusammenhing. Nicht wenige ostdeutsche Politiker entwickelten dabei den Ehrgeiz, westdeutsches Recht und westdeutsche Verwaltungsgebräuche nicht eins zu eins zu übernehmen, sondern eigene Lösungen auszuprobieren. Der Aufbau Ost sollte keine Kopie West werden – Wettbewerbsföderalismus ging somit auch von den neuen Ländern aus. Vor allem Biedenkopf und sein Kabinett in Dresden propagierten einen sächsischen Eigenweg. Es wurde zum Beispiel ein zweigliedriges Schulsystem geschaffen, das Elemente der DDR und der alten Bundesrepublik verband. Zudem lehnte Sachsen die Einführung des 13. Schuljahres an Gymnasien ab und blieb bei zwölf Jahren – das Land wurde damit zum Vorreiter, die meisten Länder nahmen sich seither ein Vorbild daran.

Der Bund finanziert

Zunächst hatten die Ost-Länder vor allem mit dem Bund zu tun. Schon der Einigungsprozess wurde im Sommer 1990 weitgehend von den Bonner Ministerien gelenkt, und auch die Finanzierung der Einheit war eine weitgehend zentralstaatliche Angelegenheit. Denn es war von Beginn an klar, dass das alte Finanzausgleichssystem die erheblichen Unterschiede nicht bewältigen konnte: Die Finanzkraftunterschiede vor dem Ausgleich schwankten in den alten Ländern 1990 zwischen 77 und 112 Prozent des Durchschnitts – wie sich zeigte, war die Steuerkraft der ostdeutschen Länder 1991 jedoch weit geringer als gedacht und lag nur bei einem Drittel des West-Niveaus. Damit wären alle »alten« Länder zu Zahlern geworden, und die bisherigen Geberländer Baden-Württemberg und Hessen hätten Summen überweisen müssen, die ihre Haushalte gesprengt hätten. So wurde vereinbart, die neuen Länder bis 1995 nicht in den herkömmlichen Finanzausgleich einzubeziehen und deren Finanzierung ganz dem Bund zu übertragen. Dafür wurde unter anderem der Fonds Deutsche Einheit eingerichtet. Wie sich zeigte, waren die Vereinbarungen im Einigungsvertrag angesichts der tatsächlichen Finanzlage der ostdeutschen Länder unrealistisch, die Mittel aus dem Fonds Deutsche Einheit reichten nicht. Auf Druck der ostdeutschen Ministerpräsidenten wurden ihre Länder finanziell besser ausgestattet – nun auch auf Kosten der West-Länder, die dank des Einheitsbooms aber auch beträchtliche Steuermehreinnahmen hatten. Der Fonds Deutsche Einheit wuchs am Ende auf 160 Milliarden Mark. Zum Vergleich: Die Ausgleichsmasse in dem auf die West-Länder beschränkten Länderfinanzausgleich betrug zwischen 1990 und 1994 insgesamt etwa 18 Milliarden Mark.

Starke, schwache und mittlere Länder

Bei den Verhandlungen für einen neuen Finanzausgleich, der ab 1995 gelten sollte, kam es nicht zu der von vielen befürchteten Allianz des Bundes mit den schwachen Ländern zu Lasten der Stärkeren. Es standen vielmehr die Länder gegen den Bund zusammen und erreichten einen neuen Finanzausgleich, der die föderale Balance bewahrte. Das lag auch daran, dass die alte Konstellation aus Zeiten der Bundesrepublik verschwunden war: Dem Bund standen auf Länderseite nicht mehr zwei, sondern drei Lager gegenüber. Da waren die Zahlerländer im Westen (Bayern, Baden-Württemberg, Hessen, Nordrhein-Westfalen, Hamburg), die »Mittelgruppe« der einst schwachen und nun relativ starken westdeutschen Länder (Niedersachen, Rheinland-Pfalz, Schleswig-Holstein, Saarland, Bremen) und die Ost-Länder plus Berlin. Deren Interessen kollidierten mal, konnten sich aber auch decken. So hatte die Gruppe der Starken bisweilen Unterstützung aus dem Osten, wenn es um mehr Gesetzgebungskompetenzen ging, denn den Regierungen in Dresden, Erfurt oder Schwerin war immer dann an mehr Eigenständigkeit gelegen, wenn sich westdeutsches Recht als Bürde erwies. Das betraf zum Beispiel das Planungsrecht. Die Neunzigerjahre sahen unter den Ministerpräsidenten recht häufig Koalitionen über die Parteigrenzen hinweg, wenn es darum ging, Länderinteressen zu wahren.

Neue Stimmenverteilung im Bundesrat

Die Dreiteilung des Länderlagers zeigte sich auch in der Neuverteilung der Stimmen im Bundesrat, die schon 1990 vorgenommen wurde. Um der zahlenmäßigen Minderheit der größeren Länder eine Vetomöglichkeit gegen Grundgesetzänderungen zu geben, wurde deren Stimmenzahl von fünf auf sechs erhöht. Daraus ergab sich später auch eine Sperrminorität für die Zahlerländer im Finanzausgleich: Hessen, Baden-Württemberg, Bayern, Hamburg und Nordrhein-Westfalen kommen zusammen auf 26 Stimmen. Bei 69 Stimmen im Bundesrat liegt die verfassungsändernde Zweidrittelmehrheit bei 46 Stimmen, für ein Veto braucht es also 24 Stimmen. Eine solche Sperrminorität haben auch die schwachen Länder, zu denen neben den ostdeutschen Ländern das Saarland und Bremen zählen (und angesichts einer hohen Verschuldung seit einigen Jahren auch Schleswig-Holstein). Damit ist im Bundesrat eine gewisse Machtbalance gewahrt – zwar haben die schwächeren Länder bei einfachen Gesetzen in der Regel eine Mehrheit, was im Zweifelsfall dem Bund nutzt, aber zumindest eine Grundgesetzänderung zu ihren Lasten kann von den starken Ländern verhindert werden.

Streit um den Finanzausgleich

Die Ost-Länder wurden ab 1995 in den Finanzausgleich einbezogen – um die westdeutschen Länder aber nicht in eine Etatkrise zu stürzen, wurde die Umsatzsteuer neu verteilt: Der Länderanteil stieg von 37 auf 44 Prozent. Damit war auch weiterhin ein direkter (»horizontaler«) Finanzausgleich zwischen den Ländern möglich, und daran hatten alle ein Interesse. Denn ein allein über den Bund abgewickelter Finanzausgleich – durch direkte Zuweisungen aus einem entsprechend gestärkten Bundesetat – würde auch die Steuerungsmacht des Bundes erhöhen. Dass der Kompromiss für den neuen Finanzausgleich letztlich zu Lasten des Bundes ging, konnte nicht verwundern: Die Länder hatten ja seit 1949 praktisch jede Finanzautonomie verloren, während der Bund über seine Steuerhoheit Möglichkeiten besaß, seinen Haushalt wieder aufzufüllen (was er vor allem über den Solidarzuschlag auch tat). Und der Bund war auch eher in der Lage, eine höhere Verschuldung zu meistern. Zwar hätte die deutsche Einheit den Anlass für eine grundlegende Reform der Finanzverfassung gegeben – aber angesichts der sich verschärfenden Finanzierungsprobleme, die zu einer eher kurzfristigen Politik des schnellen Reagierens zwang, hätten sich Bund und Länder dabei wohl Anfang der Neunzigerjahre übernommen. Doch das Thema blieb auf der Tagesordnung, denn die finanzstarken Länder wehrten sich dagegen, dass von ihren überdurchschnittlichen Steuereinnahmen am Ende praktisch nichts übrig blieb. Bayern, Baden-Württemberg und Hessen reichten daher 1999 eine Klage beim Bundesverfassungsgericht ein, das ihnen zum Teil auch Recht gab. Die Klägerländer hatten moniert, der Finanzausgleich sei verfassungswidrig, weil er die Finanzkraftunterschiede der Länder nicht nur ausgleiche, sondern zu einer »Übernivellierung« führe. In der Tat veränderte sich nach allen Stufen des Finanzausgleichs (also auch der Bundeszuweisungen) die Reihenfolge der Länder: Stärkere standen in der Tabelle weiter unten, schwächere stiegen auf. Karlsruhe verlangte eine Neuordnung, die 2001 auch umgesetzt und im Rahmen des Solidarpakts II bis 2019 festgeschrieben wurde. Die stärkeren Länder konnten nun von ihren Steuereinnahmen etwas mehr behalten, die Lücke bei den anderen wurde mit Bundesmitteln gefüllt.

Viele Nehmer, wenige Zahler

Damit war zwar mehr Planbarkeit für die Haushaltspolitik geschaffen worden, aber Ruhe kehrte deswegen an der finanzpolitischen Front nicht ein. Denn diese Reform von 2001 änderte im Grundsatz wenig an dem Finanzausgleichssystem, das in einer Zeit geschaffen worden war, als die Finanzkraftunterschiede der Länder insgesamt eher gering waren. Nun aber waren sie größer, und man hatte erkennen müssen, dass diese Unterschiede nicht so schnell verschwinden würden. Der Finanzausgleich geriet nicht zuletzt von wissenschaftlicher Seite immer mehr in die Kritik. Denn er setzte – in der Sprache der Ökonomie – falsche Anreize. Weder für »Zahler« noch »Nehmer« lohne es sich, zu Mehreinnahmen zu kommen, bemängelten die Kritiker. Jede zusätzliche Einnahme eines Zahlerlandes fließt fast vollständig in den Finanzausgleich, während jede zusätzliche Einnahme eines Nehmerlandes dessen Einkünfte aus dem Finanzausgleich entsprechend verringert. Damit wird eine aktive regionale Strukturpolitik der stärkeren Länder bestraft, denn ihnen geht der finanzielle Erfolg zu einem großen Teil verloren, während die schwächeren Länder wenig Anreiz zu einer solchen aktiven Standortpolitik haben, weil jeder Erfolg aus ihrer Sicht ein finanzielles Nullsummenspiel ist: Was sie an eigenen Steuereinnahmen gewinnen, reduziert den Zufluss aus dem Finanzsausgleich. Zudem hatte diese Form des Finanzausgleichs ihr Ziel, auch die Wirtschafts- und damit die Steuerkraft der Länder anzugleichen, schon vor 1990 nicht erreicht. Zwar stellten die Länder deswegen ihre Bemühungen, zu einem attraktiven Standort zu werden, nicht ein. Aber mittlerweile zahlten nur noch Baden-Württemberg, Bayern, Hessen und Hamburg in den Ausgleich ein – zwischen 2003 und 2007 im Schnitt 7,1 Milliarden Euro pro Jahr. Ihnen standen elf »Nehmerländer« gegenüber und das einst starke, aber zum Wackelkandidaten gewordene Nordrhein-Westfalen – ein deutliches Ungleichgewicht. Nun wurde einer der Hauptfehler des Systems akut: »Die Leistungen, die die ausgleichspflichtigen Länder im Länderfinanzausgleich zu erbringen haben, werden nicht nach deren Leistungsfähigkeit, sondern in erster Linie durch die Fehlbeträge der ausgleichsberechtigten Länder bestimmt.« (Wolfgang Renzsch) Eine einseitige Angelegenheit also, denn im Extremfall sind die stärkeren Länder selbst dann belastet, wenn es ihnen auch nicht gut geht. Im internationalen Standortwettbewerb lief und läuft Deutschland damit Gefahr, dass seine Lokomotivregionen ihren Rang nicht festigen und möglicherweise verlieren können. Doch mit der Vereinbarung, das System bis 2019 nicht zu ändern, war die Reform vertagt.

»Entschieden föderativ geprägt«

Dennoch war Föderalismusreform eine der Hauptbeschäftigungen der Politik nach 1990. Den Anfang machte 1991 die Gemeinsame Kommission Verfassungsreform von Bund und Ländern. Die westdeutschen Ministerpräsidenten hatten bereits am 5. Juli 1990 in ihren »Eckpunkten für den Föderalismus im vereinten Deutschland« gefordert, dass die »Aushöhlung der Kompetenz der Länder« rückgängig gemacht werden müsse. »Ein einheitliches Deutschland darf schon von seiner Größe und seinem Gewicht her kein Nationalstaat im historischen Sinne sein. Er wird noch in viel stärkerem Maße ein entschieden föderativ geprägter Bundesstaat sein müssen. Seine künftige Struktur wird stärker als bisher die Eigenstaatlichkeit der Länder (…) zur Geltung zu bringen haben.« Es war eine Absage an den unitarischen Bundesstaat mit seiner Politikverflechtung. »Auch im Interesse der künftigen Länder auf dem Gebiet der DDR« schlugen die westdeutschen Ministerpräsidenten eine Reihe von Verfassungsänderungen vor. Neben einer Neuordnung der Finanzbeziehungen von Bund und Ländern forderten sie eine Autonomie zumindest bei jenen Steuern, die allein den Ländern zustehen – also vor allem der Erbschaft- und Vermögensteuer, der Kfz-Steuer und der Grunderwerbsteuer. Revolutionär war das nicht: Es ging dabei um weniger als fünf Prozent des Gesamtsteueraufkommens. Die konkurrierende Gesetzgebung sollte zu Gunsten der Länder umgestaltet werden, vor allem die Bestimmung fallen, wonach der Bund zur Herstellung der »Einheitlichkeit« der Lebensverhältnisse Zuständigkeiten wahrnehmen und an sich ziehen darf, sollte fallen. Stattdessen war im Vorschlag der Ministerpräsidenten nur noch von »gleichwertigen Lebensverhältnissen« die Rede. Dahinter verbarg sich nicht Mangel an Solidarität, sondern die schlichte Einsicht in die Unmöglichkeit, diese Einheitlichkeit überhaupt »herzustellen«. Die Formel im Grundgesetz diente mehr oder weniger nur noch dazu, eine Rückverlagerung von Entscheidungen auf die Länder zu verhindern (obwohl eine konkurrierende Gesetzgebung eigentlich auch dafür offen sein muss). Das Problem hatte – lange vor der Einheit – der nordrhein-westfälische Ministerpräsident Johannes Rau (SPD) deutlich gemacht: »Die Einheitlichkeit der Lebensverhältnisse und unsere föderale Staatsstruktur stehen in einem gewissen Spannungsverhältnis: Föderalismus kann notwendigerweise nicht Gleichheit oder Gleichklang in allen Bereichen bedeuten. Föderalismus ist mit dem Vorhandensein unterschiedlicher Lebensverhältnisse verbunden. Gefordert ist nicht die Einheitlichkeit, sondern die Gleichwertigkeit der Lebensverhältnisse. Gleichwertigkeit kann aber durchaus Unterschiedlichkeit bedeuten.«

Gleichwertig, nicht einheitlich

Das wurde, wie von der Verfassungskommission vorgeschlagen, 1994 umgesetzt. Das Ziel dabei war nach den Worten des führend beteiligten SPD-Politikers Hans-Jochen Vogel eine »Revitalisierung des föderalen Prinzips durch Stärkung der Gestaltungs- und Einflussmöglichkeiten der Länder«. Denn die Gewichte hätten sich »zu sehr in Richtung des Zentralstaats verschoben«. Nach den Beschlüssen der Kommission durfte der Bund in der konkurrierenden Gesetzgebung nur noch tätig werden, wenn die »Herstellung gleichwertiger Lebensverhältnisse« dies auch »erforderlich« macht. Die alte Bedürfnisklausel wurde also durch das präzisere Kriterium der Erforderlichkeit ersetzt – mit diesem juristischen Terminus war eine Einschränkung der Macht des Bundes verbunden, gleichzeitig wollte man damit Verfahren vor dem Bundesverfassungsgericht erleichtern. Dieses sollte nun in strittigen Fällen der konkurrierenden Gesetzgebung entscheiden, ob eine Zuständigkeit wieder an die Länder fallen kann – dafür bekamen auch die Landtage ein Klagerecht.

Doch ansonsten blieb die Verfassungsänderung hinter den Hoffnungen derer zurück, die sich mehr Gestaltungsspielräume für die Länder gewünscht hatten. Die Länder hatten sich in einer eigenen »Kommission Verfassungsreform des Bundesrats« auf eine gemeinsame Linie verständigt. Dabei mussten die stärkeren Länder ihre Interessen schon zurückstellen – Hessen als Hauptzahlerland im Finanzausgleich tat sich am schwersten damit, vor allem dessen Ministerpräsident Hans Eichel (SPD) trat neben dem bayerischen Regierungschef Edmund Stoiber (CSU) als Verfechter einer größeren Eigenständigkeit der Länder und einer Stärkung der Landtage auf. In der Verfassungskommission zielten die Länder dann auf eine begrenzte Rückverlagerung von Gesetzgebungszuständigkeiten, hatten damit aber nur geringen Erfolg. Rahmengesetze immerhin durften nun nur noch in Ausnahmefällen Einzelbestimmungen enthalten, um die Gängelung der Länder durch den Bund einzuschränken. Gerade hier hatten viele Landesregierungen beklagt, dass man vor lauter Rahmen oft kaum noch das Bild erkennen könne.

Der Bund kann nicht loslassen

Das von den Ländern gewünschte »Rückholrecht« in der konkurrierenden Gesetzgebung ließ sich gegen den Widerstand vor allem der Bundesregierung und der Unions-Fraktion im Bundestag nicht durchsetzen. Ein solches Rückholrecht hätte bedeutet, dass Landtage Bundesrecht hätten ersetzen können, wenn sie der Meinung waren, eine einheitliche Regelung sei nicht mehr erforderlich. Die Last des Gegenbeweises wäre dem Bund zugefallen. Aber so kam es nicht. Stattdessen gelangte ein Passus ins Grundgesetz, wonach »durch Bundesgesetz« bestimmt werden konnte, dass eine bundesgesetzliche Regelung nicht mehr erforderlich ist und durch Landesrecht ersetzt werden kann. Es war eine Lösung nach dem hierarchischen Modell: Was die Länder dürfen, bestimmt der Bund. Dass der Bundestag von sich aus freiwillig Gestaltungsrechte an die Länder gab, war praktisch ausgeschlossen. Jedes Land hatte natürlich die Möglichkeit, über einen Bundesratsentwurf aktiv zu werden – aber abgesehen von dem Problem, auch eine Mehrheit in der Länderkammer für einen solchen Vorstoß zu finden, war und ist es erfahrungsgemäß so, dass der Bundestag Anträge des Bundesrats eher ignoriert. Die Reform von 1994 war in diesem Punkt also eine Totgeburt. Zwar tüftelte Bayern unverdrossen noch einen Gesamtgesetzentwurf aus, in dem alle Materien aufgelistet waren, die sich aus Sicht der Länder zur Rückübertragung eigneten – darunter das Baugesetzbuch, das Versammlungsrecht, das Grundstück- und Siedlungsrecht, Bereiche der Landwirtschaft, auch Teile des Sozialrechts. Doch der Vorstoß aus München verpuffte. Im Zusammenhang mit dieser ersten Föderalismusreform nach 1990 zeigte sich ein Phänomen, das auch bei den beiden Anläufen nach der Jahrtausendwende auftrat: Die jeweils im Bund regierenden Kräfte sperren sich gegen eine stärkere Föderalisierung, selbst wenn die eigene Landesebene das möchte. So war es bei der CDU 1994, und so war es bei SPD und Grünen 2004, als die zweite Föderalismusreform vorübergehend scheiterte und dann erst, unter großem Handlungsdruck, von der großen Koalition 2006 umgesetzt werden konnte.

Länder sind in Europa dabei

Erheblich mehr Erfolg, wenn auch im Sinne des Beteiligungsföderalismus, hatten die Länder beim europapolitischen Teil der Verfassungsreform. Schon seit Jahren kämpften sie gegen die Aushöhlung ihrer verbliebenen Autonomie durch EU-Recht, forderten mehr Subsidiaritätsschutz und eine stärkere Beteiligung der Regionen am Brüsseler Geschehen. Denn die EU-Kommission zog schleichend immer mehr Zuständigkeiten an sich, und angesichts der Vereinheitlichungswelle im Zuge des europäischen Binnenmarkts würde diese Entwicklung noch an Fahrt gewinnen. Die Länder sahen daher ihre Staatsqualität in Gefahr. Früher und stärker als

Bundesregierung und Bundestag hatten die Landesregierungen erkannt, dass die EG- und dann die EU-Politik keine klassische Außenpolitik mehr war, sondern europäische Innenpolitik. In einer Erklärung der Münchner Ministerpräsidentenkonferenz vom Dezember 1990 wurde das mit der Forderung verbunden, auch im künftigen europäischen Mehrebenensystem – aus deutscher Sicht ein dreistufiger Bundesstaat – müssten den Ländern als dritter Staatsebene die gleichen föderalen Mitwirkungsrechte zukommen wie bisher innerhalb der Bundesrepublik. Wenn Brüssel ihnen schon Gestaltungsspielräume nahm, dann wollten sie jedenfalls in Brüssel mitreden können – denn auch die europäische Ebene ist ja, was die Exekutive betrifft, eine »Dame ohne Unterleib« und bei der Umsetzung von Direktiven auf die Mitgliedstaaten (im deutschen Fall also vor allem auf die Länder) angewiesen.

Wegen der Gründung der Europäischen Union durch den Vertrag von Maastricht waren 1992 einige Änderungen am Grundgesetz nötig. Dafür brauchte es eine Zweidrittelmehrheit im Bundesrat, und die war für die Bundesregierung nur zu haben durch ein weit gehendes Zugeständnis an die Länder. Mit Unterstützung der Parteiführungen von Union und SPD und gegen den Willen von Außenminister Klaus Kinkel (FDP) wurden ein Mitwirkungsrecht der Länder in Angelegenheiten der Europäischen Union und ein neuer Artikel 23 in das Grundgesetz eingefügt, der die Länderrechte stärkte. Danach wurde die Übertragung von Hoheitsrechten auf die EU durch den Bund an die Zustimmung des Bundesrates gebunden – und zwar einer Zweidrittelmehrheit der Länderkammer. Wo die Länder innerstaatlich zuständig sind oder ihre Mitwirkungsrechte tangiert werden, musste der Bundesrat nun »an der Willensbildung des Bundes« bei der Europapolitik beteiligt werden – er war damit Bundestag und Bundesregierung gleichgestellt. Bei den ausschließlichen Zuständigkeiten der Länder (also vor allem Bildung und Kultur) sollte Deutschland in den EU-Gremien durch einen vom Bundesrat benannten Ländervertreter repräsentiert werden, der sich natürlich mit der Bundesregierung abstimmen musste. Da der Bundesrat ein Bundesorgan ist, ist dieser Ländervertreter (in aller Regel ein Landesminister) keineswegs »minderwertiger« als ein Mitglied der Bundesregierung.

Im Europa der Regionen

Dass 1992 in den Artikel 24 ein Passus eingefügt wurde, wonach die Länder mit Zustimmung der Bundesregierung Hoheitsrechte auf »grenznachbarschaftliche Einrichtungen« übertragen dürfen, machte die veränderte Sicht deutlich – denn das war nach den alten Vorstellungen Außenpolitik, im neuen EU-Rahmen dagegen nichts anderes als jene regionale Zusammenarbeit, welche die Länder unter sich schon längst praktizierten. Dieser Passus zielte auch auf den Ausschuss der Regionen, der mit den Maastrichter Verträgen zur Repräsentation der europäischen Regionen ins Leben gerufen wurde. Das Europäische Parlament hatte bereits 1988 in einer Gemeinschaftscharta eine Regionalisierung der EG gefordert, und auch die Europäische Union ist in ihrer Politik auf ein »Europa der Regionen« angelegt. Das folgt schon aus der Erkenntnis, dass der globale Standortwettbewerb immer weniger zwischen Nationalstaaten als zwischen Regionen stattfindet. Und damit kommt es auch auf deren Vernetzung an, die über die alten Grenzen hinaus möglich sein muss.

»Blockadepolitik« und »Reformstau«

Mitte der Neunzigerjahre begann sich ein Regierungswechsel im Bund abzuzeichnen – die seit 1982 regierende schwarz-gelbe Koalition unter Bundeskanzler Helmut Kohl näherte sich ihrem Ende. Das hatte sich über die Länder früh angedeutet: Schon seit April 1991 besaß die Bundesregierung keine eigene Mehrheit mehr im Bundesrat, doch überwog angesichts der Herausforderung der Einheit zunächst die Kooperation. Mit Blick auf die 1998 anstehende Bundestagswahl nutzte dann aber die SPD die Situation, um durch eine gezielte Blockadepolitik die Bundesregierung als handlungsunfähig darzustellen – vor allem eine größere Steuerreform fiel deswegen im Bundesrat durch. Nun begann eine Grundsatzdebatte über die Rolle des Bundesrats im politischen System – sie verstärkte sich noch, als die 1998 gewählte rot-grüne Bundesregierung unter Bundeskanzler Gerhard Schröder (SPD) schon nach einigen Monaten ihre Mehrheit im Bundesrat wieder verlor und bis zu ihrem Ende 2005 auf die Zusammenarbeit mit der Union angewiesen war. Wieder wurde heftig über den Missbrauch des Bundesrats für parteipolitische Zwecke gestritten – als ob die Mitglieder der Länderkammer nicht ebenfalls demokratisch legitimiert wären und als ob Parteipolitik in anderen Gremien keine Rolle spielte. Bundespräsident Roman Herzog hat sich über diese Kritik an der parteipolitischen Seite der Länderkammer vor seiner Amtszeit als Staatsoberhaupt einmal lustig gemacht: »Man mag es wollen oder nicht, wenn man den Bundesrat aus Katzen zusammensetzte, dürfte man sich ja auch nicht wundern, wenn diese den Mäusen, die möglicherweise herumlaufen, nachjagten.«

Offensive für Gestaltungsföderalismus

Was die Forderungen nach einer Föderalismusreform jedoch vor allem nährte, war der von vielen Seiten konstatierte »Reformstau« in Deutschland, durch das nach Herzogs Worten (nun als Präsident) ein »Ruck« gehen müsse. Zu den Reformhindernissen wurde auch die Politikverflechtung gezählt. Die stärkeren Länder bereiteten die ihrer Ansicht nach dringend nötige Reform durch eine mehrjährige Offensive vor. Bayern und Nordrhein-Westfalen zum Beispiel machten deutlich,

1990 Das vereinigte Deutschland

Mit der Vereinigung von 1990 – genauer: dem Beitritt der ostdeutschen Länder zur Bundesrepublik – wurde die föderale Verfassung des Grundgesetzes bestätigt. Deutschland besteht seither aus 16 Ländern, Hauptstadt ist Berlin.

dass sie ihren Spielraum in der Hochschulpolitik erweitern und hier die Rahmengesetzgebung des Bundes beenden wollten. »Bundesweite Einheitsmodelle behindern zu sehr die notwendige Differenzierung der Hochschullandschaft in Deutschland. Wir brauchen Maßanzüge, kein Einheitskorsett«, sagte Stoiber im November 1996. Auch mehr Regionalisierung in der Gesundheitspolitik (etwa bei der Krankenhausfinanzierung), in der Arbeitsmarktpolitik und in der Sozialpolitik war im Gespräch. Stoiber und der nordrhein-westfälische Ministerpräsident Wolfgang Clement (SPD) forderten, unbeirrt vom Fehlschlag des Rückholrechts, eine »umgekehrt konkurrierende Gesetzgebung«, also ein Zugriffsrecht der Länder auf Bundesgesetze, um diese zu ändern – diese Umkehrung des Verfassungsprinzips »Bundesrecht bricht Landesrecht« stieß jedoch auf wenig Gegenliebe beim Bund. Der Politikwissenschaftler Fritz W. Scharpf kam freilich zu jener Zeit zu dem Schluss, dass »das einheitliche deutsche Recht immer mehr zu einer Fessel einer effektiven Standortpolitik der Länder wird«. Vor allem die stärkeren Länder konnten sich vorstellen, im Wirtschaftsrecht mehr selber zu bestimmen, zumal hier die EU schon mehr regelte als der Bund, es also vor allem darauf ankam, das EU-Rahmenrecht auf regionale Bedürfnisse anzuwenden. Dahinter stand die Vorstellung, noch stärker als bislang Wirtschafts- und Technologieförderung, Infrastrukturentwicklung sowie Bildungs-, Weiterbildungs- und Arbeitsmarktpolitik zu einer regionalen Standortpolitik bündeln zu können, ohne ständig mit dem Bund verhandeln zu müssen oder sich in den Bund-Länder-Kooperationsgremien zu verheddern.

Der damit verbundene Wettbewerbsföderalismus war freilich durch die Befürchtung belastet, die Stärkeren wollten sich so aus der Solidarität stehlen. Der baden-württembergische Ministerpräsident Erwin Teufel (CDU) betonte daher, ein Plädoyer für mehr Wettbewerb sei »keine Absage an Gemeinsamkeit, an Chancengleichheit, an Gleichwertigkeit der Lebensverhältnisse, an einen gerechten Finanzausgleich«. Um deutlicher zu machen, worum es bei der Vorstellung von mehr Wettbewerb eigentlich geht, kam nun der Begriff »Gestaltungsföderalismus« auf – der in der Tat die Kernidee klarer zum Ausdruck brachte: mehr Gestaltungsrechte der Länder für eine gute Regionalpolitik. Gestaltungsföderalismus bedeutet Entflechtung und auch Trennung der Verantwortlichkeiten von Bund und Ländern, wo es möglich war und Konsens bestand, und zumindest mehr Flexibilisierung da, wo die schwächeren Länder sich mehr Eigenständigkeit nicht zutrauten oder der Bund sich von seiner Lenkungsrolle nicht verabschieden wollte.

Absage an zu viel Kooperation

Dabei ging es auch um die Frage, »bis zu welchem Grade die Gleichwertigkeit der Lebensverhältnisse hergestellt oder aufrechterhalten werden muss, oder ob nicht ein höheres Maß an Flexibilität und Wettbewerb nicht nur der föderativen Ordnung besser entspricht, sondern auch die ökonomische Entwicklung der Bundesrepublik stärker vorantreibt als ein eher lähmender Überschuss an bündischer Solidarität«, wie der Verfassungsrechtler Hans-Peter Schneider 1998 sagte. Im kooperativen Miteinander fühlten sich vor allem die Ministerpräsidenten und Staatskanzleien immer weniger wohl. Die höhere Zahl der Beteiligten bei weitaus größerer Interessendifferenzierung im Vergleich zur Zeit vor 1990 machte die Bund-Länder-Verfahren und auch die Selbstkoordinierung der Länder in vielen Fällen zu umständlich und zu schwerfällig. Auf allen Seiten wuchs das Bedürfnis nach mehr Eigenständigkeit. Im Jahr 2000 kam die Föderalismusexpertin Ursula Münch zu dem Schluss, »dass die Dynamik, die jedem Bundesstaat innewohnt, inzwischen deutlich stärker in Richtung auf mehr Eigenstaatlichkeit der deutschen Länder und damit eine Dezentralisierung ausschlägt, als dies unmittelbar nach der Vereinigung noch vorstellbar war«.

Karlsruhe ändert die Richtung

Eine wesentliche Rolle in dem Reformprozess, der seit Mitte der Neunzigerjahre Fahrt aufnahm, spielte das Bundesverfassungsgericht. Es interpretierte die Verfassungsreform von 1994 als einen Auftrag, die bisherige Rechtsprechung zu revidieren – und die hatte seit den Fünfzigerjahren stets eine unitarische Tendenz gehabt. Nun schwenkte das Gericht auf eine Linie ein, die die Länderinteressen höher gewichtete, und setzte in mehreren Urteilen seit 2001 dem Bund klare Schranken für die konkurrierende und die Rahmengesetzgebung. »Sinn der föderalen Verfassungssystematik ist es, den Ländern eigenständige Kompetenzräume für partikulardifferenzierte Regelungen zu eröffnen«, hieß es in einem Urteil vom Juli 2004 – und damit war gewissermaßen auch der seit 150 Jahren verpönte Begriff des Partikularismus ein wenig rehabilitiert. Schon im Oktober 2002 hatte der Zweite Senat in einem Urteil über die Zuständigkeit bei Altenpflegeberufen festgestellt: »Unterschiedliche Rechtslagen für die Bürger sind notwendige Folge des bundesstaatlichen Aufbaus.« Die Unterschiedlichkeit von Regelungen in den Ländern allein könne daher »ein gesamtstaatliches Interesse an einer bundesgesetzlichen Regelung nicht begründen« – das Postulat der Rechtseinheit wurde damit eingeschränkt. Diese sah das Gericht erst dann bedroht, wenn eine Gesetzesvielfalt in den Ländern »eine Rechtszersplitterung mit problematischen Folgen darstellt«. Die Wahrung der Wirtschaftseinheit durch Bundesgesetze sei erst dann geboten, »wenn Landesregelungen oder das Untätigbleiben der Länder erhebliche Nachteile für die Gesamtwirtschaft mit sich bringen«. Und was die »Herstellung gleichwertiger Lebensverhältnisse« angeht, befand das Gericht, dass ein Eingreifen des Bundes erst dann erlaubt sei, »wenn sich die Lebensverhältnisse in den Ländern der Bundesrepublik in erheblicher, das bundesstaatliche Sozialgefüge beeinträchtigender Weise auseinander entwickelt haben oder sich eine derartige Entwicklung konkret abzeichnet«. Die Erforderlichkeit von Bundesgesetzgebung in vielen Bereichen war damit deutlich beschnitten, die Macht des Bundes erheblich gestutzt. Es war eine kleine Revolution: Das Bundesverfassungsgericht hatte seinen Teil dazu beigetragen, dass die Blockade durch die Politikverflechtung gelöst und der Weg aus dem »unitarischen Bundesstaat« gefunden werden konnte.

»Mutter aller Reformen«

Die Erkenntnis, dass der kooperative Föderalismus an seine Grenzen gelangt war, führte 2003 zur Einsetzung einer neuen Verfassungskommission unter Leitung des SPD-Fraktionsvorsitzenden im Bundestag, Franz Müntefering, und des bayerischen Ministerpräsidenten Stoiber. Zumindest bei den »Generalisten« in der Politik war man zu Einschnitten in die Verflechtung, zu einer Entflechtung bereit. Die entscheidende Frage war, ob und wie weit die politischen und bürokratischen »Fachbruderschaften«, stets gut vernetzt mit den Interessenverbände, auf ihre gewachsene Machtstellung verzichten würden. Die Erwartungen an die von Müntefering und Stoiber geleitete Föderalismuskommission I – offiziell Kommission zur Neuordnung der bundesstaatlichen Ordnung, kurz »Kombo« – waren sehr hoch, als sie Mitte Oktober 2003 von Bundesrat und Bundestag eingesetzt wurde. Stoiber sprach gar von der »Mutter aller Reformen«. Die Kommission nahm sich in der Tat vor, die umfangreichste Neuordnung des Föderalismus seit 1949 anzugehen. Stimmberechtigt waren jeweils 16 Vertreter des Bundestages und des Bundesrates, beratend gehörten zudem vier Vertreter der Bundesregierung dazu, sechs Landtagsabgeordnete, drei Vertreter der Kommunalverbände und zwölf sachverständige Professoren. Zwar hatten die Landtage mit Blick auf die Reformgespräche auf einem Konvent in Lübeck nochmals verlangt, ihre Interessen in den Mittelpunkt zu stellen, am Ende aber saßen ihre Vertreter nur am Katzentisch. Nach dem Einsetzungsbeschluss hatte die Kommission das Ziel, »die Handlungs- und Entscheidungsfähigkeit von Bund und Ländern zu verbessern, die politischen Verantwortlichkeiten deutlicher zuzuordnen sowie die Zweckmäßigkeit und Effizienz der Aufgabenerfüllung zu steigern«. Gesetzgebungszuständigkeiten von Bund und Ländern sollten geprüft werden, auch die Mitwirkungsrechte der Länder in der Bundesgesetzgebung – das zielte auf den Bundesrat – und die Finanzbeziehungen (insbesondere Gemeinschaftsaufgaben und Mischfinanzierungen) zwischen Bund und Ländern. Es sollte also um Entflechtung gehen, um mehr »Klarheit und Wahrheit«, wie die Bundesjustizministerin Brigitte Zypries (SPD) betonte. Föderalismus sollte wieder durchschaubarer werden, auch für die Bürger.

Ein schlüssiger Reformkatalog

Im Gegensatz zur eher zurückhaltenden Bundesseite hatten die Ministerpräsidenten einen recht schlüssigen Katalog mit Forderungen vorgelegt. Dabei ging es vor allem um eine Abrundung der bildungspolitischen Kernzuständigkeit der Länder – »von der Kita bis zur Habilitation«. Der Bund sollte kaum noch Möglichkeiten haben, hier mit eigenen Programmen lenkend einzugreifen – man wollte den »goldenen Zügel« zumindest bei der Kernaufgabe der Landespolitik endlich abstreifen. Zudem peilten die Länderchefs mehr Eigenständigkeit bei der Regelung regionaler Sachverhalte an, die für eine zusammenhängende Strukturpolitik als nötig erachtet wurden, etwa in der Wirtschafts- und Arbeitsmarktpolitik. Zudem verlangten sie Zugriffsrechte der Länder auf einigen Feldern der konkurrierenden Gesetzgebung, wollten also abweichend vom Bund legislativ tätig werden können. Dafür waren sie bereit, auf Zustimmungsrechte im Bundesrat zu verzichten und auch bei der Mitwirkung der Länder in der EU-Politik dem Bund entgegenzukommen. Kurzum: Das Ziel war mehr Gestaltungsföderalismus.

Die Bundesregierung mauert

Ein Jahr mühte sich die Kommission durch ihre Verhandlungen, wobei durchaus interessante Möglichkeiten einer ambitionierten Reform deutlich wurden – etwa umfangreiche Abweichungsrechte der Länder bei Bundesgesetzen als flexibles Mittel einer Entflechtung. Doch bald zeigte sich, dass vor allem die rot-grüne Bundesregierung kein wirkliches Interesse an der Reform hatte. Bundeskanzler Schröder und sein Kabinett legten Vorschläge vor, die in einer Weise auf die Stärkung des Bundes zielten, dass man den Eindruck hatte, das Hauptziel der Reform – die Abkehr vom unitarischen Trend der Vergangenheit – sei nicht im Sinne der Bundesregierung. Der Politikwissenschaftler Rainer-Olaf Schultze meinte: »Im Kern zielte die Bundesregierung weniger auf Reföderalisierung; es ging ihr vielmehr um die Stärkung des Gesamtstaats durch Effizienzsteigerung und um Entflechtung nur insofern, als dadurch die Zustimmungspflichtigkeit und damit die faktische Mitregierung der Ministerpräsidenten und Landesregierungen wie der bundespolitischen Opposition nachhaltig reduziert sowie die Handlungsmöglichkeiten der Bundesregierung in der EU verbessert würden.« Und obwohl klar war, dass die Länder nicht zuletzt auf eine Stärkung ihrer bildungspolitischen Kernzuständigkeit aus waren (das galt auch für sozialdemokratische und grüne Landespolitiker), machte die Bundesbildungsministerin Edelgard Bulmahn (SPD) mit Bundesprogrammen für Eliteuniversitäten und Ganztagsschulen und zuvor schon dem (später vom Bundesverfassungsgericht gekippten) Verbot von Studiengebühren deutlich, dass der Bund gar nicht daran dachte, in der Bildungspolitik auf das Rahmenrecht und das alte Lenkungsmodell durch Finanzspritzen zu verzichten.

Streitthema Bildung

Ein Grund der Verweigerungspolitik der rot-grünen Regierung war, dass die SPD das Thema Bildung in den Mittelpunkt des Bundestagswahlkampfes 2006 stellen wollte. Ein Verzicht auf Gestaltungsrechte kam deswegen nicht in Frage, und Sozialdemokraten in der Föderalismuskommission versuchten mehrfach, die Möglichkeiten des Bundes in der Schul- und Hochschulpolitik noch auszuweiten. Kanzler Schröder stellte so den kurzfristigen politischen Marketingeffekt über das Anliegen einer gründlichen Reform. Aus der Sicht vor allem der Unions-Ministerpräsidenten machte damit die ganze Veranstaltung keinen Sinn mehr. Angesichts der Stärkung der Länder durch das Verfassungsgericht auf der Grundlage der Reform von 1994 (nochmals bestätigt im Urteil zur Juniorprofessur im Juli 2004) kamen doch Zweifel auf, ob die Ergebnisse der Verhandlungen in der Müntefering-Stoiber-Kommission aus Sicht der Staatskanzleien in die richtige Richtung gingen. Es zeichnete sich nämlich ab, dass den Ländern wohl weniger legislativer Gestaltungsspielraum zukommen würde, als selbst Pessimisten erwartet hatten. So schwand die Neigung vieler Unions-Ministerpräsidenten, dem von den Müntefering und Stoiber vorgelegten Abschlusspapier zuzustimmen. Es war letztlich ein tief sitzendes Misstrauen zwischen Bundes- und Länderseite, das – verbunden mit gegenseitigen Vorwürfen – im Dezember 2004 zum vorläufigen Scheitern der Reform führte. Gescheitert war bald darauf allerdings auch die Regierung Schröder, die nach der Niederlage von Rot-Grün bei den Landtagswahlen in Nordrhein-Westfalen im Mai 2005 (womit die Opposition im Bundesrat in Richtung Zweidrittelmehrheit steuerte) auf vorgezogene Bundestagswahlen setzte. Die führten zur schwarz-roten Koalition unter der ersten Bundeskanzlerin Angela Merkel (CDU). Um zügige Handlungsfähigkeit zu beweisen, ging die neue Regierung daran, ausgerechnet die Ergebnisse der Föderalismuskommission in nur leicht veränderter Form umzusetzen – gerade noch Streithähne, fanden sich die Spitzen von Union und SPD nun einträchtig (zumindest nach außen) zur Reform bereit und setzten sie weitgehend nach den Vorschlägen der Kommission im Juni 2006 um.

Ein bisschen hier, ein bisschen da

Gemessen am Anspruch und an den Erwartungen hat die Föderalismuskommission I vielleicht nur ein eher mageres Gesamtergebnis erreicht. Das lag auch daran, dass sie letztlich in der Art eines Vermittlungsausschusses von Bundstag und Bundesrat gestaltet war – und die Verhandlungen deshalb bald in die übliche Praxis von »Tauschgeschäften« abglitten, die allerdings bei Verfassungsreformen eher unangebracht sind. Eine echte Leitidee band die Kommission nie zusammen, weil zwischen unitarischer Beharrung und partikularem Anspruch zu wenig darüber nachgedacht worden war, welchen Föderalismus man eigentlich will. Kurzfristige par-

Föderales Knäuel

Der Karikaturist Klaus Stuttmann nahm 2005 die Verhandlungen in der Föderalismuskommission aufs Korn. Bayerns Ministerpräsident Edmund Stoiber und SPD-Bundestagsfraktionschef Franz Müntefering hatten keine einfache Aufgabe vor sich. Am Ende fand sich ein Kompromiss, der zwar nicht alle befriedigte, aber 2006 von der schwarz-roten Bundesregierung unter Angela Merkel umgesetzt wurde.

teipolitische Interessen kamen hinzu. Dennoch war die Kommission kein Misserfolg. Denn für sich genommen waren einige Beschlüsse, die dann umgesetzt wurden, ein klarer Fortschritt, an dem weitere Reformbemühungen anknüpfen können. Der Politikwissenschaftler Roland Sturm urteilte daher zu Recht, die Entwicklung zu immer mehr Unitarismus sei gebremst und teils sogar revidiert worden.

Völlig gestrichen wurde die Rahmengesetzgebung, die nach den Karlsruher Urteilen ohnehin praktisch wertlos geworden war. So wurde die Beamtenpolitik reföderalisiert: Bund und Länder waren nun wieder für ihre Bediensteten und deren Besoldung selbst verantwortlich. Das war ein Gewinn für die Länder, denn Personalkosten sind der größte Posten in ihren Etats, weil sie für Schule, Polizei und Steuerverwaltung zuständig sind. Bei den Gesetzgebungzuständigkeiten wurde einiges hin- und hergetauscht, die Länder bekamen ein alleiniges Gestaltungsrecht im Heimrecht, beim Ladenschluss und beim Gaststättenrecht, beim Strafvollzug oder der Lärmbekämpfung – »Kleinkram«, wie ein Beteiligter aus dem Stuttgarter Staatsministerium dies später kommentierte. Die Bundesseite verweigerte jede Übertragung von ganzen Politikfeldern wie die öffentliche Fürsorge oder das Recht der Wirtschaft. Aber genommen wurde gern: Bei der Terrorabwehr durch die Polizei wuchsen die Zuständigkeiten des Bundeskriminalamts enorm, vor allem aber bekam der Bund die volle Zuständigkeit für die Umweltgesetzgebung. Das hatten die Fachpolitiker vehement gefordert, die seit Jahren darauf drangen, die gesamte Materie bundeseinheitlichen in einem Umweltgesetzbuch zu bündeln. Freilich ist gerade im Umweltrecht der nationale Rahmen längst gesprengt, müssen bestimmte Probleme wie der Klimawandel mittlerweile global angegangen werden, andere europäisch, manche national, aber auch regional. Gerade die Umweltpolitik lässt sich nicht einer staatlichen Ebene exklusiv zuteilen. Bei den Gemeinschaftsaufgaben und den Mischfinanzierungen gelang es nicht, die Verflechtung ganz zu lösen. Es klappte beim Hochschulbau, aber nicht bei der regionalen Wirtschaftsförderung. Und es kam sogar eine neue Gemeinschaftsaufgabe hinzu, die Forschungsförderung bei überregional bedeutsamen Vorhaben. Die Finanzhilfen des Bundes für die Länder wurden beschränkt, sie dürfen nur noch befristet und mit jährlich fallenden Beträgen gewährt werden.

Bildungsstaaten, Bildungsrepublik

Als Erfolg konnten die Länder es am Ende verbuchen, dass sie nach der Abschaffung der Rahmengesetzgebung auf ihrem ureigenen Feld weitgehend autonom handeln können. Die Länder könnten nun als »Bildungsstaaten« agieren, sagte das Kommissionsmitglied Winfried Kretschmann (Grüne). Doch kaum waren die Beschlüsse im Gesetzblatt verkündet, rief Bundeskanzlerin Merkel im Frühsommer 2008 die »Bildungsrepublik« aus – der Wahlkampf 2009 warf schon seine Schatten voraus. Die Ministerpräsidenten wurden im Herbst des Jahres zum »Bildungsgipfel« nach Dresden gerufen. Dort wurde vereinbart, die Bildungs- und Forschungsinvestitionen zu erhöhen – auf immerhin zehn Prozent des Bruttoinlandsprodukts. Zwangsläufig führte dies zu einer Diskussion ums Geld. Die Länder, fachpolitisch praktisch allein zuständig, aber ohne jede Möglichkeit, wegen mangelnder Finanzautonomie zusätzliche Mittel selbst zu generieren (außer etwa über die umstrittenen Studiengebühren), forderten einen höheren Anteil an der Mehrwertsteuer. Der Bund wollte das freilich an mehr Mitsprache binden. Kurzum: Zwei Jahre nach der großen Föderalismusreform, die doch gerade bei der Bildung für relativ klare Verhältnisse gesorgt hatte, musste das staunende Publikum den Eindruck gewinnen, dass die Verantwortlichen in Bund und Ländern zwar gerne über Entflechtung reden, aber in der Praxis weiter aneinander hängen wie die Kletten. Offenbar ließen sich die Verhaltensmuster des kooperativen Föderalismus bei den Beteiligten – Politik, Bürokratie, Verbände – in kurzer Zeit nicht ohne weiteres beseitigen. Das zeigte sich auch im Festhalten der Bundesbildungsministerin Annette Schavan (CDU) an Förderprogrammen im alten Stil. Anfang 2010 forderte Schavan dann gar eine Revision der ersten Föderalismusreform – die Wissenschaft sollte offenbar durch die Rückkehr zum kooperativen Modell stärker vor den angesichts der globalen Finanzkrise einsetzenden allgemeinen Sparbemühungen verschont werden.

Abweichen erlaubt – in Grenzen

Immerhin brachte die Föderalismusreform eine grundlegende Neuerung: Im Grundgesetz wurde erstmals ein Abweichungsrecht der Länder von der Bundesgesetzgebung und den Verwaltungsvorgaben verankert. Die Idee spielte bereits bei den Reformüberlegungen in den Siebzigerjahren eine Rolle – und es erinnerte an den (mittlerweile natürlich vergessenen) alten Reichsföderalismus, der diese Möglichkeit der Abänderung von Bundesvorgaben durch die Länder und Reichskreise auch schon kannte. Ein solches Abweichungsrecht bekamen die Länder bei einem Teil des nunmehr zentralisierten Umweltrechts und dem äußerst schmalen Restbestand an Bundeshochschulrecht (Hochschulzugang und Hochschulabschlüsse). Um die Zahl der Zustimmungsgesetze im Bundesrat zu verringern, wurde den Ländern ein Abweichungsrecht bei den Verwaltungsvorgaben des Bundes gemäß Artikel 84 eingeräumt, der bis dahin in der Hälfte der Fälle für das Zustimmungsrecht des Bundesrats verantwortlich war. Ein solches Abweichungsrecht kann zweifach wirken: Zum einen gibt es die Möglichkeit, tatsächlich ein andere Regelung zu treffen, zum anderen kann aber schon die Ankündigung einer Abweichung reichen, im Bundesgesetz bestimmte Interessen durchzusetzen, wenn die Rechtseinheit höher gewichtet wird als die Rechtsvielfalt. Allerdings kam mit der Reform auch ein neues Vetorecht hinzu: Die Länder dürfen seither bei Bundesgesetzen mit hohen Folgekosten für ihre Etats die Zustimmung verweigern – keine ganz unverständliche Regelung, die vermeiden soll, dass das Zentralparlament zu umfangreiche soziale Wohltaten auf Kosten der Länder beschließt. Nach den ersten Erfahrungen sank die Zustimmungsquote im Bundesrat auf etwa 40 Prozent, wobei die große Koalition zwischen 2005 und 2009 kaum alle Register zog, um am Bundesrat vorbeizukommen – sie hatte ja die meiste Zeit eine bequeme Mehrheit. Unstimmigkeiten wurden meist schon auf Parteiebene vorab geregelt, so selten wie in diesen vier Jahren tagte der Vermittlungsausschuss noch nie.

Wie viel Ländereinfluss in Europa?

Ein Kernthema der Föderalismuskommission I war die Vertretung Deutschlands bei der EU. Der Bundesregierung war der neue Artikel 23 von 1992 ein Dorn im Auge, sie wollte die Mitwirkung der Länder deutlich zurückschrauben – mit der

Begründung, die »Europafähigkeit« der Bundesrepublik leide durch die Länderrechte und das Auftreten der Landesregierungen in Brüssel. Am Ende wurde der Artikel 23 allerdings nur etwas präzisiert, auch weil der Bund seine Bedenken kaum belegen konnte. Auf eine Bundestagsanfrage hin wusste das Außenministerium 2003 praktisch keinen gravierenden Fall zu nennen, in dem der Bund aufgrund der Mitwirkungsrechte der Länder in Brüssel behindert worden wäre. Es wurde sogar eine eher positive Bilanz der Grundgesetzänderung von 1992 gezogen. Die relativ häufigen Enthaltungen der deutschen Seite bei Abstimmungen in EU-Ratsgremien – dort gern als »German vote« verspottet – lagen also weniger am Ländereinfluss oder an umständlichen Koordinierungsverfahren zwischen den deutschen Staatsebenen. Das Problem fand sich eher in Berlin. Auf die Verhandlungen in der Reformkommission gemünzt meinte daher der Politologe Martin Grosse Hüttmann: »Die Perspektive des Bundes verdeckt, dass die Verhandlungsführung in Brüssel aufgrund der Koordinationsprobleme zwischen den Bundesministerien häufig stärker behindert wird als durch Schwierigkeiten bei der Bund-Länder-Koordinierung.«

Interessenvertretung in Brüssel

Die Forderung der Bundesregierung nach Zurückhaltung der Länder ließ außer Acht, dass deren Interessen in einer immer stärker integrierten EU auch in Brüssel vertreten werden müssen und dass es dort aus deutscher Sicht ohne die Länder gar nicht geht. Die meisten Felder einer regionalen Strukturpolitik werden mit Förderprogrammen und Verordnungen auch von der EU-Kommission beackert. Sie steuert die Agrarpolitik und mischt in der Wirtschafts-, Umwelt- und Arbeitsmarktpolitik mittlerweile ebenso mit wie bei der beruflichen Bildung oder der Stadtentwicklung. Selbst in ureigene Landesdomänen wie Kultur-, Medien-, Schul und Hochschulpolitik greift Brüssel zum Teil massiv ein. Und da die EU-Kommission natürlich auch wissen will (und muss), was aus dem von ihr verteilten Geld wird, ist Brüssel über die Beihilfenkontrolle auch bei der konkreten Umsetzung von Programmen mit von der Partie. Die Länder sind als die eigentliche Exekutivebene der Bundesrepublik für die EU-Kommission daher ein wichtiger Ansprechpartner. Das Problem ist, dass sie kaum »Verwandte« in den anderen europäischen Staaten haben. Denn nur Belgien und Österreich sind föderal organisiert, und das reicht nicht, um eine Phalanx von Bundesstaaten zu bilden. So zeigte sich bei den Verhandlungen für die EU-Verfassung (die nach der Ablehnung durch einige Mitgliedstaaten im Dezember 2009 in abgeschwächter Form als Vertrag von Lissabon in Kraft trat), dass kaum ein Partnerland mit Rücksicht auf die Rolle der Länder im deutschen Bundesstaat den eigenen Regionen deutlich mehr Gestaltungs- und Mitwirkungsmacht geben wollte. Daran änderte die engagierte Mitarbeit des baden-württembergischen Ministerpräsidenten Teufel im Europäischen Konvent wenig, auch wenn es sich Teufel als Erfolg zurechnete, das Subsidiaritätsprinzip gestärkt und ein Klagerecht für den Bundesrat erstritten zu haben.

Die Politikverflechtung in der Europäischen Union führte dazu, dass sich alle Länder eigene Büros und Niederlassungen in Brüssel zugelegt haben. Die bisweilen verspottete Eigenwahrnehmung ihrer Interessen in Brüssel – Bayerns in der Tat recht üppige Vertretung wird gern als »Neuwahnstein« bezeichnet – ist Teil der Länderstrategie, einerseits der Usurpation von Rechten durch Brüssel etwas entgegenzustellen, andererseits ihre Funktion als Exekutivebene für EU-Maßnahmen zum Tragen zu bringen. Es geht also um Vorfeldbeobachtung und möglichst frühe Einflussnahme, und da wollen sich die Länder nicht auf den Bund verlassen – der die Eigenwilligkeit der Länder wiederum kritisch beäugt und eine Minderung seiner europapolitischen Lenkungsfunktion befürchtet. Der Politologe Roland Sturm rät Bund und Ländern zu einer stärkeren Koordinierung ihrer Repräsentation in Brüssel und kommt zu dem Schluss: »Die Europafähigkeit des Föderalismus kann (...) mangelnde Europafähigkeit der Bundesregierung nicht kompensieren. Voraussetzung für effizientes Entscheiden ist auch, dass Berlin mit dem Ressortegoismus seiner Ministerien zurechtkommt.«

Die Landtage – nicht ganz am Ende

Die erhoffte Aufwertung des Länderparlamentarismus brachte die Föderalismusreform von 2006 nicht. Allerdings hielt sich das Aufbegehren der Landtage gegen ihre fortschreitende Entmachtung vor und während der Verhandlungen der Föderalismuskommission auch in Grenzen – der Vorwurf einer »föderativen Bequemlichkeit« (Roland Lhotta) ist so ganz unberechtigt nicht. Freilich haben sich die Landtage mittlerweile mit der eher unitarischen Realität des bundesdeutschen Föderalismus arrangiert und ihre Arbeit daran ausgerichtet. Ihr Schwerpunkt ist daher die Verwaltungskontrolle, eigene Gesetzgebung, aber auch die Überwachung des Auftretens der Landesregierungen im Bundesrat und in den Selbstkoordinierungsgremien tritt dagegen zurück. Man sollte diese Selbstbescheidung nicht pauschal mit politischer Aushöhlung gleichsetzen. Denn weil Staat in Deutschland vor allem Ländersache ist, sind die Länder auch hauptsächlich dafür verantwortlich, dass die Verwaltungen funktionieren, dass genügend Polizisten Dienst tun, dass in den Schulen alle Lehrerstellen besetzt sind, dass an den Universitäten neben der Forschung auch eine vernünftige Lehre stattfindet, dass Gerichtsverfahren nicht zu lange dauern und Genehmigungsverfahren sich nicht endlos hinziehen. Und hier kommen nun die Landtage und ihre Abgeordneten ins Spiel: Im Gegensatz zum Bundestag sind sie viel näher dran am staatlichen Alltag und am Verwaltungshandeln der Landesexekutiven, und da diese ja die Bundesgesetzgebung umsetzen, kommt der Verwaltungskontrolle und -gestaltung der Landesparlamente eine nicht zu unterschätzende Bedeutung für das Funktionieren des Gesamtstaats zu. Zumal die Länder einen weit höheren Anteil an den öffentlichen Investitionen leisten als der Bund und auch der Zusammenhang mit den Kommunen enger ist. Kurzum: Ob der Staat als Institution funktioniert, liegt weit mehr in der Verantwortung der Landtage als im Zuständigkeitsbereich des Bundestags. Die Leistungsfähigkeit des Staatsapparats hängt entscheidend davon ab, dass die Landtage dafür Sorge tragen. Insofern ist es kein Wunder, dass sie neben den verbliebenen Domänen der Bildungs- und Kulturpolitik in den letzten Jahrzehnten immer mehr die Reform und Verbesserung der Verwaltung als eine Kernaufgabe begriffen haben.

Ohne jede Finanzautonomie

Die Verfügungsgewalt der Landtage über die eigenen Landesetats ist nach 40 Jahren im kooperativen Föderalismus in einem bedenklichen Ausmaß beschnitten. Der Rechtsprofessor Joachim Wieland hat dies 2008 bei einer Anhörung im Bundestag auf den Punkt gebracht, dass die Abgeordneten des 19. Jahrhunderts schließlich nicht für die Haushaltshoheit der Parlamente gekämpft hätten, damit man sie im frühen 21. Jahrhundert wieder abschafft. Der weitaus größte Teil der Einnahmen in einem Landeshaushalt ist mittlerweile durch Bundesgesetzgebung festgelegt, nicht einmal bei den reinen Landessteuern reden die Landtage ein Wörtchen mit. Sie fungieren hier »nur noch als Notare« (Werner Reutter) von Entscheidungen, die in Berlin fallen. Und auch viele Ausgabenposten sind durch Bundesgesetze fixiert. Der Spielraum für eigene Gestaltung hat stetig abgenommen. Aber gerade die Erwartung der Bürger, dass der Staat funktioniert, dürfte den Druck erhöhen, zu mehr Finanzautonomie der Länder zu gelangen. Auch angesichts der gewachsenen regionalen Differenzierung innerhalb der Bundesrepublik wäre eine Aufwertung der Landtage angesagt, denn diese Entwicklungs- und Standortunterschiede verlangen – nimmt man Demokratie als Form der Selbstregierung ernst – nach Gestaltung in den Ländern, nicht über den Bund oder Europa. Was für Mecklenburg-Vorpommern oder Rheinland-Pfalz gut und richtig ist, wissen die Landesparlamentarier im Zweifelsfall besser als der Bundestag oder das EU-Parlament. Eine weitere Austrocknung der Landespolitik dürfte auch die gesamtstaatliche Politik treffen, denn die Länder waren immer ein Personal- und Ideenreservoir für die Bundespolitik. Der Parlamentarismusforscher Werner Patzelt betont deshalb, es gäbe »in Deutschland viel weniger Chancen auf politische Partizipation und einen kleineren Pool professionellen politischen Personals, wenn die Länderparlamente sowie die sie umgebenden Partei- und Verbandsstrukturen fehlten«.

Immer mehr Länder in der Schuldenfalle

Mit der Föderalismusreform von 2006 wurden erstmals konkrete Haftungsquoten von Bund und Ländern für den Fall festgelegt, dass Deutschland die Euro-Stabilitätsgrenzen nicht einhält. Diese besagen, dass die Neuverschuldung in einem Jahr nicht mehr als drei Prozent des Bruttoinlandsprodukts betragen darf und die Gesamtverschuldung nicht über 60 Prozent dieser Wirtschaftsleistung. Bei Überschreiten drohen Sanktionen durch die EU-Kommission. 2002 und 2003 lag die Bundesrepublik über den drei Prozent, was Bund und Länder dazu zwang, zu überlegen, wer im schlimmsten Fall wie viel bezahlt. Die Staatsverschuldung war zum Thema des Föderalismus geworden. Doch blieb die Finanzverfassung in der Stoiber-Müntefering-Kommission weitgehend ausgeklammert, weil man den 2001 unter Mühen geschlossenen Solidarpakt II nicht wieder aufdröseln wollte. Die föderalen Finanzprobleme waren damit aber nicht vom Tisch – auch die Verschuldung der Länder hatte sich in den zurückliegenden Jahren verschärft und damit (zusätzlich zum weit höheren Schuldenstand des Bundes) dazu beigetragen, dass die Verschuldungssituation unangenehm zu werden begann. Mehrere Länder hatten ein Urteil des Bundesverfassungsgerichts von 1992, das die Solidarität des Bundes mit den schwächeren Ländern betont hatte, als einen Freibrief zu noch mehr Schulden verstanden – doch im Oktober 2006 rüttelte Karlsruhe die Politik auch hier wach. Eine Klage Berlins für mehr Bundeshilfen wurde rundweg abgelehnt, und das Gericht verschärfte sogar die Kriterien für solche Hilfen und gebot den Ländern, sie müssten zuerst alle landespolitischen Register ziehen, um sich aus der Schuldenfalle zu befreien. Es war eine teure Niederlage für den Berliner Regierenden Bürgermeister Klaus Wowereit (SPD). Eine Rolle spielte bei dem – für die hochverschuldeten Länder ungünstigen – Urteil die Erfahrung, dass frühere Bundeshilfen im Falle des Saarlands und Bremens relativ wirkungslos verpufft waren.

Die Reform geht in die zweite Runde

Das Karlsruher Berlin-Urteil fiel in den Auftakt zu einer neuen Runde der Föderalismusreform. Im Dezember 2006 setzten Bundestag und Bundesrat eine weitere Kommission ein, dieses Mal unter Leitung des baden-württembergischen Ministerpräsidenten Günther Oettinger und des SPD-Bundestagsfraktionschefs Peter Struck. Obwohl der Ansatz eigentlich lautete, »die Eigenverantwortung der Gebietskörperschaften und ihre aufgabenadäquate Finanzsausstattung zu stärken« – also den Ländern ihre Aufgabenwahrnehmung zu erleichtern –, grenzte die Kommission ihre Arbeit von Beginn an vor allem auf die Frage einer Schuldenbegrenzung im Grundgesetz ein. Mit 1500 Milliarden Euro standen Bund und Länder mittlerweile in der Kreide, die hohen Pensionsverpflichtungen für Beamte nicht eingerechnet. Für einige Länder wurde es langsam eng: Neben Berlin, Bremen und dem Saarland hatten nun auch Sachsen-Anhalt, Thüringen und Schleswig-Holstein mit massiven Schuldenproblemen zu kämpfen (und Brandenburg war nicht weit davon entfernt). Das lag zum nicht geringen Teil an fahrlässiger und falscher Politik im Land, zum Teil aber auch daran, dass diese Länder mit ihrer schwachen Wirtschaft relativ hohe Sozialausgaben zu bewältigen hatten, die wiederum per Bundesgesetzgebung festgelegt werden. Die Situation war zwar lange nicht so dramatisch wie zu Weimarer Zeiten, aber ähnelte ihr im Prinzip doch: Die Länder hatten praktisch jede Autonomie bei den Einnahmen verloren, wurden bei den Ausgaben durch zentrale Vorgaben belastet, ohne dafür immer den nötigen Ausgleich zu bekommen, und konnten allein über ihre Verschuldung weitgehend ungehindert verfügen. Autonom nur beim Schuldenmachen – welch eine Fehlentwicklung.

Schulden bremsen

Und diese wurde zum gesamtstaatlichen Problem, weil neben der Rücksicht auf die EU-Vorgaben die hohe Zins- und Tilgungsbelastung mancher Länder deren Fähigkeit zu eigenständiger Regionalpolitik lähmte. Statt aber eine Erweiterung der Autonomierechte in Angriff zu nehmen, entschied sich die Kommission für den anderen Weg: Sie nahm den Ländern noch den letzten Rest an Finanzautonomie und beschloss eine Grundgesetzänderung, die ein Schuldenverbot für die Länder vorsah. Der Vorschlag einiger starker Länder oder der FDP, den Ländern im Gegenzug mehr Spielraum für eine eigene Steuererhebung zu gewähren, verpuffte am Widerstand der großen Koalition im Bund und an der Angst der schwachen Länder. Das Schuldenverbot bedeutet, dass die Neuverschuldung eines Landes über einen Konjunkturzyklus hinweg (das sind vier bis sieben Jahre) im Schnitt bei Null liegen muss. Eine gewisse Flexibilität ist also gegeben, in Jahren mit konjunkturbedingten Steuerausfällen dürfen Kredite aufgenommen werden, in Jahren mit besseren Einnahmen sind sie zu tilgen. Um ihnen die Zustimmung und die Einhaltung des Vereinbarten zu erleichtern, wurden Berlin, Bremen, das Saarland, Sachsen-Anhalt und Schleswig-Holstein Konsolidierungshilfen aus dem Bundesetat zugestanden. Dem Bund wurde ein größerer Spielraum gegeben als den Ländern. Er darf in jedem Jahr bis zur Höhe von 0,35 Prozent des Bruttoinlandsprodukts an neuen Schulden aufnehmen, muss aber darüber hinausgehende Summen ebenfalls in guten Haushaltsjahren tilgen. Für Bund und Länder wurde ein »Frühwarnsystem« eingeführt, das mögliche Haushaltsnotlagen frühzeitig erkennen soll – letztlich läuft das wieder auf eine stärkere gesamtstaatliche Kontrolle der Länderhaushalte hinaus. Die recht ausführlichen Regelungen, die dazu ins Grundgesetz geschrieben wurden, waren alles andere als einfach und übersichtlich – und widersprachen zum Beispiel den verfassungsästhetischen Ansichten des Bundestagspräsidenten Norbert Lammert (CDU) so sehr, dass dieser aus formalen (nicht inhaltlichen) Gründen nicht zustimmen mochte. Der Politologe Arthur Benz warnte denn auch: »Je komplexer das Verfassungsrecht wird, desto mehr Zusammenhänge zwischen einzelnen Normen sind zu beachten, wenn die Verfassung wieder geändert wird, desto mehr Interessen sind aber auch betroffen.«

Zwiespältiges Ergebnis

Das Ergebnis der Oettinger-Struck-Kommission war in der Tat zwiespältig. Einerseits wurde fast allgemein begrüßt, dass die Verantwortlichen sich auf eine Begrenzung der Schulden verständigt hatten (auch wenn die »Bremse« angesichts der Finanzkrise der Jahre 2008 bis 2010 wohl erst später als geplant greifen kann). Auch dürfte Oettingers abschließende Einschätzung nicht ganz falsch sein, dass die künftige »Leitlinie der Haushaltaufstellung nicht mehr in erster Linie das Wünschenswerte (ist); im Vordergrund steht künftig vielmehr zunächst die Frage der Finanzierbarkeit«. Andererseits wurde mit der völligen Abschaffung der Finanzautonomie der Länder der Föderalismus in Deutschland nochmals geschwächt. Freilich könnte das völlige Fehlen von Eigenständigkeit bei den finanzschwächeren Ländern doch noch zu einem Umdenken führen. Wenn sie erkennen und auch der Bund erkennt, dass ohne jede Möglichkeit zum eigenständigen Agieren (sieht man vom Sparen ab) eine solch strikte Schuldengrenze möglicherweise gar nicht eingehalten werden kann, wird sich vielleicht die Einsicht durchsetzen, dass ein gewisses Maß an Steuerautonomie doch nötig ist. Und der Bund könnte sich gezwungen sehen, mehr Abweichungsrechte und flexiblere Lösungsansätze bei der Umsetzung von Bundesvorgaben anzuerkennen, um die Länder zu entlasten.

Und ewig grüßt die Neugliederung

Denn die dritte Möglichkeit – Länderneugliederung – klingt nur beim ersten Hinhören plausibel. In Wirklichkeit würde sie wenig bewirken. Die Probleme Bremens und des Saarlandes beispielsweise wären durch Fusionen nicht beseitigt, sondern sie würden regionalisiert – für Niedersachsen wohl kein Existenzproblem, aber wie sähe das bei dem auch nicht eben starken Rheinland-Pfalz aus? Eine Zusammenlegung von Ost-Ländern würde diese nicht stärker machen, weder ökonomisch noch politisch, es gäbe nur weniger von ihnen. Ihr bundespolitischer Einfluss wäre auch geringer. Sachsen, Thüringen und Sachsen-Anhalt zum Beispiel haben jeweils vier Stimmen im Bundesrat, zusammen also zwölf – ein aus den dreien gebildetes mitteldeutsches Bundesland aber hätte nur noch sechs. Es wäre damit zwar auf Augenhöhe mit Bayern in der Länderkammer – aber doch lange nicht so wirtschaftsstark. Die Erfahrungen mit der Länderneugliederung waren nach 1994 für die Anhänger dieser Lösung ohnehin eher ernüchternd. Seit der damaligen Grundgesetzänderung

Förderales Forum
Der Bundesrat zog im August 2000 ebenfalls nach Berlin, nachdem zeitweise im Gespräch war, ihn in Bonn zu belassen – eine eher abseitige Vorstellung, denn die Länderkammer gehört ins Zentrum des bundespolitischen Geschehens. Seither tagt er im früheren preußischen Herrenhaus, das – zu DDR-Zeiten von der Akademie der Wissenschaften genutzt – dafür saniert und modernisiert wurde.

sind Neugliederungen auch durch Staatsverträge zwischen Ländern möglich, die aber einem Volksentscheid unterliegen. Extra für Berlin und Brandenburg wurde der Artikel 118a ins Grundgesetz genommen, wonach eine Fusion abweichend von den Vorschriften des Artikels 29 durch Vereinbarung der beiden Länder »unter Beteiligung ihrer Wahlberechtigten« erfolgen kann. Doch der erste Anlauf zur Zusammenlegung scheiterte 1996, die Brandenburger zeigten sich ablehnend. Seither köchelt das Thema auf kleiner werdender Flamme. Die Gründung eines Nordstaats durch Schleswig-Holstein und Hamburg (und vielleicht auch Mecklenburg-Vorpommern) blieb eine Idee, die bisweilen in Sonntagsreden anklingt – und wäre »Meck-Pomm«, schwächster Teil eines solchen Nordstaats, besser repräsentiert als jetzt in seiner Eigenständigkeit? Als Alternative zu illusorischen Neugliederungsplänen machte in den vergangenen Jahren die Kooperation zwischen den Ländern Fortschritte. Ausdruck dessen war etwa die »Initiative Mitteldeutschland« der Regierungen von Sachsen, Thüringen und Sachsen-Anhalt, in der eine engere Zusammenarbeit der drei Länder vereinbart und umgesetzt wurde – bis hin zur Zusammenlegung bestimmter Ämter. Ähnlich verfahren auch Berlin und Brandenburg. Kooperation statt Fusion – das ist die Antwort auf das Neugliederungsverlangen, das vor allem von Bundespolitikern gerne vorgetragen wird, ohne dass es Aussicht auf Erfolg hätte.

Föderalismus im Fünfparteiensystem

Erhebliche Veränderungen in den politischen Verfahren der Bundesrepublik könnte ein Entwicklung bringen, die sich allerdings noch nicht endgültig verfestigt hat – der Übergang zum Fünfparteiensystem mit Union, SPD, Linkspartei, FDP und Grünen. Mit fünf Parteien wird die Politik im verflochtenen Föderalismus auf jeden Fall komplexer. Im Frühjahr 2010 hatte die schwarz-gelbe Bundesregierung nur eine knappe eigene Mehrheit in der Länderkammer. Aber in den Ländern gab es acht verschiedene Koalitionen: Neben sieben schwarz-gelben Bündnissen dreimal Schwarz-Rot, zweimal Rot-Rot, eine SPD-Alleinregierung, einmal Rot-Grün, einmal Schwarz-Grün, einmal »Jamaika« (CDU, FDP, Grüne). Alle Parteien regieren irgendwo in den Ländern mit und haben so auch ein Mitwirkungsinteresse im Bundesrat, das möglicherweise den Interessen der eigenen Bundespartei entgegensteht. Damit wird der Bundesrat bunter, aber aus Sicht der Parteiführungen, der Mehrheit im Bundestag und der Bundesregierung auch weniger berechenbar. Viele Bundespolitiker sehen daher die Lösung in einer Reform der Abstimmungsmodalitäten im Bundesrat. Dort wird in der Regel nur gefragt, wer einem Gesetz zustimmt – gibt es genügend Ja-Stimmen, gilt ein Gesetz als gebilligt. Gleiches gilt beim Einspruch oder der Anrufung der Vermittlung – auch hier heben nur jene Ländervertreter die Hand, die einen Einspruch oder eine Vermittlung wollen. Ob die anderen ablehnen oder sich enthalten, wird nicht abgefragt – es kommt darauf an, ob sich eine Mehrheit ergibt. Da Koalitionen in den Ländern in der Regel aber vereinbaren, sich bei internen Meinungsverschiedenheiten (die meist parteipolitische Ursachen haben) in der Länderkammer zu enthalten, kommen diese Mehrheiten umso schwerer zu Stande, je mehr Koalitionen es gibt, die sich enthalten, weil die eine Koalitionspartei auch an der Bundesregierung beteiligt ist, die andere aber zur Opposition im Bund gehört. Enthaltungen wirken im Bundesrat faktisch wie Nein-Stimmen. Daher gibt es die Vorstellung, Länder, die sich enthalten wollen, nicht mitzuzählen. Doch war die Länderkammer bislang nicht bereit, das zu akzeptieren und wird es auch in Zukunft nicht tun – es würde ja praktisch den Ausschluss von Ländern bei der Abstimmung bedeuten.

Konsensuales Miteinander

So kommt es in Zukunft wohl stärker darauf an, dass alle Parteien stärker als bisher zu einem konsensualen Miteinander bereit sind. Denn es dürfte im gefestigten Fünfparteiensystem weit häufiger zu Verhandlungszwängen und Vermittlungsverfahren kommen als bisher. Das muss nicht zwangsläufig auf eine so genannte Konkordanzdemokratie nach Schweizer Muster hinauslaufen – in Bern regiert bekanntlich seit Jahrzehnten eine Allparteienkoalition. Aber unterhalb dieser Schwelle könnte auch die Bundesrepublik in den nächsten Jahren vermehrt eine Politik über die alten Blöcke und Lager hinweg erleben. So bewirkt der Föderalismus im Fünfparteiensystem einerseits mehr Vielfalt auf Länderebene, andererseits aber führen die kooperativen Politikmuster zu mehr Konsenszwang auf der Bundesebene. Das wiederum könnte zur Folge haben, dass in den Parteien doch die Bereitschaft wächst, sich diesem Zwang auf Bundesebene zu entziehen – denn letztlich basiert eine parlamentarische Demokratie auf der Konkurrenz der Parteien, auf deren Gegensätzen, auf deren Profilschärfe, die aber beim andauernden Schließen von Kompromissen leidet. Den Konsenszwang zu verringern bedeutet nach der Logik des Grundgesetzes aber, die Ebenen von Bund und Ländern weit stärker zu entflechten, als das bislang der Fall war. Denn nur so lässt sich der Einfluss des Bundesrats eingrenzen – indem man der Landespolitik wieder mehr Freiräume schafft. »Entunitarisierung« wäre also das Programm, das aus dem Fünfparteiensystem mit seiner gewachsenen Autonomie der Landesparteien gegenüber der Bundesführung erwächst. Das Partikulare hätte wieder mehr Gewicht – was nicht gleich wieder als Zersplitterung und Kleinstaaterei denunziert, sondern als Chance begriffen werden sollte, nicht zuletzt auch als Chance für mehr Demokratie. Dafür müsste die Politik sich aber aus eingeübten Mechanismen befreien.

Differenzierung ist gewachsen

Dafür spricht die gewachsene Differenzierung unter den Ländern ohnehin. Das dünn besiedelte Küstenland Mecklenburg-Vorpommern, das nicht zuletzt vom Tourismus lebt, hat in der Struktur- und Umweltpolitik ganz andere Interessen als das alte Industrieland Nordrhein-Westfalen mit seinen Ballungsräumen. Hessen möchte seinen Finanzplatz Frankfurt stärken, Baden-Württemberg seine mittelständische Struktur mit vielen globalen Nischenanbietern. Wo Sachsen-Anhalt in fast jeder Hinsicht versuchen muss, Anschluss zu halten, steht Bayern vor der Aufgabe, den erst in den letzten 20 Jahren errungenen Status einer europäischen Top-Region zu verteidigen. Während Berlin den Hauptstadtanspruch erst noch zu bestätigen und die schwierige Integration einer äußerst heterogenen Bevölkerung zu meistern hat, kann Hamburg hanseatisch kühl auf dem Reichtum der Vergangenheit die Zukunft bauen. Das vereinigte Deutschland ist kulturell, ökonomisch und auch gesellschaftlich vielfältiger als die frühe Bundesrepublik mit ihrem unitarischen Bundesstaat. Und das hat zwangsläufig Konsequenzen.

Reform bleibt auf der Tagesordnung

Bundesstaatsreform wird daher wohl noch Jahre auf der Tagesordnung bleiben. Im Grunde ist das systemimmanent: Denn Föderalismus ist, richtig verstanden und angewendet, ein flexibles Regierungssystem, das immer wieder austariert werden muss. Dabei sind keine Revolutionen zu erwarten. Sondern es wird bei diesem Versuch, aus dem unitarisch geprägten Föderalismus auszusteigen, das mühsame Bohren harter Bretter zu beobachten sein. Der Politikwissenschaftler Gerhard Lehmbruch dürfte daher mit seiner Prognose ganz richtig liegen: »Weil die Akteure (...) darauf aus sein werden, Unsicherheit zu minimieren und Entscheidungssituationen zu vereinfachen, werden sie eher für ausgehandelte Veränderungen in kleinen Schritten mit überschaubaren Konsequenzen zu gewinnen sein.« Und wer dabei weiter nur auf die Entmachtung des Bundesrats und der Länder schielt, dem sei das Diktum von Fritz W. Scharpf entgegengehalten, der 2005 in einem Fazit zur

Arbeit der ersten Föderalismuskommission I schrieb »Wenn fast alle Bundesgesetze von den Ländern als eigene Angelegenheit und auf eigene Kosten zu vollziehen sind, und wenn die Steuereinnahmen der Länder fast vollständig von Bundesgesetzen abhängen, dann können die Landesregierungen ihren Einfluss auf die Gesetzgebung des Bundes auch nicht aufgeben.«

Beim Grundsatz bleiben

Aber ob die kleinen Schritte nun mutig nach vorn gehen oder auch mal nur ein Dribbling auf der Stelle sind – als Merksatz für jede Reform des Föderalismus kann eine Erkenntnis dienen, die der Historiker Johannes von Müller 1787 in seiner Schrift »Vom Fürstenbund« mitteilte, in einer Zeit also, als ebenfalls eine intensive Reformdebatte geführt wurde: »Jede Verfassung, welche eine Erneuerung ihrer Kräfte nötig hat, findet sie am besten in der Natur ihres Grundsatzes.« Es kommt immer darauf an, den besten Weg zwischen Einheit und Vielfalt, zwischen unitarischen und partikularen Lösungen zu finden. Das hat seit Jahrhunderten noch jede Generation beweisen müssen – mal mit mehr, mal mit weniger Erfolg.

Auswahlbibliographie

Die folgende Bibliographie kann angesichts der Masse an Literatur nur eine subjektive Auswahl sein. Passagen zum Föderalismus der jeweiligen Epoche finden sich natürlich in den großen bekannten Gesamtdarstellungen, etwa bei Stefan Weinfurter zum mittelalterlichen Reich, bei Johannes Burkhardt und Karl-Otmar von Aretin zum Reich der Frühen Neuzeit, bei Heinrich Lutz und Thomas Nipperdey zum 19. Jahrhundert oder in Hans-Ulrich Wehlers und Heinrich-August Winklers politischen Geschichten der letzten beiden Jahrhunderte. Solche Überblicksdarstellungen werden nicht eigens erwähnt, auch wenn sie zitiert wurden. Die Bibliographie beschränkt sich auf Bücher und Aufsätze, die sich vor allem dem Thema Föderalismus widmen.

ALLGEMEIN

Sammelbände und Einführungen

Anderson, George: Föderalismus, Opladen 2008 *(knapper internationaler Überblick – guter Einstieg in die »basics«)*

Deuerlein, Ernst: Föderalismus. Die historischen und philosophischen Grundlagen des föderativen Prinzips, München 1972 *(älteres Standardwerk, das einen breiten Überblick bietet)*

Huhn, Jochen/Witt, Peter-Christian (Hg.): Föderalismus in Deutschland: Traditionen und gegenwärtige Probleme, Baden-Baden 1992 *(sehr gute Aufsatzsammlung, beginnend mit dem Kaiserreich)*

Künzel, Werner/Rellecke, Werner (Hg.): Geschichte der deutschen Länder. Entwicklungen und Traditionen vom Mittelalter bis zur Gegenwart, Münster 2008 *(durchweg lesenswerte Einzeldarstellungen zur historischen Verankerung der Länder)*

Langewiesche, Dieter: Reich, Nation, Föderation. Deutschland und Europa, München 2008 *(Beiträge zur »föderativen Nation« mit Schwerpunkt auf dem 19. Jahrhundert)*

Langewiesche, Dieter/Schmidt, Georg (Hg.): Föderative Nation: Deutschlandkonzepte von der Reformation bis zum Ersten Weltkrieg, München 2000 *(Anstöße für eine stärker föderale Deutung der deutschen Geschichte)*

Riklin, Alois: Machtteilung. Geschichte der Mischverfassung, Darmstadt 2006 *(mit Skizzen der frühen Bundesstaatstheorien)*

Sante, G.W. (Hg.): Geschichte der deutschen Länder, Band 1: Die Territorien bis zum Ende des alten Reiches, Würzburg 1964; Band 2: Die deutschen Länder vom Wiener Kongress bis zur Gegenwart, Würzburg 1971 *(der »Territorien-Ploetz«, etwas angestaubt, aber immer noch nützlich)*

Sturm, Roland/Zimmermann-Steinhart, Petra: Föderalismus – eine Einführung, Baden-Baden 2005 *(ein weiterer guter Einstieg – mit stärkerer Berücksichtigung der Bundesrepublik)*
Umbach, Maiken (Hg.): German Federalism – Past, Present and Future, Basingstoke 2002 *(Guter Überblick vom Alten Reich bis zur Bundesrepublik in englischer Sprache)*

Zur deutschen Verfassungsgeschichte

Brandt, Hartwig: Der lange Weg in die demokratische Moderne. Deutsche Verfassungsgeschichte von 1800 bis 1945, Darmstadt 1998 *(flüssige Darstellung mit Schwerpunkt auf dem 19. Jahrhundert)*
Willoweit, Dietmar: Deutsche Verfassungsgeschichte. Vom Frankenreich bis zur Wiedervereinigung Deutschlands, München 2005 *(ausgezeichneter handbuchartiger Überblick mit ungemein vielen Literaturhinweisen)*

Speziell zur Entwicklung des Bundesrats

Eschenburg, Theodor: Bundesrat – Reichsrat – Bundesrat, in: ders., Spielregeln der Politik, Stuttgart 1987 *(Historische Skizze des Altmeisters der Politikwissenschaft)*
Wilke, D./Schulte, B. (Hg.): Der Bundesrat. Die staatsrechtliche Entwicklung des föderalen Verfassungsorgans, Darmstadt 1973 *(klassische, vor allem juristische Texte seit dem Kaiserreich)*

Kürzere Beiträge

Zwei begriffshistorische Darstellungen finden sich in dem Sammelwerk Geschichtliche Grundbegriffe, Stuttgart 1972ff., und zwar von Reinhart Koselleck über »Bund, Bündnis, Föderalismus, Bundesstaat« in Band 1 und von Irmline Veit-Brause über »Partikularismus« in Band 4.

Boldt, Hans: Föderalismus als Grundstruktur deutscher Geschichte, in: Birke, A./Wentker, H. (Hg.): Föderalismus im deutsch-britischen Meinungsstreit, München 1993
Boldt, Hans: 1495 – 1995. Der Reichstag von Worms in der deutschen Verfassungsgeschichte, in: 1495 – Kaiser, Reich, Reformen. Der Reichstag zu Worms, hgg. von Claudia Helm, Koblenz 1995
Hansmeyer, Karl-Heinrich/Kops, Manfred: Die wechselnde Bedeutung der Länder in der deutschen Finanzverfassung seit 1871, in: Blätter für deutsche Landesgeschichte 1989
Kimminich, Otto: Historische Grundlagen und Entwicklung des Föderalismus in Deutschland, in: Probleme des Föderalismus, Tübingen 1985
Koselleck, Reinhart: Föderale Strukturen in der deutschen Geschichte, Pforzheim 1975
Lehmbruch, Gerhard: Der unitarische Bundesstaat in Deutschland: Pfadabhängigkeit und Wandel, in: Benz, Arthur/Lehmbruch, Gerhard (Hrsg.): Föderalismus. Analysen in entwicklungsgeschichtlicher und vergleichender Perspektive, Wiesbaden 2002
März, Peter: Einschnitte und Eigenheiten: Spezifika deutscher Geschichte, in: Gallus, Alexander (Hg.), Deutsche Zäsuren. Systemwechsel vom Alten Reich bis zum wiedervereinigten Deutschland, München 2006
Matz, Klaus-Jürgen: Über die historische Identität der deutschen Bundesländer: Ein Essay, in: Langewiesche, D. u.a. (Hg.), Der deutsche Südwesten, Stuttgart 2008

Möckl, Karl: Föderalismus und Regionalismus im Europa des 19. und 20. Jahrhunderts, in: Esterbauer, F. (Hg.), Von der freien Gemeinde zum föderalistischen Europa, Berlin 1983
Nipperdey, Thomas: Föderalismus in der deutschen Geschichte, in: ders., Nachdenken über die deutsche Geschichte, München 1986
Ritter, Gerhard A.: Föderalismus und Parlamentarismus in Deutschland in Geschichte und Gegenwart, München 2005
Ritter, Gerhard A.: Der Föderalismus in Deutschland. Geschichte und Gegenwart, in: Hertfelder, T./Rödder, A. (Hg.), Modell Deutschland, Göttingen 2007
Sauer, Wolfgang: Das Problem des deutschen Nationalstaates, in: Böhme, H. (Hg.), Probleme der Reichsgründungszeit 1848-1879, Köln 1968
Schönberger, Christoph: Die Europäische Union als Bund. Zugleich ein Beitrag zu Verabschiedung des Staatenbund-Bundesstaat-Schemas, in: Archiv des öffentlichen Rechts 2004
Weichlein, Siegfried: Europa und der Föderalismus. Zur Begriffsgeschichte politischer Ordnungsmodelle, in: Historisches Jahrbuch 2005

Zum Problem der Länderneugliederung

Burg, Peter: Die Neugliederung deutscher Länder. Grundzüge der Diskussion in Politik und Wissenschaft (1918 bis 1996), Münster 1996
Matz, Klaus-Jürgen: Länderneugliederung. Zur Genese einer deutschen Obsession seit dem Ausgang des Alten Reiches, Idstein 1997

MITTELALTER

Angermeier, Heinz: Die Reichsreform 1410-1555. Die Staatsproblematik in Deutschland zwischen Mittelalter und Gegenwart, München 1984 *(die grundlegende Darstellung der Reformdebatte und ihrer politischen Wirkung)*
Angermeier, Heinz: Das Alte Reich in der deutschen Geschichte. Studien über Kontinuitäten und Zäsuren, München 1991 *(mit mehreren Beiträge zum mittelalterlichen und frühneuzeitlichen Föderalismus)*
Gerlich, Alois: Geschichtliche Landeskunde des Mittelalters, Darmstadt 1986 *(Einführung in einige Grundbegriffe mittelalterlichen Verfassungslebens)*
Krieger, Karl-Friedrich: König, Reich und Reichsreform im Spätmittelalter, München 2005 *(guter Überblick zur »gesamtstaatlichen« Ebene)*
Mitteis, Heinrich: Der Staat des hohen Mittelalters, Weimar 1959 *(klassischer Text, zum Teil überholt, aber immer noch lesenswert)*
Moraw, Peter: Über König und Reich. Aufsätze zur deutschen Verfassungsgeschichte des späten Mittelalters, Sigmaringen 1995 *(über den Verfassungswandel im 15. Jahrhundert, nicht zuletzt zum entstehenden Reichstag)*
Patze, Hans (Hg.), Der deutsche Territorialstaat im 14. Jahrhundert (2 Bände), Sigmaringen 1970/71 *(Studien zur Landesherrschaft in allen Teilen des Reiches)*
Puhle, Matthias/Hasse, Claus-Peter (Hg.): Heiliges Römisches Reich Deutscher Nation 962 bis 1806: Von Otto dem Großen bis zum Ausgang des Mittelalters, Dresden 2006 *(der Essayband zur Europaratsausstellung bietet neuesten Stand in durchweg guten Beiträgen)*
Schubert, Ernst: Fürstliche Herrschaft und Territorien im späten Mittelalter, München 1996 *(nimmt die »Landesebene« in den Blick – souveräne Zusammenfassung)*

Schubert, Ernst: Königsabsetzung im deutschen Mittelalter. Eine Studie zum Werden der Reichsverfassung, Göttingen 2005 *(betont das Konsensprinzip als Basis der Verfassungsentwicklung bis ins 16. Jahrhundert)*

Spieß, Karl-Heinz: Das Lehnswesen in Deutschland im hohen und späten Mittelalter, Idstein 2002

Werner, Matthias (Hg.): Spätmittelalterliches Landesbewusstsein in Deutschland, Ostfildern 2005 *(vor allem die Aufsätze von Enno Bünz zum Begriff Land und Dieter Mertens über Schwaben)*

Kürzere Beiträge zu einzelnen Aspekten der mittelalterlichen Verfassung

Buschmann, Arno: Der Rheinische Bund von 1254-1257. Landfriede, Städte, Fürsten und Reichsverfassung im 13. Jahrhundert, in: Maurer, H. (Hg.), Kommunale Bündnisse Oberitaliens und Oberdeutschlands im Vergleich, Sigmaringen 1987

Ehlers, Joachim: Die Entstehung der Nationen und das mittelalterliche Reich, in: ders., Ausgewählte Aufsätze, Berlin 1996

Groten, Manfred: Das Reich im Rheinland (12.-14. Jahrhundert), in: ders. (Hg.), Die Rheinlande und das Reich, Düsseldorf 2007

Heinig, Paul-Joachim: Die Vollendung der mittelalterlichen Reichsverfassung, in: Mußgnug, R. (Hg.): Wendemarken in der deutschen Verfassungsgeschichte, Berlin 1993

Isenmann, Eberhard: Kaiser, Reich und deutsche Nation am Ausgang des 15. Jahrhunderts, in: Ehlers, J. (Hg.), Ansätze und Diskontinuität deutscher Nationsbildung im Mittelalter, Sigmaringen 1989

Isenmann, Eberhard: König oder Monarch? Aspekte der Regierung und Verfassung des römisch-deutschen Reichs um die Mitte des 15. Jahrhunderts, in: Schwinges, R. (Hg.), Europa im späten Mittelalter, München 2006

Janssen, Wilhelm: »... na gesetze unser lande...« Zur territorialen Gesetzgebung im Mittelalter, in: Willoweit, D. (Hg.), Gesetzgebung als Faktor der Staatsentwicklung, Berlin 1984

Moraw, Peter: Zur staatlich-organisatorischen Integration des Reiches im Mittelalter, in: Brauneder, W. (Hg.): Staatliche Vereinigung. Fördernde und hemmende Elemente in der deutschen Geschichte, Berlin 1998

Moraw, Peter: Das Reich und die Territorien, der König und die Fürsten im späten Mittelalter, in: Rheinische Vierteljahresblätter 1999

Puhle, Matthias: Die Hanse – Gemeinschaft, Bündnis oder gar Vorläufer Europas?, in: Felten, F.J. (Hg.), Städtebünde – Städtetage im Wandel der Geschichte, Stuttgart 2006

Schneidmüller, Bernd: Konsensuale Herrschaft. Ein Essay über Formen und Konzepte politischer Ordnung im Mittelalter, in: Heinig, P.J. (Hg.), Reich, Regionen und Europa in Mittelalter und Neuzeit, Berlin 2000

Schubert, Ernst: Der rätselhafte Begriff »Land« im späten Mittelalter und in der frühen Neuzeit, in: Concilium medii aevi 1998

Schubert, Ernst: Vom Gebot zur Landesordnung. Der Wandel fürstlicher Herrschaft vom 15. zum 16. Jahrhundert, in: Brady, Thomas A. (Hg.), Die deutsche Reformation zwischen Spätmittelalter und Früher Neuzeit, München 2001

Weinfurter, Stefan: Die Zentralisierung der Herrschaftsgewalt im Reich durch Kaiser Heinrich II., in: Historisches Jahrbuch 1986

FRÜHE NEUZEIT

Aretin, Karl Otmar von (Hg.), Der Kurfürst von Mainz und die Kreisassoziationen 1648-1746. Zur verfassungsmäßigen Stellung der Reichskreise nach dem Westfälischen Frieden, Wiesbaden 1975

Burkhardt, Johannes: Deutsche Geschichte in der Frühen Neuzeit, München 2009 *(schwungvolle Zusammenfassung der Kernthesen des Autors zum Reichsföderalismus)*

Bußmann, Klaus (Hg.): 1648. Krieg und Frieden in Europa, Göttingen 1998 *(umfassende Würdigung des Westfälischen Friedens und seiner Folgen)*

Dotzauer, Winfried: Die deutschen Reichskreise (1386-1806). Stuttgart 1998 *(guter Überblick über die Entwicklung der Institution seit dem Mittelalter)*

Gotthard, Axel: Das Alte Reich 1495-1806, Darmstadt 2003 *(verfassungshistorischer Überblick mit pointierten Urteilen)*

Hartmann, Peter Claus (Hg.): Regionen der frühen Neuzeit. Reichskreise im deutschen Raum, Provinzen in Frankreich, Regionen unter polnischer Oberhoheit. Ein Vergleich ihrer Strukturen, Funktionen und ihrer Bedeutung, Berlin 1994

Neuhaus, Helmut: Das Reich in der Frühen Neuzeit, München 2003 *(solider Überblick zur Reichsverfassung)*

Press, Volker (Hg.): Alternativen zur Reichsverfassung in der Frühen Neuzeit?, München 1995 *(Beiträge zum föderativen Gehalt des Reichs vom Schwäbischen Bund bis zum Rheinbund)*

Press, Volker: Das Alte Reich. Ausgewählte Aufsätze, hg. von Johannes Kunisch, Berlin 1997 *(Studien u.a. zum Bundesplan Karls V. und zur Reichspolitik Friedrichs II. von Preußen)*

Schilling, Heinz (Hg.), Heiliges Römisches Reich Deutscher Nation 962 bis 1806: Altes Reich und neue Staaten 1495 bis 1806, Dresden 2006 *(der Essayband zur Europaratsausstellung bietet einen ausgezeichneten Überblick)*

Schmidt, Georg: Geschichte des Alten Reiches. Staat und Nation in der Frühen Neuzeit 1495-1806, München 1999 *(Darstellung des »komplementären Reichsstaats« – das Buch löste eine heftige Debatte aus)*

Schnettger, Matthias (Hg.): Imperium Romanum – irregulare corpus – Teutscher Reichs-Staat. Das Alte Reich im Verständnis der Zeitgenossen und der Historiographie, Mainz 2002 *(Aufsatzsammlung zur Debatte um Georg Schmidts föderative Interpretation der Reichsgeschichte)*

Vogler, Günter: Absolutistische Herrschaft und ständische Gesellschaft. Reich und Territorien von 1648 bis 1790, Stuttgart 1996 *(nützliches Epochenporträt, in dem auch die Länder in den Blick genommen werden)*

Wendehorst, Stephan (Hg.): Lesebuch Altes Reich, München 2006 *(eine Fülle von sehr lesenswerten Aufsätzen zu verschiedenen Aspekten der Reichsverfassung)*

Wüst, Wolfgang (Hg.): Reichskreis und Territorium: Die Herrschaft über der Herrschaft? Supraterritoriale Tendenzen in Politik, Kultur, Wirtschaft und Gesellschaft. Ein Vergleich süddeutscher Reichskreise, Stuttgart 2000

Kürzere Beiträge

Aretin, Karl Otmar von: Das Alte Reich, eine Föderation?, in: Weber, W./Dauser, R. (Hg.), Faszinierende Frühneuzeit, Berlin 2008

Böckenförde, Ernst-Wolfgang: Der Westfälische Friede und das Bündnisrecht der Reichsstände, in: Der Staat 1969

Burkhardt, Johannes: Verfassungsprofil und Leistungsbilanz des Immerwährenden Reichstags. Zur Evaluierung einer frühmodernen Institution, in: Duchhardt, H./Schnettger, M. (Hg.), Reichsständische Libertät und habsburgisches Kaisertum, Mainz 1999

Härter, Karl: Entwicklung und Funktion der Policeygesetzgebung des Heiligen Römischen Reiches Deutscher Nation im 16. Jahrhundert, in: Ius Commune 1993

Haug-Moritz, Gabriele: Zwischen Spätmittelalter und Reformation – politischer Föderalismus im Reich der Reformationszeit, in: Ocker, C. (Hg.), Politics and Reformations, Leiden 2007

Hofmann, Hanns Hubert: Reichskreis und Kreisassoziation. Prolegomena zu einer Geschichte des fränkischen Kreises, zugleich als Beitrag zur Phänomenologie des deutschen Föderalismus, in: Zeitschrift für bayerische Landesgeschichte 1962

Kohler, Alfred: Das Heilige Römische Reich – ein Föderativsystem?, in: Fröschl, T. (hg.): Föderalismusmodelle und Unionsstrukturen. Über Staatenverbindungen in der frühen Neuzeit vom 15. bis zum 18. Jahrhundert, München 1994

Lässig, Simone: Reformpotential im »dritten Deutschland«? Überlegungen zum Idealtypus des Aufgeklärten Absolutismus, in: Aurig, R. (Hg.), Landesgeschichte in Sachsen. Tradition und Innovation, Bielefeld 1997

Link, Christoph: Die Bedeutung des Westfälischen Friedens in der deutschen Verfassungsentwicklung, in: Juristenzeitung 1998

Roll, Christine: »Sin Lyb sy auch eyn kurfurst…« Zur Rolle Bertholds von Henneberg in der Reichsreform, in: Hartmann, P.C. (Hg.), Kurmainz, das Reichserzkanzleramt und das Reich, Stuttgart 1998

Schindling, Anton: Kaiser, Reich und Reichsverfassung 1648-1806. Das neue Bild vom Alten Reich, in: Asbach, O. u.a.. (Hg.), Altes Reich, Frankreich und Europa. Politische, philosophische und historische Aspekte des französischen Deutschlandbildes im 17. und 18. Jahrhundert, Berlin 2001

Schmidt, Georg: »Aushandeln« oder »Anordnen«. Der komplementäre Reichs-Staat und seine Gesetze im 16. Jahrhundert, in: Lanzinner, M./Strohmeyer, A. (Hg.), Der Reichstag 1486-1613, Göttingen 2006

Schubert, Ernst: Die Umformung spätmittelalterlicher Fürstenherrschaft im 16. Jahrhundert, in Rheinische Vierteljahresblätter 1999

RHEINBUND

Aretin, Karl Otmar Freiherr von: Vom Deutschen Reich zum Deutschen Bund, Göttingen 1980 *(mit Verve geschriebene Darstellung der Übergangsperiode)*

Ullmann, Hans-Peter/Zimmermann, Clemens (Hg.): Restaurationssystem und Reformpolitik. Süddeutschland und Preußen im Vergleich, München 1996 *(eine Bilanz der Reformära, die nicht von einem preußischen Vorsprung ausgeht)*

Weis, Eberhard: Deutschland und Frankreich um 1800, München 1990 *(Sammlung von Aufsätzen zu den Mittelstaaten und zur napoleonischen Politik)*

Einige kürzere Beiträge

Becker, Hans-Jürgen: Umbruch in Mitteleuropa. Der Reichsdeputationshauptschluss von 1803, in: Schmid, P./Unger, K. (Hg.), 1803. Wende in Europas Mitte, Regensburg 2003

Boldt, Hans: Bundesstaat oder Staatenbund? Bemerkungen zur Verfassungsdiskussion in Deutschland am Ende des Alten Reichs, in: Kirsch, M./Schiera, P. (Hg.), Denken und

Umsetzung des Konstitutionalismus in Deutschland und anderen europäischen Ländern in der ersten Hälfte des 19. Jahrhundert, Berlin 1999

Luttenberger, Albrecht P.: Karl Theodor von Dalberg, das Reich und der Rheinbund, in: Schmid, P./Unger, K. (Hg.), 1803. Wende in Europas Mitte, Regensburg 2003

Mußgnug, Reinhard: Der Rheinbund. In: Der Staat 2007

Schmidt, Georg: Deutschland 1806 – staatliche Zäsur und nationale Kontinuität?, in: Klinger, A. (Hg.), Das Jahr 1806 im europäischen Kontext, Köln 2008

DEUTSCHER BUND

Angelow, Jürgen: Der Deutsche Bund, Darmstadt 2003 *(stellt den Deutschen Bund in die inneren und äußeren Zeitströmungen)*

Burg, Peter, Die deutsche Trias in Idee und Wirklichkeit. Vom alten Reich zum Zollverein, Stuttgart 1989 *(über die verfassungspolitischen Bemühungen der Mittelstaaten in der Frühzeit des Bundes)*

Flöter, Jonas/Wartenberg, Günther (Hg.): Die Dresdner Konferenz 1850/51. Föderalisierung des Deutschen Bundes versus Machtinteressen der Einzelstaaten, Leipzig 2002 *(Aufsätze zu einem zentralen Ereignis der späteren Bundesgeschichte)*

Hahn, Hans-Werner: Geschichte des Deutschen Zollvereins, Göttingen 1984

Müller, Frank Lorenz: Die Revolution von 1848/49, Darmstadt 2006 *(neuere Einführung mit weiterführenden Literaturhinweisen)*

Müller, Jürgen: Der Deutsche Bund 1815-1866, München 2006 *(der beste Einstieg in die Beschäftigung mit dem Deutschen Bund)*

Rumpler, Helmut (Hg.): Deutscher Bund und deutsche Frage 1815-1866, München 1990 *(sehr gute Sammlung von Beiträgen zur Verfassungspolitik in ihrer ganzen Breite)*

Kürzere Beiträge

Boldt, Hans: Der Föderalismus in den Reichsverfassungen von 1849 und 1871, in: Wellenreuther, H. (Hg.): Die amerikanische Verfassung und deutsch-amerikanisches Verfassungsdenken, New York 1991

Dippel, Horst: Die Konstitutionalisierung des Bundesstaats in Deutschland 1849-1949 und die Rolle des amerikanischen Modells, in: Der Staat 1999

Gall, Lothar: Der Deutsche Bund als Institution und Epoche der deutschen Geschichte, in: Albrecht, D. (Hg.): Europa im Umbruch 1750-1850, München 1995

Glaser, Hubert: Zwischen Großmächten und Mittelstaaten. Über einige Konstanten der deutschen Politik Bayerns in der Ära von der Pfordten, in: Lutz, H./Rumpler, H. (Hg.), Österreich und die deutsche Frage im 19. und 20. Jahrhundert, München 1982

Gruner, Wolf D.: Der Deutsche Bund als Band der deutschen Nation 1815-1866, in: Wendt, B.J. (Hg.), Vom schwierigen Zusammenwachsen der Deutschen, Frankfurt am Main 1992

Gruner, Wolf D.: Bismarck, die süddeutschen Staaten, das Ende des Deutschen Bundes und die Gründung des preußisch-kleindeutschen Reiches 1862-1871, in: Dülffer, J. (Hg).: Otto von Bismarck, Berlin 1993

Hahn, Hans-Werner: Der Deutsche Bund. Zukunftslose Vorstufe des kleindeutschen Nationalstaats oder entwicklungsfähige föderative Alternative?, in: Becker, H.-J. (Hg): Zusammengesetzte Staatlichkeit in der europäischen Verfassungsgeschichte, Berlin 2006

Kolb, Eberhard: Großpreußen oder Kleindeutschland? Zu Bismarcks deutscher Politik im Reichsgründungsjahrzehnt, in: ders. Umbrüche deutscher Geschichte, hg. von D. Langewiesche und K. Schönhoven, München 1993

Mößle, Wilhelm: Die Verfassungsautonomie der Mitgliedstaaten des Deutschen Bundes nach der Wiener Schlussakte, in: Der Staat 1991

Pollmann, Klaus Erich: Modernisierung als kalkuliertes Risiko. Bismarcks Verfassungspolitik 1866-1871, in: Kunisch, J. (Hg.): Bismarck und seine Zeit, Berlin 1992

Press, Volker: Altes Reich und Deutscher Bund. Kontinuität in der Diskontinuität, München 1995

Rumpler, Helmut: Föderalismus als Problem der deutschen Verfassungsgeschichte des 19. Jahrhunderts (1815-1871), in: Der Staat 1977

Siemann, Wolfram: »Der deutsche Bund ist nur die Continuität des Reichs…«. Über das Weiterleben des Alten Reiches nach seiner Totsagung im Jahre 1806, in: Geschichte in Wissenschaft und Unterricht 2006

Wadle, Elmar: Staatenbund oder Bundesstaat? Ein Versuch über die Frage nach den föderalen Strukturen in der deutschen Verfassungsgeschichte zwischen 1815 und 1866, in: Brauneder, W. (Hg.): Staatliche Vereinigung. Fördernde und hemmende Elemente in der deutschen Geschichte, Berlin 1998

KAISERREICH 1871-1918

Binder, Hans-Otto: Reich und Einzelstaaten während der Kanzlerschaft Bismarcks 1871-1890, Tübingen 1971 *(gründliche Darstellung des Föderalismus in der Bismarckära)*

Dreyer, Michael: Föderalismus als ordnungspolitisches und normatives Prinzip. Das föderative Denken der Deutschen im 19. Jahrhundert, Frankfurt am Main 1987 *(materialreiche Studie u.a. zur letztlich ergebnislosen Debatte um Staatenbund und Bundesstaat)*

Halder, Winfried: Innenpolitik im Kaiserreich 1871-1914, Darmstadt 2006 *(gute Einführung in die Kernthemen)*

Holste, Heiko: Der Deutsche Bundesstaat im Wandel 1867-1933, Berlin 2002 *(sehr dichte Darstellung des Verfassungswandels, auch über das Kaiserreich hinaus)*

Mommsen, Wolfgang J.: Der autoritäre Nationalstaat. Verfassung, Gesellschaft und Kultur des deutschen Kaiserreichs, Frankfurt/Main 1992 *(enthält die pointierten verfassungshistorischen Aufsätze des Autors)*

Rauh, Manfred: Föderalismus und Parlamentarismus im wilhelminischen Reich, Düsseldorf 1973 *(detaillierte, aber umstrittene Darstellung der Entwicklung nach 1890)*

Ullmann, Hans-Peter: Politik im deutschen Kaiserreich, München 1999 *(alle Aspekte der Politikgeschichte zwischen 1870 und 1914)*

Kürzere Beiträge

Berding, Helmut: Staatliche Identität, nationale Integration und politischer Regionalismus, in: Blätter für deutsche Landesgeschichte 1985

Biefang, Andreas: »Der Reichsgründer«? Bismarck, die nationale Verfassungsbewegung und die Entstehung des Deutschen Kaiserreichs, Friedrichsruh 1999

Boldt, Hans: Der Föderalismus im deutschen Kaiserreich als Verfassungsproblem, in: Rumpler, H. (Hg.): Innere Staatsbildung und gesellschaftliche Modernisierung in Österreich und Deutschland 1867/71 bis 1914, Wien/München 1991

Boldt, Hans: Deutscher Konstitutionalismus und Kaiserreich, in: Kunisch, J. (Hg.): Bismarck und seine Zeit, Berlin 1992

Brandt, Peter: War das deutsche Kaiserreich reformierbar? Parteien, politisches System und Gesellschaftsordnung vor 1914, in: Rudolph, K./Wichert, C. (Hg.): Geschichte als Möglichkeit, Essen 1995

Dietrich, Richard: Föderalismus, Unitarismus oder Hegemonialstaat, in : Hauser, O. (Hg.), Zur Problematik »Preußen und das Reich«, Köln 1984

Fuchs, Walther Peter: Bundesstaaten und Reich: Der Bundesrat, in: Hauser, O. (Hg.), Zur Problematik »Preußen und das Reich«, Köln 1984

Körner, Hans-Michael: Parlamentarisierung und Eigenstaatlichkeit. Gibt es um 1900 eine Wende in der bayerischen Politik?, in: Becker, W. (Hg.), Staat, Kultur, Politik. Beiträge zur Geschichte Bayerns und des Katholizismus, Kallmünz 1992

Kreuzer, Marcus: Und sie parlamentarisierte sich doch: Die Verfassungsordnung des Kaiserreichs in vergleichender Perspektive, in: Recker, M.L. (Hg.), Parlamentarismus in Europa. Deutschland, England und Frankreich im Vergleich, München 2004

Lässig, Simone: Wahlrechtsreformen in den deutschen Einzelstaaten. Indikatoren für Modernisierungstendenzen und Reformfähigkeit im Kaiserreich?, in: dies. (Hg.), Modernisierung und Region im wilhelminischen Deutschland, Bielefeld 1995

Langewiesche, Dieter: Föderalismus und Zentralismus im deutschen Kaiserreich: Staat, Wirtschaft, Gesellschaft, Kultur – eine Skizze, in: Janz, O. (Hg.): Zentralismus und Föderalismus im 19. und 20. Jahrhundert, Berlin 2000

Mann, Bernhard: Zwischen Hegemonie und Partikularismus. Bemerkungen zum Verhältnis von Regierung, Bürokratie und Parlament in Preußen 1867-1918, in: Ritter, G.A. (Hg.), Regierung, Bürokratie und Parlament in Preußen und Deutschland von 1848 bis zur Gegenwart, Düsseldorf 1983

Möckl, Karl: Der »unvollendete« Föderalismus des zweiten deutschen Kaiserreiches, in: Röhl, J. C. G. (Hg.): Der Ort Kaiser Wilhelms II. in der deutschen Geschichte, München 1991

Pollmann, Klaus Erich: Die Bismarckische Reichsverfassung – Verfassungsintention und – realität, in: Dülffer, J. (Hg).: Otto von Bismarck, Berlin 1993

Schönberger, Christoph: Die überholte Parlamentarisierung. Einflussgewinn und fehlende Herrschaftsfähigkeit des Reichstags im sich demokratisierenden Kaiserreich, in: Historische Zeitschrift 2001

Stolleis, Michael: »Innere Reichsgründung« durch Rechtsvereinheitlichung 1866-1880, in: Starck, C. (Hg.), Rechtsvereinheitlichung durch Gesetze, Göttingen 1992

Stürmer, Michael: Eine politische Kultur – oder zwei? Betrachtungen zur Regierungsweise im Kaiserreich, in: Hauser, O. (Hg.), Zur Problematik »Preußen und das Reich«, Köln 1984

Weber, Max: Parlament und Regierung im neugeordneten Deutschland (1918), in: ders., Politik und Gesellschaft, Frankfurt/Main 2006

Zwehl, Konrad von: Zum Verhältnis von Regierung und Reichstag im Kaiserreich (1871-1918), in: Ritter, G.A. (Hg.), Regierung, Bürokratie und Parlament in Preußen und Deutschland von 1848 bis zur Gegenwart, Düsseldorf 1983

WEIMARER REPUBLIK UND DRITTES REICH

Ein Staatsstreich? Die Reichsexekution gegen Preußen. Darstellungen und Dokumente, hg. vom Bundesrat, Berlin 2007 *(zum Preußenschlag vom Juli 1932)*

Benz, Wolfgang: Süddeutschland in der Weimarer Republik. Ein Beitrag zur deutschen Innenpolitik 1918-1923, Berlin 1970 *(die Verfassungsdebatte aus Münchener, Stuttgarter und Karlsruher Sicht)*

Biewer, Ludwig: Reichsreformbestrebungen in der Weimarer Republik. Frankfurt/Main 1980 *(skizziert die verfassungspolitische »Baustelle« der Republik)*

Bracher, Karl Dietrich (Hg.), Die Weimarer Republik, 1919-1933, Düsseldorf 1987 *(Sammelband mit mehreren grundlegenden Aufsätzen zur Verfassungsentwicklung)*

Schulz, Gerhard: Zwischen Demokratie und Diktatur. Verfassungspolitik und Reichsreform in der Weimarer Republik, Berlin 1987-1992 *(Schulz' mehrbändiges, bisweilen etwas unübersichtliches Standardwerk zur Weimarer Verfassungspolitik)*

Kürzere Beiträge

Baum, Walter: Die »Reichsreform« im Dritten Reich, in: Vierteljahreshefte für Zeitgeschichte 3/1955

Benz, Wolfgang: Papens »Preußenschlag« und die Länder, in: Vierteljahrshefte für Zeitgeschichte 1970

Biewer, Ludwig: Preußen und das Reich in der Zeit der Weimarer Republik, in: Hauser, O. (Hg.), Zur Problematik »Preußen und das Reich«, Köln 1984

Conze, Werner: Die Reichsverfassungsreform als Ziel der Politik Brünings, in. Stürmer, M. (Hg.): Die Weimarer Republik, Königstein 1980

Düwell, Kurt: Zwischen Föderalismus, Unitarismus und Zentralismus. Reichsreform und Länderneugliederung in der Weimarer Republik (1918-1933), in: Janz, O. (Hg.): Zentralismus und Föderalismus im 19. und 20. Jahrhundert, Berlin 2000

Gerst, Rüdiger: Zur Situation und Transformation des Föderalismus in der Phase der nationalsozialistischen Machtergreifung und -sicherung, in: Blessing, W.K (Hg.): Region – Nation – Vision, Bamberg 2005

Holtmann, Everhard: Die Krise des Föderalismus und der kommunalen Selbstverwaltung, in: Die Weimarer Republik, Band III 1929-1933, München 1995 (Online-Ausgabe der Bayerischen Landeszentrale für politische Bildungsarbeit)

Lilla, Joachim: Das Ende des Reichsrats (Juli 1932 – Februar 1934), in: Drittes Reich. Beginn und Festigung der NS-Herrschaft (www.shoa.de/drittes-reich/beginn-und-festigung-der-ns-herrschaft/525-das-ende-des-reichsrats.html)

Matz, Klaus-Jürgen: Von labiler Ordnung zu lautloser Implosion: Föderalismus in der Weimarer Republik, in: Richter, M. (Hg.), Länder, Gaue und Bezirke. Mitteldeutschland im 20. Jahrhundert, Dresden 2007

Mommsen, Hans: Reichsreform und Regionalgewalten – Das Phantom der Mittelinstanz 1933-1945, in: Janz, O. (Hg.): Zentralismus und Föderalismus im 19. und 20. Jahrhundert, Berlin 2000

Ruck, Michael: Zentralismus und Regionalgewalten im Herrschaftsgefüge des NS-Staates, in: Möller, H. (Hg.), Nationalsozialismus in der Region, München 1996

Rudolph, Karsten: Nationalsozialisten in Ministersesseln. Die Machtübernahme der NSDAP und die Länder 1929-1933, in: Jansen, C. u.a. (Hg.), Von der Aufgabe der Freiheit, Berlin 1995

Witt, Peter-Christian: Reichsfinanzminister und Reichsfinanzverwaltung. Zum Problem des Verhältnisses von politischer Führung und bürokratischer Herrschaft in den Anfangsjahren der Weimarer Republik (1918-1924), in: Vierteljahreshefte für Zeitgeschichte 1975

NACHKRIEGSZEIT UND STAATSGRÜNDUNG

Becker, Josef (Hg.): Vorgeschichte der Bundesrepublik Deutschland. Zwischen Kapitulation und Grundgesetz, München 1987 *(Standardwerk zur politischen Geschichte der Nachkriegszeit)*

Benz, Wolfgang: Die Gründung der Bundesrepublik. Von der Bizone zum souveränen Staat, München 1984 *(kurzer Abriss der Entwicklung)*

Feldkamp, Michael F.: Der Parlamentarische Rat 1948-1949. Die Entstehung des Grundgesetzes, Göttingen 2008 *(die beste Darstellung der Verfassungsgebung)*

Lange, Erhard H.M.: Die Würde des Menschen ist unantastbar. Der Parlamentarische Rat und das Grundgesetz, Heidelberg 1993 *(leicht zu lesender Überblick über die Verfassungsdebatte)*

März, Peter/Oberreuter, Heinrich (Hg.): Weichenstellung für Deutschland. Der Verfassungskonvent von Herrenchiemsee, München 1999 *(umfassende Würdigung des Konvents samt Dokumentation)*

Niclauß , Karlheinz: Der Weg zum Grundgesetz. Demokratiegründung in Westdeutschland 1945-1949, Paderborn 1998 *(systematische Darstellung, die auch den Föderalismus streift)*

Kürzere Beiträge

Boldt, Hans: Die Wiederaufnahme der deutschen föderativen Tradition im Parlamentarischen Rat 1948/49, in: Zeitschrift für Staats- und Europawissenschaften 2003

Eschenburg, Theodor: Regierung, Bürokratie und Parteien 1945-1949, in: Vierteljahrshefte für Zeitgeschichte 1976

Krautkrämer, Elmar: Der innerdeutsche Konflikt um die Ministerpräsidentenkonferenz in München 1947, in: Vierteljahreshefte für Zeitgeschichte 1972

Morsey, Rudolf: Die Entstehung des Bundesrats im Parlamentarischen Rat, in: Bundesrat (Hg.), 25 Jahre Bundesrat, Bonn 1974

Morsey, Rudolf: Entscheidung für den Westen. Die Rolle der Ministerpräsidenten in den drei Westzonen im Vorfeld der Bundesrepublik Deutschland 1947-1949, in: ders., Von Windthorst bis Adenauer, Paderborn 1997

Wengst, Udo: Kriegsende 1945: auf dem Weg zur Teilung und Gründung zweier Staaten in Deutschland, in: Gallus, Alexander (Hg.), Deutsche Zäsuren. Systemwechsel vom Alten Reich bis zum wiedervereinigten Deutschland, München 2006

DIE BUNDESREPUBLIK 1949-1990

Abromeit, Heidrun: Der verkappte Einheitsstaat, Opladen 1992 *(vehemente Kritik des kooperativen Föderalismus)*

Ellwein, Thomas/Holtmann, Everhard (Hg.), 50 Jahre Bundesrepublik Deutschland. Rahmenbedingungen – Entwicklungen – Perspektiven, Opladen 1999 *(gute Aufsatzsammlung mit bilanzierenden Rückblicken)*

Först, Walter (Hg.): Die Länder und der Bund. Beiträge zur Entstehung der Bundesrepublik Deutschland, Essen 1989

Kisker, Gunter: Kooperation im Bundesstaat. Eine Untersuchung zum kooperativen Föderalismus in der Bundesrepublik Deutschland, Tübingen 1971 *(eine frühe Kritik am Demokratiedefizit des damals neuen Modells)*

Lehmbruch, Gerhard: Parteienwettbewerb im Bundesstaat. Regelsysteme und Spannungslagen im politischen System der Bundesrepublik Deutschland. Opladen 1998 *(klassisches Werk, erstmals in den 70er Jahren erschienen)*

Metzler, Gabriele: Konzeptionen politischen Handelns von Adenauer bis Brandt. Politische Planung in der pluralistischen Gesellschaft, Paderborn 2005 *(zur technokratisch-bürokratischen Politik der 60er Jahre, streift auch den Föderalismus)*

Renzsch, Wolfgang: Finanzverfassung und Finanzausgleich. Die Auseinandersetzungen um ihre politische Gestaltung in der Bundesrepublik Deutschland zwischen Währungsreform und deutscher Vereinigung (1948–1990), Bonn 1991 *(gründlicher Überblick über eine Dauerbaustelle im bundesstaatlichen Gefüge)*

Scharpf, Fritz W.: Optionen des Föderalismus in Deutschland und Europa, Frankfurt/Main 1994 *(versammelt die klassischen Studien des Autors aus den 80er Jahren)*

Wengst, Udo: Staatsaufbau und Regierungspraxis 1948-1953. Zur Geschichte der Verfassungsorgane der Bundesrepublik Deutschland, Düsseldorf 1984 *(beleuchtet auch die Grob- und Feinabstimmung des Föderalismus in den Anfangsjahren)*

Kürzere Beiträge

Herzog, Roman: Wandel des Föderalismus in der Bundesrepublik Deutschland, in: Merten, D./Morsey, R. (hg.), 30 Jahre Grundgesetz, Berlin 1979

Hesse, Konrad: Der unitarische Bundesstaat, in: ders.: Ausgewählte Schriften, Heidelberg 1984

Kahlenberg, Friedrich P.: »Unbefriedigende Zusammenarbeit zwischen Bund und Ländern«. Zum Problem des Föderalismus in den Gründerjahren der Bundesrepublik Deutschland, in: Weilemann, P. (Hg.), Macht und Zeitkritik, Paderborn 1999

Metzler, Gabriele: Einheit und Konkurrenz im Bundesstaat. Föderalismus in der Bundesrepublik 1949-2000, in: Kühne, T./Rauh-Kühne, C. (Hg): Raum und Geschichte. Regionale Traditionen und föderative Ordnungen von der Frühen Neuzeit bis zur Gegenwart, Leinfelden-Echterdingen 2001

Metzler, Gabriele: Am Ende aller Krisen? Politisches Denken und Handeln in der Bundesrepublik der sechziger Jahre, in: Historische Zeitschrift 2002

Münch, Ursula: Die Entwicklung der Bundesstaatlichkeit, in: 50 Jahre Bundesrepublik Deutschland. Normen, Stile, Erfahrungen, hg. von der Bayerischen Landeszentrale für politische Bildungsarbeit, München 2000

Steffani, Winfried: Die Republik der Landesfürsten, in: Ritter, G.A. (Hg.), Regierung, Bürokratie und Parlament in Preußen und Deutschland von 1848 bis zur Gegenwart, Düsseldorf 1983

DIE DDR 1949-1990

Först, Walter: Zwischen Reichsreformdiskussion und Wiedervereinigung. Die mitteldeutschen Länder von 1945 und 1990, in: Bracher, K. D. (Hg.), Staat und Parteien, Berlin 1992

Kaiser, Monika: Die Verfassung der Ostzone. Die konstitutionelle Frage 1949/50, in: Elvert, J. (Hg.): Deutschland 1949-1989. Von der Zweistaatlichkeit zur Einheit, Stuttgart 2003

Richter, Michael: Die Entstehung der neuen Bundesländer 1989/90, in: ders. (Hg.), Länder, Gaue und Bezirke. Mitteldeutschland im 20. Jahrhundert, Dresden 2007

DIE BUNDESREPUBLIK SEIT 1990

Der beste Ausgangspunkt für jede Beschäftigung mit aktuellen Problemen und Themen des deutschen Föderalismus ist das seit dem Jahr 2000 erscheinende *»Jahrbuch des Föderalismus«*, herausgegeben vom Europäischen Zentrum für Föderalismus-Forschung der Universität Tübingen. Die Beiträge dort sind durchweg auf hohem Niveau und waren die Grundlage für das letzte Kapitel in diesem Buch. Aus Platzgründen sind sie aber nicht einzeln aufgeführt. Das gilt auch für alle Beiträge zum Thema in der Zeitschrift *»Aus Politik und Zeitgeschichte«*, die von der Bundeszentrale für politische Bildung herausgegeben wird. Auf deren Website sind sie leicht zu finden. Die gängigen Einführungen in das politische System der Bundesrepublik bieten natürlich immer auch eine Darstellung der bundesstaatlichen Ordnung.

Blanke, Hermann-Josef/Schwanengel, Wito (Hg.), Zustand und Perspektiven des deutschen Bundesstaates, Tübingen 2005 *(Studien im Zusammenhang mit der Föderalismuskommission I)*

Hartmann, Jürgen (Hg.), Handbuch der deutschen Bundesländer, Frankfurt am Main 1997 *(Einzeldarstellungen zur Landespolitik)*

Hildebrandt, Achim/Wolf, Frieder (Hg.): Die Politik der Bundesländer. Staatstätigkeit im Vergleich, Wiesbaden 2008 *(gute Übersicht zu den Einzelfeldern moderner Landespolitik)*

Kilper, Heiderose/Lhotta, Roland 1996: Föderalismus in der Bundesrepublik Deutschland. Eine Einführung. Opladen 1996 *(Basislektüre mit etwas unitarischer Schlagseite)*

Konrad, Kai A./Jochimsen, Beate (Hg.), Der Föderalstaat nach dem Berlin-Urteil, Frankfurt/Main 2007 *(Aufsatzsammlung zum Finanzföderalismus)*

Laufer, Heinz/Münch, Ursula: Das föderative System der Bundesrepublik Deutschland, München 1997 *(eine solide, immer wieder neu aufgelegte und ausgewogene Einführung)*

Männle, Ursula (Hg.): Föderalismus zwischen Konsens und Konkurrenz, Baden-Baden 1998 *(Möglichkeiten einer Reform, mit besonderer Gewichtung der bayerischen Sicht)*

Meier-Walser, Reinhard C. (Hg.): Krise und Reform des Föderalismus. Analysen zu Theorie und Praxis bundesstaatlicher Ordnungen, München 1999 *(bietet auch einen Blick in andere Bundesstaaten)*

Scheller, Henrik/Schmid, Josef (Hg.): Föderale Politikgestaltung im deutschen Bundesstaat, Tübingen 2008 *(Aufsatzsammlung zu Stand und Aussichten der Politikverflechtung)*

Schneider, Herbert: Ministerpräsidenten. Profil eines politischen Amtes im deutschen Föderalismus, Opladen 2001 *(gründliche Studie)*

Schneider, Herbert/Wehling, Hans-Georg (Hg.), Landespolitik in Deutschland: Grundlagen – Strukturen – Arbeitsfelder, Wiesbaden 2006 *(umfassende Bestandsaufnahme der Politik auf Landesebene)*

Wehling, Hans-Georg (Hg.): Die deutschen Länder, Opladen 2000 *(gute Länderporträts und einige grundlegende Problemskizzen)*

Kürzere Beiträge

Abromeit, Heidrun/Wurm, Felix W.: Der bundesdeutsche Föderalismus – Entwicklung und neue Herausforderungen, in: Politische Bildung 3/1996

Dästner, Christian: Entflechtung der Kompetenzen? Auf der Suche nach einer Verbesserung der politischen Handlungsfähigkeit im Bundesstaat, in: Eckart, K./Jenkis, H. (Hg.), Föderalismus in Deutschland, Berlin 2001

Giersch, Carsten: Föderalismus und Länderparlamentarismus nach der deutschen Einheit, in: Weilemann, P. (Hg.), Macht und Zeitkritik, Paderborn 1999
Oschatz, Georg-Berndt: Kooperativer Zentralismus, in: Merten, D. (Hg.), Der Bundesrat in Deutschland und Österreich, Berlin 2001
Reutter, Werner: Föderalismus, Parlamentarismus und Demokratie – Funktionswandel und Perspektiven des deutschen Länderparlamentarismus, in: Koch-Baumgarten, S./Rütters, P. (Hg.), Pluralismus und Demokratie, Franfurt/Main 2006
Schneider, Hans-Peter: Die Länder und das Grundgesetz. Wurden aus »Geburtshelfern« der Bundesrepublik Deutschland »Befehlsempfänger« des Bundes?, in: Borck, H.-G. (Hg.), 50 Jahre Rittersturzkonferenz 1948-1998. Die Stunde der Ministerpräsidenten, Koblenz 1998
Sturm, Roland: Ist der Föderalismus europafähig?, in: Zimmermann-Steinhart, P. (Hg.), Regionale Wege in Europa, München 2006
Wachendorfer-Schmidt, Ute: Gewinner oder Verlierer? Der Föderalismus im vereinten Deutschland, in. Czada, R. (Hg.), Von der Bonner zur Berliner Republik, Wiesbaden 2000

Zur Föderalismusreform von 2004/2006

Andersen, Uwe: Der deutsche Föderalismus im Reformprozess, Schwalbach 2007
Große Hüttmann, Martin: »Der deutsche Föderalismus schläft wie Dornröschen«: Die Bundesstaatsreform der zweiten Großen Koalition und ihre lange Vorgeschichte, in: Zimmermann-Steinhart, P. (Hg.), Regionale Wege in Europa, München 2006
Holtschneider, Rainer/Schön, Walter (Hg.): Die Reform des Bundesstaates, Baden-Baden 2007 *(Darstellung durch Beteiligte und Dokumentation der Ergebnisse)*
Hrbek, Rudolf/Eppler, Annegret (Hg.), Die unvollendete Föderalismusreform, Tübingen 2005
Scharpf, Fritz W.: Föderalismusreform. Kein Ausweg aus der Politikverflechtungsfalle?, Frankfurt am Main 2009 *(Bilanz eines beteiligten Sachverständigen mit Vorschlägen für weitere Reformen)*

Zur Föderalismusreform von 2009:

Konrad, Kai A./Jochimsen, Beate (Hg.): Föderalismuskommission II: Neuordnung von Autonomie und Verantwortung, Frankfurt am Main 2008 *(Aufsätze aus juristisch-finanzwissenschaftlicher Sicht zum Schuldenproblem)*
Renzsch, Wolfgang: Föderalismusreform II: Gründe, Ziele Probleme, in: Politische Bildung 2007

Der Autor dankt allen Personen und Einrichtungen, die das Entstehen dieses Buches begleitet und gefördert haben. Ein besonderer Dank gilt der Volkswagenstiftung, dem Wissenschaftszentrum Berlin und dem Max-Planck-Institut für Gesellschaftsforschung in Köln für ein mehrmonatiges Stipendium im Rahmen des Programms »Journalist in Residence«.

Bild- und Kartennachweis

© Bundesrat: S. 378
© akg-images: S. 42, 55, 59, 83, 85, 103, 127, 169, 179, 181, 205, 284, 304
© akp-images / AP: S. 346
© akp-images / Erich Lessing: S. 112
© BPA, B 145 Bild-00003946, Fotograf: Unterberg, Rolf: S. 323
© BPA, B 145 Bild-00004410, Fotograf: Reineke, Engelbert: S. 332
© BPA, B 145 Bild-00114232, Fotograf: Reineke, Engelberg: S. 337
© bpk: S. 144, 154, 165, 197, 215
© bpk / Julius Braatz: S. 222
© Bundesarchiv, Bild 116-121-143A, Fotograf: Braatz Julius: S. 232
© Bundesarchiv, Bild 183-R68445: S. 243
© Bundesarchiv, B 145 Bild-P011501: S. 253
© Bundesarchiv, B 145 Bild-P011501: S. 258
© Bundesarchiv, Plak 002-021-032, Grafiker WW: S. 275
© Bundesarchiv, Bild 183-1989-063-504: S. 279
© Bundesarchiv, Bild 183-2004-1001-501: S. 288
© Bundesarchiv, Bild 183-H27936: S. 300
© Bundesarchiv, Plak 103-002005, Grafiker: Riko: S. 341
© Bundesarchiv, B 145 Bild-F086699-0020, Fotograf: Kuhn: S. 353
© Germanisches Nationalmuseum, Nürnberg: S. 117
© Historisches Archiv, Stadt Köln, Bestand 295 geistliche Abt. Nr. 79, Blatt 50v, 51r: S.78
© Klaus Stuttmann: S. 369
© Lippisches Landesmuseum Detmold: S. 162
© SLUB / Deutsche Fotothek: S. 191
© Stift Geras / M. Zieglwanger: S.123
© Süddeutsche Zeitung Photo: S. 314

Kartengestaltung:
© www.diekoordinaten.de
S. 70/71, 94/95, 96/97, 118/119, 142, 160/161, 208/209, 224/225, 266/267, 292, 319, 343, 363

Register